中國學術思想 研究輯刊

十二編

林 慶 彰 主編

第 42 冊

追尋終極的眞實
——顏元的生平與思想

楊 瑞 松 著

朱之瑜與顏元的實行觀

陳 昀 瑜 著

花木蘭文化出版社

國家圖書館出版品預行編目資料

追尋終極的真實——顏元的生平與思想　楊瑞松　著／朱之瑜
與顏元的實行觀　陳昀瑜　著 — 初版 — 台北縣永和市：花木
蘭文化出版社，2011〔民100〕
序 2 目 2+82 面＋目 4+194 面；19×26 公分
（中國學術思想研究輯刊 十二編：第 42 冊）
ISBN：978-986-254-682-6（精裝）
1.（清）顏元　2.（明）朱之瑜　3. 傳記　4. 學術思想
030.8　　　　　　　　　　　　　　　　　　100016078

ISBN-978-986-254-682-6

9 789862 546826

中國學術思想研究輯刊
十二編　第四二冊　　　　　　　ISBN：978-986-254-682-6

追尋終極的眞實——顏元的生平與思想
朱之瑜與顏元的實行觀

作　　　者　楊瑞松／陳昀瑜
主　　　編　林慶彰
總 編 輯　杜潔祥
出　　　版　花木蘭文化出版社
發 行 所　花木蘭文化出版社
發 行 人　高小娟
聯 絡 地 址　新北市永和區中正路五九五號七樓
　　　　　　電話：02-2923-1455／傳眞：02-2923-1452
網　　　址　http://www.huamulan.tw 信箱 sut81518@gmail.com
印　　　刷　普羅文化出版廣告事業
封 面 設 計　劉開工作室
初　　　版　2011 年 9 月
定　　　價　十二編 55 冊（精裝）新台幣 90,000 元

追尋終極的眞實
——顏元的生平與思想

楊瑞松　著

作者簡介

楊瑞松，1963 年出生於台北市。畢業於國立台灣大學歷史系，獲清華大學歷史所碩士學位後，於 1997 年取得美國洛杉磯加州大學（ＵＣＬＡ）歷史學博士學位。現職為國立政治大學歷史系副教授。主要研究領域為近代中國思想文化史、心理史學、史學理論與方法。最新著作為《病夫、黃禍與睡獅：「西方」視野的中國形象與近代中國國族論述想像》，於 2010 年 9 月由政大出版社發行出版。

提　要

　　本文以顏元研究做為了解「儒家文化」此一複雜的歷史文化現象的一條途徑。由於顏元所處的時代為明清交替之際，而且他又力排宋明理學，因此有關此時期儒家思想人物的若干研究預設，往往很輕易地加諸於他身上，而坊間有關顏元的個別論述，也往往依據些許的價值預設，來抽取顏元的思想加以評斷。而這些評價之間，又往往有矛盾的情形，例如有謂其如生在今日世界，必定成為一大科學家，而又有謂其思想反知識、反知識份子。至於顏元如何言詮他自己的思想，以及如何置身於儒家傳統和詮釋儒家傳統，尤其是他的生命歷程和思想轉折的過程，似乎尚未被深究。

　　本文首先分析顏元的生平，尤其側重他如何在不同的價值體系中掙扎的過程，又如何在信奉以朱子為首的儒家後，轉而激烈地反對宋明理學，並力尊孔孟儒學。其次，再分析顏元的各項思想，探討他如何構想他心目中的「儒家」及「儒學」。最後，並暫時拋開顏元的立場，去探索朱熹、陸象山、王陽明如何分別地構思他們心中的「儒者之學」，並和顏元對他們的批評做一比較，以顯示出「儒家」在不同的追隨者詮釋下的不同面貌。

　　經由上述的研究，我們驚訝地發現，顏元的思想意義及行為動機，有許多和我們常識中的預設差距頗大，而且從他對儒家的認識，我們更可以對「儒家」在中國歷史上的可能意義有進一層的了解。尤其是顏元生命中對儒家所顯現出的信仰之情，更是「儒家」轉化成為「儒教」的具體例證。

目

次

自　序

　　開始研究顏元時，焦點主要是集中於有關他反對宋明理學的思想，但是在逐步閱讀有關他的生平記載後，卻越來越覺得無法單純地以探索思想的研究取向來了解顏元，因為如果不考慮顏元曲折的生命歷程，則幾乎無法解釋他思想上許多看似互相矛盾的觀念組合。事實上，單就他的生命歷程本身，就足以令人對「儒家人格」的形成有另一層新的感受；也因此本文在他的生平分析工作上要比其他研究顏元的著作，花更多的心力，但是這樣的研究方式，應該能夠使我們對於顏元的理解有一番新貌。

　　文中處理思想方面的研究，除了解析顏元自己的想法外，並將他的一些想法，和宋明理學的大家做一對比，在有限的篇幅當中，處理思想比較的課題，疏略之處在所難免，再者，雖然顏元的思想光芒很快地被主流派的思想淹沒，將他的思想放置於清代思想史的脈絡之下來加以考量，應該仍然是一相當有意義的研究課題，尤其是透過他的得意弟子李塨日後的思想轉變過程研究，或許將更有助於我們了解清代儒學發展的動向，這也是本文力所未逮之處，希望日後能夠依此方向做進一步的研究。儘管如此，本文對於顏元一些觀念的詮釋上（例如：讀書問題）自信應當對於某些有關顏元思想的立論有所助益，讓我們對他的思想了解有一些新的看法。

　　在寫作的過程中，「什麼是儒家？」以及「人如何活在自己的意義網絡中？」等兩項課題，時時浮現在腦海中，也許本研究對這兩項課題，並沒有提出一終極的答案，但是透過了解顏元，至少可以確定這些課題恐怕都得由每個人的生命歷練來各做抉擇，為自己選擇一項答案吧！

　　最後，我要感謝在清華受業期間師長及同學對我的照顧和鼓勵，尤其是

黃進興老師的熱心指導，沒有他的幫忙，本文是不可能完成的。此外，感謝我的家人，特別是我母親及內子彗容的細心照料，及志成表弟辛勤地打字校稿。謹以本文獻給他們及關愛我的人。

第一章　研究課題與研究回顧

　　由於顏元的生卒年（1635～1704）正好是明清改朝換代之際。而學者們在研究此時期的人物及思想時，這一特殊的時代背景，往往被視爲影響思想行爲的重要因素，因此有一些預設的看法似乎必須先加以釐清。例如錢穆先生所言：「（北宋諸儒）他們心中只知道回復三代孔孟，這是全部樂觀的；晚明諸遺老則不然，他們是亡國之餘，孑遺的黎民，他們對中國傳統文化政治教育各方面都想從頭有一番仔細的認識，倒底那些是有眞正價值確可保存或發揚的，那些是要不得的，當前大禍，究竟由何招致，均須加以思索研尋。因此北宋初期的心情是高揚的喜戲式，晚明諸遺老則是低沉的悲劇式的。」〔註1〕這種「亡國之痛」、「悲劇心態」的描述如果和顧炎武、王夫之、黃宗羲諸儒的行誼和思想活動相互對照的話，的確有相當程度的適用性。這其中又以王夫之、顧炎武二人將明朝滅亡歸罪於王陽明學派的說法最具有代表性。王夫之有言曰：「降及正嘉之際，姚江王氏始出焉，則以其所得於佛老者，強攀是篇（《中庸》）以爲證據。其爲妄也既莫之窮詰，而其失之皎然易見者，則但取經中片句隻字與彼相似者，以爲文過之媒。……迨其徒二王、錢、羅之流，恬不知恥，而竊佛老之土苴以相附會，則害愈烈，而人心之壞，世道之否，莫不由之矣。」〔註2〕又言：「王氏（陽明）之學，一傳而爲王畿，再傳而爲李贄。無忌憚之教立，而廉恥喪，盜賊興。……故君父可以不恤，名義可以不顧，陸子靜出而宋亡，其流禍一也。」〔註3〕顧炎武則曰：「以一人而易天下，其流風至於百有餘年之久者，古有之矣。

〔註1〕　錢穆：《中國學術思想史論叢》（八）（台北，東大圖書公司，1980），頁2。
〔註2〕　王夫之：《禮記章句》（台北，廣文書局，1967），卷三十一，頁2上。
〔註3〕　王夫之：《張子正蒙注》（台北，河洛出版社，1975），卷九，頁282。

王夷甫（衍）之清淡，王介甫（安石）之新說。其在於今，則王伯安（守仁）之良知是也。孟子曰：『天下之生久矣，一治一亂。』撥亂世，反諸正，豈不在後賢乎？」〔註4〕而本文的研究人物顏元的名言「無事袖手談心性，臨危一死報君王」。〔註5〕更常被引用爲清初反對空談心性的理學的最精簡批判。《四庫全書總目提要》的編者對於顏元的反理學的原因之解釋也是：「蓋元（顏元）生於國初，目擊明季諸儒，崇尚心學，放誕縱恣之失，故力矯其弊，務以實用爲宗。」〔註6〕

從上文所引述的若干史料及論述，我們就不難了解何以在論及明末清初的知識界對明朝滅亡的反應時，顏元常成爲一代表人物。〔註7〕或者反過來說，在論述顏元反理學思想時，明朝滅亡的政治因素又常被視爲是一重要刺激動力。〔註8〕事實上，我們更可以進一步地推論，這種解釋模式所以會輕易地被引用（暫且擱置是否有明確的史料證據的問題），乃是建築於長久以來對於「儒家人格」的一些既定看法，也就是說，「嚴夷夏之防」、「守民族大義」等較粗淺的成見，配合上以「內聖外王」爲生命終極目標（如以牟宗三先生所定義：「內聖」爲個人道德修養的完足，「外王」則爲政治完成及事功的開展〔註9〕）等較有系統性的理論，構成了描述任何一位儒家人格的基本要件。而在顏元身上，我們不僅發現他正好處於一政治大動亂的時代，又和其他大儒一樣沒有充任清廷官吏，那麼依上述以政治意識取向所建構「儒家人格」所突顯的「悲劇式」、「遺老般」的心態，來解釋他的思想動向（尤其是似乎和其他大儒同聲共斥前朝理學家的現象），難道不也正是一水到渠成的推理步驟嗎？針對這樣的問題，本文的第二章，正是希望藉由分析顏元生命歷程和思維活動的關連性，來企圖重新描述一位儒家如何在他自己所編織的意義網絡（webs of significance）中掙扎奮鬥。誠然，他所用來編織的素材，必定和

〔註4〕黃汝成：《日知錄集釋》（台北，世界書局，1984），卷十八，頁439。

〔註5〕顏元：《四存編》（台北，世界書局，1984），〈存學編〉，頁56。

〔註6〕紀昀：《欽定四庫全書總目》（台北，商務印書館，1971），卷九十七，頁11。

〔註7〕Beniamin A.Elman, *From Philosophy to Philology*（Cambridge：Harvard University Press, 1984）, pp.50～51。

〔註8〕Wei-ming Tu, "Yen Yuan：Inner Experience to Lived Concrete-ness," In De Bary, Wm. Theodore and the Conference on Seven-teenth-Century Chinese Thought, *The Unfolding of Neo-Confucianism*（New York：Columbia University Press, 1975）,pp.521～522。

〔註9〕牟宗三：《心體與性體》（台北，正中書局，1985），第一冊，頁4～5。

他所處的歷史背景有所關連，而本文的重點之一正是去釐清哪些歷史現象成爲他的素材，及他又如何以這些素材，去編織他的意義網絡；和去界定那些我們視爲重要的歷史事件，在和他的意義網絡對比之下，卻可能是微不足道，甚至是毫不相干的。

　　如果說當今的儒學研究已經能夠留意到儒家人格中，存有一種自願性的退隱生活的生命情調類型，〔註10〕那麼或許還有一些不同風貌的生命型態，能夠經由較細密的研究，從陳腐的「儒家人格」的框架中掙脫而出，而這樣的「解放」過程，相信對於了解「儒家」這麼一個複雜的文化歷史現象，〔註11〕有其一定的正面意義。

　　坊間有關顏元的著述，大都著眼於顏氏的思想探索，而各家對於顏元思想的評價則顯現出多元甚至有矛盾的現象。梁啓超非常熱切地推崇顏元的思想，標舉其「現代性」，其言曰：「有清一代學術，初期爲程朱陸王之爭，次期爲漢宋之爭，末期爲新舊之爭，其間有人焉，舉朱陸漢宋諸派所憑藉者一切摧陷廓清之。對於二千年思想界，爲極猛烈極誠摯的大革命運動，其所樹的旗號曰『復古』而其精神純爲『現代的』其人爲誰，曰：顏習齋及其門人李恕谷。」〔註12〕梁啓超所以會如此標舉顏元的「現代性」，主要是因爲他認爲顏元的思想乃是「實踐實用主義」，〔註13〕而和當時被視爲科學精神的具體展現——杜威思想比較之下，顏元的思想更有深度，更有內涵，〔註14〕他並

〔註10〕 Wei-ming Tu, "Towards an Understanding of Liu Yin's Confucian Eremitism,"in Hok-lam Chan and Wm. Theodore de Bary, Yuan Thought（New York：Columbia University Press, 1982）, pp.233～278。

〔註11〕 此種說法可參閱 N. Sivin, "It is hard to think of any idea responsible for more fuzziness in writing about China than the notion that Confucianism is one thing. The word is used freely to lump together any number of quite different things：the teachings of Confucius and of the many intellectuals who claimed to elucidate his ideas; the imperial rituals, most of which originated in the upper levels of popular religion; the texts and doctrines promulgated by the State to be taught in schools; the officialdom of the empire, although only a small fraction of its members could be considered intellectuals; conventional landowners, scholars, or aristocrats, regardless of whethey they aspired to official caressrs;" in Benjamin A. Elman forward, From Philosophy to Philology. p.xiii。此段引文乃是言明「儒家」一詞很難單純地代表一項事物而已。孔子及和自認爲其傳人的教誨，以及多數源自於大眾宗教上層面的皇朝儀典等等事項，均常以「儒家」言之。

〔註12〕 梁啓超：《中國近三百年學術史》（台北，中華書局，1983），頁 105。

〔註13〕 同上，頁 104。

〔註14〕 梁啓超：〈顏李學派與現代教育思潮〉，收於陳登原《顏習齋哲學思想述》（南

且斷言「使習齋、恕谷生在今日。一定是兩位大科學家，而是主張科學萬能論者」。〔註15〕對於梁啓超而言，顏元所強調的「實學」幾乎就是等同於「實驗的學問」，也就是「現代的」、「科學的」爲學模式；然而梁啓超對於顏元的某些行爲也有大惑不解的地方：「我們對於習齋不能不稍爲觖望者，他的唯習主義，和近世經驗學派本同一出發點。本來與科學精神極相接近，可惜他被『古聖成法』四個字縛住了。一定要習唐虞三代時的實務，未免陷於時代錯誤。即如六藝中「御」之一項，在春秋車戰時候，誠爲切用。今日何必要人人學趕車呢。如「禮」之一項，他要人習儀禮十七篇裏頭的昏禮、冠禮、士相見禮……等等。豈不是唱滑稽戲嗎。他這個學派不能盛行。未始不由於此，倘能把這種實習的工夫，移用於科學，豈非大善！」〔註16〕

很顯然地，顏元生平中的一些行誼，令梁啓超原先的高度正面評價產生些許的動搖，尤其是五四時代人物所痛恨的「吃人的禮教」、「封建時代的教條禮儀」，居然被他所推崇最富有「現代性」的思想家所尊奉禮拜，這豈非是一大矛盾。然而梁啓超雖以「唱滑稽戲」來表明這種矛盾感，卻很快地加以釋然：「嚴格的科學，不過近百餘年的產物，不能責望諸古人。」〔註17〕梁氏這種以時代落後，無法配合有先見的思想家，反而障蔽思想家的解釋方式。表面上似乎解決了他認爲顏元的矛盾性，事實上反而遮蔽了他對顏元有更深刻了解的可能性，因爲從我們下章的研討中，我們可以看出，顏元奉行禮節的虔誠信念，是他在高度自覺意識下所作的選擇，在他的觀念架構中，梁氏所謂的「唱滑稽戲」不僅和他標舉的「實學」毫不矛盾，甚至是不可或缺的一環。況且，以舊時代的環境格局來解釋顏元對習禮的專注，一方面沖淡了習禮對顏元的獨特意義，一方面更令人費解，何以一位「現代性」的思想家會比其他同時代，甚至更早的「保守、落後」的思想家，更熱烈地去擁護「吃人的禮教」，由此看來，究竟是顏元有雙面，甚至多面的思想或人格呢？還是梁啓超的分析架構有些許疑點亟待釐清呢？

承繼著梁氏以「現代性」的觀點，來推崇顏元的研究，還有大陸學者侯外盧。他以「近代世界底預言者」來統攝他對顏元的理解，認爲顏元所標舉

京，1934)，第二冊，頁331。
〔註15〕同註12，頁123。
〔註16〕同上。
〔註17〕同上。

的「六藝之學」，事實上正是以「舊瓶裝新酒」的方式，描述出近代式專門分工的新世界，而這樣的新世界又是一事物界，和宋明理學將一切智識技藝附庸於空虛教條的虛靈界是絕不相容的。〔註18〕但是侯氏卻不贊同以「實驗主義」來附會顏元的想法，他說：「有人因習齋主功用，以爲似實驗主義，這亦似是而非。按他重『習』，多指實際事物的製造與證據，而卻沒有詳言經驗的主義的法寶，歸納法的方法論，……他的論點，異常樸素，僅在於科學定義的專門職業，故他的知識論，不是哲學『理論的』，或範疇本身研究的，亦不是歷史『分析的』，或流變發展研究的，而是導出一個屬於科學知識的世界。」〔註19〕侯外盧雖然在此點上有別於梁啓超，然而這無損於他推崇顏元具有近代性，因爲顏元一改「聖學即理學」的命題，而爲「聖學即六藝」的號召，是以哥白尼般的精神，用復活古代文明，說明他的新世觀。〔註20〕基本上，侯氏以顏元代表進步的「事的世界觀」，而「對於宋以來理學家，一壁推翻，沒有一絲形式上的保留」，〔註21〕這種以「唯物主義」對抗「唯心主義」（宋明理學所代表）的解釋模式，往往爲新一輩的大陸學者所繼承，如李書有、趙宗正、姜廣輝等。〔註22〕然而，顏元眞的是活存在一個「眞實的物的世界」嗎？他的眞實感（sense of reality）是否眞的和唯物主義相契合呢？「儒家」做爲一種文化現象，對於顏元有何多面意義呢？或許這些都不是單純地在「唯物論」大旗下就能回答解釋的問題。

馮友蘭先生對於顏元思想的討論，主要集中於「理氣」及「性形」二課題上，他對於顏元所看重的「孔孟正學」的實學，僅僅是簡單的敘述，對於這樣的偏倚，可能不太符合顏元對本身論學重點的自我言詮，而且馮氏以顏元的理氣論、及性形論均和劉蕺山、王船山等一元論者同，未能細密解析顏元在此二論中的一些特異之處，因此在這樣有偏倚，又有略論的情況下，顏元的思想是很難有一明顯的面貌。〔註23〕

〔註18〕侯外盧：《近代中國思想學說史》上冊，頁215～217。

〔註19〕同上，頁215。

〔註20〕同上，頁221。

〔註21〕同上，頁214。

〔註22〕李書有：〈顏元對宋明理學的批判〉，《論宋明理學》（浙江，人民出版社，1983），頁510～524。趙宗正：〈顏元的政治思想〉，《遼寧大學學報》第三期，頁118～122；及〈論顏元的認識論〉，《哲學研究》第八期，頁62～67。姜廣輝：〈顏元思想淵源辨〉，《中國哲學》第八輯，頁256～266。

〔註23〕馮友蘭：《中國哲學史》（上海，商務印書館，1935），頁975～990。

　　胡適先生對於顏元的生涯頗爲留意，也分析了他生平上的一些重大事件和思想的關連性，然而對於顏元早歲的思古情懷以及所承受科舉的壓力，則未論及。他對於顏元反「宋明理學」的思想大表讚揚，而且也在很多立場上，幾乎不帶批判地接受顏元的想法，如：「他（指顏元）也論性，但他只老老實實地承認性即是這個氣質之性……這便是一筆勾銷了五百年的爛帳，何等痛快。」，由於胡先生對於「五百年爛帳」的「性理之學」，基本上似乎是欲毀而快之，因此他在分析顏元和宋明理學之間的思想差異時，立場是相當武斷的。如「如王陽明說『良知』，豈不很好聽？良知若作『不學而知』解，則至多不過是一些『本能』，決不能做是非的準則。」〔註24〕諸如此類言論，雖然刻意突顯顏元的特殊性，卻是建立在一相當偏頗的基礎上，而且全然強調顏元倡言「孔孟實學」這一「側面」，而忽略了顏元對「禮」等價值的遵守及奉行，似乎顏元僅僅活在一「有用」的價值系統中，基本上是抽離顏元的部分思想來與他所倡的「實證主義」相應合。

　　錢穆對於顏元亦有極高的評價：「習齋，北方之學者也，早年爲學，亦曾出入程朱陸王，篤信力行者有年，一旦幡然悔悟，乃并宋明相傳六百年理學，一壁推翻，其氣魄之深沉，識解之毅決，蓋有非南方學者如梨洲、船山、亭林諸人所及者。」又言「以言夫近三百年學術思想之大師，習齋要爲巨擘矣。豈僅於三百年！上之宋元明，其言心性義理，習齋既一壁推倒；下之爲有清一代，其言訓詁考據，習齋亦一壁推倒。……遙遙斯世『前不見古人，後不見來者，念天地之悠悠，獨愴然而涕下。』可以爲習齋詠矣。」錢穆並且引顏元弟子王崑繩之語「開二千年不能開之口，下二千年不敢下之筆」，強化他對顏元的推崇。〔註25〕然而，錢穆卻認爲在思想精神上，顏元似乎頗近於陽明，並舉顏元諸多語句和陽明之語作比較，〔註26〕並且又特別指出，顏元尊古隆禮的行爲，成爲它革命氣度思想中的缺失，因此，不得不終歸於與舊傳統相妥協。〔註27〕錢先生對於顏元的評論，雖然較上述梁啓超的分析，更仔細地研討顏元「守舊」的面向。但是依然不脫以「進步——落後」的模式來解析顏元的思想。仍然不能

〔註24〕見胡適：《胡適作品集十一治學的方法與材料》，〈幾個反理學的思想家〉（台北，遠流出版社，1986），頁 93～102。

〔註25〕錢穆：《中國近三百年學術史》（台北，商務印書館，1987），上冊，頁 159，179。

〔註26〕同上，頁 185～186。

〔註27〕同上，頁 198。

令我們針對上述梁啓超所提的若干疑點，得以釋然。

在近期的一些研究中，顯示出和上述諸作較不相同的研究取向。如果說上述研究方法，基本上大都強調顏元思想的「新」意，那麼現在所要討論的作品，又大都企圖描繪，探索他的思想中，「舊」的面向。成中英就「實學」這個觀念，對「朱熹、王陽明、顏元」三人思想，作一比較分析研究，他認為顏元所論的「實學」，在論理上，可以從朱熹及王陽明的學說及行為上推導出來。表面上，實學是在揚棄朱學及陽明學的情況下而開展，但是實際上，很多朱學及陽明學哲學上、道德上的信念均深深染於其中。他甚至認為，朱子的哲學可以被視為提供了實學的基礎，而陽明的知行合一之論也是導引實學關注政事及社會的重要建構基礎。〔註 28〕值得注意的是，成文並在文中以「道德性的實」和「功利性的實」（moral practicality, utilitarian practicality）（前者以對道德、社會互動、政治活動等事件的關懷為實，後者則著眼於經濟及科技事務。），〔註 29〕做為他對「實學」分析的對比架構，而他認為以顏元為代表的「實學」可以被斷定為具有傳統性，也正是因為「道德性的實」始終具有影響力。此篇論述是收於主要由狄百瑞所主編的新儒家課題系列研討當中，而狄百瑞對於十七、八世紀的儒家風貌的研討，主要是強調其發展的動力，是源自宋明新儒學。〔註 30〕這部分說明了成文的研究取向的若干預設。很顯然地，此種論法，較諸前述「一刀兩斷」的思想分析，可謂另闢蹊徑。

但是這種強調傳承性看法和一些歷史現象，如何呼應呢？試問，王陽明對於朱子學的強烈批判，究竟是建立於他詮釋上的誤解（即事實上，他和朱子學的精神是相契合的），還是二者之說的確存有不可調和的歧見，同樣地，顏元對於朱、王二人強烈的批判，究竟是一誤解，抑或有其思想上的必然性，換言之，這種在歷史上，一波接一波的後人批前人的現象，難道能夠藉由串聯個別思想家的某些思想因子而加以淡化嗎？〔註 31〕是否除了考慮每個思想家本身如何建構他的思想體系之外，我們還得考慮他又是如何地去了解詮釋

〔註 28〕 Chung-ying Cheng. "Practical Learning in Yen Yuan, Chu His and Wang Yang-ming," in Wm. Theodore de Bary and Irene Bloom, Principle and Practicality（New York：Columbia University Press, 1979），p.61。

〔註 29〕 同上，pp.37～38。

〔註 30〕 de Bary, Introduction, in The Unfolding of Neo-Confucianism. pp1～32。

〔註 31〕 此種思想史研究法，可參閱一典型的例子，Karl Lowith, Meaning in history（Chicago：The University of Chicago Press, 1949）。

其他思想家的想法，以及他構思一項想法的過程是受到那些因素影響。如果說，經由我們的現代人的詮釋認爲朱、王、顏三人的思想系統，均是可以會通、相容，那麼是否又暴露出另一個問題，即是哪些因素，使王、顏二者沒有如我們般地那樣去詮釋前人的思想，反而以「撥亂反正」的姿態而非繼承者的方式，去宣揚他們的想法呢？

另外一種對顏元的描述，雖然並非出自於顏元的專著討論，但是由於它對顏元的定位和上述諸論，有很大的歧異性，相當引人注目，余英時在《論戴震與章學誠》的自序中言及：「儒學的發展告訴我們，極端的德性論和功利論往往會走上一個共同的方向，即反智識主義（anti-intellectualism）。因此陸、王的末流和清代的顏、李學派都把知識看作毒藥。反智識主義又可以分爲兩個主要方面：一是反書本知識，反理論知識，或謂其無用，或謂其適成求『道』的障礙；另一個方面則是由於輕視或敵視知識逐進而反知識份子，所謂『生無用』、『書生不曉事』等等話頭即由此而起。陸象山雖有反知識的傾向，但尚不反知識份子，顏習齋則反知識而兼反知識份子。」〔註32〕如果要更清楚余先生這段話的含義，我們必須對於余先生一系列有關於宋明理學和清學關係性探索的文章有所了解，至少要掌握他以「主智」對抗「反智」（或者「道問學」對抗「尊德性」）的研究架構來分類新儒家的學派。〔註33〕就字面上的定義來看，余先生所謂的「知識份子」應該是指和上述「反知識份子」持相反信念者，亦即贊成書本知識、理論知識，視其有用，並且不是求「道」的障礙。這種對「知識份子」定義，顯然有特殊的意涵，尤其是以「道」與讀書關係做爲定義的一環，更不是常識中，用來界定「知識份子」所經常援引的範疇（目前很多知識份子，恐怕根本不會在意讀書跟所謂的「道」有沒有關係）。我們在下面的研討中，將可以看到顏元許多「反讀書」的言論（尤其是針對朱子而發），但是，是否就能定義「顏元反對知識」，恐怕還得對「知識」這一觀念在不同的觀念系統下，所指爲何物做一番釐清工夫。並且必須對顏元的「反讀書」言論，一方面放置於他反朱子學的脈絡之中，一方面和他自己所認定的「儒者之學」作比較分析，或許才能判斷這位梁啓超先生心

〔註32〕余英時：《論戴震與章學誠》（台北，華世出版社，1980），自序，頁7。

〔註33〕余英時：《歷史與思想》，〈從宋明儒學的發展論清代思想史〉、〈清代思想史的一個新的解釋〉，（台北，聯經出版社，1976）頁87～156。及 "Some Preliminary Observations on the Rise of Ch'ing Confucian Intellectualism," *Tsing-hua Journal of Chinese Studies* 11 （1975）：pp.105～144。

目中的「科學家」是否是「反知識」或是「反知識份子」。

最後要提到的是杜維明對顏元的研究。杜維明對於顏元的生平有較詳細的描述。並且認為這位被推崇為「實踐實習主義者」，實際上的「活動性」並不是很強。他基本上反對梁、侯諸人，以現代的眼光企圖從歷史人物中，找到一些足以令現代中國人欣慰的「現代性」之研究取向，〔註34〕而他對顏元的特質的界定，則是認為顏元對「任何形式的社會政治活動必定得以道德宗教性的承諾做為前提」的堅持，是和所有偉大的新儒家思想家所宣揚的人文之義世界觀殊無二致。〔註35〕杜先生此項論點和成中英之論點有相通之處，但是同樣地，顏元的特殊性似乎也被沖淡一些，因為如果說顏元對宣揚他的想法帶有傳教般的理想色彩，〔註36〕那麼「儒家」對顏元所產生的「宗教魅力」又是如何呢？做為一「儒家」的追隨者，顏元或許不一定別有「革命性」的創見，但是他自認為他對儒家的見解，和漢、宋、明諸儒之見乃是涇渭分明的現象，又應如何解釋呢？此外，雖然杜維明比較有系統地敘述顏元生平，〔註37〕但是他依然也以「明朝覆亡」做為一對十七世紀主要思想家均有重大影響力的前提，而將上述所引「無事袖手談心性，臨危一死報君王」的語句，視為是顏元有感於明朝滅亡，而針對晚明儒者所作的批判。〔註38〕誠如上述，這樣的看法，是否有待商榷，將在下章討論。

至此，由許多著作中，我們已經看到了各種風貌的「顏元」，有「主張科學萬能」的「現代性顏元」，也有「採唯物思想」的「近代性顏元」，更有和「宋明諸儒精神相契」的顏元，亦有「將宋明理學一壁推翻」的顏元，最後更有「反知識、反知識份子」的顏元。當然，還有為了明朝覆亡，忿忿不已，痛責晚明儒者應負亡國之罪的顏元。或許，我們可以說，這些都是顏元的某個面向，而且是因為研究者詮釋角度的不同，所以造成「橫看成嶺側成峰，遠近高低各不同」的現象；但是，隨意將上述二種風貌聯想在一起，如「將宋明理學一壁推翻，又和宋明諸儒精神相契」的顏元，或是「主張科學萬能而反知識、反知識份子」的顏元，似乎都令人有不協調之感。那麼究竟這種字面上的矛盾性是確實存在於顏元的思想行為上呢？或者在某種特定解釋脈

〔註34〕同註8，pp.51～512。
〔註35〕同上，p.534。
〔註36〕同上，p.535。
〔註37〕同上，pp.515～520。
〔註38〕同上，pp.521～522。

絡上，可以言之成理呢？這些問題及上述研究回顧中，所思考過的課題，正是本文所面臨的挑戰。希望在通過下面數章的討論之後，能有一些新的立足點，來反省本章所提的問題。

最後，值得留意的一個現象乃是顏元的歷史地位問題。顏元會在今日成為清初一位「重要」的思想家，乃是經過一番曲折的歷史過程。顏元的說法、想法經過其弟子，尤其是李塨的宣揚，在康熙末、雍正初年間，曾經有較廣大的流通性。當時的一些記載也反映這種情況，如陶窳曾說：「顏李之學數十年來，海內之士靡然從風」；〔註39〕張伯行亦說顏學「四方響和者，方靡然不知所止」；〔註40〕方苞說顏學「發揚震動於時」、「立程朱為鵠的，同心於破之，浮夸之士皆心醉焉」，〔註41〕但是這種熱絡的情況並未能持久。同治年間，曾國藩幕府中的戴望因機緣得見先祖所遺之顏氏之書，後又得顏元弟子王源所著的顏先生傳。於是「始驚嘆以為顏李之學，周公孔子之道也」，因而立志為顏元編寫學記，以條其言行授受原流，傳諸後世；但是戴望所藏之書，不幸因為喪亂，竟毀之。這迫使他不得不向外搜尋，但是他所遭遇的情況，竟然是「每舉顏李姓氏，則人無知者。會稽趙偽叔，當世之方聞博學振奇人也，聞望言怵焉知己憂，於京師求顏李書不可得，則使人如博野求之，卒不可得」。〔註42〕在京師及顏元的故鄉，均沒有辦法得到有關他思想的隻字片語，可見當時顏元之說的淒涼境遇了。

直至變法思想興起，若干改革派思想家如陳虬、宋恕，及上述梁啟超等諸人，復推崇顏李思想，如劉師培所言：「近世以來，中土士庶愓於強權，並震於泰西科學，以為顏氏施教，旁及水火工虞，略近於西洋之致用，而貴兵之論，又足矯怯弱之風，乃尊崇其術，以為可見施行。」〔註43〕而民國初年時，更有當時的大總統徐世昌為首，成立了四存學會、四存中學，編輯《四存月刊》，及目前所流傳的《顏李叢書》，並將顏李從祠於孔廟，一時有「顯

〔註39〕陶窳：《秦關稿序》（轉引自姜廣輝：〈顏李學派的功利論及其歷史地位〉。北京，《中國社會科學》（1984年5月），總29期，頁212。）

〔註40〕張伯行：《正誼堂文集》（收入《叢書集成初編》，上海，商務印書館，1936），卷九，頁117～118。

〔註41〕方苞：《方望溪全集》（台北，世界書局，1950），卷十三，頁184。及卷六，頁87。

〔註42〕戴望：《顏氏學記》（收入《中國思想名著二編》，台北，世界書局，1980）序，頁3。

〔註43〕劉師培：《非六子論》（轉引文章，同註39，頁213）。

學」之勢，當時清遺老認爲此舉乃是徐世昌借古人以自尊的手法：「（顏李）皆直隸省人，與天津某君（指徐世昌）爲同省，尊顏李即所以尊天津，陰以『人傑地靈』，四字煽動天下。」〔註44〕然而，顏李學的復興，即令可能有其政治上的原因，它受到當時學界有力人士的注目，卻也是一項事實，除梁啓超、胡適外，國學大師章太炎，及作家周作人，均爲文研討顏元的思想，而馮友蘭的《中國哲學史》中，介紹顏元的篇幅，超過了對湛甘泉、劉宗周、黃宗羲等人的所佔的比例，此外，錢穆、陳登原等人的大力推崇，更使得顏元成爲清初思想人物討論中，再也不能遺漏的一位「重要」人物。〔註45〕

　　沉寂了兩，三百年的顏元，雖然又如此風風光光地登上了歷史舞台，但是當代的詮釋所賦與他的多元風貌，恐怕也是他始料未及的。他的生命型態、他的思想所顯現的定義，未能在現代研討中，得到一適切的定位，似乎也正反映了「儒家」在當代意識的歸類中的不確定性。本研究所將要對顏元進行的分析工作，或許無法立即去除這種不確定性，然而，對於任何以既定模式來詮釋儒家發展的看法，未嘗不是提供了一參考比較的可能性。

〔註44〕劉聲木：《萇楚齋隨筆》（轉引文章，同註39，頁214）。

〔註45〕參閱註8，頁514。

第二章 顏元的生平和其思想轉變的關連性

第一節　前　言

　　如同上章所言，顏元的生命歷程和思想的關連將是本章的重點。關於顏元生平的記載，就目前所存的《顏李叢書》中，以《年譜》所載最爲豐富，並且由於有時間上的標記，更有助於本文來推斷他思想上的可能變因及非變因。根據《年譜》的主要編纂者，也是顏元的最重要學生李塨的講法：「顏先生年譜甲辰三月以前，本之先生追錄稿及塨（李塨）所傳聞，以後皆採先生日記。」〔註1〕可見年譜中三十歲以前的記載，大抵上是依據顏元個人的回憶所及，我們當然已經無法去追問這樣的記載是否有所遺漏，但是從另一個角度來看，這樣的記述未嘗不正顯示了顏元如何去詮釋他的年輕生涯，也顯示出是哪些事項成爲他永恆記憶，而用來建構他的自我的生命歷史。此外，叢書中，有關顏元的生平及行誼的記載，尚有受業門人鍾錂所纂的《顏習齋先生言行錄》及《習齋先生闢異錄》等，但是由於沒有明確的時間記載，因此較難引用分析，所以下文將以《年譜》的記載爲主，分階性地來敍述顏元的生平並加以分析。

第二節　徬徨──二十五歲以前的顏元

　　從第一眼接觸到《年譜》，我們就發現顏元的一些「特異性」，首先，顏元

〔註 1〕李塨、王源：《習齋先生年譜》（以下簡稱《年譜》（收入《顏李叢書》，台北，廣文書局，1965），凡例，頁 1。

的父親原爲博野縣北陽村人，但是在九歲時，即被蠡縣劉村的朱姓人家所收養，而這戶以顏元的養祖父朱盛軒爲首的朱姓人家，對於顏元的生命，尤其是年輕時代的生命歷程有極重大的影響，因爲顏元的父親在顏元四歲時，就跟隨著入侵的清軍前去關東，從此音信全無，《年譜》上記述：「冬，畿內警兵至蠡，先生（顏元）父不安於朱，遂隨去關東，時年二十有二，自此音耗絕。」〔註2〕其父究竟是自願隨清軍而去，抑或被掠去，實在不得而知，〔註3〕但是顏元四歲即和生父分離，卻是一項事實；而他的生母王氏也在他十二歲時改嫁，所以顏元在如此幼弱的年齡時，即和生父母分離，養祖父母自然地在他生命佔有重要的地位。再者，還有一些潛伏在這些表面現象的事項，是當時的顏元所不知情也無法了解的。第一點：是他生父的生死問題成謎，這成爲顏元大半輩子中的懸念。我們可以從他日後時常言及的思父之情，甚至最後的「千里尋父記」（下文將會提及），看出「父親」這個角色的缺失，對於顏元造成多麼嚴重的失落感，而這份從小即被「賦與」的失落感，又如何在他的生命歷程中，和其他生命經驗交互激盪，是我們必須留意之處。第二點：也是相當重要一點，即是顏元根本不知道他的父親是位養子，因此嚴格地來說在西元 1673 年以前，「顏元」是不存在的，因爲在此之前，祇有一位名喚「朱邦良」的讀書人，直到他三十九歲時才回歸祖姓成爲「顏元」。而這項身世之謎，是遲至他三十四歲時在他生命裏一項驚天動地的事件中，才意外地被解開。我們將在文後的分析可以逐步地了解這些事項的重要性。我們甚至可以說，如果沒有這些「特異」的因素，也許歷史上，根本不會有「顏元」的影子，更遑論一名小小的書生「朱邦良」了。

不過，就《年譜》的記述來看，顏元的出生過程也確有許多「特異」之處，當然，這些特異點，如果和其他名人傳記中所載相較的話，也許也就不那麼特殊了。例如其母王氏「孕先生（顏元）十有四月，鄉人望其宅，有氣如麟，忽如鳳，遂產先生」，論及顏元初生時的特徵「舌有文曰『中』，足蟬翅，文甚密。」〔註4〕李塨也據此作了如下的推測「其言中行潔之象乎」，〔註5〕可是這位似乎是「天賦異稟」的幼童並沒有就此一路平步青雲，在他父親離開後，養祖父母取代了父母的角色（顏元的母親在他童年的記述中，除了在上述懷胎生育的情景

〔註2〕同上，卷上，頁1。
〔註3〕見錢穆：《中國近三百年學術史》，頁158。戴望：《顏氏學記》，頁1。
〔註4〕同註1，卷上，頁1。
〔註5〕同上。

曾經提及以外，就祗有十二歲時「母王氏改適」一語輕描淡寫，似乎在顏元的生命中，不具影響地位〔註6〕），負起教養的責任。朱盛軒本身的社會地位，我們僅能從以下敍述得知：「朱翁號盛軒有才智，少爲吏得上官意，滄桑變，偕眾守蠡城及劉村有功，妻劉氏無出。」〔註7〕在明之將亡之際，對一個小官吏而言，處境可能是相當難堪，可是從《年譜》上看來，明清改朝換代之際，似乎沒有對朱家造成太多的影響，朱翁甚至在這些年間取了側室楊氏，並在清世祖順治二年時，得一子名晃。對於西元 1644 年時清兵入關時的情形，《年譜》上僅載：「先生（顏元）嘗言，曾戴藍衽、晉巾二項，明之服色也。」〔註8〕當時年僅十歲的顏元，有此舉動是否代表著他雖然年少，卻有強烈的夷夏之防觀呢？我們很難斷下結論，另外一種可能的解釋則是，顏元此舉乃是受到他在此時期的老師吳持明影響，這位吳先生「能騎射劍槊，慨明學國事靡，潛心百戰神機，參以己意，條類攻戰守事宜二帙。時不能用，以醫隱」。〔註9〕這位既感慨明學國事靡爛又能爲時所用的吳先生，可以算是顏元的啓蒙老師，顏元在八至十二歲時受教於他，而明亡之時也正是顏元十歲之際。不過除了這項象徵性的行爲外，我們沒有看到因爲這次的政治大動盪，顏元或是朱家有任何進一步回應的行爲。反而在顏元十三歲時，朱翁還因爲一位前明將領之子蔣爾恂率眾入城殺知縣，號稱大明中興元年的風波（不久即失敗），爲了避難帶顏元離開蠡城而去博野，〔註10〕這或許反而是改朝換代的動亂中，對朱家造成最嚴重威脅的事件。

在顏元十四歲時，他因爲看到《寇氏丹法》一書，而開始學運氣術，他對此種仙家術的沉迷地步，甚至使他在翌年「娶妻不近」，直到十六歲時方才了悟仙不可學，而「重諧琴瑟」。這段青年期的顏元，雖然在吳持明之後又拜另一位庠生賈金玉就學，可是他顯然不像是一位中規中矩的讀書人，儘管他在十四歲時，閱讀《斥奸書》而痛恨魏忠賢的禍害，卻也同時學習仙家術，希望能夠練成神仙，而知仙不可學後，又和小人爲伍，生活放蕩，在十六至十八歲的年譜中記載，最明顯的記述如「有比匪之傷，習染輕薄」、「浮薄酗歌如故」、「習染猶故也」。〔註11〕可是，朱翁對於這位養孫、並非是毫無期望

〔註 6〕同上，頁 2。
〔註 7〕同註 1，卷上，頁 1。
〔註 8〕同註 1，卷上，頁 2。
〔註 9〕同上。
〔註10〕同上，頁 3。
〔註11〕同上。

地栽培，早在顏元七歲時，他就為他訂了蠡縣道鏢巡捕官之女為日後的妻室，而且除了讓顏元先後隨吳、賈二者就學外，更在十六歲時，企圖以賄賂的方式為顏元謀得附學生員（俗稱秀才）的資格，也就是希望以捷徑，為顏元取得科舉考試的最初級資格，可是顏元對於此種作法，表達了強烈不滿的反應：「朱翁為先生（顏元）謀賄入庠，先生哭不食曰：『寧為眞白丁，不作假秀才』，乃止。」〔註12〕雖然朱翁為顏元謀賄入庠的方式，因為顏元的抗拒而為作罷，可是朱翁顯然沒有放棄顏元從事舉業的念頭。顏元在是年，也就是十六歲那年正式赴考，《年譜》載「縣試策問弭盜安民，先生（顏元）對曰：『淫邪惰肆，身之盜也；五官百骸，身之民也。弭之者在心，君心主靜正，則淫邪惰肆不侵，而四體自康和矣！亂臣賊子，國之盜也；士農工賈，國之民也。弭之者在皇極，皇建其極，則亂賊靖息，而兩間熙皞矣！』。」〔註13〕這大概是我們所得見的，顏元最早、最粗略的政治思想，其中以心為身之首、以君為國之首來相類比，而將治亂的本源歸諸於首腦的清明與否的想法，並非具有任何新意，〔註14〕而且這篇對策一方面並沒有為他贏得入學的資格，另一方面卻也很諷刺地和顏元十六至十八歲生活的輕薄習染，形成強烈對比。〔註15〕

在初試失敗後，顏元在十九歲時，又從另一庠生賈端惠學習，這位先生對顏元似乎頗有影響力，顏元因而習染頓洗，甚至在朱翁為了躲避一項官司糾纏逃亡之後，還代替朱翁坐牢。在獄中，尚且「作文倍佳」，賈端惠因而推崇他「是子患難不能亂，豈凡人乎！」，而顏元也在此年，通過了歲試，得以入學，總算是達成了朱翁原先的期望，在《年譜》中特別記載一段話：「訟解，因思父悲不自勝。」〔註16〕或許是因為顏元年紀輕輕就得為養祖父（他自以為是親祖父）代罪，而感到失去父親無以為靠的孤寂感吧！而且自從此件官司風波後，朱家家道中落，為了避免城居的來往應酬花費，舉家遷往鄉下居住，而朱翁既已年邁，於是顏元親自下田耕種，負起家計的責任，在這樣的生活情況下，他在二十一歲時接觸到司馬光的《資治通鑑》。《年譜》載：「閱

〔註12〕 同上。
〔註13〕 同上。
〔註14〕 此類在討論政治社會制度運作時，將君主的作用置於核心位置的想法，可參閱林毓生對於「人為構成說」置於中國思想史上的討論，《思想與人物》（台北，聯經出版社，1983），頁 165～170。
〔註15〕 同註1，卷上，頁3。
〔註16〕 同註1，卷上，頁4。

《通鑑》忘寢食，遂棄舉業，雖入文舍，應歲試，取悅老親而已！」〔註17〕
這一段話透露了一些訊息，顏元對於舉業之途的參與，懷有一種矛盾的心情，
他個人對於在鄉下耕讀的清苦生活，似乎不以為意。但是朱翁對於他的期望，
是設定在通過層層科考「正途」的取向上。而顏元又不願違背朱翁的期望，
也因此顏元以應試的形式來敷衍朱翁。而或許是因為對歷史政事的興趣，使
得他厭倦於鑽研應考事物，但他對科舉的痛恨，可能還有更深切的原因，在
下文他所著的〈王道論〉中，我們將可略窺一二。

他在決定放棄舉業的第二年，也就是二十二歲時，《年譜》上僅載有：「元
日望東北，四拜父，大哭慟，作〈望東賦〉。以貧為養老計學醫。」〔註18〕當
時的顏元，在沒有父親的庇障下，既然已經放棄了舉業，於是祇好習得一技
之長以維生。二十四歲時，他開家塾，並且從學生彭好古之父處，獲悉《陸
王要語》一書，此為顏元首度接觸有關宋明理學的書籍，《年譜》載：「先生
深喜陸王，手抄《要語》一冊。」，但是這項思想接觸，對於他的生活過程，
並沒有重大的影響（尤其是不能與他二十六時的經歷相較）。〔註19〕有趣的
是，他的書齋命為「思古齋」，並且自號「思古人」，這樣的名稱，代表什麼
樣的意義呢？我們可以從他在這一年所著的〈王道論〉（後來更名為《四存篇》
之一的〈存治篇〉）中，略為窺見。該篇標舉三代之治，乃為理想的社會的制
度，舉凡井田、封建、甚至宮刑都在他稱許的範圍之內，我們將在下章，較
有系統地討論，在此值得我們特別注意的是他關於學校和科舉的論述，他說：

> 嗟乎！學校之癈久矣！考夏學曰「校」，教民之義也，今猶有教民者
> 乎？商學曰「序」，習射之義也，今猶有習射者乎？周學曰「庠」，
> 養老之意也，今猶有養老者乎？且學所以明倫耳，故古之小學教以
> 灑掃應對進退之節，大學教以格致誠正之功、修齊治平之務，民捨
> 是無以學，師捨是無以教，君相捨是無以治也。迨於魏晉，學政不
> 修，唐宋詩文是尚，其毒流至今日，國家之取士者，文字而已；賢
> 宰師之勸課者，文字而已；父兄之提示，朋友之切磋，亦文字而已……
> 求天下之治，又烏可得哉？……倘仍舊習，將朴鈍者終歸無用，精

〔註17〕同上。

〔註18〕同註1，卷上，頁5。

〔註19〕同上。事實上，顏元似乎從來沒有真正深刻體會陸王思想的精髓，而且在此
時也不了解陸王對朱熹的批評中所顯示的門戶立場，這可以由他日後未經多
少掙扎，即服膺朱子學為正統儒學的過程中看出。

力困於紙筆，聰明者逞其才華，詩書反資寇糧，無惑乎家讀堯、舜、孔、孟之書，而風俗愈壞，代有崇儒重道之名，而真才不出也，可勝嘆哉！〔註20〕

顏元在縣學研讀的經歷，對於他而言，祇是在作文字工夫、文字遊戲而已，而所爲的僅僅是爲了通過唐宋以降，國家取士的定法，科舉而已。也因此，顏元對於國家取士有如下的想法：

嘗讀《禮》：「聘則爲妻，奔則爲妾」，所以從禮義，養廉恥也，故女無行媒不相知名，士不爲臣不見。成湯之於伊尹也，三聘莘野，文王之於呂尚也，載旋渭濱，下至衰世，猶有光武就見之子陵，昭烈屢顧之諸葛。如是子者固有以自重，抑其君知所以重之也，近自唐宋試之以詩、弄之以文，上輒曰選士、曰較士、曰恩額、曰賜第；士則曰赴考、曰赴科、曰赴選。縣而府、府而京、學而鄉、鄉而會、其間問先、察貌、索結、登年、巡視、搜檢、解衣、跣足，而名而應，挫辱不可殫言。嗚呼！奴之耶，盜之耶？無論庸庸輩不足有爲，即有一二傑士，迫於出仕，氣喪八九矣，宜道義自好者不屑就也。

〔註21〕

這一段對於科舉取士過程的生動描繪，有助於我們了解何以顏元會放棄舉業，也強烈地表達他對於唐宋以降，人才晉升模式的深惡痛絕，而認爲遠古之法（鄉舉里選之法）才能拔擢眞才。我們姑且不論，顏元所推崇之法是否有可能在當時實現，而僅先就他對於科舉的痛恨，來試圖體會二十四歲時顏元的心境。他雖然如此地痛恨科舉，但是捨去了科舉，首先所面臨地即是現實的出路問題，而更重要的，是社會地位的停滯，甚至下降，更遑論喪失晉身官僚集團以接近社會的權力核心的機會。明清的社會結構一如何柄棣先生所指出：「在傳統中國，至少是明清社會，它的價值及成就目標的系統，有很大的程度上，要比現代工業社會中的系統，顯得更具單一性並且較無專業區分。複雜的現代社會中，較高的社會地位，可以經由商業、工業、專門行業、藝術、戲劇、甚至運動等活動獲得，明清社會則不然，祇有經由學校——官僚的途徑，才可能獲得最終的地位成就目標。」〔註22〕此外何先生並指出：「上種單一性的價值系統

〔註20〕《四存編》，〈存治編〉，頁118。
〔註21〕同上，〈存治編〉，頁124。
〔註22〕Ping-ti Ho, *The Ladder of Success in Imperial China*（New York：Columbia

在多種社會符號上明顯的展現，科舉對於很多卑微的人們造成很大的心理衝擊，每個人都看得到當官者和被管者在權利、義務、生活型態上存有重大的差異。」〔註23〕何先生並列舉出一些故事，如《儒林外史》中范進中舉，說明「中舉」在明清社會中的價值。〔註24〕由此，我們更可以了解，顏元所對抗的是一個在現實上很難突破，而且在觀念上爲大眾社會所接受的價值系統及其所衍生的各種制度（學校、考試規則等），這種形式的對抗，對於一位沒有身家背景的人，無異是螳臂擋車，除了自我憤恨、寄情於古，對於現狀是不可能有所改變的。事實上，他這種對抗的態度，就明顯地不爲朱翁所認可，在他二十五歲那年，他還是前往易州，參加歲試，而此時，他結婚十年的妻子爲他產下一子，很諷刺的是，他爲他的兒子命名爲「赴考」。〔註25〕大環境的壓力，透過朱翁期許，對於無意仕途的顏元所造成的影響，其中的辛酸與無奈，似乎都在他爲兒子的命名的舉動上顯露出來。很可以預料地，這一次的考試依然是沒有任何成果。

　　至於我們概略地回顧了二十五歲以前的顏元，他在養祖父母培育下，既要負擔實質的生活家計，又得遵奉祖父的期許，接二連三地參與科舉，而他本身卻對這一種制度的運作及背後的精神，徹底地反感，他似乎沒有辦法勉強自我將科考的參與視爲一種提高社會階級的手段（很明顯地，這種社會地位的取得，往往可以得到許多實質上的利益），儘管他習醫、開家塾、或自己耕讀，尚能謀生，但是在朱翁的眼裏，或者說在許多人的眼裏，顏元這些行爲都不是踏在「成功之梯」之上。在這種矛盾的心理壓力上，他既不敢公然反抗養祖父母的期望，又不願認同流行的社會價值體系，也唯有暗自思念失落的父親，幻想古代社會的完美性以求一時的解脫。但是在這整個「心理壓迫」的過程中，我們沒有看到任何的記錄顯示，異族統治的中央政權，透過科舉來分配權力的情況，阻斷了朱翁對孫子求取功名的強烈期望，也沒有看到顏元曾以「不與異族政權爲伍」的理由，排拒了朱翁的期許。或許，我們所看到的，是更具有普遍意義的一個現象，那即是年輕一輩無法認同老年一輩的價值體系，卻又不得不遵行的艱困局面，而年輕的顏元處於這種困境，又將如何得以解脫呢？

　　　　University Press, 1962），P.89。
〔註23〕同上，P.90。
〔註24〕同上，P.43。
〔註25〕同註1，卷上，頁5。

第三節　皈依──二十六歲至三十四歲時的顏元

「庚子，二十六歲，得《性理大全》觀之，知周程張朱學旨，屹然以道自任期，於主敬存誠，雖躬稼胼胝，必乘閒靜坐，人群譏笑之不恤也。一日，朱翁怒不食，三請不語，大懼辟席待罪，又祗請，（朱翁）呵曰：『汝棄身家耶？』，蓋聞人議先生不應秋試也，（顏元）謝曰：『即赴科考』，遂入京。」〔註26〕這一段《年譜》上關於二十六歲顏元的記述，相當值得注意。文中後段雖然簡短，卻多少說明了上節，我們一再強調的艱難困境，對於朱翁而言，沒有功名上的成就，是自棄身家的行為，亦即是對個人及家庭的雙重損害，其他任何的「成就」均無法彌補這種傷害，也難怪，一心以孝為念的顏元，在不敢忤逆的情況下，又得入京赴考，當然這又是徒勞無功之舉。但是在顏元的生命史上，這一次敷衍朱翁的赴考事件的重要性和上文首先提及的事項相較的話，就顯得無足輕重了。首先，我們必須得先了解《性理大全》，究竟有什麼樣的內容，藏有什麼的魅力，能令顏元產生以道自任的情懷呢？根據《四庫全書總目提要》的說法

> 《性理大全》書七十卷，明胡廣等奉勒撰，是書與《五經四書大全》同，以永樂十三年（1415）九月告成奏進，故成祖御製序文……廣等所採諸儒之說，凡一百二十家，其中自為卷帙者，為周子《太極圖說》一卷，《通書》二卷，張子《西銘》一卷，《正蒙》二卷，邵子《皇極經世書》七卷，朱子《易學啓蒙》四卷，《家禮》四卷，……自二十七卷以下，捃拾群言分為十三目，曰理氣、曰鬼神、曰性理、曰道統、曰聖賢、曰諸儒、……大抵龐襏冗蔓，皆割裂襞積以成文，非能於道學淵源真有鑑別。〔註27〕

儘管《四庫全書總目提要》的編者，對於《性理大全》的編著水平不具好評，可是在顏元的眼中，這部書中所提到的某些事項深具吸引力。顏元似乎從他自己對周程張朱學的認識中，獲得一種信仰的力量，這股力量可以從下面一段對話中略為窺見。

這是顏元和一位和尚的對話，發生時間也就是顏元當年（二十六歲時）入京借宿白塔寺之時，「有僧無退者大言曰：『念經化緣僧，猶汝教免站營財秀才，參禪悟道僧，猶汝教中舉會試秀才；先生（顏元）曰：『不然，吾教

〔註26〕同上，卷上，頁5～6。
〔註27〕《四庫全書總目提要》（台北，商務印書館，1971），卷九十三，頁7～8。

中中舉會試秀才，正是汝教念經化緣和尚，吾教自有存心養性秀才！』。」，〔註28〕顏元對於和尚所作的類比作了一番調整。將和尚原先的類比「參禪悟道僧＝中舉會試秀才」的價值取向，作了一位階性的轉化，如果參禪悟道是代表佛教修行的最高境界，那麼在顏元的心目中，儒教的最高境界正是存心養性的修爲而非中舉會試。顏元不能同意和尚原先的類比（我們也可看出，和尚的類比和朱翁所代表的大眾心理有不謀而合之處）是意料中事，但是他能夠理直氣壯地以「存心養性」做爲他心目中理想的行爲，正適切地反映了周程張朱學對他的影響力。我們可以從《性理大全》中的一些敘述，來推測這些影響力，在《性理大全》卷五十五中，有「科舉之學」一項條目，錄有多條程朱的語錄，例如：「人多說某（程伊川自曰）不教人習舉業，某何嘗不教人習舉業也，人若不習舉業而望及第，卻是責天理而不修人事，但舉業既可以及第即已，若更去上面盡力求必得之道是惑也，或謂科舉事業奪人之功，是不然，且一月之中，十日爲舉業，餘日即可爲學。然人不志於此，必去於彼，故科舉之事，不患妨功，惟患奪志。」〔註29〕又有朱子所云：「義理，人心之所同然，人去講求卻易爲力，舉業乃分外事，倒是難做，可惜舉業壞了多少人，士人先要分別科舉與讀書兩件孰輕孰重，若讀書上有七分志，科舉上有三分猶自可，若科舉七分，讀書三分，將來必被他勝卻，況此志全是科舉，所以到老全使不著，蓋不關爲己也。聖人教人只是爲己。」、「科舉累人不淺，人多爲此所奪，但有父母在，仰事俯育不行不資於此，故不可不勉爾，其實甚奪人志。」〔註30〕從這些議論，不難看出，無論是完全棄絕科舉的論調，或是爲了現實生計考慮而允許從事舉業的想法，均顯示出程朱對於做爲一個眞正的儒者的定義，絕不是以科舉上的成就做爲標準，而顏元原本就反對科舉的想法，受到這些想法的鼓舞及肯定，當然更加深他接受程朱對於「儒家」的定義，他以往無法認同的價值體系，在周程張朱學的對照下，即使不是虛僞的，也絕對是次要劣等的，程朱學標舉的「天理」、「道統」賦與他信仰上的保證，他現在所皈依的才是「眞」的儒教，他現在所需要作的，正是如何遵守這個價值系統所規範的行爲模式，而使自己成爲一眞正的

〔註28〕同註1，卷上，頁6。

〔註29〕胡廣等編：《性理大全》（收入文淵閣《四庫全書》，台北，商務印書館，1986），卷五十五，頁30。

〔註30〕同上，卷五十五，頁31，頁33。

儒者。

顏元對於他所新發現的「儒教」，崇拜之深刻，除了身體力行上述行為外（靜坐讀書），更表現在他二十七歲時一項舉動，他從友人刁非有（刁包）處獲得刁所輯的《斯文正統》一書，於是「立道統龕，正位伏羲至周孔配位，顏曾思孟、周程張邵朱外，及先醫虞龔」。〔註 31〕我們必須先了解，刁包是一位立場堅定的程朱學者，他所著的《斯文正統》一書共有十二卷，內容選錄歷代諸儒之文凡二百一十六篇，詳細內容由於其書已亡佚，我們無法得知，〔註 32〕可是根據刁包其他的論述，我們或許可以推測他的「正統」觀到底是如何，刁包的《潛室雜記》開宗明義即曰：

> 孔子天地也，朱子日月也，二程子嗣天地而開日月之先者，非天地則日月無安頓處，非日月則天地亦何以燦然於天下萬世哉！〔註 33〕類似這樣的譜系說法尚有：「堯舜以來相傳之道，孔子開而孟子繼，非開則無以為繼也，開之功大於繼，若夫顏子、曾子、子思，則同有功於繼，孔子以來相傳之道，程子開而朱子繼，非繼則無以為開也，繼之之功大於開，若夫周子、張子，則同有功於開。」、〔註 34〕余（刁包）謂不學堯、舜、禹、湯、文、武、周、孔、顏、曾、思、孟、周、程、張、朱非正學也，即學堯、舜、禹、湯、文、武、周、孔、顏、曾、思、孟而不學周、程、張、朱亦非正學也。〔註 35〕

刁包對於所謂「儒家正統」或是「道統」人物的建立，並非是創舉，前人如孟子、李翱、朱子等，均有該項說法，〔註 36〕這種「跳躍式的道統繼承方式（漢唐諸儒均被排除在外）」雖然代表特定的價值判斷，可是它卻標示一項重要的象徵意義，意即古聖先賢所開之道，並非已是遙不可及的夢想。相反地，它透過宋儒，尤其是朱子，而得以延續開展，這項神聖的「道統」延續性，對於懷有思古情懷的顏元而言，具有相當特殊的意義。因為程朱所標舉的「心性之學」的「正統」性，在這種承先啟後的「道統」的脈絡中，得到完全的肯定，

〔註 31〕同註 1，卷上，頁 6。
〔註 32〕同註 27，卷一九四，頁 3～4。
〔註 33〕刁包：《潛室箚記》（收入《叢書集成新編》，第二十三冊，台北，新文豐出版社），卷上，頁 174。
〔註 34〕同上，卷上，頁 181。
〔註 35〕同上，卷上，頁 186。
〔註 36〕見陳榮捷：〈朱子道統觀之哲學性〉，《東西文化》第十五期，頁 25～32。

顏元自認所信奉的「周程張朱」儒學，不僅僅是一「正確」的儒學，而且更是一繼承先聖之旨的「眞」的儒學，當然，顏元在對「儒學道統」諸人頂禮膜拜時，也不忘對他用來維持生計的醫術的「先賢」加以尊奉。不過，相對於「儒家」這項道統的神聖性，後者的比重是不足爲道的。

在「存心養性」信念的鞭策下，我們看到顏元在二十八歲時，與諸位好友，成立「文社」，訂定社儀，焚香同拜孔子，並以長幼交互相拜，彼此各據所聞勸善，規過或商質經史學，〔註37〕就在顏元如此投入「存心養性」之學時，因爲朱翁側室所生之子朱晃居中挑撥，顏元和祖父的關係略爲惡化，顏元奉命和養祖母劉氏別居東舍，這其間另有一件軼事，《年譜》載：「劉（劉氏）病劇，先生禱神求假壽，跪伏昏仆，忽聞空中聲若大鼓者六，病頓愈。」〔註38〕雖然充滿傳奇色彩，但亦無非顯示，對於顏元而言，盡心侍奉養祖父母一直是他信守的圭臬。此外，在二十九歲這一年，他結識了他日後交往最深切的朋友——王法乾，《年譜》上載：「王子法乾，名養粹，蠡之北泗人。少狂放，十六歲入定川衛庠，嘗以文事從先孝懿（指李塨之父）於會，孝懿語以道，迄年十九，奮然曰『不作聖人，非人也！』，遂取所讀八股焚之，誦五經，依朱文公《家禮》行禮，先生（顏元）聞之納交，爲日記，十日一會考功過。」〔註39〕這段記述中，有兩項特別值得注意，首先是王法乾對朱文公《家禮》的重視，以及他和顏元相約記日記一事。在下文將可以看到朱子《家禮》對於顏元的重大影響。

顏元對於朱子《家禮》的重視，還可以從他在三十歲時手抄《家禮》一文中看出，他對《家禮》的重視一方面可能是因爲《性理大全》中收錄此篇，一方面也有可能是受到王法乾的影響，可是也極可能正是朱子《家禮》的序言，吸引了顏元：

> 凡禮有本有文，自其施於家者言之，則名分之守、愛敬之實，其本也，冠昏喪祭、儀章度數者，其文也。其本者有家日用之常體固不可一日而不修，其文又皆所以紀綱人道之始終，雖其行之有時，施之有所，然非講之素明，習之素熟，則其臨事之際，亦無以合宜而應節，是亦不可一日而不講且習焉者也。三代之際，禮經備矣，然其存於今者，官廬器服之制，出入起居之節，皆已不宜於世，世之

〔註37〕同註1，卷上，頁7。
〔註38〕同上。
〔註39〕同上，卷上，頁8。

君子雖或酌以古今之變，更爲一時之法，然亦或詳或略，無所折衷，至或遺其本而務其末，緩於時而急於文，自有志好禮之士猶或不能舉其要，而因於貧窶者，尤患其終不能有以及於禮也。熹（朱子）之愚蓋兩病焉，是以嘗獨究觀古今之籍，因其大體之不可變者，而少加損益於其間，以爲一家之書，大抵謹名分、崇愛敬以爲之本，至其施行之際，則又略浮文，敦本實，以竊自附於孔子從先進之遺意，誠願得與同志之士，熟講而勉行之，庶幾古人所以修身齊家之道，愼終追遠之心，猶可以復見，而於國家崇化導民之意亦或有小補云。〔註40〕

　　朱子《家禮》的眞僞問題，曾引起廣泛的爭議，〔註41〕可是對當時的顏元而言，這篇文章中所指示的各種禮儀，正是集儒家正統之大成的朱子，精心所策劃的「生活公約」，於是我們可以看到顏元的日常生活中，「行禮」成爲極重要的活動，甚至可以說「行禮」本身就是顏元整個生活的模式，舉三十歲時的《年譜》爲例：「四月行家禮，朔望隨祖拜先祠四，拜祖父母四，東向拜父四，元旦冬至則六拜，拜先聖孔子四，拜炎帝黃帝四，以行醫也。日寅起，掃先聖室，揖掃祖室祖母室，昏定晨省，揖出告，反面揖，經宿再拜五，日以往四拜，院亦自掃，有事乃以僕代，躬耕耨灌園鋤草，暇則靜坐，五月，定每日躬掃室，令妻掃院，晨昏安祖枕衾，取送溺器，冬灸衣夏扇，進祖食必親必敬，妻供祖母枕衾飲食，冬日不去衣冠，讀書必端坐，如古人面命，朔望前一日齋戒勉力寡慾。」〔註42〕這種行禮、靜坐、端坐讀書等的生活，對當時的顏元，充分發揮了宗教儀式的「洗禮」作用，我們看到顏元有如下的感受「十五日起甚早，行禮畢，靜坐觀喜怒哀樂未發時氣象，覺和適修齊治都在這裏」，〔註43〕他甚至定下日功「若遇事，審缺讀書，勿缺靜坐與抄禮，蓋靜坐爲存養之要，家禮爲躬行之急也」。〔註44〕而爲了強化這種「自我修持」的效果，顏元和王法乾更相約逐日逐時將心之所思，身之所行記成日記，然後彼此交質，勉功懲過，〔註

〔註40〕顏元：《禮文手抄》（收入《顏李叢書》），卷一，頁1。
〔註41〕見錢穆：《朱子新學案》（台北，三民書局，1982），第四冊，頁166～147。陳榮捷：《朱子新探索》（台北，學生書局，1988），頁74。
〔註42〕同註1，卷上，頁9。
〔註43〕同上。
〔註44〕同上，卷上，頁10。
〔註45〕同上，卷上，頁9。

45〕這項方式更在顏元三十二歲時，用一項更機械式的方式規範「定日記，每時勘心，純在則○，純不在則×。在差勝，則○中白多黑少，不在差多，則黑多白少。相當，則黑白均。」〔註46〕他並且對於日記的記述標準有如下的想法「思日記纖過不遺，始爲不自欺，雖闇室有疚，不可記者，亦必書『隱過』二字，至喜怒哀樂驗吾心者尤不遺。」〔註47〕

　　從二十六歲接觸到《性理大全》後，顏元可以說是過著一種教徒式的修行生活，儘管他仍然在三十一歲，和三十二歲時又赴科考，但是，他整個生命的重心，完全投注在他所尊奉的「正統」儒學上，他深切信服以朱子學集大成的儒家傳統，他認爲依照朱子所言的家禮行事，以及靜坐讀書等存心養性的修持活動，才是「眞正」的儒者所應當從事者，少年時的行徑，不安與沮喪，似乎在這般信念的貫注下，重新獲得了新的生命意義。此時的顏元，可以說是一位虔誠的程朱學信徒。或者，依顏元自己的想法，是堯、舜、孔、孟、周、張、程、朱之道的追隨者。那麼，又是什麼樣的因素，使得顏元日後狂熱地抨擊朱子呢？

第四節　危　機

　　顏元三十四歲這一年，《年譜》有如下的記載：

二月十四日，朱媼病卒，先生擬以爲父出亡，宜代之承重三年服也。三日不食，朝夕奠午上食必哭盡哀，餘哭無時，不從俗用鼓吹，慟甚，鼻血與淚俱下，不令僧道來弔者。焚疏四日，斂入棺，易古禮，朝一溢米，夕一溢米爲三日，一溢米薦新如朝奠，朱翁力命廿四日葬，乃具櫬朝祖祖奠，及墓，觸棺，號咷、悶絕既奠。……三月，行朔望奠。後以禮，士惟朔奠，乃望日舍哭不奠，四月六日，修倚廬于殯大宮外大門內，寢苫枕塊，三月晝夜不脫衰絰，思齊衰不以邊坐，曰「近過矣！」，自此疲甚，宵臥坐勿偏，五月十五日，行卒哭禮，已後，惟朝夕哭，其間哀至不哭而泣，寢地傷濕，四肢生小

〔註46〕同上，卷上，頁15。此種方式很有可能源自明末所盛行的「功過格」，可參閱 Tadao Saksi, "Confucianism and Popular Educational Works," in de Bary, *Self and Society in Ming Thought*（New York : Columbia University Press, 1970）, p.331～366。

〔註47〕同上，頁14～15。

瘍……六月三日夜始解衰絰素冠，著常衣寢，七月病。〔註48〕

這一段艱辛的治喪過程，對於顏元而言，不僅是他自覺地代父盡孝的表現，也更是他平日習禮的實際驗證，然而，我們可以看到這項過程對於顏元身體上的損害是相當地嚴重，也因為他如此地「自我折磨」，一項身世之謎意外地被解開，《年譜》載：「先生（顏元）以祖母恩深且慟父出之不能歸與斂葬，故過哀病殆，朱氏一老翁憐之，間語曰：『嘻！爾哀毀死，徒死耳，汝祖母自幼不孕，安有爾父，爾父乃異姓乞養者！』先生大詫，往問嫁母，信，乃減哀。」〔註49〕
另一方面，《年譜》上又載：

> 先生（顏元）居喪，一尊朱子《家禮》，覺有違性情者，校以古禮非
> 是……因悟周公之六德六行六藝、孔子之四教正學也，靜坐讀書乃
> 程朱陸王為禪學、俗學所浸淫，非正務也。〔註50〕

此處所言，朱子《家禮》與古禮不合者，依顏元自己的說法為：

> 喪，大記：朝一溢米，莫一溢米，食之無算，以至疏食水飲皆云食
> 之無算。蓋居喪不能頓食，欲食則食，或為人勸則食，但朝莫不過
> 二溢米耳。先王之極孝子之情如此，而諸儒《家禮》皆遺「食之無
> 算」句，致使一食不能盡溢，朝後又不敢食，人勸亦拘於禮而不敢
> 從，必待莫時始食，儻一哀至，則又不能食，焉得不傷脾胃而病弱
> 不支，余則身受其害。〔註51〕

可是我們不禁好奇，為什麼因為《家禮》和古禮不合，而顏元尊之，自覺身受其害，會導致他全面地反朱子學，甚至反宋明理學呢？以下敘述或許可以露出一些端倪：

> 僕自頗知學來，讀宋先儒書，以為諸先生真堯、舜、孔、孟也，故
> 於通書稱其為二論後僅見之文，尊周子為聖人，又謂得太極圖則一
> 以貫之；大程子似顏子；於小稱朱子為聖人；於《家禮》尊如神明，
> 曰「如有用我者，與此而措之」；蓋全不覺其於三代以前之學有毫釐
> 之差也，惟至康熙戊申，不幸大故，一一式遵文公《家禮》，罔敢隕
> 越，身歷之際，微覺有違於性情者，哀毀中亦不能辨也。及讀《記》

〔註48〕同上，頁16。
〔註49〕同上，頁16～17。
〔註50〕同上，頁17。
〔註51〕顏元：《習齋記餘》（收入《顏李叢書》），〈居憂愚見〉，卷十，頁7。

中喪禮，始知其多錯誤。……於是檢《性理》一冊，至朱子〈性圖〉，
反覆不能解。久之，猛思朱子蓋爲氣質之性而圖也，猛思堯、舜、
禹、湯以及周、孔諸聖皆未嘗言氣質之性有惡也，猛思孟子性善、
才情皆可爲善之論，誠可以建天地、質鬼神、考前王、俟百世，而
諸儒不能及也。〔註52〕

　　顏元如何抨擊朱子的思想，以及提出他自己的想法，是本文下章的重點。
在此我們先試圖分析，這一次喪禮整個過程對顏元的意義。如前所述，朱子
學所代表者的儒學，是顏元在二十七至三十四歲時衷心信服的教論，他所有
生命的價值取向，可以說是建基於他對於朱子學的信仰上，其中，朱子《家
禮》的行爲規範，更是他視爲「戒律」般的生活守則。在這樣的生命情境下，
敬愛的祖母遽然去世的變故，一方面固然帶給他親情上的傷痛，但在另一方
面，卻更是他平日研習「聖人所傳的道統」應有所作爲的時機，換言之，整
個治喪的過程，對於顏元而言，更應該是一個「體道、行道」的過程，要不
是這個過程對於顏元個人而言，具有高貴的「神聖性」，他不會摒拒流俗的治
喪方式，也更不會強忍著身體上所受的傷害，而繼續堅持下去。然而，這整
個過程的「神聖性」卻面臨了挑戰。雖然他遵守《家禮》的艱辛，使他暗自
覺得朱子《家禮》的不近人情，但是，他對朱子學的信服，尚不因此困惑而
爲輕易瓦解，可是等到他病重而突然知道自己的眞正身世時，整個過程瞬時
間變成「以假的禮儀去祭拜假的祖母」的局面，整個儀典在顏元心中的「神
聖性」頓時煙消雲散，反而成爲一滑稽可笑的局面，而更重要的是，這對於
顏元的認同感的完整性，產生極大的摧毀力量。懷抱著代父盡孝的心情，敬
愛三十餘年的祖母，居然不是眞正的祖母；恭行多年的朱子教論，視爲承繼
孔孟正道的朱學，居然不是眞正的聖人之道，往日所不疑者、所珍愛者、所
篤信者、所賴以生存者，當下變得模糊不清，曖昧不明，處於這種情境下的
顏元，也正陷入本節的標題「危機」的困境之中。

　　此時，可能有許多方式來克服他面對的窘境，他可以拋棄整套的所謂儒家
傳統，或者去考證朱子《家禮》的眞偽，來緩和自己的疑慮，甚至就當它是一
場大病，將此事件忘卻，或者投回朱翁一向所期許的價值系統，重拾舉業，過
一位「正常」讀書人的生活。但是，儒家信仰對於顏元的生命意義，是如此地
重要，處於信仰破碎局面的他，在面對這一次巨大的衝擊，所採取的回應模式，

―――――――――――――――――

〔註52〕同註18，〈存性編〉卷二，頁23。

一如馬丁路德般地，一方面痛斥他們所珍愛的傳統爲無知的追隨者（天主教會，程朱學派）所扭曲，另一方面，強化肯定原初創教者的純粹性及正確性（聖經所代表的基督教，先秦孔孟所代表的儒家），這種將「立基→發展→傳承」的穩定承繼模式，轉變爲「創教→扭曲→復振」的再造模式的想法，使得存有危機意識的心靈，既能保有其原先的認同感，又能夠去解釋危機產生的原因，甚至可以說，這樣的危機處理方式，反而更進一步地強化自我成爲更虔誠的信徒，因爲在新的認同模式下，追隨者不僅背負著原先抗拒「異教徒」（佛、道及俗學）的「攘外」責任，更自覺地賦與自我「安內」的肅清任務，對於帶著假面具的「僞學」，必須毫不留情地加以攻訐，顏元對此種新使命感的強烈感受，可以從以下之語看出：「天下甯有異學，不可有假學，異學能亂正學，而不能滅正學，有似是而非之學，乃滅之矣！」〔註53〕

　　三十四歲這一年的生命危機，或許是顏元生命中最戲劇性的一件大事，但是很諷刺地，也因爲這一年重大變動，使得顏元從一位可能是歷史上籍籍無名的「朱學末流」，而轉變成日後最激烈反朱子的代表人物。這期間特別具有重要意義的是，顏元從「尊朱」到「反朱」的過程，幾乎都是在他個人極「有限的」生命經驗中進行，他三十四歲這一年，也就是康熙七年（1668），此時康熙皇帝尚未大力提倡朱子學，高度強化朱學成爲代表清朝官方統治哲學的色彩，我們在此之前，沒有看到顏元有反清的任何激烈行爲，也由此更沒有理由推論，顏元在此時反對朱子學，是爲了反清。我們也沒看到顏元在此時突然有理學斷送明朝國脈的想法，而因此仇視以朱子爲代表的理學。唯一可以確定的是在顏元心中，朱子學或者更廣義地說整個「宋明理學」的神聖地位，已不復存在，「撥亂反正」成爲顏元三十四歲以後的生命重心了！

第五節　「撥亂反正」——三十五歲以後的顏元

　　顏元三十五歲以後的思想，基本上顯現在他三十五歲時所著的〈存性篇〉及〈存學篇〉，在其中闡述他所認爲儒家眞正的「性」及「學」的觀念及作爲，並且特別針對整個宋明理學，尤其是朱子大加鞭撻，此外他覺「思不如學，而學必以習，更思古齋，曰習齋」。〔註54〕然後，在摒棄朱子《家禮》之後，

〔註53〕同註1，卷下，頁25。
〔註54〕同註1，卷上，頁17。

他更強烈地遵守古禮，《年譜》中常見他學習冠禮、士相見禮及率眾行各項禮儀的事跡，他的生活依然充滿著「儀式化」的行為，他和王法乾的日記方式，也有所「改良」，「心在則○，不在則●，以黑白多少別在否分數，多一則言♂，過五則⊗，忿一分則♂，過五則⊗，中有×，邪妄也。」〔註55〕顏元在確立了反朱學的立場後，以孔門的六藝之學為正學，對於朱子學的痛恨，也未嘗加以改變，甚至有變本加厲之勢，他在五十七歲時一次南遊後曰：「予未南遊時，尚有將就程朱附之聖門支派之意，自一南遊，見人人禪子，家家虛文，直與孔門敵對，必破一分程朱，始入一分孔孟，乃定以為孔孟、程朱判然兩途，不願作道統中鄉愿矣！」〔註56〕相同地他這種直指原初儒學的用心，也和他「千里尋父」的苦心，形成了強烈的對應。

　　在前文中，我們不斷看到顏元追念父親的記述，在他知道自己的生父為博野人後，他在三十六歲那年還特地去博野探訪，果然尋得其生祖母張氏，因為念及朱翁的養育之恩，因此在朱翁過世後，也就是他三十九歲時，方才歸宗。〔註57〕可是他一直無法忘卻對父親的思念，於是在他五十歲那年（雖然他四十五歲時左眼因病失明〔註58〕），「自誓尋父遼東，不得則尋之烏喇船廠諸處，再不得則尋之蒙古各部落，再不得，則委身四方，不獲不歸。」〔註59〕在這樣的決心下，顏元終於在歷經一年的奔波後，在瀋陽得到有關他父親的消息，不料他的生父早已在康熙十一年（1672）去世。於是顏元以極為盛大的喪禮來加以祭拜，〔註60〕他懸念了五十年的思父之情，終於得到了安頓。

　　顏元離開故鄉的遠行，除了這次遼東之行外，也就僅有上述的五十歲的南遊，這一次南遊，主要與人交換他對「儒學」的看法，其中較有趣的一段軼事乃是：

　　　　（顏元）至商水，訪傅惕若論學，惕若服焉，以吳名士刺拜李子青木天與言經濟，木天是之。先生（顏元）佩一短刀，木天問曰「君善此耶，」先生謝不敏，木元曰「君願學之，當先拳法，拳法武藝之本也」，時酒酣，月下解衣，為先生演諸家拳法良久，先生笑曰「如

〔註55〕同上，卷上，頁21。
〔註56〕同註18，〈存性編〉卷一，頁17。
〔註57〕同註1，卷下，頁22，頁28。
〔註58〕同註1，卷上，頁38。
〔註59〕同註1，卷下，頁1。
〔註60〕同上，卷下，頁2，頁3。

此，與君一試」，乃折竹爲刀，對舞不數合，擊中其腕，木天大驚曰

「技至此乎！」，又與深言經濟，木天傾倒下拜。〔註61〕

　　這段軼事，也見於戴望所編的《顏氏學記》對顏元的生平略述中，或許是用來突顯顏元「文武兼修」的才能，以證明顏元平日「學習書射及歌舞演拳法」、「率門人習射」〔註62〕等成效。無論如何，《年譜》中最常見諸記載的，仍是顏元本身習禮，或率弟子習禮的活動。

　　在顏元六十二歲時，直隸人郝公函力請他主持肥鄉漳南書院，顏元爲此書院，設計一龐大學習課程，〔註63〕李約瑟曾經對其內容大加讚賞，譽爲革命性的設計，〔註64〕可是這一座書院卻在同年不久，即爲漳水所淹沒，顏元所精心設計的教育理想，也在這一場大水付之東流。自此以後，顏元並沒有其他大規模的活動，在西元1704年，顏元以七十歲的高齡去世，留給弟子如下的遺言：「天下事尚可爲，汝等當積學待用！」〔註65〕

第六節　小　結

　　以上我們概略地描述了顏元的生平，尤其側重於他三十四歲以前的生命過程，因爲三十四歲以後的顏元思想，可以說是三十四歲以前的顏元生命掙扎、摸索的成果，自此以後，他的思想即以挽救正學爲宗旨，而帶有強烈的反朱學色彩（當然還包括他所認定的宋明理學，以及佛老之學）。那麼，究竟他如何了解朱學、如何反對朱學、以及如何了解宋明理學，而他又如何在抨擊這些他所痛恨的「僞學」中，建立他自己對「儒學」的看法，這就得留待下章思想的探索上，來加以逐步分析了！

〔註61〕同上，卷下，頁15。

〔註62〕同上，卷下，頁21，頁33。

〔註63〕同上，卷下，頁20～21。

〔註64〕Joseph Needham, "Sung and Ming Idealists, and the Last Great Figures of Indigenous Natualism", in Joseph Needham, *Science and Civilization in China* （Cambridge : Cambridge University Press, 1956），p.515。

〔註65〕同註1，卷下，頁35。

第三章　顏元的思想析論

第一節　前言

　　誠如上章所言及，顏元的思想雖以反宋明理學，尤其是以反朱子學而聞名，可是他早期的〈王道論〉仍屬一有系統的論述（後來改名爲〈存治篇〉），而且如果說，我們要將顏元歸類爲一社會思想家時，〈王道論〉無疑提供了大量的分析資料，因爲其中某些論點依然爲日後的顏元所堅守。至於顏元反宋明理學的思想，最主要見諸於他的〈存性篇〉及〈存學篇〉，而有關理學的批評，亦散見於《年譜》及《言行錄》中他與弟子日常對話，至於對朱子個人思想的批評，更有〈朱子語類評〉。此外，他在四十八歲時，著有〈喚迷途〉又名曰〈存人篇〉，其宗旨爲：「一喚尋常僧道、二喚參禪悟道僧、三喚番僧、四喚惑于二氏之儒，五喚鄉愚各色邪教。」〔註1〕此篇行文風格正如標題所示，充滿著諄諄善誘的口吻，以苦口婆心之姿，力勸諸僧還俗，而其中的第四喚，也再一次地表明，他如何定位「宋明理學」（無論是程朱，或是陸王學派）與「異端」的關係。以下，我們將分別就顏元的政治社會觀、心性論等課題，來解析其思想。

第二節　王道政治

　　「昔張橫渠對神宗曰：『爲治不法三代，終苟道也。』然欲法三代，宜何如哉？井田、封建、學校，皆酌酌復之，則無一民一物之不得其所，是以謂

〔註1〕李塨、王源：《習齋先生年譜》卷上，頁42。

王道，不然者不治。」〔註2〕此爲〈王道篇〉之開宗明義，雖然以「井田」、「封建」、「學校」爲綱領以取法三代之治，其論述中也包括了他對宮刑、異端等的看法及解決之道。

在論述推行井田制的動機時，顏元安排了以下的對話：

> 或問於思古人（顏元自稱）曰：「井田之不宜於世也久矣，子之存治，尚何執乎。」曰：「噫！此千餘載民之所以不被王澤也！夫言不宜者，類謂亟奪富民田，或謂人眾而地寡耳。豈不思天地間田宜天地間人共享之，若順彼富民之心，即盡萬人之產而給一人，所不厭也，王道之順人情，固如是乎？況一人而數十百頃，或數十百人而不一頃，爲父母者，使一子富而諸子貧，可乎？」。〔註3〕

顏元對於當時土地高度集中及富民勢力龐大的情況的描繪，和顧炎武等人的觀察，頗有相通之處，「富者百人而一，貧者十人而九」〔註4〕、「有田者什一，爲人佃作者十九」，〔註5〕這些記述是否和現狀相符是另外一個課題，值得我們注意的是，顏元基本立論上所提的公平性原則，「天地間田宜天地間人共享之」，基於這項原則，他在推論時，雖以「井田」爲最高理想，但若不能行之，則施行「均田」亦可，如「可井則井，不可則均」，〔註6〕而日後諸多場合中，亦多以「均田」言之，「使予得君，第一義在均田」、〔註7〕「如天不廢予，將以七字富天下，墾荒、均田、興水利」。〔註8〕至於如何實現他的理想，他認爲：「又或者謂『劃田生亂』……國朝之圈占，幾半京輔，誰與爲亂者？……有聖君者出，推此意而行之，搜先儒之格議，盡當代之人謀，加嚴乎經界之際，垂意於釐成之時，意斯日也，孟子所謂『百姓親睦』，咸於此徵焉。」〔註9〕顏元不惜以清朝入關後，用高壓的政治勢力，強行圈地的行爲爲範例，來強化他「土地再分配」的可行性。換言之，顏元對於「帝國」這個政治機器，行使權力的有效性，有強烈的信心，唯一所欠缺的祇是

〔註2〕顏元：《四存編》，〈存治編〉，頁111。

〔註3〕同上。

〔註4〕顧炎武：《天下郡國利病書》（台北，老古文化事業公司，1981），卷三十二，頁10。

〔註5〕黃汝成：《日知錄集釋》，卷十，頁241。

〔註6〕同註2，〈存治編〉，頁112。

〔註7〕鍾錂：《言行錄》（收入《顏李叢書》），卷上，頁25。

〔註8〕同註1，卷下，頁7。

〔註9〕同註2，〈存治編〉，頁111～112。

一位「聖君」能否體會此良法美意而施行之。

　　然則，何以顏元不直接以「均田」，而以「井田」為號召呢？除了「井田」制的時空性，符合顏元所構想的三代王道之治外，孟子對於「井田」所能發揮的社會作用的描述，必定令顏元心儀不已，「清野九一而助，國中什一使自賦。卿以下必有圭田，圭田五十畝，餘夫二十五畝。死徙無出鄉，鄉田同井，出入相友，守望相助，疾病相扶持，則百姓親睦，方里而井，井九百畝，其中為公田，八家皆私田畝，同養公田。」〔註10〕依顏元自己的理想，也就是：「遊頑有歸，而土愛心臧，不安本分者無之，為盜賊者無之，為乞丐者無之，以富凌貧者無之，學校未興，已養而兼教矣。」〔註11〕的局面，顏元對於聖君良法的信服程度，幾乎可以說是依照「聖君出則良法行，良法行則國泰民安」的推論邏輯，他對於如此重大的「土地改革」政策所可能面臨的困難，幾乎沒有任何深刻的探索，李塨即曾以均田為題，詰問顏元：

> 剛主（李塨）問出將奚先，先生（顏元）曰：使予得君第一義在均田，田不均則教養諸政俱無措施處，縱有施為，橫渠所謂「忠苟道」也，剛主曰：「眾議紛阻，民情驚怒，大難猝舉。」先生曰：「所謂愚民不可與謀始也，……今若行先王之道，須集百官，曉以朝廷斷決大義，事事必行，官之忠勤才幹者，盡心奉法，阻撓抗違者定以亂法黜罪，今人文墨無事，偏能多言亂撓，不如此，一事不可行也。」〔註12〕

　　此段對話的發生時間，無法確實判定，但是李塨是在顏元四十三歲拜其為師，因此，我們至少可以推斷，顏元在四十三歲以後，極有可能對於政治權力的運作，依然抱持著相當單純的看法。事實上，以他在〈王道論〉中所舉的「圈地」之例，並沒有如他所宣揚般地「單純」，旗人圈地後，不善耕作，私自買賣，官方原本禁賣的政策也是搖擺不定，〔註13〕充分顯示了一項經濟政策的推行，背後所涉及的利益衝突，遠非顏元所能想像。然而很諷刺地，顏元對於如何推行一項政策的思維，遠不及他對該項政策的藍圖設計來得熱衷，他分別畫有「井田經界之圖」及「方百里圖」和個別的圖說。〔註14〕在另一項社會制度「學校」

〔註10〕《孟子》（收入蔣伯潛廣解，朱熹集註《四書讀本》，台北，啟明書局），〈滕文公篇〉，頁118～119。

〔註11〕同註2，〈存治編〉，頁112。

〔註12〕同註7。

〔註13〕參看趙岡、陳鍾毅：《中國土地制度史》（台北，聯經出版社，1983），頁58～64。

〔註14〕同註2，〈存治編〉，頁112～115。

方面，除了上章曾言及的想法外，顏元並引《周禮》曰：「以鄉三物教萬民而賓興之，一曰六德，知、仁、聖、義、忠、和；二曰六行，孝、友、睦、婣、任、恤；三曰六藝，禮、樂、射、御、書、數。」〔註15〕此處所言及的六德、六行、六藝特別值得注意，因爲在日後顏元反朱思想中，佔有極重要地位，這幾乎是他心目中「正統儒學」的代名詞，至於他如何在反朱思想的架構下，重申此六德六行六藝之學的正統性，將在下文中析論。

「封建論」是〈王道篇〉中另一項重大的主張，他認爲：「後世人臣不敢建言封建，人主亦樂其自私天下也，又幸郡縣易制也，而甘於孤立，使生民社稷交受其禍，亂亡而不悔，可謂愚也。」〔註16〕此處以「人主之自私天下」來抨擊以皇帝爲首的中央集權統治方式，而他推行「封建制」的理由大致上可歸爲下列三項：

一、大經大法畢著咸張，則禮樂教化自能潛消反側，綱紀名分皆可預杜驕奢。

二、況此乾坤，乃自堯、舜、夏、商、周諸聖君、聖相開物成務，遞爲締造而成者也，人主享有成業，而顧使諸聖人子孫無尺寸之土，魂靈無血食之祠，天道其能容耶？身爲天子，皆其歷世祖功宗德，上邀天眷，顧不能覃恩九族，大封同姓，而僅僅一支私其富貴，宗廟其無怨恫耶？創興之際，攀龍附鳳，或運帷幄，或功汗馬，主臣同憂勞，共生死，一旦大業既成，不與之承天分地，爲山河帶礪之盟，勳舊其何勸也！

三、凡諸大義皆不遑恤，而君不主，臣不贊，絕意封建者，不過見夏、商之亡於諸侯與漢七國、唐藩鎮之禍而忌言之耳。殊不知三代以封建而亡，正以封建而久；漢、唐受分封藩領之害，亦獲分封藩鎮之利。使非封建，三代亦烏能享國至二千歲耶？……且君非桀、紂，誰敢犯天下共主，來天下之兵耶？侯非湯武，誰能合千八百國而爲之王耶？君非桀、紂，其亡難也，侯非湯、武，王之難也。〔註17〕

上述三項原因，第一點猶同顏元對「井田制」充滿信心的說法，帶有良法

〔註15〕同註2，〈存治編〉，頁118～119。
〔註16〕同註2，〈存治編〉，頁121。
〔註17〕同註2，〈存治編〉，頁121～122。

一行，則萬事皆備的理想色彩。至於二、三點卻似乎顯示出，顏元在討論政治權力運作時，時而複雜，時而單純的奇怪現象。以第二點而言，顏元似乎了解到一個王朝的建立，不論是同姓親族，或是贊助取得天下的「功臣」，對於政治權力的分享的欲求是不容忽視的，做為名義上絕對權威的皇帝，如果不能對這些要求有相應的對策，將會陷於相當危困的局面，此種看法，似乎顯示顏元有其「深沉」的一面。可是就第三點而言，以三代名義上二千年的國祚來肯定封建的優越性，而不正視諸國間的鬥爭，並且單純地以「桀、紂、湯、武」個人的因素來解釋王朝的更迭，似乎又令人想起顏元十六歲時所作對策中，單純地以君心正則國泰民安的解釋模式。李塨對於顏元的「封建論」亦不表贊同，並舉諸項理由加以反駁，如「封建則以文、武、成、康之聖賢治之，一傳而昭王南巡，遂已不返，後諸侯漸次離析，各自為君，六七百年，周制所謂削地滅國，皆付空言，未聞彼時以不朝服誅何國也，矧於晚近，雖有良法，豈能遠過武、周。」〔註18〕然而李塨的說法「質之先生（顏元），先生曰：『可，而非王道也！』商榷者數年於茲，未及合一，先生倏已作古矣。」〔註19〕

　　由此可見，顏元在封建論上的看法，似乎到了晚年，依然沒有重大改變。從另一個角度來看，如果以近代的標準來衡量，顏元支持封建的理由及其反對「君主私天下」的政治格局的看法，那麼顏元的思想，似乎遠不及黃宗羲來的深刻，黃氏在《明夷待訪錄》中，雖亦稱讚三代之法，但是他在對統治權力及其結構作反省時，並不以王朝的延續性做為政治合理性的考量點，而以重新界定統治者（君）和被統治者（人民）關係為著眼點，並且強調「有治法而後有治人」。〔註20〕反觀顏元所列舉的封建制度優點，幾乎都不是基於被統治者的立場來考慮，趙宗正先生認為「（顏元）他明確地指出了『人主』專制『坐享成業』，是為『天道』所不容。隱晦曲折地表達了通過『封建』制來削弱皇帝『一人私天下』的願望，顏元『復封建』的主張，有些反專制的，民主啟蒙思想的因素的。」〔註21〕的說法，似乎在推崇顏元的「民主啟蒙思想」上，有待商榷。再者，當時的政治現況雖然似乎如顏元所設想的，清廷

〔註18〕同註2，〈存治編〉，頁127。
〔註19〕同註2，〈存治編〉，頁128。
〔註20〕黃宗羲：《明夷待訪錄》（台北，中華書局，1980），〈原法〉，頁5上～6下。
　　　　並參閱狄百瑞：〈中國專制政治與儒家思想〉，收於《中國思想與制度論集》（台北，聯經出版社，1981）。
〔註21〕趙宗正：〈論顏元的政治思想〉，頁20。收於《遼寧大學學報》，1980：3。

論功行賞地分封了吳三桂等開國有功之士，可是接踵而至的三藩之亂，卻差點斷送了清朝的命脈，也無怪乎，雍正親自寫下〈駁封建論〉，曰：「大凡叛逆之人……皆以復封建爲言！」〔註22〕現實的政治運作和顏元所研擬的理想國度，顯然存有相當大的差距。

就在顏元醉心於「封建」制度的施行時，他並且提倡恢復宮刑，其理由爲：「吾（顏元）所謂復古刑者，第一宮壼之不可無婦寺，勢也，即理也，倘復封建，則天下之君所需婦寺愈多，而皆以無罪之人當之，胡忍哉！且漢之除宮刑，仁而愚者也，漢能除婦寺哉？能除萬世之婦寺哉？不能除婦寺而除宮刑，是不忍宮有罪之人而忍宮無罪之人矣。」〔註23〕顏元對古刑中，獨鍾宮刑之復（「劓、二刑不復可也」），〔註24〕最主要的原因，還是要配合封建制度的施行，是以皇室需要宦官的絕對性，而來考量施行何種刑罰方式，此點，同樣地顯示出顏元的「復封建具有民主啓蒙思想」的說法的可疑性。

在〈王道論〉中，有一項更值得注意的事乃是〈靖異端〉一文，此文篇幅雖然不長，卻很明確地顯示出了二十四歲時的顏元所深惡痛絕而斥之爲異端者，以及他構想的「靖異端」手腕：

> 考古謀今，靖之者有九：一曰絕由，四邊戒異色人，不許入中國。二曰去依，令天下毀妖像，禁淫祠。三曰安業，令僧道、尼姑以年相配，不足者以妓繼之，俱還族。不能者各入地籍，許鬻寺觀瓦木，以易舍宅，給香火地或逃戶地，使有恒產。幼者還族，老而無告者入養濟院，夷人仍縱之去，皆所謂「人其人也」。四曰清藥，有爲異言惑眾者誅。五曰防後，有窩佛老等經卷一卷者誅，獻一卷者賞十兩，許窩者賞五十兩。六曰杜源，令碩儒多著闢異之書，深明彼道之妄，皆所謂「火其書」也。七曰化尤，取向之名僧長道，令近正儒受教。八曰易正，人給四書、曲禮、少儀、內則、孝經等，使朝夕誦讀。九曰明法，既反正之後，察其考行或廉義者，旌表顯揚之，察其愚頑不悟者，責罰誅戮之，皆所謂：「明先王之道以致之」也。〔註25〕

而在這些「靖異端」的工作都完成後，又會有什麼樣的局面呢？顏元樂

〔註22〕《清世宗實錄》卷八十三，"雍正七年七月"。轉引自上註文章，頁21。
〔註23〕同註2，〈存治編〉，頁123。
〔註24〕同上。
〔註25〕同註2，〈存治編〉，頁126。

觀地認為「如此，則群黎不邪慝，家戶有倫理，男女無抑鬱之氣而天地以和，兆姓無絕嗣之慘而生齒以廣，……且儉土木之浪費，杜盜亡之窩巢，驅遊手之無恥，絕張角等之根苗，風淑俗美，仁昌義明，其益不可殫計，有國者何憚而不靖異端哉！」〔註26〕也許我們可以分享顏元此種的想法，卻似乎不能不對前文中「靖異端」的激烈手段，感到觸目驚心，我們除了看到顏元強烈的「漢族中心主義」的思想色彩外，最明顯的是他對佛老之學之教的強烈反感，或許我們還一時之間還不能想像這樣強烈的措辭乃是出自一位曾經為學仙術而「娶妻不近」者的手筆。〔註27〕

　　事實上，顏元對佛老之學的痛恨，也散見於其他的記述，除了有〈存人篇〉專文外，其門人鍾錂所纂的《顏習齋先生闢異錄》，更是充滿著顏元如何痛斥佛老之說、僧道之徒的事跡，在其中〈闢異總論〉中，更登載了顏元如何將闢異視為當然的使命的說法：

> 或言異端與我無怨無德，不必闢。曰：何必有怨，神禹與洪水何怨？湯武與桀紂何怨？孔子與少正卯何怨？或曰：我無君相之任何可比也。曰：孟子與楊墨何怨？儒者以天下為一體，只我要生天下，那害天下便是我怨，若只做自了漢，如只管我孝，天下不孝都無干，只管我弟，天下不弟，都無干，便做得，真做得成亦是小人儒，那天下不孝，到底是我孝來做盡心，天下不弟，到祇是我弟未作盡也，天地不位，萬物不育，到底是我中和未致也。孔子勉子夏為君子儒，意正在此，子夏篤信謹守豈有為人貪名利得病，只是規模小，夫子恐他只做了自了漢，故戒之。〔註28〕

「儒者以天下為一體」的胸懷，在此成為顏元「靖異端」的「無上命令」，而這種充滿「使命感」的「靖異端」情結，也部分解釋了何以日後顏元會強烈地抨擊宋明理學，因為在顏元的觀念架構下，天下祇有兩種勢不能並存的學問，即正統之學（儒學）和異端之學（佛老之學），在顏元三十四歲以後，宋明理學在他心中的地位，迅疾從前者轉移至後者，或者以顏元的想法來說，宋明理學是披了儒學外衣的佛老之學。在這樣的歸類轉變下，顏元激烈地以「靖異端」的態勢攻擊宋明理學，並非是毫無脈絡可尋的。

〔註26〕同上。
〔註27〕見第二章生平的敘述。
〔註28〕鍾錂：《闢異錄》（收入《顏李叢書》），卷上，頁1。

第三節　存性與存學

一、存　性

　　〈存性篇〉是三十四歲時的顏元在喪禮後針對朱子所言的「人性」所作的反省，我們很可以預期，在此篇中，顏元必定提出和朱子針鋒相對的論點，而且由於顏元強調他是在重讀《孟子》後，和朱子所言相較下所得的結論，因此，這一篇存性之論，不僅僅是他個人悟道後和朱子之爭，而且也是他反求諸孔孟之道，重申孔孟之旨的壯舉，然而，顏元對於「人性」問題的反省，並不是單純地提出一項與朱子不同的「人性論」觀點，他在此篇中的辯論策略，除了在正文中借用多項比喻以言性外，並繪有「性圖」，及一段值得深究的〈圖跋〉。（此〈圖跋〉往往爲研究者所忽略。）

　　顏元首先舉列出程、朱二人對「性」的看法：「程子云：『論性論氣，二之則不是。』，又曰：『有自幼而善，有自幼而惡，是氣稟有然也。』，朱子曰：『才有天命，便有氣質，不能相離。』，又曰：『既是此理，如何惡，所謂惡者，氣也。』」，〔註29〕（這一段話中，程子的原文應爲「論性不論氣，不備；論氣不論性，不明，二之則不是。」〔註30〕）我們可以看到「性」、「理」、「氣」或「氣質」爲幾個重要的論述概念，在程朱學的體系中，這些概念除了上述的關係外，還有什麼樣的複雜關係呢？朱子對於理氣關係的研討，主要集中於言說宇宙萬物本體論上，他認爲「天下未有無理之氣，亦未有無氣之理。」，〔註31〕然而就理、氣的本質而言，則「天地之間，有理有氣。理也者，形而上道也，生物之本也。氣也者，形而下器也者，生物之具也。是以人物之生，必稟此理，然後有性必稟此氣，然後有形。」，〔註32〕理氣分屬形而上及形而下的範疇，在先後次序上，自然以理爲先，「理未嘗離乎氣，然理形而上者，氣形而下者，自形而上下言，豈得無先後……此本無先後之可言，然必欲推其所從來，則須說先有是理。」。〔註33〕然而，理氣之分野，尚不僅於此，在《語類》中有一段對話：

　　　　問：「或問氣之正且通者爲人，氣之偏且塞爲物，如何？」，曰：「物

〔註29〕同註2，〈存性編〉卷一，頁3。
〔註30〕程顥、程頤：《二程全書》（收入《二程集》，台北，漢京出版社，1983），〈河南程氏遺書〉卷六，頁81。
〔註31〕黎靖德：《朱子語類》（台北，華世出版社，1987），卷一，頁2。
〔註32〕朱熹：《朱文公文集》，卷五十八，〈答黃道夫〉，頁5。
〔註33〕同上，卷一，頁3。

之生，必因氣之聚而後有形。得其清者爲人，得其濁者爲物。假如大鑪鎔鐵，其好者在一處，其渣滓又在一處。」，又問：「氣則有清濁，而理則一同，如何？」，曰：「固是如此。理者，如一寶珠，在聖賢則如置在清水中，其輝光自然發見。在愚不肖，如置在濁水中，須是澄去泥沙，則光方可見。今人所以不見理，合澄去泥沙，此所以須要克治也。至如萬物，亦有此理，天何嘗不將此理與他，只爲氣昏塞，如置寶珠於濁泥中，不復可見。」〔註34〕

「氣有清濁，理則一同」是本段最重要的觀念。正因爲朱子的宇宙觀和他的人生觀在觀念架構上是一脈相承的，也因此，「氣有清濁」的觀念，在他的人性觀上產生極大的影響力。

朱子對於以二元論法界定「氣質之性」及「天命之性」的看法，似乎最爲滿意，在《朱子語類》中，以氣質之性來解釋人性之惡不乏其例：

性只是理，然無那天氣地質，則此理沒安頓處。但得氣之清明則不蔽錮，此理順發出來。蔽錮少者，發出來天理勝；蔽錮多者，則私怨勝，便見得本存之性無有不善。孟子所謂性善，周子所謂純乎至善，程子所謂性之本，與夫反本窮源之性，是也。只被氣質有昏濁，則隔了，……故說性，須兼氣質說方備。〔註35〕

人之性皆善，然而有生下來善底，有生下來便惡底，此是氣稟不同，且如天地之運，萬端而無窮，其可見者，日月清明氣候和正之時，人生而稟此氣，則爲清明渾厚之氣，須做箇好人；若是日月昏暗，寒暑反常，皆是天地之戾氣，人若稟此氣，則爲不好底人，何疑！人之爲學，卻是要變化氣稟，然極難變化。如「孟子道性善」，不言氣稟，只言「人皆可以爲堯舜」。若勇猛直前，氣稟之偏自消，功夫自成，故不言氣稟。看來吾性既善，何故不能爲聖賢，卻是被這氣稟害。如氣稟偏於剛，則一向剛暴，偏於柔則一向柔則一向柔弱之類。人一向推托道氣稟不好，不向前，又不得，一向不稟氣稟之害，只昏昏地去，又不得。須知氣稟之害，要力去用功克治，裁其勝而歸於中乃可。〔註36〕

〔註34〕同上，卷二，頁375。
〔註35〕同註31，卷四，頁66。
〔註36〕同上，卷四，頁69。

並認為此說為宋儒在儒學心性論上的一大貢獻：

> 道夫問：「氣質之說，始於何人？」，（朱子）曰：「此起張程。某以
> 為極有功於聖門，有補於後學，讀之使人深有感於張程，前此未曾
> 有人說到此。如韓退之〈原性〉中說三品，說得也是，但不曾分明
> 說是氣質之性耳。性那裏有三品！孟子說性善，但說得本原處，下
> 面卻不曾說得氣質之性，所以亦費分疏，諸子說性惡與善惡混。使
> 張程之說早出，則這許多話自不紛爭。故張程之說立，則諸子之說
> 泯矣。」〔註37〕

　　從以上的簡述，可以看出朱子從宇宙觀中的理氣關係推衍至人性觀的脈
絡，而顏元又是如何反對這樣的想法呢？顏元對於朱子「性論」的反駁策略，
大致上從下列二個方向進行。一、氣質的重新界定；二、孟子性善說的權威
根據。有關第一點：顏元可以說承繼朱子的路線，先從宇宙論著手，來討論
理氣關係。大陸學者常以「客觀唯心論」來界定朱子的理氣二元論，而論及
顏元時又常以「唯物論」稱之。〔註38〕蓋以為顏元為一「氣的一元論」者，
然而我們細究顏元對於理氣的構想，這點似乎有待商榷。顏元確實曾言：「若
謂氣惡，則理亦惡，若謂理善，則氣亦差。蓋氣即理之氣，理即氣之理。」
〔註39〕等近似「一元論」的說法，但是均不若其他「氣的一元論」者般明確，
如羅欽順：「蓋通天地互古今，無非一氣而已，氣本一也，而一動一靜，一
往一來，一闔一闢，一升一降，循環無已，積微而著，由著後微。為四時之
溫涼寒暑，為萬物之生長收藏，為斯民之日用彝倫，為人事之成敗得失，千
條萬緒，紛紜轇轕，而卒不克亂，有莫知其所以然而然，是即所謂理也。初
非別有一物，依于氣而立，附于氣以行也。」〔註40〕反之，在顏元的觀念範
疇中，理氣往往對等而談，例如「理氣融為一片」、「萬物之性，此理之賦也！
萬物之氣質，此氣之凝也」、「天下有無理之氣乎？有無氣之理乎？」，以及
「不知若無氣質，理將安附！且去此氣質，則性反為兩間無作用之虛理
矣！」，〔註41〕或者更明確地：「天之生萬物與人也，一理賦之性，一氣擬之

〔註37〕同上，卷四，頁70。
〔註38〕參見趙宗正、姜廣輝的論述，及侯外盧：《中國思想通史》，第四卷下冊。
〔註39〕同註2，〈存性編〉卷一，頁3。
〔註40〕黃宗羲：《明儒學案》（台北，華世出版社，1987）下，卷四十七，頁1112。
　　　　黃宗羲特別稱讚此論精確，見頁1109。
〔註41〕同註1，〈存性編〉卷二，頁24，頁25，及〈存性編〉卷一，頁5。

形。」〔註42〕

　　這種理氣不相離，及理附於氣的說法，就分類架構上而言，和朱子並無不同，重大的差異性在於顏元認爲「理爲天之所命，氣質亦爲天之所命」，因此二者均爲善，而無清濁可言。「噫！氣質非天所命乎？抑天命人以性善，又命人以氣質惡，有此二命乎？」〔註43〕在這樣的預設下，顏元舉例說：「譬之目矣，眶、皰、睛，氣質也；其中光明能見物者，性也。將謂光明之理，專視正色，眶、皰、睛乃視邪色乎？余謂光明之理固是天命，眶、皰、睛皆天命，更不必分何者是天命之性，何者是氣質之性！只宜言天命人以目之性。」〔註44〕他又以「心也；仁、義、禮、智，性也；心一理而統此四者……以發之者知之也，則惻隱、羞惡、辭讓、是非也；發者情也，能發而見於事者才也；則非情、才無以見性，非氣質無所爲情才，即無所爲性。是情非他，即性之見也，才非他，即性之能也；氣質非他，即性、情、才之氣質也。」〔註45〕顏元以此架構認爲「情、才」乃「性」之所見者所能者，因此不爲惡，而二者又端賴「氣質」方得以顯，而既然性爲善，氣質爲善；宋儒以才、情、氣皆爲惡乃誤矣！更重要的一點乃是，顏元在此處直言「心也，性也」，觀〈存性篇〉通篇，言心與性的關係祇有此處。

　　如果就朱子的脈絡，來理解此種講法，可能會將顏元歸爲「陸王」學派，因爲就朱子而言「心者，氣之精爽。」，〔註46〕心乃氣質之最清靈者，朱子嘗言「心統性情」，〔註47〕即是言明心爲理（即性）的載具，也就是說心爲性的掛搭之處。然而顏元每當以氣質論人之本體時，特別不專舉「心」而言，都是以「四肢、五官、百骸」言之，因此未能判定他原先對於「心」的構想是否如朱子一般，因此也無法斷言他在「心性論」上是屬於一元論者。但是從此點也可以看出顏元對於朱子所作的抨擊，並非是沿著爭辯不已的「心性論」傳統，而是就他個人對「氣質之性」的不滿而發。照顏元的想法，既然天命之所賦的理即由氣質所展現者均不爲惡，因此惡的緣由，均是引蔽習染所致，他復以水之清濁爲例，反駁程朱的想法：「程子云：『清濁雖不同，然不可以

〔註42〕同註2，〈存性編〉卷二，頁23。
〔註43〕同上，〈存性編〉卷二，頁23。
〔註44〕同上，〈存性編〉卷一，頁3。
〔註45〕同上，〈存性編〉卷二，頁30。
〔註46〕同註31，卷五，頁85。
〔註47〕同上，卷五，頁94。

濁者不爲水。』此非正以善惡雖不同，然不可以惡者不爲性乎？非正以惡爲氣質之性乎？請問：濁是水之氣質否？吾恐澄澈淵湛者，水之氣質，其濁之者；乃雜入水性本無之土；正猶吾言性之有引蔽習染也。其濁之有遠近多少，正猶引蔽習染之有輕重淺深也。」〔註48〕從對「清濁」由來的界定上，可以清楚地發現，顏元對朱子的辯論，終究會陷入「各說各話」的局面。因爲對朱子而言，氣有清濁之分乃是一本然的事實，對顏元而言則是外物雜入，也就是引蔽習染的結果。

由於這一項前提的不同，對於「孟子性善說」的解釋法，自然大不相同，朱子說孟子言性不備，而標舉「論性論氣」之說的貢獻，顏元完全無法贊同，他認爲：

> 宋儒強命之曰：「孟專以理言！」，冤矣！孔子曰：「性相近也，習相遠也。」，此二語乃自罕言中偶一言之，遂爲千古言性之準。性之相近如眞金，輕重多寡雖不同，其爲金俱若也，惟其有差等，故不曰：「同」；惟其同一差，故曰：「近」，將天下聖賢、豪傑、常人不一之姿性，皆於「性相近」一言已括，故曰：「人皆可以爲堯、舜！」，將世人引蔽習染、好色好貨以至弒君弒父無窮之罪惡，皆於「習相遠」一句定案，……大約孔孟而前，責之習，使人去其所本無；程朱以後，責之氣，使人憎其所本有，是以人多以氣質自諉，竟有「山河易改，本性難移」之諺矣，其誤世豈淺哉！〔註49〕

這一段重申人之惡爲習染所致，並以其詮釋「性相近，習相遠」的說法，最令人驚訝的可能是「以金喻性」的手法，因爲此說和《傳習錄》中的「成色分兩說」頗有雷同之處。〔註50〕顏元雖曾在二十三歲時得《陸王語要》，但是當時似乎並沒有特別的反應（尤其和他二十六歲時得《性理大全》後的反應相較），〔註51〕難道此處眞的顯示出顏元在反程朱之後，回歸陸王學派嗎？亦或是陽明的語錄，在此點上剛好成爲顏元的「潛在知識」（tacit knowledge），而援引發揮呢？

儘管從上文的論述中，顏元對「性善」之說似乎有完足的信心（惡皆爲

〔註48〕同註2，〈存性編〉卷一，頁6。
〔註49〕同上，〈存性編〉卷一，頁9。
〔註50〕參見陳榮捷：《王陽明傳習錄詳註集評》（台北，學生書局，1983），頁119～120，128～129，409～410。
〔註51〕他得到《陸王語要》後，生活沒有重大轉變，參見前章敘述。

習染所致），但是就在〈存性篇〉文末中，顏元卻似乎又提出一矛盾的立場，「及世味紛乘，貞邪不一，惟聖人稟有全德，大中至正，順應而不失其則。下此者，財色誘於外，引而之左，則蔽其當愛而不見，愛其所不當愛，而貪營之剛惡出焉。」〔註52〕至此爲止，對於惡的出現邏輯均還能符合他上述的論法，但是下文「又下此者，賦稟偏駁，引之既易而反之甚難，引愈頻而蔽愈遠，習漸久而染漸深。」，〔註53〕又言：

> 吾之論引蔽習染也，故以仁之一端視之。性之未發則仁，既發則惻隱順其自然而出。父母則愛之，次有兄弟，又次有夫妻，子孫則愛之，其愛兄弟、夫妻、子孫、視父母有別矣。愛宗族，戚黨、鄉里、視兄弟、夫妻子孫又有別矣，至於愛百姓又別，愛鳥獸、草木又別矣，此乃天地有間自然有此倫類，自然有此仁，自然有此差等，不由人造作，不由人意見，推之義、禮、智，無不皆然；故曰：「渾天地間一性善也！」，故曰「無性外之物也。」。但氣質偏駁者易流，見妻子可愛，反以愛父母者愛之，母反不愛焉；見鳥獸、草木可愛，反以愛人者愛之，人反不愛焉，是謂貪營、鄙嗇。〔註54〕

這兩段引文，顏元企圖以習染引蔽來解釋惡，頭一段敘述中以「世味紛乘，貞邪不一」等含混字眼來解釋引蔽，雖不精確，尚不至於構成矛盾，但其言屢以「賦稟偏駁」、「氣質偏駁者」解釋成爲易流於惡的原因，雖然在此處似乎解釋了何以某些人（或者說大多數人）容易習染，卻和顏元一再強調的「氣質爲天之所命」、「氣質無混濁可言」，構成一不相容的矛盾。事實上這種推論上的矛盾，強調「良知」的王陽明似乎也無法避免，「心之本體那有不善，如今要正心，本體上何處用得工？必就心之發動處才可著力也。心之發動不能無不善，故須就此處著力。」〔註55〕，何以「無不善的心之本體」居然會「心之發動不能無不善」我們未得而知。

然則，何以顏元會陷入此種推論上的矛盾呢？或許下面一段話，可以作部分的解釋：

> 然則氣質偏駁者，欲使私欲不能引染，如之何？惟在明明德而已。

〔註52〕同註2，〈存性編〉卷二，頁31。
〔註53〕同上，〈存性編〉卷二，頁32。
〔註54〕同上，〈存性編〉卷二，頁32〜33。
〔註55〕同註50，頁368（此處漏印「無不善」之「不」字，以四庫全書本爲正。）

存養省察，磨礪乎詩、書之中，涵濡乎禮樂之場，周、孔教人之成法固在也。自治以此，治人即以此；使天下相習於善，而預遠其引蔽習染，所謂「以人治人」也。若靜坐闔眼，但可供精神短淺者一時之葆攝；訓詁著述，亦止許承接秦火者一時之補苴。如謂此爲主敬，此爲致知，此爲有功民物，僕則不敢爲諸先正黨也。〔註56〕

至此我們發現一相當有趣的現象，雖然顏元基於性善原則，斷言「不惟聖賢與道爲一，雖常人率性，亦皆如此，更無惡之可言，故孟子曰：『性善』、『乃若其情，可以爲善。』、『若爲不善，非才之罪也！』」〔註57〕，卻又認爲如註52所言，「及世味紛乘，貞邪不一，惟聖人稟有全德。」，此中「唯聖人稟有全德」，雖然肇因於「世味紛乘，貞邪不一」的社會因素，但此種「唯一性」的提出，卻和朱子所言「人性雖同，稟氣不能無偏重……唯陰陽合德，五性合備，然後中正而爲聖人也。」〔註58〕，亦即唯有少數人得氣之清明者爲天生聖人的說法〔註59〕，有異曲同功之妙。對於朱子而言，這構成了他何以認爲大多數人（幾乎是所有的人）均得從事「窮理涵養」的變化氣質工夫；對於顏元而言，雖然在心性論上，傾向主張「人性之惡乃爲習染所致」的陸王學派，卻因爲他認定現存世界乃「稟有全德聖人」稀有的局面，以及甚至在矛盾的「氣質偏駁」的構想下，而在工夫論的必要性上，傾向程朱學派，所不同的是，他力斥靜坐讀書爲「錯誤無用」之法，唯有習孔孟成法，才是正途。

此外，正如前文所言及，在顏元的分類架構中，祇有「正學」與「異端」二種，他認爲朱子所以以氣質之性爲惡乃是源自佛家的思想，〔註60〕而他本人所堅持的「性善」說，雖然因提出「氣質偏駁」而顯得矛盾，但是卻也部份因此爲他日後強調「存孔孟之正學」尋得一有力推論依據，在另一方面爲了在「工夫論」上，和宋儒涇渭分明，顏元在〈圖跋〉一文中，以近乎「自毀性」方法來回顧他的存性之論，其言曰：

〔註56〕同註2，〈存性編〉卷二，頁34。
〔註57〕同上，〈存性編〉卷二，頁31。
〔註58〕同註31，卷四，頁74。
〔註59〕參閱黃進興師 "Chu Hsi Versus Lu Hsiang-shan", in *Journal of Chinese Philosophy* 14（1987）. p. 189。
〔註60〕顏元論程朱之「性氣論」時曰：「可惜二先生之高明；隱爲佛氏之六賊之說浸亂。」，《四存編》，〈存性編〉卷一，頁3。

嗟乎！性不可以言傳也，而可以圖寫乎？雖果見孔孟所謂性，且不可言傳圖寫，而況下愚不足聞性道如僕者乎！但偶爾一線悟機，似有彷彿乎方寸者，此或僕一人之所謂性，尚非孔孟所謂性，未可知也。況僕所見尚有不能圖盡者乎！語云：理之不可見者，言以明之；言之不能盡者，圖以示之；圖之不能畫者，意以會之。吾願觀者尋其旨於圖間，會其意於圖外，假之以宣自心之性靈，因之以察僕心之愚見，庶不至以佛氏六賊之說誣吾才、情、氣質，或因此實見孔、孟之所謂性，亦未可知也。若指某圈曰：此性也，某畫曰：此情也，某點曰：此氣質也，某形勢曰：此性、情、才質之皆善無惡也，則膠柱鼓瑟，而於七圖無往不扞格背戾，且於僕所謂一線者而不可得，又安望由此以得孔、孟所謂性乎！恐此圖之為性害，更有甚於宋儒之說者矣，雖然，即使天下後世，果各出其心意以會乎僕一線之意，遂因以見乎孔、孟之意，猶非區區苦心之所望也。僕所望者，明乎孔孟之性道，而荀、揚、周、程、張、朱、釋、老之性道可以不言也，明乎孔、孟之不欲言性道，而孔、孟之性道亦可以不言也，而性道始可明矣。〔註61〕

此處顯示他對以使用文字語言甚至圖畫的方式來討論「性道問題」的行為模式，從根本加以否定。換言之，「語言文字」和「性道」的關係性建立，本身就是一項錯誤。這樣的想法一方面固然源自於他對語言文字的有限性的看法（顏元並沒有在此處對於「文字」與「道」的關係性大作文章〔註62〕），但是更重要的原因，應該源自於他認為真正的儒者根本不應該從事「談論心性」，因此他又說：

或曰：「孔子罕言矣；孟子動言性善，何言乎不欲言也？」，曰：「有告子二或人之性道，孟子不得已而言性善也，猶今日有荀、揚、佛、老、程、張之性道，吾不得已而言才、情、氣質之善也，試觀答告子諸人，但取足以折其詞而止，初未嘗言性善所由然之故，猶孔子之罕言也。宋人不解，而反譏其不備，誤矣！」或曰：「吾儒不言性道，將何以體性道，盡性道？」，余曰：「吾儒日言性道而天下不聞

〔註61〕同註2，〈存性編〉卷二，頁36。
〔註62〕此項關係的有關討論，可參閱山井湧〈經書與糟粕〉，收於《日本學者論中國哲學史》（台北，駱駝出版社，1987）。

也，曰體性道而天下相安也，曰盡性道而天下相忘也。惟言乎性道
之作用，則六德、六行、六藝也；惟體乎性道之功力，則習行乎六
德、六行、六藝也；惟各究乎性道之事業，則在下者師若弟，在上
者君臣及民，無不相化乎德與行藝，而此外無學教，無成平也，如
上天不言而時行物生，而聖人體天立教之意著矣，性情之本然見，
氣質之能事畢矣，而吾之七圖亦可以焚矣！」〔註63〕

　　儘管如此，〈存性篇〉仍是我們可見的顏元「悟道」後的首部作品，表達
了他對「儒學正統」的初步看法，及對程朱心性學的反對意見，至於他對「儒
者之學」的看法，以及整個宋明理學（包括程朱陸王）的批評，在以下所討
論的〈存學篇〉中將有更廣泛的論述。

二、存　學

　　顏元在〈存學篇〉中，申述他對「儒者之學」的看法，並且依自己的看
法強烈批判孔孟以降的儒者，尤其是宋明理學。而且承繼上篇中所言及的「道
不可以言傳」的旨意，他又加以發揮：「聖人學、教、治，皆一致也。『民可
使由之，不可使知之。』是孔子明言千聖百王持世成法，守之則易而有功，
失之徒繁難而寡效。故罕言命，自處也；性道不可得聞，教人也；立法魯民
歌怨，為治也。他如予欲無言、無行不與、莫我知諸章，何莫非此意哉！當
時及門皆望孔子以言，孔子惟率之以下學而上達，非吝也，學教之成法固如
是也。」〔註64〕論語中「民可使由之，不可使知之」這一段話的註解，往
往引發很多爭議，但大都集中在於此條是否表示孔子有「愚民政策」的想法。
〔註65〕但是在顏元的思維脈絡中，此語剛好證實了聖王之治的學教治的一
貫精神，亦即「以行動取代言語」，然而顏元認先王百聖如此良好的成法，
卻因為「自漢、晉泛濫於章句，不知章句所以傳聖賢之道而非聖賢之道也，
競尚乎清談，不知清談所以闢聖賢之學而非聖賢之學也。因之虛浮日盛。」，
〔註66〕「至宋而程朱出，乃動談性命，相推發先儒所未發，……是以當談
天論性，聰明者如打諢猜拳，愚濁者如提風聽夢，但彷彿口角，各自以為孔、

〔註63〕同註2，〈存性編〉卷二，頁36。
〔註64〕同上，〈存學編〉卷一，頁43。
〔註65〕見《論語新解》（收入《四書讀本》），蔣伯潛的評註。
〔註66〕同註2，〈存學編〉卷一，頁52。

顏復出矣。至於靖康之際，戶比肩摩皆主敬習靜之人。而朝陛疆場無片籌寸績之士。」〔註67〕而亡。

這一段話中，顏元對這一「儒學淪亡記」的過程，深表不滿，對於常識中所稱宋儒的興起乃是儒學對抗佛家的復興運動，更是不以爲然：

> 或曰：「佛氏託於明心見性，程、朱欲救人而擯之，不得不抉精奧以示人」，余（顏元）曰：「噫！程子所見，已稍浸入釋氏分界，故稱其彌近理而大亂眞。若以不肖論之，只以《君子之道四》一節指示，雖釋迦惡魁，亦曾垂頭下淚，並不必及性命以上也。」，然則如之何？曰：「彼以其虛，我以其實，程朱當遠宗孔子，近師安定（胡瑗），以六德、六行、六藝及兵農、錢穀、水火、工虞之類教其門人，成就數十百通儒。朝廷大政，天下所不能辦，吾門人皆辦之；險重繁難，天下所不敢任，吾門人皆任之；吾道自尊顯，釋老自消亡矣！」〔註68〕

顏元不認爲對抗佛氏的方法，乃是建立一套儒家的「心性論」以抗之，而是師古之成法。程朱的作法，對於顏元而言，祇是「今彼（佛氏）以空言亂天下，吾亦空言與之角，又不斬其根而反授之柄。我無以深服天下之心而鼓吾黨之氣，是以當日一出，徒以口舌致黨禍；流而後世，全以章句誤乾坤。上者只學先儒講著，稍涉文義，即欲承先啓後；下者但問朝廷科甲，才能揣摩，皆騖富貴利達。浮言之禍甚於焚坑，吾道何日再見其行哉！」。〔註69〕

然而，顏元對於程朱批判如此嚴厲，他是否如許多學者所臆測，實際和「陸王學派」上站在同一陣線上呢？這個問題牽涉面相當廣泛，但是顏元在抨擊程朱之餘，也很明白地攻擊陸王之失。從他的敘述中，唯有胡瑗、張載稍有可觀之處，「秦漢以降，則著述講論之功多，而實學實教之力少。宋儒惟胡子立經義，治事齋，雖分析已差而其事頗實矣；張子教人以禮而期行井田，雖未舉用而其志可向矣。」〔註70〕後世紛爭不已的「程朱學派對抗陸王學派」在顏元眼中，又是什麼樣的局面呢？他說：

> 周子得二程而教之，二程得楊、謝、游、尹諸人而教之，朱子得蔡、黃、陳、徐諸人而教之，以主敬致知爲宗旨，以靜坐讀書爲

〔註67〕同上，〈存學編〉卷一，頁43〜44。
〔註68〕同上，〈存學編〉卷一，頁44。
〔註69〕同上。
〔註70〕同上，〈存學編〉卷一，頁48。

工夫，以講論性命、天人爲咦受，以釋經注傳，纂集書史爲事業。
嗣之者若眞西山、許魯齋、薛敬軒、高梁溪，性地各有靜功，皆
能著書立言，爲一世宗。信乎爲儒者煌煌大觀，三代後所難得者
矣！而問其學其教，如命九官、十二牧之所爲者乎？如周禮教民
之禮明樂備者乎？如身教三千，今日習禮，明日習射，教人必以
規矩，引而不發，不爲拙工改廢繩墨者乎？此所以自謂得孔子眞
傳，天下後世亦皆以眞傳歸之，而卒不能服陸、王之心者，原以
表裏精粗，全體大用，誠不能無歉也。」〔註71〕至於陸王學派又
是何等模樣呢？「陸子分析義利，聽者垂泣，先立其大，通體宇
宙，見者無不竦動。王子以致良知爲宗旨，以爲善去惡爲格物，
無事則閉目靜坐，遇事則知行合一。嗣之者若王心齋、羅念庵、
鹿太常，皆自以爲接孟子之傳，而稱直捷頓悟，當時後世亦皆以
孟子目之。信乎其爲儒中豪傑，三代後所罕見者矣！而問其學其
教……（與上引文同）……此所以自謂得孟子之傳，與程、朱之
學並行中國，而卒不能服朱、許、薛、高之心者，原以表裏精粗，
全體大用，誠不能無歉也。〔註72〕

此二段描述陸王與程朱的敘述，有多項值得注意，一、在顏元的「古學
爲唯一正學」的標準下，二者均非孔孟之道的眞正繼承者，二、程朱的工夫
論對於顏元即是靜坐讀書，而這也正是顏元以往服膺程朱爲正學時，所恭行
的修爲方式；至於王陽明之教，顏元以「無事則閉目靜坐，遇事則知行合一」
來加以理解，有關陽明這一項界定，顏元有更進一步的解釋：

或曰：「諸儒勿論，陽明破賊建功，可謂體用兼全，又何弊乎？」余
曰：「不但陽明，朱門不有蔡氏言樂乎？朱子常平倉制與在朝風度，
不皆有可觀乎？但是天資高，隨事就功，非全副力量，如周公、孔
子專以是學，專以是教、專以是治也。」或曰：「新建當日韜略，何
以知其不爲學教者？」余曰：「孔子嘗言：二三子有志於禮者，其於
赤乎學之。如某可治賦，某可爲宰，某達某藝，弟子身通六藝者七
十二人，王門無此。且其擒宸濠、破桶岡，所共事者皆當時官吏、
偏將、參謀，弟子皆不與焉。其《全書》所載，皆其門人旁視贊服

〔註71〕同上。
〔註72〕同上。

之筆，則可知其非素以是立學教也。」〔註73〕

　　顏元既然對於程朱陸王學，均不表贊同，而且也一再和他所認定的「真正的儒學」相較，他也曾以較簡潔方式將他心中所謂的「正學」表示出來：「唐虞之世，學治俱在六府三事，外六府三事，而別有學術，便是異端。周孔之時，學治只有個三物，外三物而別有術，便是外道。」〔註74〕此處「六府」指金、木、水、火、土、穀，「三事」指正德、利用、厚生，「三物」即六德、六行、六藝（此三種的內容即前文王道篇中所言之者。

　　我們並無意於此追究顏元所認知的「儒學」是否真確？（此乃價值判斷問題），我們僅希望企圖分析他如何合理化他心目中儒學的「正統性」。首先，顏元在論及「儒者之學」時，是治、學、教三方面同時觀照，對他而言，上述的堯舜周孔正學，不僅僅是三代時儒者所學、所教者，更重要的是，他理想中的三代之治也是源自於此，也因此他以「命九官，十二牧」及「周禮教民之禮明樂備」的有無等標準，來詰問程朱陸王之學的成效，同樣地，他也以「弟子身通六藝者七十二人」的「教學成果」來反駁陽明學派，並進而推翻陽明的事功是建基於正統儒學的說法。在顏元的認定下，那不過是陽明個人天資高的表現，與儒學毫無干係。其次，他所敘述的程朱陸王學派的學習方式均不合乎他所認定的孔孟正學，尤其是六藝之教。因此他以「今日習禮，明日習射……」的標準加以詰問。正因為他對原始儒學作如此構想，並且對其施行有強烈的信心（或者說是信仰），亦即三代理想社會和儒學有密不可分的關係，對他而言，日後三代情況不存，也正說明了真正的儒學已亡而真正的儒者不存矣，這也反映在他在〈存學篇〉中和王法乾的一段對話肯定習射的重要性，所作的結語：「宋、元來儒者卻習成婦女態，甚可羞。無事袖手談心性，臨危一死報君王，即為上品矣。豈若真學一復，戶有經濟，使乾坤中永享治安之澤乎！」〔註75〕

　　很顯然地：「無事袖手談心性，臨危一死報君王」這一句常被援引做為表達顏元痛心明朝覆亡，而怪罪空談心性的理學家（尤其是王學末流）的名言，置於原先的文字脈絡之中，事實上是表達了三十四歲以後的顏元依他的理想「儒學」標準，對所有宋明理學的總批判。〈存學篇〉中的另一段話更可以為

〔註73〕同上，〈存學編〉卷一，頁49。
〔註74〕同註7，卷下，頁20。
〔註75〕同註2，〈存學編〉卷一，頁56。

上述說法佐證：

> 吾讀甲申殉難錄，至「愧無半策匡時難，惟餘一死報君恩」，未嘗不悽然泣下也！至覽和靖祭伊川「不背其師有之，有益於世則未」二語，又不覺廢卷浩歎，為生民愴惶久之！夫周、孔以六藝教人，載在經傳，子罕言仁、命、不欲神，性道不可得聞，予欲無言，博文約禮等語，出之孔子之言及諸賢所記者，昭然可考，而宋儒若未之見。專肆為於講讀，發明性命，閒心靜敬，著述書史。伊川明見其及門皆入於禪而不悟，和靖自覺其無益於世不悟，甚至求一守言語者亦不可得，其弊不大可見哉！至於朱子追述，似有憾於和靖而亦不悟也，然則吾道之不行，豈非氣數使之乎！〔註76〕

在顏元的信念中，「有用的真儒」與「無用的偽儒」乃強烈對比，「無用」所造成的結果不僅僅顯示儒學覆亡，亦是天下蒼生之大不幸。在這樣悲烈的情懷下，他在〈存學篇〉中，以期望的口吻曰：「僕氣魄小，志氣卑，自揣在中人以下，不足與於斯道。惟願主盟儒壇者，遠溯孔、孟之功如彼，近察諸儒之效如此，而垂意於『習』之一字，使為學為教，用力於談讀者一二，加功於習行者八九，則生民幸甚，吾道幸甚！」〔註77〕可是他對儒學之復的殷切，顯然遠超過上述。在他三十八歲時的祭孔文中曰：「漢以至宋明儒學夫子之大不得已，而俱舍其為學、為教、為治之身則非矣，元（顏元）不自揣妄期博文約禮，實由聖教，惟神朝之傳無顛躓，且佐帝牖民多生先覺聖道重光，元庶免罪戾焉。」〔註78〕顏元對於「復振正學」的心態，已有捨我其誰之勢，而此段話中，提及「夫子之大不得已」所指乃指由孔子所刪述的經書，有關顏元對於「讀書」問題的詳細看法，將在下文討論。

第四節　讀書與靜坐

顏元對朱子及朱子教法的批判最令人熟悉的即是其指責「半日靜坐，半日讀書」的教法，他在《朱子語類評》中多據此點加以發揮，如「朱子半日靜坐是半日達麼也，半日讀書是半日漢儒也，試問十二個時辰，那一刻是堯

〔註76〕同上，〈存學編〉卷二，頁67。
〔註77〕同上，〈存學編〉卷一，頁46。
〔註78〕同註1，卷上，頁27。

舜周孔乎？」，〔註79〕又如「朱子論：吾儒萬理皆實，釋氏萬理皆空，評曰：
先生（指朱子）正少箇實，半日靜坐之半日固空矣，半日讀書之半日也是空
了歲月。」，〔註80〕陳榮捷先生認爲，朱子教法中提到「半日靜坐，半日讀
書」乃對一學生偶語，並非是其定法，因而認爲顏元的批評不當，〔註81〕
然而，對於朱子教法作如此理解者，並非是顏元一人而已，劉蕺山亦曰：「朱
夫子嘗言：『學者半日靜坐，半日讀書，如此三五年，必有進步可觀。』，今
當取以爲法。」〔註82〕此外，高攀龍也說：「朱子謂學者半日靜坐，半日讀
書，如此三年，無不進者。」〔註83〕這兩位明末大儒的說法儘管在結論上
和顏元南轅北轍，卻也正好證實了「半日靜坐，半日讀書」的教法，至少在
部分的「儒學界」中有其流通性。對於顏元的這種想法可能的來源，或許有
一位人物更具關鍵性，即是上章所提及的刁包（《斯文正統》一書的作者），
顏元從刁包處得到建立「道統龕」的靈感，刁包對於朱子學的理解必定深刻
地左右顏元，而在刁包的語錄中，有如下的記述：「朱子之教學者曰：『半日
靜坐，半日讀書』，景逸（高攀龍）先生益之曰：『靜坐以思所讀之書，讀書
以考所思之要。』，余不揣又益之曰：『靜坐以思所讀之書，與禪學之寂滅異
矣！庶幾日有所得，而不至於殆，讀書以考所思之要，與俗學之記誦異矣，
庶幾日有所得，而不至於罔。然則孔、朱之教豈有異邪，陽明願學孔子者也，
而力詆朱，吾不知矣。』」〔註84〕刁包此段擁朱爲正統而攻陽明的詮釋，並
非我們關注的焦點，可是他對朱子教法的界定，和顏元的想法是一致的（當
然，刁包的想法也很可能源自高攀龍，語錄中極尊高攀龍，有「不讀高子遺
書，眞是虛過一生」之語〔註85〕）。簡言之，「朱子以半日靜坐，半日讀書
爲教」的說法已經成爲某種「事實」流傳於後。而顏元即是認定此項「事
實」而加以抨擊。

　　有關顏元對靜坐的痛恨，在上一節他抨擊宋明儒時即以言之，其他如「爲
愛靜坐空談之學久，必至厭事，厭事必至廢事，遇事即茫然，賢豪且不免，

〔註79〕顏元：《朱子語類評》（收入《顏李叢書》），頁24。
〔註80〕同上，頁18。
〔註81〕陳榮捷《朱子新探索》，〈半日靜坐與半日讀書〉，頁309～313。
〔註82〕劉宗周：《劉蕺山集》（收入《文淵閣四庫全書》）卷十一，〈讀書記〉，頁29。
〔註83〕高攀龍：《高子遺書》（收入《高淵閣四庫全書》）卷一，頁10。
〔註84〕刁包：《潛室箚記》卷上，頁175～176。
〔註85〕同上，頁181。

況常人乎？予嘗言，誤人才敗天下事者，宋人之學，不其信夫！」，〔註86〕類似此種痛斥靜坐之語不勝枚舉。可是顏元自己又提出一項修爲的方法名曰：「習恭」，他在三十七歲時《年譜》錄有「習恭，日日習之，即《論語》居處恭也！自驗身心氣與學靜坐時天淵。」，〔註87〕其他尚有「行必習恭，步步規矩。」，錢穆認爲顏元在此點上又走回宋明理學中「主靜」的老路線上。錢穆所據的理由爲顏元所謂的「習恭」縱與靜坐不同，卻不能不說與宋儒所謂「敬者」相似，而且錢氏認爲「主敬主靜其實出於一源，敬靜工夫，到底還是一色，惟字面不同。」。〔註88〕由於顏元言「習恭」常語焉不詳，因此錢氏之說似乎也可成立，但是在《言行錄》中有一條記載，似乎頗能替顏氏自認「習恭與靜坐乃天淵之差」辯解，「凡冠不正，衣不舒，室不潔，物器不精肅，皆不恭也，有一於此不得言習恭，由此推之，杏壇之上劍佩琴書一物狼籍，孔子不得之恭矣！此吾儒之篤恭所異於釋氏之寂靜，而靜坐之學所以入於禪而不自覺也。」〔註89〕，就此條所言，和論語中如：「居處恭、執事敬」、「敬而無失、恭而有禮」、「貌思恭、事思敬」所言者似乎頗可相通，況且就顏元而言，宋儒論敬和《論語》的敬並不相同：「敬字字面好看，卻是隱壞於禪學處，古人教灑掃，即灑掃主敬，教應對進退，即應對進退主敬，教禮樂射御書數，即度數音律審固磬控點畫乘除莫不主敬。故曰執事敬、故曰敬其事、故曰行篤敬，皆身心一致加工，無往非敬也。若將古人成法皆舍置，專向靜坐收攝徐行緩語處言主敬，乃是以吾儒虛字面做釋氏實工夫，去道遠矣。」〔註90〕因此，何祐森先生對「習恭」的解釋，「一、習恭即《論語》的居處恭；二、習恭不能忽視外在的整修九容的工夫；三、習恭是身心俱動、內外並進之謂。」，〔註91〕應該是可以成立的。

在顏元反讀書這方面的問題，牽涉則更爲複雜，顏元在抨擊朱子時，「讀書」問題是一大重點，而且甚至有時候捨靜坐不談，專攻朱子談讀書，如「朱子論學只是論讀書」，甚至以吞砒霜喻讀書之害，他在《評朱子語類》中，朱子言「朋友來此先看熹所解書。」條時，評曰：「吾嘗言：『但入朱門者，便

〔註86〕同註1，卷下，頁19。
〔註87〕同上，卷上，頁25。
〔註88〕錢穆：《中國近三百年學術史》，頁196。
〔註89〕同註7，卷上，頁14。
〔註90〕同註2，〈存學編〉卷四，頁97。
〔註91〕何祐森：〈顏習齋和李恕谷的學術異同〉，《文史哲學報十八期》，頁424。

服其砒霜，永無生氣生機……僕亦吞砒人也，耗竭心思氣力深受其害，以致六十餘歲，尤戒人觀宋人語錄性理等，曰：當如淫聲淫色以遠之。』〔註92〕然而顏元反對讀書，究竟是在什麼樣的意義脈絡中呢？他是反對「祇讀書」呢？還是反「讀書」這項行為？或是游走於此兩種立場呢？根據顏元的說法有關「讀書」的缺點為，一、有害身體健康——他說：

> ……吾嘗目擊而身嘗之，知其為害之鉅也。吾友張石卿，博極書，自謂秦漢以降，二千年書史，殆無遺覽。為諸少年發書義至力竭，傴息床上，喘息久之，復起講，力竭，復傴息，可謂勞之甚矣。不惟有傷於己，卒未見成起一才。……祁陽刁蒙吉，致力於靜坐讀書之學，盡誦夜思，著書百卷，遺精痰嗽無虛日，將卒之三月前，已出言無聲。元氏一士子，勤讀喪明。吾與（王）法乾年二三十，又無諸公之博洽，亦病無虛日。……況今天下几坐書齋人，無一不脆弱為武士，農夫所笑者，此豈男子態乎！〔註93〕

　　二、無用——當然這裏所謂的有無用，是依顏元的價值判斷：「古今旋乾轉坤，開物成務，由皇帝王霸以至秦漢唐宋明，皆非書生也。讀書著書能損人神智力，不能益人才德，其間或有一二書生，濟時救難者，是其天資高。若不讀書，其事功亦偉然。為書損耗非受益也。」〔註94〕三、讀書不等於得道——顏元曰：「先生（指朱子）昭明書旨，備勞心力，然所明只是書旨，未可謂得吾身之道也。蓋四書、諸經、群史、百氏之書所載者，原是窮理之文、處事之道。然但以讀經史，定群書為窮理處事以求道之功，則相隔千里，以讀經史，訂群書為即窮理處事，曰：道在是焉，則相隔萬里矣。」〔註95〕此段中首先聲明「明書旨」和「得道」乃不同之事。他認為在第一種模式中，將「讀經史，行群書」視為得道的方法，所犯的錯誤，是化約了求道的方法。顏元以讀書猶琴譜之例。認為這種錯誤是「手不彈，心不會，但以講讀琴譜為學琴，是渡河而望江也。故曰千里。」，而第二種模式的錯誤更為嚴重，亦即將「讀經史，訂群書」的活動本身錯認為得道。這種錯誤乃是「指薊北而談雲南也」，〔註96〕顏元的重點當然是置於「於行動中得道」的觀念上，他又

〔註92〕同註79，頁1。
〔註93〕同註2，〈存學編〉卷三，頁79。
〔註94〕同註7，卷下，頁12。
〔註95〕同註2，〈存學編〉卷三，頁84。
〔註96〕同上，〈存學編〉卷三，頁85。

將以孔子爲例說明此點:「孔子強壯時學成教就陶鑄人材,可以定一代之治平矣,不得用乃周流,又不得用乃刪述,皆大不得已而爲之者也。如傚富翁者,不學其經營治家之實……而徒效其凶歲轉移遭亂記產籍以遺子孫者乎?且孔子自居于述乃武周述事之述,家居習禮樂執射御爲司寇,辨五土之性,乃述六府三物之事也,非註記其文字也,後儒以講書註解托聖人之述可乎?」〔註97〕有關於記籍的比喻又有「學者須知,田產籍非祖業,講讀籍上田產非修業,乃得求其業而修之,修乃得居之。」〔註98〕

　　從上述的討論中,有關於經典和道的關係,似乎可以如此推論:一、顏元並沒有就「名」與「實」的關係性,去討論經書上的文字記載和聖人旨意的可能關係,在一這方面他對文字能夠傳道的能力給予肯定,「蓋詩書……所載者,原是窮理之文、處事之道」〔註99〕;二、他降低經典本身的價值性,以記籍或琴譜的觀念來加以理解。因此,顏元並沒否定「經書上的文字表達了聖人的意思」這樣的命題,他所否定的是「講讀經書上的文字即是守孔孟之道的儒者」,或者是「講讀經書上的文字即是行道」,也因此如果要以「透過經書可否了解聖人旨意(或是道)」的命題來詰問顏元,如果「了解」是指「文義上的了解」,答案應該是肯定的,然而這樣的了解,對於顏元的「儒者之學」的構想是不相干的,因爲沒有「習行」的話,「文義上的了解」如何精確,均是枉然。然而習行之前,是否必定行先讀書明理呢?這個問題將在以下討論;三、聖人之教法不專教人讀書──顏元以爲朱子之學

　　　「窮理居敬」四字,以文觀之甚美,以實考之,則以讀書爲窮理功
　　　力,以恍忽道體爲窮理精妙,以講解著述爲窮理事業,儼然靜坐爲
　　　居敬容貌……誠可謂大儒氣象矣;但觀之孔門,則以讀書爲致知中
　　　之一事。且書亦非徒佔畢讀之也,曰:「爲周南召南」,曰:「學詩」、
　　　「學禮」,曰:「學易」、「執禮」,是讀之而即行之也。曰「博學於文」,
　　　蓋詩、書六藝以及兵農、水火在天氣間燦著者,皆文也,皆所當學
　　　之也。曰:「約之以禮」,蓋冠婚、喪祭、宗廟、會同以及升降周旋,
　　　衣服飲食,莫不有禮也,其非約我者也。〔註100〕

〔註97〕同註1,卷下,頁13。
〔註98〕同上,卷下,頁14。
〔註99〕同註2,〈存學編〉卷三,頁84。
〔註100〕同上,〈存學編〉卷二,頁64～65。

「顏子（顏回）明日：『博我以文，約我以禮』，豈空中玩弄光景者，比耶後儒，以文墨爲文，以虛理爲禮，將博學改爲博讀，博講、博著，不又天淵之分耶！」〔註101〕，顏元依他的「正統儒學」觀點來詮釋何爲「博文約禮」特別值得注意，而其中言「讀書爲致知中一事」也回答了上述第三點所留的疑點。

從前述三點看來，第二點力言讀書無用且有害，理論上是屬於「反讀書」的立場，至於第一點就顏元所舉之例而言，似乎可以說是因爲「專事讀書而且廣讀」而有所害，第三點是論讀書的有限性，以讀書爲孔門之教之一事而已，非如朱子之教以全神貫之，此三點可以說是「反對祇有讀書」的立場。此立場在一段對話中更明顯表示：「王子（王法乾）曰：『博學乃古人第一義。易云：多識前言往行以蓄德，子路曰：何必讀書，然後爲學！可見古人讀書，誦讀亦何可全廢？』，予（顏元）曰：『周公之法，春秋教以禮樂，冬夏教以詩書。豈可全不讀書！但古人是讀之以爲學，如讀琴譜以學琴，讀禮經以學禮。博學之，是學六府、六德、六行、六藝之事也。只一多讀書爲博學，是第一義已誤，又何暇計問、思、辨、行也。』」〔註102〕由於顏元對於「讀書」的態度一方面是納於他反朱子學的脈絡中來言談，一方面又納入他本身對「正統儒學」的構想來談。而前者又往往以全盤否定的強烈語氣出之，因此極容易推導出「顏元反讀書」的說法；然而在後者中，我們又似乎可看到「反對祇讀書而非反對讀書的顏元」。

顏元在這兩種立場游離的可能原因，是源自於他對於「習行」的關注，唯有「習行」才是本業，至於「該不該讀書」，則在於此項「讀書」的活動，對於「習行」本業有否助益。「讀書」課題的探討必須將其置於顏元對「儒學」的整個構想之中才能有較深刻的理解，顏元多次強調「書生文人」非「儒者」也，「書生」即是「半日靜坐，半日讀書」的理學家。顏元並據此評斷：「宋儒與堯舜周孔判然兩家，自始自終，無一相同，宋儒只是書生，故其學舍，直曰書院，廳事直曰講堂，全不以習行經濟爲事。」〔註103〕而「凡禪宗鄉原二蠹皆附於書生文人而冒儒者，行之惑世」，〔註104〕對他而言，「讀書」之害正是使得「學爲君相百職，爲生民造命，爲氣運立機」的儒者，個

〔註101〕同註1，卷下，頁13。
〔註102〕同註2，〈存學編〉卷一，頁58。
〔註103〕同註79，頁7。
〔註104〕顏元：《習齋記餘》卷三，頁15。

個成了「無用」的「書生」，造成這種悲慘局面的又是什麼原因呢？首當其衝的當然是以程朱為代表的理學，但是更可恨者的（對顏元而言）更是那侵擾中國、敗壞人心已久的「佛老之學」（顏元嘗云：「僕看莊子，批云『莊周之人，人中妖也；莊周之文，文中妖也。』」），〔註105〕在此種情況下，居然還有人明目張膽地宣揚「三教合一」之說，此舉更令顏元痛心疾首「今儒鹿乾嶽、孫鍾元、杜君異皆有三教聖人之說哉，蓋儒道之亡也久矣，蓋冒儒者之參於禪老莊列也深矣！嗚乎天不再生周孔，遂忍儒道之亡乎？」，〔註106〕在這樣的心境下，自然不難明瞭顏元會在悟得「正學」，猛烈攻朱後，重振〈王道論〉中「靖異端」的宗旨，而在四十八歲時著〈喚迷途〉（〈存人篇〉）以召喚為「邪魔外道」所迷惑之人了！

第五節　喚迷途

　　顏元對諸類「步入迷途者」所採取各種勸告，不外乎以下數種：一、漢族為中心的君臣父子之義：「但你們（僧道）知佛是什麼人否？佛是西域番人，我們是天朝好百姓，為什麼不作朝廷正經的百姓，卻作那西番的弟子……由平民做和尚，是朝廷的逃民，是父母的叛子，是玷辱親戚朋友的惡事。」〔註107〕他一再強調中原的世界乃是「伏羲、神農、黃帝、堯……孔子合漢、唐、宋、明歷代帝之聖賢，立禮樂刑罰，治得乾坤大平！」。〔註108〕而這些僧道公然向國家的權威性挑戰：「朝廷官分職以為萬民長，立法定律以防萬民欲，人雖賢智，只得遵朝廷法律而行，所謂『雖有其唯德，苟無其位，亦不敢作禮樂也。』你們輒敢登高座談禪，使人跪問立聽；輒敢動刑杖，是與天子長吏爭權也；輒敢別定律令，號招士民，謂之受戒，各省直愚民呼朋引類，赴北京五台受禪師法戒，是與天子爭民也。堂堂皇王之天下，儼然半屬梵王子之臣民。」〔註109〕二、認為佛道之理乃虛妄之言：「佛道說真空，仙道說真靜，……三才既立，有日月則不能無照臨，有山川則不能無流峙，有耳目則不能無視聽；佛不能使天無日月，不能使地無山川，不能使人無耳目，安在其能空乎！道不能使日月不照臨，

〔註105〕同註79，頁22。
〔註106〕同上。
〔註107〕同註2，〈存人編〉卷一，頁131～133。
〔註108〕同上，〈存人編〉卷一，頁132。
〔註109〕同上，〈存人編〉卷一，頁136。

不能使山川不流峙，不能使耳目不視聽，安在其能靜乎！」〔註110〕他認爲此種空靜之理，愈談愈惑，空靜之功，愈談愈妄，而宋明儒所謂悟道者即是受佛所謂「洞昭萬象」的「鏡花水月」作用所影響，其實皆是一時虛妄；此外，佛氏「輕視了此身，說被此身累礙，耳受許多聲、目受許多色、口鼻受許多味，心意受許多事物，不得爽利空的去，所以將自己耳目口鼻都看作賊。」，〔註111〕這當然和顏元所認定的「天命之氣質爲善」的想法不符合，而這也是何以顏元一再抨擊朱子所謂「氣質之性爲惡」的講法乃是「佛氏六賊（耳目口鼻心意）之害」的轉化。

　　顏元從政治社會及學理兩層面，將佛老之學批評得體無完膚，他的批評，完全立基於他本身視爲王道之邦的學教治之絕對優越性上，他對於佛理的理解與好惡，深受這樣的「理念」所左右，他對於他所不能理解，或不願去體會的生命情境，幾乎均是以「異端」觀之，他對於佛老的批評，與其說令人更了解「佛老之學」的蔽害，倒不如說，更充分顯現了顏元以「正統」自居的一元化思維。

第六節　義利與習行

　　錢穆先生在比較顏元和王陽明時，有如下的評述：「惟陽明深非功利，習齋則澈骨全是功利，此爲兩人之所異耳！」〔註112〕究竟顏元所重之「功利」應當如何解釋，《言行錄》中一段對話云：

> 郝公函問：「正誼明道二句，似即謀道不謀食之旨，先生不取何也？」，曰：「世有耕種而不謀收穫者乎？有荷網持釣而不計得魚者乎？抑打恭而不望其不侮，寬而不計其得眾乎？這不謀不計兩不字，便是老無釋空之根。惟吾夫子先難後獲，先事後得，敬事後食三後字無差，蓋正誼便謀利，明道便計功，是欲樹欲助長，全不謀利謀功，是空寂是腐儒。」，公函曰：「請問謀道不謀食？」，曰：「宋儒正從此誤，後人遂不謀生。不知後儒之道全非孔門之道。孔門六藝，進可獲祿退可以食力，如委吏之會計，簡分之伶官可見，故耕者猶有餒，學也必無飢。夫子申結不憂貧，以道信之耳，若宋儒之學，

不謀食，能無餓乎？」〔註113〕

此段話中，又可看出顏元以「佛老」爲代罪羔羊來解釋他所不同意的思想緣由，而且他對「孔門六藝」的實效深信不疑，令他全然忘卻外在環境的限制，以及各種可能兩難情境，對他而言今人所以會陷入「謀道而不能謀食」的困境，全是後儒之害，他曾歎曰：「今世之儒，非兼農圃，則必風鑑醫卜，否則無以爲生，蓋由漢宋儒誤人於章句，復苦於帖括取士，而吾儒之道之業之術盡亡矣！若古之謀道者，自有禮樂射御書數等可以了生。」〔註114〕我們似乎可以推論，顏元認爲「義」與「利」或「道」與「食」在「周孔正學」的規模下，根本就是互不矛盾的共存體；二者之所以會變成爲不可相容；完全是因爲科舉佛老等邪魔外道引蔽習染，致使後儒拋棄正學所致。他在《四書正誤》又說：「以義爲利，聖賢平正道理也，堯舜利用，《尙書》明與正德厚生並爲三事，利貞，利用安身，利用刑人，無不利；利者，義之和也，易之言利更多，孟子極駁利，惡夫掊剋聚斂者耳，其實義中之利，君子所貴也。」〔註115〕顏元雖然以「正德利用厚生」來支持自己的立場，但是他顯然也注意到孟子的「義利之辨」〔註116〕中可能出現的「義利兩極對立」觀念。因此，他重申義利共存之可能性，而將孟子「譴責利」的立場詮釋爲「譴責惡」的立場。

在「正其誼以謀其利，明其道而計其功」的觀念架構下，顏元對於和朱子有王霸之辯的陳同甫所持的立場，是採取較爲同情的態度，他認爲朱學、陸學及陳同甫之學「皆非周孔舊道也，然使文達（應爲文毅，指陳同甫）之學行，雖不免雜霸，而三代蒼生或少有幸；不幸陸朱並行交代興衰，遂使學術如此，世道如此。」〔註117〕顏元會對陳同甫有部分的肯定，一方面在於陳同甫對於「行動」的重視，他曾引陳同甫「人才以用而見其能否，安坐而能者不足恃，兵食以用而見其盈虛，安坐而盈者不足恃。」之意加以引申爲「德性以用而見其醇駁，口筆之醇者不足恃；學問以用而見其得失，口筆之得不足恃。」，〔註118〕他閱讀陳同甫〈壬寅答朱元晦秘書〉中所斥朱子「若

〔註113〕同註7，卷下，頁10。
〔註114〕同上，卷下，頁27～28。
〔註115〕顏元：《四書正誤》（收入《顏李叢書》），卷一，頁5～6。
〔註116〕見《孟子》，〈梁惠王〉篇。
〔註117〕同註104，卷六，頁36。
〔註118〕同註1，卷上，頁36。

只欲安坐而感動之」一語，更浩歎曰：「宋人好言習靜，吾以為今日正當習動耳。」〔註119〕再者，陳同甫不以義利之分，全盤否定漢、唐的事功，也頗合顏元之意，從上節顏元駁讀書之無用時，已經可以看出顏元對於帝王將相的事業，顯然不似朱子以「霸道」而全然加以排斥，這當然可能跟顏元對於國家統治權威的絕對性信念有關連，前文所謂「雖不免雜霸，而三代蒼生或少有幸」即有此意。這也可從他一段比喻中看出：「三皇五帝，三王周孔皆教天下以動之聖人也；皆以動造成世道之聖人也，五霸之假，正假其動也，漢唐襲其動之一二以其世也；晉宋之苟安，佛之空老之無，周程朱邵之靜坐徒事口筆，總之皆不動也，而人才盡矣！聖道亡矣，乾坤降矣！吾嘗言一身動，則一身強，一家動則一家強，一國動則一國強，天下動則天下強，益自信其考前聖而不謬矣，後聖而不惑矣！」〔註120〕朱子所排斥的漢唐，於顏元眼中尚襲得聖人之旨一二，而朱子反而為害道之大罪人，這當中更足以顯示顏元對於「儒學」和「儒學之傳」的構想和朱子的重大差異；同樣地這樣的差異性，也表現在顏元對於王安石及韓侂冑的同情上，顏元六十二歲時所著〈宋史評〉中為二者辯，認為王安石雖然「晝夜誦讀著作文，立法以經義取士，亦宋室一書生耳，然較之當時，則無其倫比，廉孝高尚浩然有古人正己以正天下之想，及既出，慨然欲堯舜三代其君所行法。」〔註121〕，顏元認為當時夏本宋臣，後叛而稱帝，此乃不可與共載天之仇也，安石為足兵餉而行新法，無奈宋人苟安日久多所詰難，使得安石壯志難伸；而韓侂冑「毅然下召伐金，可謂為祖宗雪恥地下者矣！仗義復仇，雖敗猶榮者矣。」，「《宋史》乃入之〈奸臣傳〉，徒以貶道學，曰：『偽學犯文人之深惡耳！』，宋儒之學，平心論之，支離章句染痼釋老而自居于孔孟，不近於偽乎！」〔註122〕。韓、王二人政治上的行為動機，在顏元看來，都是為了捍衛顏元心中的「神聖之邦」，而且二者都是勇於任事之人，尤其是韓氏在顏元之先，以理學為偽，更是符合顏元對理學的看法。

　　顏元對於「行」的重視，除了影響上述他對這些政治人物的評價外，也表現在他偶一為之的「訓字解義」上，他說：

〔註119〕同上，卷上，頁38。
〔註120〕同註7，卷下，頁8。
〔註121〕同註1，卷下，頁22。
〔註122〕同上，卷下，頁23。

按格物之格，王門訓正，朱門訓至，漢儒訓來，似皆未穩，竊聞未窺聖人之行者，宜證之聖人之言；未解聖人之言者，宜證諸聖人之行，但觀聖門如何用功，便定格物之訓矣，元（顏元）謂：當如史書乎格猛獸之格，手格殺之之格，乃犯手捶打搓弄之義。即孔門六藝之教是也，如欲知禮，憑人懸空思悟耳聽，不如跪拜起居周施進退，捧玉帛陳籩豆，所謂致知乎禮者，斯確在乎是矣……推之萬理皆然，似稽文義質聖學爲不謬，而漢儒朱陸三家失孔子學宗者，亦從可知矣！〔註123〕

在本章中，我們以顏元的思想爲主體，探討了他的多項想法，我們也不難發現這麼多項的討論，它們似乎都被一個核心課題所涵蓋，亦即顏元對於「儒家」及「儒者」的構想，在此章中，大多以他的眼光去解釋這些課題，在下章中，我們將轉換一研究立場以他所深惡痛絕的宋明儒理學人物的觀點爲討論主題，企圖從了解宋明儒學中的一些課題後，提供一新的詮釋網絡來深化我們對顏元的了解。

〔註123〕同註104，卷六，頁5。

第四章 「儒者之學」──從朱、陸、王到顏元

第一節 前　言

　　顏元對於他所愛及所恨的「眞」「僞」儒學，曾以「二堂」加以比喻：「請畫二堂，子觀之：一堂上坐孔子，劍佩觿決雜玉革帶深衣，七十子侍，或習禮，或鼓琴瑟，或羽籥舞文，干戚舞武，或問仁孝，或商兵農政事，服佩亦如之，壁間置了弓矢鈇戚簫磬算器馬策各禮衣冠之屬；一堂上坐程子，峨冠博帶，垂目坐如泥塑，如游楊朱陸者侍，或返觀靜坐，或執書伊吾，或對談靜敬，或搦筆著述，壁上置書籍字卷翰研梨棗，此二堂同否。」〔註1〕顏元此喻，無非要表達理學之「空疏」與「孔孟正學」之「實行」。然而，顏元眼中同爲「一丘之貉」的理學家，對於他們自身所宣揚之學，也無不以「實」字自認；而且彼此攻訐對方之學非爲儒學，而是僞學，最著名者，莫過於朱陸之爭；而明代之陽明不僅和他所認定的「朱子之學」作長期抗爭（甚至以《朱子晚年定論》之作企圖言明朱子晚年已悔早年之說爲僞，而有步入正學之勢），並且也和同期的以程朱派自居的羅欽順展開激辯。在這些辯論中，牽涉的課題相當廣泛，本章將特就他們如何詮釋「儒者之學」，來和顏元的「周孔正學」加以對照。

第二節　朱陸之爭

　　《近思錄》中載：「伊川曰：古之學者一，今之學者三，異端不與焉。一曰

〔註1〕李塨、王源：《習齋先生年譜》，卷上，頁37～38。

文章之學，二曰訓詁之學，三曰儒者之學，欲趨道舍儒者之學不可。」〔註2〕
朱子曾就此論加以發揮：「所謂學者，始乎爲士者所以學而至乎聖人之事也。伊
川先生有言，今之學者有三：『詞章之學也，訓詁之學也，儒者之學也，欲通乎
此道，舍儒者之學不可。』，尹侍講所謂學者，所以學爲人也，學而至於聖人，
亦不過盡爲人之道而已，此皆切要之言。」〔註3〕如眾所知，程伊川對「顏元
子所好何學」所作的「學以至聖人之道也」的詮釋，可謂是揭櫫了宋代儒學復
興運動的成就目標，然而在上述的宣言中，也透露出些許曖昧不明之處，因爲
詞章、訓詁之學，幾乎可以望文生義，然而何則爲「儒者之學」呢？就常識中
的理解，似乎可以用「居敬窮理」來加以了解。就「窮理」這一部分而言，是
依程朱學派的宇宙觀及心性觀的架構下而展開的。在程朱的宇宙觀中，萬物之
本源爲一理（對朱子而言亦稱爲太極），而又有「理一分殊」之說，因此又言「所
以能窮者，只爲萬物皆是一理，至如一物一事，雖小皆有是理。」、〔註4〕「然
一草一木皆有理，須是察。」、〔註5〕「物物皆有理，如火之所以熱、水之所寒，
至於君臣父子之間，皆是理。」。〔註6〕

　　然而，何以要從事窮理之務呢？因爲誠如上章所言及，對於程朱而言，
人雖然亦同樣稟有天理，但爲氣質之混濁所障蔽，因此必須藉窮理的過程，
以變化氣質，因爲「物我一理，才明彼即曉此，此合內外之道也」，〔註7〕
唐君毅先生解此過程爲「求諸外而明諸內」。〔註8〕然而即是「一草一木，
皆有理」，則窮理的對象可以說是相當廣泛。伊川即曰：「凡一物上有一理，
須是窮致其理。窮理亦多端，或讀書講明義理，或論古今人物，別其是非；
或應接事物而處其當，皆窮理也。」〔註9〕朱子亦舉聖賢之能，說明窮理之
要「這道理無所不談，無所不在。且如禮、樂、射、御、書、數，許多周旋
升降，文章品節之繁，豈有妙道精義在，只是也要理會。理會得熟時，道理
便在上面。又如律曆、刑法、天文、地理、軍旅、官職之類，都要理會，雖

〔註2〕 朱熹：《近思錄》（台北，金楓出版社，1987），卷二，頁26。
〔註3〕 張伯行編：《續近思錄》（台北，世界書局，1974），卷二，頁36。
〔註4〕 程顥、程頤：《二程集》，〈河南程氏遺書〉卷十五，頁159。
〔註5〕 同上，卷十八，頁193。
〔註6〕 同上，卷十九，頁247。
〔註7〕 同註2，卷三，頁39。
〔註8〕 唐君毅：《中國哲學原論原教篇》（台北，學生書局，1986），頁269。
〔註9〕 同註2，卷二，頁38。

未洞其精微，然也要識得個規模大概，道理方浹洽通透。」〔註10〕，此外尚如「至於道理之大原，固要理會，纖悉委曲處，也要理會，制度文物處，也要理會。古今治亂處，也要理會，精粗大小，無不當理會。」〔註11〕。然而，朱子對於如此規模龐大的「窮理」事業，也有另一種的保留態度「格物不必盡窮天下之物……今若于一草一木上理，有甚了期。」〔註12〕，「徒欲汎然觀萬物之理，則吾恐如大軍之遊騎，出太遠而無所歸。」〔註13〕，但是最典型的解方式為「須是今日格一件、明日格一件，積習既多，然後脫然自有貫通處。」〔註14〕，這種「積習既多」「則一旦豁然貫通」的解釋模式，在理論上似乎解決了「窮理」的困境，實際上在論及「窮理為學」時，又特別標舉「讀書」，尤其是「讀經書」的重要性。

程伊川曾言：「治經，實學也，……為學，治經最好。」〔註15〕他曾謂方道輔：「聖人之道，坦如大路，學者病不得其門耳。得其門無遠之不可到也，求入其門，不由於經乎？」〔註16〕此種態度也正可以從《近思錄》的〈致知序〉中窺見「此卷論致知，知之至而後有以行之。自首段至二十二段，總論致知之方，然致知莫大於讀書；二十三段至三十三段總論讀書之法。三十四段以後，乃分論讀書之法。」〔註17〕簡言之，原先以「窮萬物之理」的致知，在此處很明確地被化約成「讀書」，朱子對此種「化約」的說法是：「學不是讀書，然不讀書，又不知所以為學之道也。聖賢教人，只是要誠意正心修身齊家治國平天下。所謂學者，學此而已。若不讀書便不知如何而能修身，如何而能齊家治國，聖賢之書，說修身便如此，說齊家治國處便如此。節節在那上，自家都要去理會。」〔註18〕也因此「讀書」與「窮理」常並稱「讀書窮理，博觀古今聖賢所處之方，始有實用。」〔註19〕，程朱派對於「經典」的注重，也可以由他們的心性論中推出，因為「經典」乃是聖人所制作，而聖人之心乃存乎天理。所稟

〔註10〕黎靖德：《朱子語類》卷一一七，頁 2831。
〔註11〕同上，卷一二一，頁 2921。
〔註12〕同上，卷十八，頁 406～407。
〔註13〕同上，卷十八，頁 406。
〔註14〕同註2，卷三，頁 39。
〔註15〕同註4，卷一，頁 2。
〔註16〕同註2，卷二，頁 21。
〔註17〕同上，卷三，頁 36。
〔註18〕同註3，頁 39。
〔註19〕同上，頁 37。

的氣質乃是純粹清明的。〔註20〕因此,「經典」中的道理乃是最清明者,「戴明伯請教,(朱子)曰:『且將一件書讀,聖人之言即聖人之心,聖人之心,即天下之理。』」〔註21〕,所以讀經成為學者「窮理」的訣竅。朱子在論為學之餘,特舉「讀書法」析論,也可以看出他對「讀書」的重視,他甚至直言:「讀便是學,夫子說:『學而不思則罔,思而不學則殆。』,學便是讀書。」〔註22〕儘管在「讀書法」中,朱子亦嘗言「學問,就自家身己上切要處會方是,那讀書底已是第二義,自家身上道理都具。」〔註23〕,「讀書,不可專就紙上求理義,須反來就自家身上推究。」〔註24〕,「須看大學聖賢所言,皆是自家元有此理,……卻不是自家無此理,他鑿空撰來。」〔註25〕

此種立論,重點並非在削減讀書的重要性,而是重申其心性論中「人皆有此理,只是被氣質混濁矇蔽。」的「物我同理」的「理一分殊」觀。朱子和伊川並沒有就「文」和「意」本身關係,去試圖否定「文是否可以載道」的課題,因此當程伊川感歎「今之治經者亦眾矣,然而買櫝還珠之蔽,人人皆是。經所以載道,誦其言辭,解其訓詁,而不及道,乃無用之糟粕耳!」〔註26〕,他所攻擊的重點,是讀書者「錯待」經書,使得經書轉而為無用之糟粕,而不是就「經之載道」本身的可能性加以懷疑。再者,在〈知行〉篇中,朱子更強調「讀書」為行的先決條件「今人多教人踐履,皆是自立標致去教人。……聖人作箇大學,便使人齊入於聖賢之域。」、「而今人只管說治心,修身,若不見這個道理,心是如何地治?身是如何地修?……傳說云:『學於古訓乃有所獲,事不師古,以克永世,匪說攸聞。』,古訓何消讀他做甚?蓋聖賢說出,道理都在裏,必學乎此,而後可以有得。」〔註27〕。儘管朱子一再強調力行的重要性,「而讀書得理」乃是使行動有所法則的前提,「論先後,當以致知為先,論輕重,當以力行為重。」,〔註28〕但是「讀書」做為「窮理」一事而言,此項行為本身已經具備完足性,換言之,在「致知在於格物,格物在於窮理」而「窮理之要在於

〔註20〕 見《朱子語類》卷四,〈性理一,人物之性氣質之性〉篇。
〔註21〕 同上,卷一二〇,頁2913。
〔註22〕 同上,卷十,頁170。
〔註23〕 同上,卷十,頁161。
〔註24〕 同上,卷十一,頁181。
〔註25〕 同上,卷一一四,頁2753。
〔註26〕 同註2,卷二,頁21。
〔註27〕 同註10,卷九,頁152～153。
〔註28〕 同上,卷九,頁148。

讀書」的程朱學規模下,「讀書」對任何「求道」的儒者幾乎可以說是必遵的不二法門。當然,必須再強調的是,此處所指之書,蓋以經書為言,朱子曾斥責「世間博學之人,……只是搜求隱僻之事,勾摘奇異之說以為博,不讀正當的書,……偏持人所不讀的去讀,欲乘人之所不知以誇人。」〔註29〕。

以上我們可以看到,朱子重視「讀書」跟他另外的幾項預設有密切的關連性,但是在和陸象山爭辯時,這一項對「讀書」的堅持,就顯得格外的尖銳。(當然,朱陸二者的爭辯必然與各自的相關預設有關〔註30〕),就朱子的立場評斷象山的病處乃是「子壽兄弟氣象甚好,其病卻是盡廢講學,而專務踐履,卻于踐履之中,要人提撕省察,悟得本心,此為病之大者。……惜乎其自信太過,規模窄狹,不復取人之善,將流於異學而不自知耳。」〔註31〕,此條論講學和踐履的關係和上文朱子在〈知行〉篇中所論的條理是一致的,在前引答戴明伯「請致」中,在強調「讀書」之後,亦指名批判象山「……如金溪(指陸象山)只要自得,若自得底是,固善;若自得底非,卻如何?不若且虛心讀書,讀書切不可自謂理會得了。」〔註32〕。此外更明言「陸氏之學,只是要尋這一條索,卻不知道都無可得穿,且其為說,喫緊是不肯教人讀書,只恁地摸索悟處。譬如前面有一箇關,才跳得過一箇關,便是了。此煞壞學者……某道他斷然是異端,斷然是曲學,斷然非聖人之道。」〔註33〕,此中所謂是「異端」,當然又是指「禪學」。(「陸子靜所學,分明是禪!」〔註34〕)

陸象山對這樣的指控,當然也有他的一種說詞,其中最引人注目者,當然是就朱子指其或其教人「不讀書」一事。他曾說:「長兄每四更一點起時,只見某在看書或檢書或默坐。」〔註35〕復云:「人謂某不教人讀書,如敏求前日來問某下手處,某教他讀〈旅獒〉〈太甲〉〈告子〉〈牛山之木〉以下,何嘗不說書來,只是比他人讀得別些子。」〔註36〕此兩段話似乎都在舉證他本身也重視讀書,也以此法授人,唐君毅先生即就註35的引文來評斷「則

〔註29〕同上,卷五十七,頁 1346。
〔註30〕參見唐君毅:《中國哲學原論原性篇》,〈朱陸異同探微〉,頁 531～643。及前引黃進興師文。
〔註31〕轉引自牟宗三:《從陸象山到劉蕺山》(台北,學生書局,1984),頁 139～140。
〔註32〕同註10,卷一二〇,頁 2913。
〔註33〕同上,卷二十七,頁 684。
〔註34〕同上,卷一一六,頁 2799。
〔註35〕陸九淵:《象山全集》(台北,中華書局,1979),卷三十五,頁 24 上。
〔註36〕同上,卷三十五,頁 12 上。

象山不讀書，自無是處。」〔註37〕。此外，《象山全集》中，亦有言及「讀書之道」，如「學者須是有志讀書，只理會文字，便是無志。」、〔註38〕及「讀書不必窮索，平易讀之，識其可識者，久將自明。」〔註39〕，似乎從這些引述中，我們會認爲不僅朱子誤解甚至刻意扭曲象山的立場，而且原來象山也強調「讀書」爲「儒者之學」者。在斷定這樣的結論時，我們不妨再回到上引文的脈絡中，再嘗試是否能對此文義作另一番了解。在「長兄」一句中原段脈絡爲「凡所謂不識不知，順帝之則；晏然太平殊無一事，然卻有說擒拗人不下，不能立事，卻要有理會處，某於顯道恐不能久處此間，且令涵養大處如此樣處未敢發。然某（象山）皆是逐事逐物考究練磨，積日累月以至如今，不是自會，亦不是別有一竅子，亦不是等閑理會，一理會便會，但是理會與他人別；某從來勤理會，長兄……或默坐，常說與子姪以爲勤，他人莫及，今人卻言某懶不曾去理會，好笑！」〔註40〕，此段文字，從某一個詮釋角度而言，重點是陸象山辯護自身相當勤奮，以四更一點之時刻，言明他逐事逐物考究練磨的勤快（如果上文重點心定是指他強調己身之讀書之功，那麼他勤於「讀書默坐」的行爲，還倒真是符合了顏元對「宋儒典型」的譏諷。可是從象山其他的行誼及思想看來，這樣的詮釋似乎不妥。）

再者，象山教敏求讀書段，原文乃是承接一段有趣的對話：「朱季繹、楊子直、程敦蒙先生在坐，先生（象山）問：『子直學問何所據？』，云：『信聖人之言。』，先生云：『且如一部《禮記》，凡子曰：皆聖人言也，子直將盡信乎？抑其間有揀擇。』，子直無語，先生云：『若使其都信，如何都信得？若使其揀擇，卻非信聖人之言也，人謂某不教人讀書……』」〔註41〕此段話中，透露出象山一種肯定的疑問態度，亦即經書上所言者必不可盡信，「若使其都信，如何都信得？」，此外既然必定有所揀擇。（子直無語，似乎是默認這項事實。）則又何以「自稱學問據於信聖人之言呢？」，象山對於經典的這種態度，可以配合兩方面來言說，一方面是他「學苟知本，六經皆我注腳！」的說法，據杜維明先生的分析，此即是根據象山心學的存有論（本體

〔註37〕唐君毅：《中國哲學原論原教篇》，〈朱陸之學聖之道與王陽明之致良知之道〉，頁233。

〔註38〕同註35，卷三十五，頁2上。

〔註39〕同上，卷三十五，頁29上。

〔註40〕同上，卷三十五，頁23下～24上。

〔註41〕同上，卷三十五，頁12上。

論）的基礎：「人心至靈，此理至明，人皆有是心，心皆具是理。」是直承孟子「人性本善」、「聖人先得我心之同然」和「人人皆可爲堯舜」的教言而來。〔註42〕另一方面，則是象山對「理」的構想：「近世尙同之說甚非，理之所在，安得不同？古之聖賢，道同志合，成有一德，乃可共事，然所不同者，以理之所在，不能盡見。」〔註43〕，「自古聖賢發明此理，不必盡同，如箕子所言，有皋陶之所未言，夫子所言；有文王周公之所未言，孟子所言，有吾夫子所未言，理之無窮如此。然譬之亦然，先是這般第國手下碁，後來又是這般國手下碁，雖所下子不同，然均是這般手段始得。」〔註44〕既然「理之所在，不能盡見。」，那麼吾人據本心而擇聖人之言，自然也就是順勢而爲之事了。

從以上，我們至少已可略爲窺見朱陸二者對於經書的權威性的不同定位，陸象山在與朱子的書信中，亦強調此是「古之聖賢，惟理是視，堯舜之聖而詢于芻蕘，曾子之易簀，蓋得於執燭之童子，蒙九二日納婦吉，苟當於理，雖婦人孺子之言所不棄也，孟子曰：『盡信書，不如無書，吾於〈武成〉取二三策而已矣！』，或乖理至雖出古書，不敢盡信也。」〔註45〕，在這種對於經書及人的本體論的預設均有重大差異的情況下，象山質問朱子：「堯舜之前何書可讀？」〔註46〕無疑是針對朱子對於「讀書」的強烈重視的一大質疑。反過來說，朱子言：「陸子靜之學，千般萬般病只在不知有氣稟之雜……不知初自受得這稟不好，今才任意發出許多不好底，也只都做好商量了，只道這是胸中流出自然之理，不知氣有不好底夾雜在裏，一齊滾將去，道害事不害事！……看來這錯誤，只在不知有氣稟之性。」〔註47〕朱子這樣的批評，雖然是批判對方錯在沒有和他同處於一種預設上，但也恰好說明了二者對於爲學路徑何以有不同的取向。陸象山既不似朱子，認爲人必得透過讀書將「心中之理」和「經上之理」內外相合，而以此爲所謂致知之要，又嘗云擇檢聖人之旨，唯理是視。在朱子的眼中看來，即令象山自言也讀書，象山之「不」讀書，亦如俗學之人「不」讀書一般，因爲都不是在朱子認可

〔註42〕杜維明：〈論陸象山的實學〉，收入中研院會議未刊論文稿，頁10。

〔註43〕同註35，卷二十二，頁5下。

〔註44〕同上，卷三十四，頁3下。

〔註45〕同上，卷二，頁5下～6上。

〔註46〕同上，卷三十六，頁10上。

〔註47〕同註10，卷一二四，頁2977。

的模式中，所進行的活動。

　　但是，到底「讀書」對於象山之學而言，是否是毫不相干呢？到底對於強調「心即理」陸王學派，應該在什麼樣的脈絡下，來界定「讀書」的價值呢？我們不妨就王陽明的例子，來做進一步的探索。

第三節　王陽明的「致良知」之教

　　程朱派自居的羅欽順，以陽明的「良知之學」為「欲接俗學之溺，而未有以深杜禪學之萌。」〔註48〕，並又以吳澄為例，說：「所見有合於吾（羅欽順自稱）之所謂昭昭者，安知非四十年間鑽研文義之效，殆所謂真積力久，而豁然貫通也，蓋雖以明道先生之高明純粹，又早獲親炙於濂溪，以發其吟風弄月之趣，亦必反求諸六經而後得之。」〔註49〕羅氏特重經書在於他認為：「聖賢經書，人心善惡是非之跡固無不紀，然其大要無非發明天理，以垂訓萬世，世之學者，既不得聖賢以為之師，始之開發聰明，終之磨礱入細，所賴者，經書而已，舍是則貿貿焉，莫知所之，若師心自用，有能免於千里之謬者鮮矣！善讀書者……莫非切己功深力到內外自然合一，易簡之妙於是乎存，岐而二之、不善讀書者也，夫天下之士亦多矣，豈可謂凡讀書者，皆遠人以為道。惟尊奉其良知以從事於易簡者乃為不遠人以為道乎！」〔註50〕相對於羅氏這種學者為學必須「以經為師」的堅持，以及以「良知之教」因為遺外求內而墜入「禪學」的指控，王陽明的反應，除了申言學無內外之分，而且強調「夫學貴得之心，求之於心而非也，雖其言之出於孔子，不敢以為是也，而況其未及孔子者乎？求之於心而是也，雖其言之出於庸常，不敢以為非也，而況其出於孔子者乎？」〔註51〕，陽明對於「聖人之學」的態度，一方面令人回想起象山「擇聖人之言，唯理是視」的想法，一方面也相應於他在〈稽山書院尊經閣記〉中對於「經書」的看法：「故六經者，吾心之記籍也，而六經之實則具於吾心，……世之學者，不知求六經之實於吾心，而徒考索於影響之間，牽制於文義之末，硜硜然以為是六經矣，是猶富家之子孫，不務守視享用其產業庫藏之實，積日遺忘散失，至於竄人丐夫，而猶囂囂然

〔註48〕羅欽順：《困知記》（收入《文淵閣四庫全書》），附錄，頁3。

〔註49〕同上，頁5～6。

〔註50〕同上，頁21～22。

〔註51〕陳榮捷：《王陽明傳習錄詳註集評》，頁248。

指其記籍曰：斯吾產業庫藏之積也，何以異於是⋯⋯嗚呼！世之學者，得吾
說而求諸其心焉，其亦庶乎知所以尊經也矣。」〔註52〕陽明這種對經典的態
度，似乎頗合乎羅欽順「師心自用」的指控，然而，我們必須對陽明如何論
「學」有一更深的認識，才能了解這場爭辯的問題核心。

　　陽明在多次回答弟子問學時，常以「學是學去人欲，存天理。」，〔註53〕
來說明何謂「學」，至於應該「學什麼」，則陽明的答覆往往顯得不明確，如
弟子徐愛以「但舊說纏於胸中，尚有未脫然者。如事父一事，其間溫凊定省
之類，有許多節目。不知亦須講求否？」〔註54〕對於徐愛而言，要講求這些
節目，似乎又得考諸古訓，而必須有一番「研讀古訓」的學習過程，然而陽
明的答應方式為「如何不講求？只是有箇頭腦，只是就此心去人欲、存天理
上講求，⋯⋯此心若無人欲，純是天理，是箇誠於孝親的心，冬時自然思量
父母的寒，便自要求箇溫的道理，夏時自然思量父母的熱，便自要求箇凊的
道理。」〔註55〕，陽明的答覆顯然又把問題的核心，推回到「心」上來談，
這當然與他對於「心」的構想有關，因為在他的思維系統中，心之本體即是
天理，即是良知。而良知本身又不是一虛冥的天理，「良知發用之思，自然明
白簡易。良知亦自能知得，若是私意安排，自是紛紜勞擾，良知亦自會分別
得。蓋思之是非邪正，良知無有不自知者。」〔註56〕，也正因為此，陽明言
「學」，幾乎全部都在闡明「人生皆有良知而不自知」，而不是討論「何以為
學？」。這兩者的關係在另外一段記述中，更可以謂清楚看出陽明對「良知學」
的構想：

> 有一屬官，因久聽講先生之學，曰：「此學甚好，只是簿書訟獄繁難，
> 不得為學。」，先生聞之曰：「我何嘗教爾離了簿書獄訟，懸空去講
> 學？爾既有官司之事，便從官司之事上為學，才是真格物，如問一
> 訟句，不可因其應對無狀，起箇怒心，不可因他言語圓轉，生箇喜
> 心，不可惡其囑託，加意治之。不可因其請求，屈意從之，不可因
> 自己事物煩冗，隨意苟且斷之，不可因旁之譖毀羅織，隨人意思處
> 之。這許多意思皆私。只爾自知，須精細省察克治。惟恐此心有一

〔註52〕王陽明：《王文成全書》（收入於《文淵閣四庫全書》），卷七，頁46～47。
〔註53〕同註51，頁132。
〔註54〕同上，頁30。
〔註55〕同上。
〔註56〕同上，頁241。

偏倚，枉人是非。這便是格物致知，簿書訟獄之間，無非實學，若
離了事物爲學，卻是著空。」〔註57〕

由此我們可約略看出眞正的「學」，在陽明看來，即是在每一種情境下，
良知天理的發動，也正是陽明自解格物之意：「身心主宰便是心，心之所發便
是意。意之本體便是知。意之所在便是物是物。」〔註58〕，「物即事也。如意
用於事親，即事親爲一物；意用於治民，即治民爲一物；意用於讀書，即讀
書爲一物；意用於聽訟，即聽訟爲一物。凡意之所用，無有無物者。」〔註59〕，
雖然良知爲人人所同有，而每個人的生命情境卻不相同，甚至就個人而言，
生命均在各種不同的時空環境中轉換，那麼陽明除了這「致良知」一語提攜
外，的確是無法再加以多言。

陳弱水先生以爲「如何致良知」爲陽明思想學未能解決之處。〔註60〕可
是若是以陽明的思想架構而言，爲了回答陳先生這樣形式的問題，而擬出一
套「如何致良知」的「標準方法」，似乎正和他所構想的「致良知」矛盾，《傳
習錄》有一段記載：

　　一友問功夫不切，先生曰：「學問功夫，我已曾一句道盡。如何今日
　　轉遠，都不著根？」，對曰：「致良知，蓋聞教矣。然亦須講明。」，
　　先生曰：「既知致良知，又何可講明，良知本是明白，實落用功便是。
　　不肯用功，只在語言上轉說轉糊塗。」，曰：「正求講明致之之功。」，
　　先生曰：「此亦須你自家求。我亦無別法可道。昔有禪師，人來問法，
　　只把麈尾提起，一日，其徒將麈尾藏過，試他如何設法。禪師尋麈
　　尾不見，又只空手提起。我這箇良知，就是設法的麈尾。舍了這箇
　　有何可提得？」，少間，又一友請問功夫切要，先生旁顧曰：「我麈
　　尾安在？」，一時在坐者躍然。〔註61〕

「此亦須你自家求，我亦無別法可道。」，正是陽明對於「如何致良知」
的回答，因爲除了「致良知」這個麈尾外，陽明已是「無計可施」了。

回到「讀書」課題上來說，「讀書」對陽明而言，倒底是否相干呢？就「致
良知」本身所言的規模而言，則「讀書」這項活動，從來沒有被陽明所排拒的，

〔註57〕同上，頁297。
〔註58〕同上，頁37。
〔註59〕同上，頁177。
〔註60〕陳弱水：《論「成色分兩說」闡釋之流變》（台北，學生書局，1978）。
〔註61〕同註51，頁335。

因爲「使在我苟無功利之心，雖錢穀兵甲，搬柴運水，何往而非實學，何事而非天理，況子史詩文之類乎？使在我尚有功利之心，則雖日談道德仁義，亦只是功利之事，況子史詩文之類乎？一切禀絕之說，猶是泥於舊習。」〔註62〕但是若就羅欽順的想法：「學必取證於經書，方不自誤。」的標準來衡量的話，則「經書」與「致良知」是不相干的。「千聖皆過影，良知爲我師」的王陽明是注定與「恨不能得古聖人私淑」的羅欽順從事一場沒有結果的辯論。

　　我們也可從上述引文，看到陽明對於他學問之道，是以「實學」加以認定的，但是先前所言及的朱陸二人也都是以「實」字來認定自己的學問的，朱子曾曰：「近世學者，不知聖門實學之根本次弟，而溺於老佛之說，無致知之動，無力行之實，而常妄意天地萬物人倫日用之外，別有一物空虛玄妙不可測度，其心懸懸然惟徼幸於一見此物，以爲極致，而視天地萬物本然之理，人倫日用當然之事，皆以爲是非妄妙，特可以辜存而無害云爾。」〔註63〕對於以復振儒學正統自認的朱子而言，他所宣揚的「儒學」在和佛老的「空虛」相較之下，自然再「實」也不過了！而陸象山曾言：「宇宙間自有實理，此理苟明，則自有實行，有實事，實行之人，所謂不言而信。」亦曰：「平生學問唯有一實，一實則萬虛皆碎。」〔註64〕很遺憾地！這些朱陸王自我言詮的「實」，在顏元的眼中，全數成了「空」與「虛」，而祇有他自己所宣揚者才爲「實」，這究竟是顏元誤解了呢？還是他的思想系統中必然的邏輯推論呢？至此我們必須再回到顏元的「實學」脈絡中，才得以細究。

第四節　顏元的「實學」

　　如上章所述，對於顏元而言，「實學」代表著習行之學，也代表有用之學，也代表「孔孟正學」，他對於朱子的「讀書之道」和朱子理氣及人性論的關連性，並沒有作「同情的了解」，因爲某些部分他認爲根本錯誤（氣質之性說），某些部分他根本不作那樣的構想（《朱子語類評》中，顏元對「朱子言窮理事事物物皆有箇道理」的評語爲「嗟乎，吾頭又痛矣！若得孔門舊道法，舊程頭，此等俱屬打諢。」〔註65〕）對他而言，朱子之門沒有孔門的氣象，問題

〔註62〕《明儒學案》上，卷十，頁189。
〔註63〕朱熹：《朱文公文集》，卷四十六，〈答汪太初〉，頁3。
〔註64〕同註35，卷三十六，頁37下。
〔註65〕顏元：《朱子語類評》，頁7。

就在於朱子重讀書而輕習行六藝之學的後果，所以朱子之學，就他的眼中，自然是「空」學。至於陸王，雖然和他同樣反對朱子，他也援引陸王之語，攻擊讀書之弊，尤其以「記籍」比喻「經典」的模式，然而當王陽明作如此比喻時，重點是提醒諸位學者己心之「理」的廣大無窮盡，而顏元則是強調，單是「讀」記籍是錯誤的，要得「先人之業」而修之，方為「孔門之學」，方為「實學」。陸王「心即理」的想法，對顏元而言，是禪家的想法，尤其是王陽明「無善無惡心之體」的想法，更是被歸類為「告子無善無惡」之傳承。此外，王陽明的政治觀「專事無為，不能如三王之因時致治，而必欲行以太古之俗，即是佛老的學術。因時致治，不能如三王之一本於道，而以功利之心行之，即是伯者以下事業。後世儒者許多講來講去，只是講得箇伯術。」，〔註 66〕此種想法恐怕也不是一心欲法三代的顏元能夠贊同。王陽明一言以蔽之的「致良知」之教是無法令以「三事六府三物」為「孔孟正法」的顏元所理解的（顏元此種尊崇「方法」的心態或許可以部分解釋何以他先知陸王學，卻奉以「半日讀書，半日靜坐」為學問之法的程朱學為正統）。而朱陸二派之爭，在顏元看來祇是議論紛紛，徒令「真正」的「儒者之學」晦暗，「孔門氣象」不復，而世道消沉，也就不足為奇。

相對應於後人批評顏元自稱的「實學」，乃為泥古之學，〔註 67〕我們在第二章中所提及的漳南書院的規模設計，就更引人注目。顏元的設計為

> 建正庭四楹曰：「習講堂」，東第一齋，西向，牓曰：文事，課禮、樂、書、數、天文、地理等科。西第一齋，東向，牓曰：武備，課黃帝、太公及孫吳諸子兵法、攻守營陣陸水諸戰法並射御技擊等科。東第二齋，西向，曰：經史，刻十三經，歷代史誥、制章奏詩文等科；西二齋，曰：藝能，刻水學、火學、工學、象術等科……直東曰：理學齋，課靜坐，編著程朱陸王之學；直西曰：帖括齋，刻八股舉業皆北向。以上六齋，齋有長，科有領，而統貫以智仁聖義忠和之德孝友睦婣任卹之行。

至於何以設後二齋，顏元的說法為「置理學帖括北向者，見為吾道之敵對，非周孔本學，暫收之以示吾道之廣且以應時制，俟積習正，取士之法復古，然

〔註 66〕同註 51，頁 46。

〔註 67〕參閱胡楚生：《清代學術史研究》，〈朱一新論顏學之基本缺失〉（台北，學生書局，1988），頁 111～123。

後空二齋，左處傭价，右宿來學」，〔註68〕前面四齋所舉的課目，我們不妨視為顏元心中的「現代六藝之學」，但是很可惜的，此書院的壽命僅半年，旋為水患所沒，其施行的成效未能得以判定，然而就其設計的科目而言，以現代的學院的知識範疇為標準來加以衡量，不能不說具有相當的「現代性」，這也是何以李約瑟會大加讚賞。然而如果這些學科設計，代表著顏元思想中「實學」的一側面，那麼顏元平素生活中處處自我克制，以禮為規範的習禮工夫，也代表了顏元的「實學」另一個側面，而這一方面的「現代性」，不得不謂之薄弱，尤其是後五四時代的思想家，恐怕很難在此點上讚揚他的「現代性」，可是這種「矛盾」的局面，就出現在顏元身上，也唯有在了解他的「孔孟正學」的思想後，才能解開此矛盾。

〔註68〕顏元：《習齋記餘》，卷二，頁 1～2。

第五章　結　論

顏元在他五十九歲時，曾經就他自己「復返正學」的生命歷程，做了一番自我剖白：

予世之罪戾人也，少長城市，輕薄不檢，十九歲從端惠賈先生遊，始改酗廢，行未幾遭飛禍，困窘中思立品，退而居野鄙，甘貧服粗，勞身以事親，以為不墜貪污窖窖即人矣，廿一歲始閱通鑑，以為博古今曉興廢邪正即人矣！曾不知世有道學名也，況知有朱陸兩派之爭乎？況知朱陸兩派俱非堯舜三事周禮三物之道乎？同里彭翁九如，以詩畫交當時士夫，時為予道語錄中言，異而問之，因出《陸王要語》示予，遂悅之，以為聖人之道在是，學得如陸王乃人矣，從而肆力焉；迨廿五六歲，得見《性理大全》，遂深悅之，以為聖人之道又在是，學得如周程張朱乃人矣，從而肆力焉；於家齋孔子位，前題明道諸儒主次四配下，朔望拜禮出入告，而事如父師，於通書稱周子真聖人，於小學稱朱子真聖人，農圃憂勞中，必日靜坐五六次，必讀講《近思錄》、《太極圖》、《西銘》等書，云得《太極圖》一以貫之。康熙戊申，遭先恩祖妣大過，式遵文公《家禮》，尺寸不敢違，覺有拂戾性情者，第謂聖人定禮如此，不敢疑其非周公之舊也。歲稍忽知，予非朱姓，哀毀不能伏廬中，偶取閱〈性理氣質之性總論〉〈為學〉等篇，始覺宋儒之言性，非孟子本旨。宋儒之為學非堯舜周孔舊道，而有〈存性〉〈存學〉之作，然未敢以示人也，歸博來，醫術漸行，聲氣漸通，乃知聖人之道絕傳矣，然猶不敢犯宋儒赫赫之勢焰，不忍悖少年引我之初步，欲扶持將就作儒統之饋羊，

予本志也。迨辛未遊中州，就正於名下士，見人人禪宗，家家訓詁，
確信宋室諸儒即孔孟，牢不可破。口敝舌罷，去一分程朱，方見一
分孔孟，不然，則終此乾坤，聖道不明，蒼生無命矣！蓋學術者，
人才之本也，人才者，政事之本也，政事者民命之本也，無學術則
無人才，無人才則無政事，無政事則無治平，無民命其如儒統何，
其如世道何，於是始信程朱之道之熄，周孔之道不著，聖人復起不
易吾言矣！〔註1〕

從本文第二章，我們可以清楚地看到，顏元所回憶的心路歷程，是相當
刻骨銘心的。他好不容易才皈依的「聖人之道」，在他多年篤信不移以後，居
然才發覺是「僞」的；同樣的情況，也同時發生在他和過世的祖母的關係上。
他所以會反對朱子學，並非因爲他是陸王學派的信徒，也非基於對明朝滅亡
的傷痛，而是因爲面對珍愛的信仰價值，發生信仰危機後，所做的激烈反應。
他對於三代之治的崇拜，對於孔門儒者恢宏氣象的深信不疑，使得他認定祇
要周孔的三事六府三物正學復行於天下，則天下將回到三代黃金盛況，他對
於三代以後的儒者不能「出將入相」有所作爲的局面深感痛心，認爲這是佛
老異端與程朱「僞學」，敗壞有心求道之人所致，這也使得他一生對於佛老之
學，始終是深惡痛絕的（部份源自他的漢族中心主義思想）。

那麼，顏元是近代世界的預言者且其思想具有現代性嗎？這端賴現代世
界是否包括封建井田等聖人之制，和強烈制裁異端的意識型態；他的「實學」
不正是「科學」嗎？除非我們將「實學」從顏元對「周孔正學」的構想抽離
而出，並且還輕易地認爲「科學」只是強調「實際動手去做」的學問。他對
於儒家的信仰，以及三代的追慕，和特殊的「理氣關係論」均令人懷疑他是
否夠資格做爲一「唯物思想家」。此外，在顏元的自我言詮中，朱熹、王陽明
的思想及事功，均非他構思「實學」的源頭活水，而是批判的對象；而且如
果說他的「功利實學」中擺脫不了道德的色彩，那是因爲在他的「周孔正學」
構想中，二者本來就是密不可分的。至於他是否反知識，或反知識份子呢？
這得從「知識」如何界定來判斷，並且更深刻了解顏元心中「儒學」及「儒
者」的構想，但是如果以「天下爲己任」的胸懷之有無來界定知識份子的話，
顏元存學和存性以救天下的抱負，是不容忽視的。再者，他的漢族中心主義
不會促使他反清嗎？很遺憾地，在他的行誼和思想中，這種似乎應該是因果

〔註 1〕 顏元：《習齋先生記餘》，卷一，頁 2～3。

關係的思想，似乎沒有產生關連性。最後，很諷刺地，顏元終身強調「實學」、「實行」以求復「孔孟正學」來救天下的想法，不僅對當世沒有重大影響，而且被他所處的「現實世界」所迅速遺忘。

　　本文分別析論顏元的生平及思想，企圖對上述的課題作些許的回應，但是在研究的過程中，最吸引人之處，還是顏元對於儒家所抱持的宗教情懷，這項信仰，令顏元倍嚐艱辛，但也因為這項信仰使他肯定了他生命存在的價值性。事實上，這項信仰決定了他如何面對外在的刺激，而且在經歷一番信仰危機後，再也沒有任何事物能夠動搖他重建後的信仰。當他晚年獲悉一後進（錢曉城），從事於《孟子疑義》等考證工作時，他重申三代諸儒的氣象，為不可疑的「確證」，並云：「即另著一種四書五經一字不差，終書生也。」〔註2〕從顏元一生信奉儒家的過程中，我們可以清楚地看到，當一項「信仰」昇華為「終極的真實」時，它是凌駕於任何形式的懷疑之上的。

〔註 2〕同上，卷三，頁 14～15。

參考書目

甲、中文參考書目

壹、基本史料

1. 刁包，《潛室雜記》，台北，新文豐出版社。

2. 方苞，《方望溪全集》，台北，世界書局，1950 年。

3. 王夫之，《張子正蒙注》，台北，河洛出版社，1975 年。

4. 王夫之，《禮記章句》，台北，廣文書局，1967 年。

5. 王陽明，《王文成公全書》，四庫全書本。

6. 朱熹，《朱文公文集》，台北，商務印書館。

7. 朱熹，台北，《近思錄》，金楓出版社，1987 年。

8. 紀昀，《欽定四庫全書總目提要》，台北，商務印書館，1971 年。

9. 胡廣等編，《性理大全》，四庫全書本。

10. 高攀龍，《高子遺書》，四庫全書本。

11. 張伯行編，《正誼堂文集》，上海，商務印書館，1936 年。

12. 張伯行編，《續近思錄》，台北，世界書局，1974 年。

13. 陸九淵，《象山全集》，台北，中華書局，1979 年。

14. 程顥、程頤，《二程集》，台北，漢京文化事業公司，1983 年。

15. 黃汝成，《日知錄集釋》，台北，世界書局，1984 年。

16. 黃宗羲，《明儒學案》，台北，華世出版社，1987 年。

17. 黃宗羲，《黃宗羲全集》，台北，里仁書局，1987 年。

18. 劉宗周，《劉蕺山集》，四庫全書本。

19. 蔣伯潛廣解，《四書讀本》，台北，啓明書局。

20. 黎靖德編，《朱子語類》，台北，華世出版社，1987 年。

21. 戴望，《顏氏學記》，台北，世界書局，1970 年。

22. 顏元，《四存編》，台北，世界書局，1984 年。

23. 顏習齋、李恕谷，《四存篇》。

24. 顏習齋、李恕谷，《四書正誤》。

25. 顏習齋、李恕谷，《朱子語類評》。

26. 顏習齋、李恕谷，《習齋先生年譜》。

27. 顏習齋、李恕谷，《習齋先生言行錄》。

28. 顏習齋、李恕谷，《習齋先生闢異錄》。

29. 顏習齋、李恕谷，《習齋記餘》，台北，廣文書局，1965 年。

30. 顏習齋、李恕谷，《禮文手抄》。

31. 顏習齋、李恕谷，《顏李叢書》。

32. 羅欽順，《困知記》，四庫全書本。

33. 顧炎武，《天下郡國利病書》，台北，老古文化事業公司，1981 年。

貳、近人著作

1. 王孝廉編譯，《哲學文學藝術》，台北，時報出版公司，1986 年。

2. 牟宗三，《心體與性體》，台北，正中書局，1986 年。

3. 牟宗三，《從陸象山到劉蕺山》，台北，臺灣學生書局，1984 年。

4. 何佑森，〈顏習齋和李恕谷的學術異同〉，《台大文史哲學報》第 18 期，1969 年。

5. 余英時，《論戴震與章學誠》，台北，華世出版社，1970 年。

6. 余英時，《歷史與思想》，台北，聯經出版社，1981 年。

7. 李書有，〈顏元對宋明理學的批判〉，《論宋明理學》，浙江，人民出版社，1983 年。

8. 杜維明，《論陸象山的實學》，台北，中研院會議未刊稿，1987 年。

9. 辛冠潔編，《日本學者論中國哲學史》，台北，駱駝出版社，1987 年。

10. 林毓生，《思想與人物》，台北，聯經出版社，1983 年。

11. 金絜如編，《顏元與李塨》，台北，商務印書館，1935 年。

12. 侯外廬，《近代中國思想學說史》。

13. 侯外廬、趙紀材等著，《中國思想通史》，北京，人民出版社，1962 年。

14. 姜廣輝，〈試論理學與反理學的界限〉，《哲學研究》11 期，1982 年。

15. 姜廣輝，〈顏元思想淵源辨〉，《中國哲學》8 期，1982 年 10 月。

16. 姜廣輝，〈顏李學派的功利論及其歷史地位〉，《中國社會科學》，1984 年五月，總 29 期。

17. 胡楚生，《清代學術史研究》，台北，臺灣學生書局，1988 年。

18. 胡適，〈幾個反理學的思想家〉，《治學的方法與材料》，台北，遠流出版公司，1986 年。

19. 胡適，〈顏習齋哲學及其與程朱陸王之異同〉，《找書的快樂》，台北，萌芽出版社，1960 年。

20. 胡適，《戴東原的哲學》，台北，遠流出版公司，1986 年。

21. 韋政通，〈顏習齋思想述評〉，《中國哲學思想論集清代篇》，台北，水牛出版社，1988 年。

22. 唐君毅，《中國哲學原論》，台北，臺灣學生書局。

23. 容肇祖，〈顏元的生平及其思想〉，《中國近三百年學術思想論集》，香港，崇文書店，1972 年。

24. 容肇祖，《明代思想史》，台北，臺灣開明書店，1982 年。

25. 秦家懿，《王陽明》，台北，東大圖書公司，1987 年。

26. 張永堂等繹，《中國思想與制度論集》，台北，聯經書局，1981 年。

27. 梁啓超，《中國近三百年學術史》，台北，臺灣中華書局，1983 年。

28. 梁啓超，《清代學術概論》，台北，商務印書館，1985 年。

29. 陳弱水，《論「成色分兩說」闡釋之流變》，台北，學生書局，1978 年。

30. 陳登原，《顏習齋哲學思想述》，南京，1934 年。

31. 陳榮捷，〈朱子道統觀之哲學性〉，《東西文化》第十五期，1968 年。

32. 陳榮捷，《王陽明傳習錄詳註集評》，台北，臺灣學生書局，1983 年。

33. 陳榮捷，《朱子新探索》，台北，臺灣學生書局，1988 年。

34. 馮友蘭，《中國哲學史》，上海，商務印書館，1935 年。

35. 楊向奎，《清儒學案新編》，山東，齊魯書社出版發行，1985 年。

36. 蒙培元，《理學的演變從朱熹到王夫之戴震》，福州，福建人民出版社，1984 年。

37. 趙宗正，〈論顏元的政治思想〉，《遼寧大學學報》第三期，1980 年。

38. 趙宗正，〈論顏元的認識論〉，《哲學研究》第八期，1979 年。

39. 錢穆，《中國近三百年學術史》，台北，商務印書館，1987 年。

40. 錢穆，《中國學術思想史論叢（七）》，台北，東大圖書公司，1986 年。

41. 錢穆，《中國學術思想史論叢（八）》，台北，東大圖書公司，1980 年。

42. 錢穆，《朱子新學案》，台北，三民書局，1971 年。

乙、西文參考著作

1. Cheng, Chung-ying. "Practical Learning in Yen Yuan, Chu Hsi and Wang

Yang-ming," in *The Unfolding of Neo-Confucianism*, New York：Columbia University Press, 1975.

2. de Bary, Wm. Theodore and Irene Bloom, eds. *Principle and Practicality*. New York：Columbia University Press, 1979.

3. --------et al. *Self and Society in Ming Thought*. New York：Columbia University Press, 1970.

4. --------et al. *The Unfolding of Neo-Confucianism*, New York：Columbia University Press, 1975.

5. Elman, Benjamin A. *From Philosophy to Philology*. Cambridge：Harvard University Press, 1984.

6. Ho, Ping-ti. *The Labber of Success in Imperial China*. New York：Columbia University Press. 1962.

7. Huang, Chin-shing. "Chu Hsi versus Lu Hsiang-shan：A Philosophical Interpretation," *Journal of Chinese Philosophy* 14（1987）：179～208.

8. Löwith, Karl. *Meaning in History*. Chicago：The University of Chicago Press. 1949.

9. Needham, Joseph. "History of Scientific Thought," in *Science and Civilization in China* Vol.2 Cambridge：Cambridge University Press. 1956.

10. Tu, Wei-ming. *New-Confucian Thought in Action：Wang Yang-ming's Youth* （1472～1509）. Berkeley：University of California Press, 1976.

11. Tu, Wei-ming. "Yen Yuan：Inner Experience to Lived Concreteness," in De Bary, Wm. Theodore and the Conference on Seventeenth-Century Chinese Thought. *The Unfolding of Neo-Confucianism*. New York：Columbia University Press, 1975.

12. Tu, Wei-ming. "Towards an Understanding of Liu Yin's Confucian Eremitism," in Hok-lam Cham and Wm. Theodore de Bary, *Yüan Thought*. New York：Columbia University Press, 1982.

13. Yu, Ying-shih. "Some Preliminary Observations on the Rise of Ch'ing Confucian Intellectualism," *Tsing-hua Journal of Chinese Studies* 11（1975）：105～144.

朱之瑜與顏元的實行觀

陳昀瑜　著

作者簡介

陳昀瑜，彰化師範大學國文系碩士，中興大學中文系博士班，目前擔任國立台中女中教師。

提　　要

　　明朝之亡提供知識分子重新反思當時學術的契機，使得儒學在明清之際的發展，呈現了傳統核心價值解構又重建的新動向。本文以明末清初思想家朱之瑜、顏元的「實行觀」作為研究線索，企圖由二人價值觀的轉變，探究清初思想的演變及其意義。本文寫作的目的即在楬櫫朱之瑜、顏元所建構「崇實黜虛」的實行觀，是由宋明理學之偏重「形上價值」過渡到清代思想之重視「經驗價值」的重要橋樑。文中由三方面進行對二人實行觀之闡述：（一）崇實的性論——立基於「理氣不離」的氣本論，朱、顏二人即氣論性，不將性視為抽象玄思之物，而落實到經驗領域來探討性之內涵，認為性為融攝情才欲的氣質之性，而氣質之性為善，人人具有善質，而惡則由後天習染而來。（二）尚行的知行觀——貴「實行踐履」是朱、顏思想體系的核心價值，在面對明亡的時代課題中，朱、顏尋找到重實行踐履的救弊良方，認為人的思辨、認識都離不開行，「行」是「知」的源泉，將「行」視為知行觀之中首出的價值，二人並展現其「重智」、「重習」之道德觀，強調即「物」而窮其理、習「事」而體其理。（三）重外王的經世思想——朱、顏以外王漸次取代內聖之功，彼等以經世思想為做人、做事、立身、為學、教學之起點，提出「正其誼以謀其利」，以此修正傳統的義利觀，重事功實效；並申明其致用主張，包含政治、土地、經濟、選士、教育各制度面上的籌策。本文末則總結朱之瑜、顏元實行觀所呈現的清初思想轉變跡象，以見儒學的開發已由宋明理學對形上的側重，過渡到對形下的經驗領域的正視。清初諸儒主張學術必以經驗落實為基礎，高舉「崇實黜虛」的旗幟。雖然「實行觀」並未蔚然發展為清代的主流思考，但已成為清初學術的內在核心價值。是故其本體論、知行觀、倫理學、經世思想無一不在「崇實」的核心價值中開展，並完成其儒學漸次轉化的階段性任務。由朱之瑜、顏元二人為觀察點，吾人可以鑒察天崩地解之際，清初諸儒終於開拓出重視氣化世界、肯定人欲私利、落實百姓日用、成就實踐經驗的「實行觀」。

謝　辭

源遠流長

2004 年秋天，苦思論文題目一年不得，隨意亂翻梁啓超之《清代學術概論》，突然有一句話躍入眼簾，顏元：「生存一日，當爲生民辦事一日。」梁啓超釋曰：「爲做事故求學問，做事即是學問，舍做事外別無學問，此顏元之根本主義也。」這麼強而駭人的執行力與行動力，讓我感動莫名，是啊，學問不應是死知識，當學問影響觀念，當觀念改變一己之人生態度，當個人人生態度又推擴爲時代精神時，學問就將活出躍動的生命力，改寫人類歷史、學術思惟之版圖。同一個禮拜，麗珠師傅寄了一封 E-mail 來：「徒兒，要不要考慮看看：『典範過渡－陳確的理欲觀與顏元的"實行"觀？」Wow！天緣湊巧！並且在閱讀的過程中，我發現顏元的思維主張與稍早的朱舜水有極爲接近之處，我原本就不想侷限一家，而企圖鎖定清初，鼇清改朝換代之際思想脈絡的轉型，二人的疊合讓我看見一個可行的切入點。於是，歷時兩年的論文創作就此展開。

若涉大水，其無津涯

帶著無法就讀東海宗教所的遺憾進入彰師國文教學碩士班，但卻得嚐加倍甘甜的果實，老師們專業並用心的教學，使我重拾對於文學的興趣，更將此興趣轉化爲教學的熱忱，林明德老師、王年雙老師、渡也老師、耿志堅老師、周益忠老師、陳金木老師、林逢源老師、林素珍老師、張清泉老師、彭維杰老師、蔣美華老師、張慧美老師……，謝謝您犧牲假期，在炎炎夏日中播撒國學教育的種子，讓我得以以有限之生命，進入無涯且廣袤的知識殿堂，得知自己的渺小與不足，並將努力在學術與教學方面繼續成長茁壯。

巧把金針渡與人

從學術懵懂無知的彼岸到論文成形的此岸，我最該感謝的是我生命的引渡者——論文指導教授張麗珠老師。不敢相信我竟如此幸運，得遇集溫情、感性、用心、專業、美麗、智慧於一身的麗珠老師，在每個月的論文討論中，我看到老師樹立的榜樣：對學生無私的付出、對學術深沉的使命與嚴格的自我要求、對生命的美學態度與美好的經營。我會永遠記得中研院文哲所旁，那一畦白鷺紛飛的寧靜水田，老師分享生命、我暢談夢想，一幅不朽的畫面。也謝謝指點導正我論文方向的何淑貞老師與楊菁老師，與一路陪伴我的同門師兄弟姐妹，使我的思惟境界得以提昇。

祂使我躺臥在青草地上，領我在可安歇的水邊

耶和華是我的牧者，我在論文寫作的過程中經歷神無比的憐憫與同在。工作上的挫折、懷孕過程的不順遂、論文的窘迫與困境，都在禱告之中，一一安然度過、迎刃而解。我的力量來自神，將榮耀歸於神。而環繞在我四周的眾天使——我的婆婆羅徐綠盆女士、我的丈夫國俊、我的寶貝曜安、信翔，謝謝您，若不是您的支持與幫助，也不會有夢想實現的一天。

目次

第一章 緒 論

　　清世祖順治入關，在政治上宣告明朝政權的結束，在文化、思想上卻是一連串「天崩地裂」轉變的起點。深沉的歷史使命感與強烈的社會使命感使得明末清初的思想家仍然孜孜矻矻著作不輟，一方面在國破沉淪之時重新思考明亡之因，並對原本位居主導地位的宋明理學提出重新的批判反省；一方面又以中華文化傳統為己任，企圖在文化困境之中尋求修正、轉化、紹述、傳揚以延存儒學道統之命脈。在眾多的思想家之中，避居海外、闡揚儒學的朱之瑜，與講學習行、反思理學的顏元，不約而同地服膺於「崇實黜虛」的價值判準，重視實理、實功、實用，並提出「聖賢之道，俱在踐履」與「以實藥其空、以動濟其靜」的實行觀，〔註1〕這是否標注著一種共通的觀念的形成，甚或是一時代思潮的昂進、典範的過渡？此乃本文嘗試要探討釐清的論點，冀望能透過種種觀念的整理與爬梳析離出一條思想演進與轉化的線索，以做為宋明理學與清代學風的接榫。

第一節　研究動機及研究方法

　　對於清代學術史的發展，牟宗三抱持批判性的見解，其批判是從心性主體的內聖之學著眼，因此認定自劉蕺山之後，清代沒有哲學。〔註2〕然而晚近

〔註1〕　分見朱之瑜：《朱舜水集》（臺北：漢京文化事業有限公司，2004 年），卷 10，頁 369。顏元：《顏元集・存學編》（北京：中華書局，1987 年），卷二，頁 70。

〔註2〕　牟宗三先生曾言：「夫宋明理學要是先秦儒家的嫡系，中國文化生命之綱脈。隨時表而出入，是學問，亦是生命，自劉蕺山絕食而死後，此學隨明亡而亦亡。自此之後，進入滿清中國之民族生命與文化生命遭受重大之曲折，因而

學者之研究卻提出許多新的觀點，如業師張麗珠即認為除卻理學的道德形上學模式之外，義理學另有一主於發揚經驗面價值的新型態義理類型，名之曰清代新義理學。〔註3〕而劉又銘也由氣學角度切入，探討清儒「理在氣中」的意義。〔註4〕林安梧則將中國哲學之發展以「道德意識」為題，建立起觀念史的脈絡，指出近現代哲學有其嶄新的歷史任務──明末清初以來是「道德意識的轉進與重建期」。〔註5〕由是觀之，清代學術已日漸成為學界重視且耕耘的範疇。在清代思想的領域之中，筆者對於明清之際的思想轉型有著濃厚的興趣。在宋明理學思想的紹述轉化、與清代新義理學的別開生面之間，必有一或承續或新創的轉變，而這個關鍵性的接榫就是明清之際的思想。

　　許多學者都曾注意到明清之際思想起了關鍵性的發展，梁啟超認為此時期貴創、博證與致用的學風可謂為清代思想界的「啟蒙期」；〔註6〕錢穆的《中國近三百年學術史》則認為此時期受到宋明理學與東林氣節的影響，於是理學與經世致用之學相結合，並呈現理學與考據學相互消長的情形；〔註7〕侯外廬的《近代中國思想學說史》則以近代啟蒙思想的發端做為清初學術思想的特色。〔註8〕儘管這些前輩學者的看法不同，但較為一致的看法則是清初是思想轉變

　　遂陷於劫運，直劫至今日而猶未已。噫！亦可傷矣！是故自此以下，吾不欲觀之矣。吾雖費如許之篇幅，耗如許之精力，表彰以往各階段之學術，然目的唯在護持生命之源、價值之本，以期端正文化生命之方向，而納民族生命於正軌。至於邪僻卑陋不解義理為何物者之胡思亂想，吾亦不欲博純學術研究之名而浪費筆墨於其中也。」語見牟宗三：《從陸象山到劉蕺山》（臺北：臺灣學生書局，1990年），頁3。

〔註3〕張師麗珠：《清代新義理學──傳統與現代的交會》（臺北：里仁書局，2003年），頁5。

〔註4〕劉又銘：《理在氣中：羅欽順、王廷相、顧炎武、戴震氣本論研究》（臺北：五南書局，2000年）。

〔註5〕林安梧：《中國近現代思想觀念史論》（臺北：臺灣學生書局，1995年），頁1～43。林主張：先秦時期是「道德意識的萌芽期」，而秦漢則是「道德意識的限定期」，魏晉、南北朝乃至隋唐則是「道德意識的考驗期」，而從北宋至明末則堪稱「道德意識的確認期」，明末清初以來，直到現在則是「道德意識的轉進重建期」。認為清初思想家如顧、黃、王等人正代表著中國歷史傳統的偉大轉進，他們似乎已邁出了傳統的侷限，他們總結了宋明理學「道德意識之確認」下所強調之「超越的理念」及「實體化的主體性」的精髓，並揚棄了其可能帶來的空洞性及抽象性，而切要的走入了具體性及現實性的歷史社會之中。

〔註6〕梁啟超：《清代學術概論》（臺北：水牛出版社，1981年），頁16～50。

〔註7〕錢穆：《中國近三百年學術史》（臺北：臺灣商務印書館，1983年），頁1～121。

〔註8〕侯外廬：《近代中國思想學說史》（出版項不詳），頁1～3。

的時期。轉變的因素固然與政治、經濟、社會、文化等外在因素，但也勢必有
其學術的內在因素，梁啓超提出「理學反動說」，他認爲「清學之出發點在對於
宋明理學一大反動」，清代的學術思潮是「厭倦主觀的冥想而偏向於客觀的考
察」。〔註9〕除此之外則有余英時的「內在理路說」，他認爲考據學是儒學由「尊
德性」轉向「道問學」的智識主義的開展。〔註10〕而張師麗珠則是由價值觀轉
換的觀點，提出從形上面價值到經驗面價值的「經驗論興起說」來詮解此思想
轉型的原因，主張「考據學之興起是伴隨明清之際對『形下謂器』的經驗領域
重視之價值觀改變、進而產生的方法論革命」，〔註11〕因此清儒強調現實精神、
經驗價值、客觀實證，而發展出另一種類型的理學範式。

　　在前人研究的基礎上，筆者深思此時期社會結構與思想概念，並相信在
清初的社會環境等外沿因素與思想內在理路之間，必定存在一相互影響且相
互依存的關係。石元康先生曾在〈傳統、理性與相對主義——兼論我們當如
何從事中國哲學〉一文中，引介英國學者麥金太爾所提出「傳統轉移」的觀
念，用以詮解現代中國哲學承受西方文化衝擊之後，所產生的知識論危機與
中國學者所應對治的態度。〔註12〕筆者受其啓發，並發現此一理論也頗適用
於明清之際的文化危機與轉型。麥金太爾將「傳統的發展」分成三個階段：
第一個階段是典範形成的階段；第二階段則是危機產生的階段，也就是「知
識論的危機」；第三階段則是省思與重構的階段。〔註13〕

〔註9〕梁啓超：《中國近三百年學術史》（臺北：臺灣中華書局，1958年），頁1。

〔註10〕余英時：《歷史與思想》（臺北：聯經出版社，1975年）頁106～115。

〔註11〕張師麗珠：《清代新義理學——傳統與現代的交會》，頁12。

〔註12〕石元康〈傳統、理性與相對主義——兼論我們當如何從事中國哲學〉《從中國文化到現代性：典範轉移？》（北京：生活‧讀書‧新知三聯書店，2000年），頁3～28。

〔註13〕麥金太爾（Alasdair MacIntyre）在《誰之正義？何種合理性》（Whose Justice？Which Rationality？）一書中曾詳細論述到一個有關傳統的理論，他將「傳統的發展」分成三個階段：第一個階段是建立起相關的信仰、經典和權威，使得在這個傳統中的人對此一傳統深信不疑，而這個信仰、經典和權威也構成了該傳統的核心部分；第二階段則是在傳統形成之後，過了一段時日，出現了一些問題及縫隙，但是尚未找到解決的方法；第三階段則是在經過省思與重構後對於這些問題提出解決的方法。在第二階段中，社會載體（social embodiment）出現一些自然環境或社會政治上的改變，使得人們的心靈與世界不能產生一種應合（correspondence），在這個時候，傳統自然會開始反思，透過辯論、對話等工作尋找答案，傳統的資源還沒有耗盡，此時人們只要在傳統之中發掘解決問題、復甦傳統的力量。而如若傳統的力量不能有效的解

明清之際的儒學正是經歷類於上述三階段之「知識論的危機」之中。十七世紀中葉的明清之際，中國正處於一個天崩地解、新舊鼎革的動盪時代，有明末腐敗的政治引發的土地問題、內政問題，有不勝飢餓而聚眾反抗的流寇，有滿清入關的戰亂，這些社會動亂交相運作的結果，就是朱明王朝不可挽回的滅亡。隨著明朝的滅亡，「遺民」思想家在痛楚悲憤中，圍繞著「明朝何以亡」這一中心問題反省思索，於是他們不約而同地省悟到，明朝覆滅的重要原因在於理學末流，特別是王學末流的空談心性。思想上的反思使得「宋明理學」的思想模式產生根本的動搖，理學內部之力量包含道德形上面價值的優位性，以及「心外無理」的心性本體論，都不足以因應當時的時代需求。而在儒學傳統面臨認知上的危機之際，清初士人只好在傳統之中發掘解決問題、復甦傳統的力量，因此在清初朱子學的服膺者與王學的傳人進行一場場學術上的思辨與論證。但當他們發現無論是程朱理學抑或是陽明心學都無法有效解決當前問題時，新的價值觀於焉發展成形，對於經驗面價值的重視是十分明顯的轉型。除此之外，重新反省天理與人欲的關係，甚而提出「人欲恰好處，即天理也」的看法；〔註14〕重新詮釋義利之辨，主張「正其誼以謀其利，明其道而計其功」；〔註15〕重新審視公與私的關聯，黃宗羲認為天下非為君主一己之財產，君主一己之私更非天下之公，〔註16〕而顧炎武則肯定百姓「自私自為」的權利，提出「合天下之私以成天下之公」的命題；〔註17〕重新審視氣質之性與天命之性，以氣論性、即氣言性，如陳確提出氣質即性，氣質之外無性，認為所謂氣質之性就是氣、情、才，人的情感經驗、才質才能、感性慾望都是人性。〔註18〕唐甄將天地之性稱為「性德」，氣質之性稱為「性才」，即氣質之性主要指人的才能、才幹，唯有發展性才方能落實「性功」，

決當前的問題，則會產生「知識論的危機」，此時就必須藉助另一個有生命的傳統來協助他度過這個危機，進而產生新的概念架構及新的理論。Alasdair Macintyre，*Whose Jutice？Which Rationality？*（Notre Dame, Ind：University of Notre Dame Press，1988 年）

〔註14〕陳確：《陳確集・無欲作聖辨》（北京：中華書局，1979 年），頁 461。「人心本無天理，天理正從人欲中見。人欲恰好處，即天理也。向無人欲，則亦無天理之可言矣。」

〔註15〕顏元：《顏元集・四書正誤》，卷一，頁 163。

〔註16〕黃宗羲：《明夷待訪錄・原君》（臺北：中華書局，1988 年），頁 2。

〔註17〕顧炎武：《原抄本日知錄》（臺北：明倫出版社，1960 年），卷三，頁 68。

〔註18〕陳確：《陳確集・氣情才辨》，頁 452。

也就是事功、實功。〔註19〕至於戴震也明確肯定人之性即是氣質之性，認為「性者，分於陰陽五行以為血氣心知」。〔註20〕由以上諸多方面都可觀察出清代思想的價值轉型，而產生此種新價值、新架構、新理論的原因，正是為對治時代問題而產生的新傳統。

　　明清之際所產生之種種新價值與其意義，內涵豐富而可觀，本文因此鎖定「實行觀」這一條線索作為論文研究方向，欲探討明清之際轟然展開的「黜虛崇實」思潮，探索其揚棄理學家明心見性的空談，轉而從事於經世致用的學問、強調儒者經緯天地之責的時代意義。清初頗具代表性的幾位思想家有王夫之、黃宗羲、顧炎武、朱之瑜、顏元等人，而其中對於實行觀特別注重的則是朱之瑜、顏元，二人雖出生時間相差約三十年，素昧平生，且一人避居東瀛、一人隱居河北，但其思想中不謀而合之處往往令人驚歎，雖閉門造車而產生出同樣的結論，這豈非再一次呼應了時代思潮？豈非驗證清初思潮發展的必然之勢？因此本論文將以朱之瑜與顏元為起點，以實行觀為線索，進而探索清初崇實思想的時代意義。當然二人因其成長背景、學術理念、身分立場之不同也呈顯諸多迥異之處，二人年齡相差近三十年，在迥異的學說思考之中也反映出學術內容漸轉細密、新價值逐漸明朗而形成的情況，本文亦將於此觀察清初思想演進與轉化的軌跡。

　　為了確立研究宗旨與目的，必須先詮解與界定本文的題目「朱之瑜與顏元的實行觀」。所謂「實行觀」，乃包含傳統儒家的道德實踐理論、知行觀、外王經世思想等關切於實行議題的學說理論。「崇實黜虛」的思考並非在明清之際才橫空獨出，乃是對原始儒學的繼承。孔、孟為對治東周時代亂象所提出種種的制度措施，即是落實於「具體人間世的『生活世界』」，〔註21〕強調實踐的重要性，由個人到社會；從道德修身的層次到推行仁政、王道的社會實踐，乃至到政治制度的設計，都顯示孔孟的實行觀。而儒學發展到宋明時期則著重「天道性命之學」的探討，宋明理學的價值歸趨在於「天命之謂性」、「性即理」之形上純善，所以決定了其方法論之邏輯思辨路徑，以及道德形上學之理論建構。然而明清之際儒者對於宋明理學有了全面的檢討與轉化，其義理儒學類型則是對「實在界」、「形下之器」之視域及論域轉移經驗實證

〔註19〕唐甄，《潛書‧性才》（北京：中華書局，1979年），頁383。

〔註20〕戴震：《戴震集‧孟子字義疏證》（臺北：里仁書局，1980年），頁291。

〔註21〕林啟屏：《儒家思想中的具體性思維》（臺北：臺灣學生書局，2004年），頁2～3。

與現實取向，這才是清代思想最具特色與價值的地方。〔註22〕而如是的價值取向則表現在對於「實行」的重視：表現在宇宙本體論上，則有「以氣為本」的氣本思想；在人性論上則倡「氣性合一」、「即氣論性」；在工夫論以及知識論上則重視「力行踐履」的道德修養與「行先於知」；並且更循著內聖外王的儒學傳統而發展出以「經世」為核心的治術與社會觀。許多晚近學者皆能立足於現代的思維立場觀照到儒家的實行、實踐傳統，如楊儒賓在《儒家身體觀》之中包含了形上學、心性學及工夫論的探討，他認為儒家的心性論與身體論是一體兩面的，「身體體現了心性，心性形著了身體。」〔註23〕提出儒家身體觀乃是四體一體——意識主體、形氣主體、自然主體、文化主體皆綜攝於身體主體之上，而透過身心的實踐與修養，達到內聖、冥契太極，則形、心、氣能同時圓滿完備。如林啟屏《儒家思想中的具體性思維》則認為「只有釐清儒學思想中相關的『具體性』問題，才可能對儒學本質有一更清楚的理解，也才能回答『內在超越性』的深刻內涵。」〔註24〕如葛榮晉則欲以「實事求是，一切從實際出發」的標準重新思考中國哲學史的研究，並建立「中國實學史」。〔註25〕綜觀以上學人的討論，儒家落實於經驗面的「具體實踐」已成為目前儒學研究不可忽視的課題。

本文之研究宗旨乃是藉由兩位思想家的思想觀點來切入時代思潮中的「實行觀」的發展，因此將在研讀文獻之後，於文獻之中析離出與實行觀有關之部分，逐一或綜合的提出論述，將主要內容分為性論、知行觀、經世思想三章來論述，希望透過性論的建構探討朱、顏二人之本體論與善惡道德觀；透過知行觀的探討來釐清其對於「實行」的重視；分析二人之經世思想來觀察清初經世思潮的發展。並於各章結語之處，比較兩位思想家的同異之處、其思想與宋明儒的相異之處，來尋繹出其思想轉移的端緒與意義，期能還原朱之瑜與顏元以「實」為核心，從而建構出的本體論、人性論、工夫論、知行觀乃迄於經世觀的全面理論架構。

〔註22〕業師張麗珠：《清代新義理學——傳統與現代之交會·前言》（臺北：里仁書局，2003 年），頁 5。

〔註23〕楊儒賓：《儒家身體觀》（臺北：中央研究院中國文哲研究所籌備處，1996 年），導論頁 1。

〔註24〕林啟屏：《儒家思想中的具體性思維》，頁 2～3。

〔註25〕葛榮晉：〈中國實學研究及其前瞻〉，收錄於沈清松主編：《跨世紀的中國哲學》（臺北：五南圖書出版公司，2001 年），頁 421～435。

第二節　研究成果綜述及文本探討

一、關於朱之瑜

　　目前臺灣以朱之瑜爲研究對象的博碩士論文較重要者如下：1976 年田原剛《朱舜水研究》探討朱之瑜學術思想大要，諸如其人生哲學、倫理道德、學術論辯、政治主張、教育思想、文學理論等。其論文有其開創性，只可惜較爲粗略。1983 王瑞生的《朱舜水學記》著重在之瑜平生交遊和學術淵源，思想述要及對後世的影響，因此對於朱之瑜的傳記資料、以及學思歷程的資料掌握頗爲詳盡，但因論述的範圍涵蓋至朱之瑜所有的學術思想，於其哲學層面的論述並不夠深入。

　　專書方面大多以介紹朱之瑜生平爲主，並兼論其民族氣節、學術思想。梁啓超的《明末朱舜水先生之瑜年譜》開啓國人對於朱之瑜的認識；有郭垣《朱舜水》，堪稱爲戰前朱之瑜研究的集大成者，將朱之瑜的思想分爲四小節：實踐哲學、政治思想、技術、詩文。其最大的成就乃是正視舜水學術思想的最大特色──實踐哲學，並且又細論其「存誠──居敬──敦禮──問學──實行」等實施步驟，他說：

> 先生之學實導源於朱子，並加以擴充。其要則以實用爲旨歸。所謂實用，則不外於民生日用彝倫之間。是民生日用彝倫之間，即實用學之對象；而此民生日用彝倫之間，莫不有其當然之理。惟以人欲所蔽，則其理有所未通，顧本之以誠，以存其眞。先生之學即以『誠』爲出發點，由此居之以敬，敦之以禮，問之以學。其終也，則在於實行。可表之如下圖：
>
> 存誠──居敬──敦禮──問學──實行
>
> 觀上圖，是『存誠』爲基礎，『實行』爲目的，而以『居敬』、『敦禮』、『問學』爲其手段。

郭垣認爲舜水的實踐哲學是源於朱子而有所新創，他析離朱之瑜對於實踐哲學的種種主張，並標明始終順序，此對於實行觀的洞見是當時代的突破。而此評論也影響眾多後出之著作，如藍文徵之〈朱舜水的思想〉、王進祥之《朱舜水評傳》、鍾屏蘭之《朱舜水研究》等則不脫郭氏之窠臼。〔註26〕

〔註26〕藍文徵：〈朱舜水的思想〉，《東海學報》，1～1（1959 年），頁 159。王進祥：《朱舜水評傳》（臺北：臺灣商務印書館，1976 年）。鍾屏蘭：《朱舜水研究》

　　另外，以生平事績及傳記見長的則有宋越倫〈朱舜水傳〉，﹝註27﹞內容精要。朱之瑜之裔孫朱力行著有《朱舜水的一生》對於資料的蒐集與考證上十分用心。﹝註28﹞將朱之瑜的生平行實逐一記載，並論述其行事生活，考證其相關資料，作者掌握許多家族內的第一手資料，並於留學日本期間苦心收集資料，為傳記中內容最為豐贍者。

　　而對於朱之瑜之思想有較深度探討的作者當屬大陸學者李甦平，其《朱之瑜評傳》與《朱舜水》二書章節不同，而內容則大同小異。﹝註29﹞在《朱舜水》一書之中，他將朱之瑜之哲學思想分為立誠論、實踐論、事功論、尊史論、德性論、朱之瑜與日本朱子學、朱之瑜與日本古學、朱之瑜與日本水戶學、畸儒論等章來分述。在《朱之瑜評傳》中則先論述朱之瑜之時代生平論著，細論舜水學的理論體系，再探討舜水學與實學、舜水學與省庵學、舜水學與水戶學、舜水學與仁齋學，最後總結以畸儒朱之瑜的評價。二書共同的優點乃是作者努力並細心的尋找在《朱舜水集》之中簡短並散論在各篇的資料，架構出堪稱重量級的「舜水學」思想體系，可謂發前人之所未發，也奠定朱之瑜在清初思想史上不可動搖之地位。

　　朱之瑜最大的儒學成就是在日本傳揚儒學，因此相關日本文化的論述與日文文獻也不可忽視。目前所知的朱之瑜作品，當年若無日人費心編纂與排印，恐將淹沒而不彰了，因此各版本舜水集的編纂是日本研究最大的成就。據林俊宏的整理認定，日本學術界對朱之瑜的研究開始於1901年高瀨武次郎撰《朱舜水》，至於揭開研究朱氏生平思想序幕的則是栗田琴的《朱舜水祠堂考》。此外，有些日本學者開始定位舜水學說學派，井上哲次郎認為舜水學屬於朱子學派而非陽明學派，岩橋遵成則認為舜水的學風與山鹿素行、荻生徂來相近，可歸入古學派。﹝註30﹞成就最大的當屬石原道博之《朱舜水》，該書著重於探討朱之瑜之生平，將其生平分為中國時代、日本時代二部分說明，

　　　　（高雄：復文書局，1989年）。

﹝註27﹞宋越倫：《朱舜水傳》（中央文物出版社，1953年）。

﹝註28﹞朱力行：《朱舜水的一生》（臺北：世界書局，1982年）

﹝註29﹞李甦平：《朱之瑜評傳》（南京：南京大學出版社，1998年）。李甦平，《朱舜水》（臺北：東大圖書股份有限公司，1993年）。

﹝註30﹞高瀨武次郎、栗田琴、井上哲次郎、岩橋遵成等人之創作因為年代久遠且遠隔重洋，資料搜羅匪易，因此採用林俊宏《朱舜水在日本的活動及其貢獻研究》一書中的研究文獻檢討之結論。見林俊宏：《朱舜水在日本的活動及其貢獻研究》（臺北：秀威資訊科技，2004年），頁8。

並略述朱之瑜言論。〔註 31〕徐興慶《近世中日文化交流史の研究——朱舜水を中心に》中則是全面的掌握日本兩岸的研究資料而提出論述的作品，作者首先論述在日本、中國大陸、臺灣各地朱之瑜的研究史，並羅列書刊中未收錄的資料，再行探討長崎時代、江戶時代朱之瑜的交遊關係，簡述朱之瑜的學說，最後由朱之瑜與張斐通信的書簡及與日人的筆談之中去尋找日中文化交流現象。此書研究宗旨爲了探討中日文化交流的狀況，因此，作者撰述多以朱之瑜與日本文化社會接觸互動爲中心，其價值在發掘許多未收錄在一般文獻之資料，而能夠開出不同的視野。〔註 32〕然而日本學者研究朱之瑜，多側重生平事蹟的考察，至於深入詮釋舜水學術思想的作品則較爲少見。

　　1995 年，在上海松江縣與浙江餘姚市兩地舉行「中日舜水學學術研討會」，中日學者發表的論文凡二十七篇，輯爲《中日文化交流的偉大使者：朱舜水研究》提升了舜水研究的學術深度與廣度。〔註 33〕2003 年出版了「朱舜水誕辰 400 周年學術研討會」之論文集《朱舜水與日本文化》，〔註 34〕在此論文集之中，中日學者紛紛發表關於朱舜水的評論，有論述其「實學」思想；有論述其與中日人物朱天生、德川光圀、黃遵憲、安東省庵等人的關係；有論述其與日本學術發展之關聯；也有朱之瑜中國形跡之考證。內容多元，其實也反映現階段中日學者對於朱之瑜的研究成果。

　　截至目前爲止，較晚出的專書則是林俊宏的《朱舜水在日本的活動及其貢獻研究》，此書是當今研究朱之瑜的日本活動的總結與歸納，由橫向的文獻分析看出中日文化交流的時代意義，由縱向的朱之瑜生平去紀錄其活動歷程，著重筆力撰寫朱之瑜對日本的貢獻，而得到「十七世紀中中日交流的舞臺上朱之瑜扮演了重要的角色」的結論。〔註 35〕

　　至於在期刊方面，因爲是單篇論文，研究自然也就較爲微觀，有針對研究資料提出考察的文章呂玉新〈有關朱舜水研究文獻目錄〉；〔註 36〕有由中日

〔註 31〕石原道博：《朱舜水》（東京：吉川弘文館，昭和 36 年）。
〔註 32〕徐興慶：《近世中日文化交流史の研究——朱舜水を中心に》（出版年不詳）。
〔註 33〕張立文、町田三郎主編：《中日文化交流的偉大使者：朱舜水研究》（北京市：人民，1998 年）。
〔註 34〕町田三郎、潘富恩主編：《朱舜水與日本文化》（北京：人民出版社，2003 年）。
〔註 35〕林俊宏：《朱舜水在日本的活動及其貢獻研究》（臺北：秀威資訊科技，2004 年），頁 4。
〔註 36〕呂玉新：〈有關朱舜水研究文獻目錄〉《漢學研究通訊》23（2004 年 11 月），頁 21～37。

文化作爲切入點的文章如楊際開的〈鑒眞、朱舜水與東亞文明〉、〔註37〕林俊宏的〈舜水與日本江戶時代朱子學派的關係〉與〈十七世紀中日師道的典型——以朱舜水與安東守約爲中心〉、〔註38〕童長義的〈德川大儒伊藤仁齋與明遺臣朱舜水〉、〔註39〕王清源的 Chu Shun-shui: His Contributions to and Influence on Japan；〔註40〕有文學觀點，如鄭毓瑜〈流亡的風景——〈遊後樂園賦〉與朱舜水的遺民書寫〉；〔註41〕也有社會學的視野，如林瑛琪〈戰前朱舜水研究：一個知識社會學的考察〉。〔註42〕可見得朱之瑜的研究漸漸的跳脫出生平事蹟之範疇。

綜觀前人的研究文獻則可得知，學術界投入研究朱之瑜的人數仍然十分有限，遠不及清初三大家顧、黃、王三人，且目前已有的文獻資料多集中探討朱之瑜的生平事蹟，於思想學術上的精義內涵論述也還不夠深入，若以朱之瑜對於近世的影響力看來，其博大豐厚、平實淹貫的思想精神尚待後進學者齊來開拓。

二、關於顏元

（一）歷來學者評述

研究顏元的文獻資料遠比朱之瑜多，此應歸功於眾多前輩學者對顏元的推崇，其中在學術界頗有影響力的文獻歸納有梁啓超、胡適、錢穆、侯外廬等人，茲介紹如下：

梁啓超在《中國近三百年學術史》中曾如此引介顏元的學說：

有清一代學術，初期爲程朱陸王之爭，次期爲漢宋之爭，末期爲新

〔註37〕 楊際開：〈鑒眞、朱舜水與東亞文明〉，《鵝湖》，30:5=353（2004 年 11 月），頁 28～38。

〔註38〕 林俊宏：〈朱舜水與日本江戶時代朱子學派的關係〉，《鵝湖》，29:4=340（2003年 10 月），頁 53～64。林俊宏，〈十七世紀中日師道的典型——以朱舜水與安東守約爲中心〉，《鵝湖》27:5=317（2001 年 11 月），頁 8～20。

〔註39〕 童長義：〈德川大儒伊藤仁齋與明遺臣朱舜水〉，《中國歷史學會史學集刊》30（1998 年 10 月），頁 219～243。

〔註40〕 王清源："Chu Shun-shui: His Contributions to and Influence on Japan", *Chinese Culture Quarterly* 35:3（1994 年 9 月）：15～23。

〔註41〕 鄭毓瑜：〈流亡的風景——〈遊後樂園賦〉與朱舜水的遺民書寫〉，《漢學研究》20.2（2003 年 12 月），頁 1～28。

〔註42〕 林瑛琪：〈戰前朱舜水研究：一個知識社會學的考察〉，《鵝湖》，347（2004年 5 月），頁 15～24。

舊之爭。其間有人舉朱陸漢宋諸派所憑藉者一切摧陷廓清之，對於二千年來思想界，爲極猛烈極誠摰的大革命。其所樹的旗號曰「復古」，而其精神純爲「現代的」。其人爲誰？曰顏習齋及其門人李恕谷。〔註43〕

梁氏認爲顏李之學若與西方哲學相較，屬於「實踐實用主義」，且顏元開創性的貢獻是對清代學術起了一個「從古及今未有其比」的破壞，因他認爲讀書、注經、書籍、靜坐、內觀、空虛哲理皆不是學問，完全否定由漢代以降的學術形式，唯有「習行」才是讀書人之要務。〔註44〕梁啓超的介紹成功的引起繼起學者對顏元的研究與重視。

胡適在研究戴東原之哲學時，也注意到顏李學派，他認爲顏元的思想簡單淺近，不故意做理學玄談。他欣賞顏元對「性」的主張：「他也論『性』，但他只老老實實地承認性即是這個氣質之性。『譬之目矣，……光明之理固是天命，眶皰睛皆是天命。更不必分何者是天命之性，何者是氣質之性。』《存性編》這便是一筆勾銷五百年的爛帳，何等痛快！」〔註45〕胡適在一篇專述中探討〈顏習齋哲學及其與程朱陸王之異同〉，他認爲顏元反對理學，卑漢唐訓詁之學、斥佛老虛無之學。因而提出「寧粗而實勿妄而虛」的哲學思考，以「三事——正德、利用、厚生」的「中國本位文化」代替一切玄妙的、虛妄的、談天說命談心說性的「印度化虛學」。而他的教學也注重實習實行、以粗代精、以實代虛、以「習動」取代宋儒「習靜」，其說雖有粗淺鄙陋之處，但仍不減其價值。〔註46〕胡適之評價頗有洞見，彼其以民族文化的差異來詮解顏元，並對顏元之反對宋明理學、恢復「中國本位文化」的學術理想，有相當的肯定。

錢穆在《中國近三百年學術史》中則立有專章介紹顏李二人，十分推崇顏元一壁推翻宋明相傳六百年之理學的深沉氣魄與毅決識解。他認爲顏元反對程朱只有一意曰「無用」，而儒學之無用其爲害最大者在「靜坐」、在「讀書」，讀書使人體魄脆弱、神志耗損。雖不是全然反對知識，但顏元認爲多讀書無益於事功、也無益於知識，因爲讀書得來之知識不足以爲知識；而終日

〔註43〕梁啓超：《中國近三百年學術史》，頁104。
〔註44〕梁啓超：《中國近三百年學術史》，頁104～137。
〔註45〕胡適：《胡適文存》（臺北：遠東圖書公司，1988年），第三集，頁66。
〔註46〕胡適：〈顏習齋哲學及其與程朱陸王之異同〉，存粹社編集，《中國近三百年學術思想論集》（存粹社，1978年），頁73～78。

靜坐更會使人精神萎墮、筋骨疲軟，久之廢事厭事。因此顏元提出真聖真學乃在《左傳》提出的六府、三事，與《周官》之所謂鄉三物。〔註47〕顏元論學蔽得之於習行，必見之於身世，必驗之於事功。錢穆說：「以言夫近三百年學術思想之大師，習齋要為巨擘矣。」他上斥程朱、下闢清代考據，可謂有「前不見古人，後不見來者」的獨創與獨愴。〔註48〕

至於侯外廬則由唯物論的立場詮解顏元的思想，在《中國思想通史》中，侯氏十分肯定顏元之學，認為顏元重視三事三物的實在，能符應「唯物論」的立場。而本書論點最精采處，即是侯氏將顏元與主張經驗科學之培根相提並論，培根是文藝復興時代提倡歸納法的人，以為「一切感覺是可靠的，可以成為各種知識的來源，科學是經驗科學，是對感覺到的材料合理化方法的採用」。顏元的知識論相似於培根，更強調知識以實踐為標準的理論。培根反對過當時經院學說的流派；顏元攻擊道學的鬥爭精神更要比培根果敢而堅強些。〔註49〕

（二）專　書

在專書方面，首要論及對顏李學派資料收集與保存有極大貢獻的徐世昌。編有：《清儒學案》、《顏李語要》、《顏李師承記》、《顏李學》、《顏李叢書》、《大清畿輔先哲傳》、《大清畿輔書證》、《顏習齋學案》等書。〔註50〕創立「四存學會」，辦《四存月刊》，設「四存學堂」，以提倡實學，是顏元的知音，也是傳播者。劉錫五《顏習齋學傳》，採用學案式的書寫，簡要地論述顏元之學說與生平。〔註51〕張西堂之《顏習齋學譜》，則撰寫於 1937 年，為較早期的學者觀點。〔註52〕本書對顏元、李塨二人的師友考頗為詳盡，頗具歷史研究之價值，其書將顏元思想分為哲學、教育、政治等方面作全面性的介紹，對原典的詮釋與歸納頗有精到之處。

至於姜廣輝著《顏李學派》，則以二十萬言詳述顏李學派的淵源，論述及

〔註47〕六府謂金、木、水、火、土、穀，三事謂正德、利用、厚生。三物為六德、六行、六藝，六德為知、仁、聖、義、忠、和，六行謂孝、友、睦、婣、任、卹，六藝為禮、樂、射、御、書、數。分見《顏元全集・習齋記餘》，卷九，頁 563～566。及《顏元全集・存治編》，頁 109。

〔註48〕錢穆：《中國近三百年學術史》，上冊，頁 175～242。

〔註49〕侯外廬：《中國思想通史》，頁 140～158。

〔註50〕因時代久遠，較易見到的資料為《清儒學案》（臺北：世界書局，1962 年）。

〔註51〕劉錫五：《顏習齋學傳》（臺北：中央文物供應社，1954 年）。

〔註52〕張西堂：《顏習齋學譜》（臺北：明文書局，1994 年）。

顏元、李塨、王源、程廷祚等人的學術思想，出入當代、貫串古今，〔註 53〕尤佳者爲其最末一章「關於顏李學派的評價」，展現出獨到之見解，與附錄「三百年來學者對於顏李學派的主要評價」，收錄數十家文史哲研究者對顏李學派之評論，蒐集資料甚爲用心，足見此書乃是學力、識力兼具的浩浩大作。

陳登原《顏習齋哲學思想述》一書，較著重於顏學與程朱、陸王、考據學之關係，在時代學術背景上，有頗多的著墨，他認同顏學乃清代孤軍奮戰之一員，肯定顏元的開創之功，也將視野往後延伸，不僅論述到顏學的貢獻，也探討顏李學沒落之因，甚而論述至咸同年間、民國初期的顏李影響。〔註 54〕

臺灣近年研究顏元的學者有許多人，其中著有專書者不多。李貴榮《顏習齋先生思想研究》一書全面性的對顏元的學術思想作概括式的研究：生平事蹟、師承交遊、思想淵源、思想上論史、論學、論教、論性、論治、論文上的研究皆有提及。〔註 55〕而鄭世興《顏習齋和杜威哲學及教育思想的研究比較》則以比較哲學的方法承繼梁啓超胡適等人的觀點，讓中西實用主義哲人顏元與杜威進行對話與比較，〔註 56〕在宇宙論、人性論、方法論、知識論、道德論、人生論等哲學上的論述皆有獨特而新穎的看法，但其書重點在對比雙方教育哲學的差異，其最大的成就也在於此。

（三）學位論文

博碩士論文中已有多人的耕耘，也有頗具深度的論述。對於其思想有整體性檢討的有張振東《四存哲學批判》、楊冬生《顏習齋的思想》、楊瑞松《追尋終極的眞實——顏元的生平與思想》、李瀅婷《顏元學術思想研究》，亦有把焦點落在顏元較有特殊著力與貢獻的不同範疇，如黃順益《顏習齋對儒學的反省與批判》即探討顏元與宋明理學的關係；高太植《顏元的經世思想》則將顏元學與時代的經世學風結合。有從迥異於思想哲學，而由不同視角切入的論文研究，如由經學立場出發的曾素貞《顏元的四書學研究》、李智平《顏元李塨論語解經思想研究》；從史學角度出發的廖本聖《顏李學的形成》；及以教育思想、教育觀爲研究主題的有鄭世興之《顏習齋教育思想》、黃建一《顏

〔註 53〕姜廣輝：《顏李學派》（北京：中國社會科學出版社，1987 年）。

〔註 54〕陳登原：《顏習齋哲學思想述》（上海：東方出版中心，1996 年）。

〔註 55〕李貴榮：《顏習齋先生思想研究》（臺南：漢家出版社，1992 年）。

〔註 56〕鄭世興：《顏習齋和杜威哲學及教育思想的研究比較》（臺北：中央文物供應社，1984 年）。

習齋的哲學及教育思想》。〔註57〕主題多元，包羅廣大，其中與本文主題較相關是楊冬生《顏習齋的思想》、楊瑞松《追尋終極的眞實——顏元的生平與思想》、黃順益《顏習齋對儒學的反省與批判》、李瀅婷《顏元學術思想研究》、李智平《顏元李塨論語解經思想研究》、阮華風《明末清初學術的轉折——以顏元思想爲例》等篇，以其皆討論至顏元之學術思想與時代背景故也。

　　由以上文獻資料可得知，關於顏元的專書論述雖然不多，但已頗有建樹。對於顏元在清初思想上的轉型地位與批判之功，諸多學者見解大致雷同，只是較少有學者專一由「崇實」、「實行」的精髓價值作爲論述起點，以其中心要義作爲主線，貫串全局之思想內涵，資料雖多，但實有可以補強之處。且視野若只單鎖定於顏李學派，也只能管窺一豹，無法洞悉全局，因此擴大論述其時代背景，方能兼顧其縱貫與橫攝面，得一宏觀的結論。

〔註57〕學位論文依發表時間先後排序如下：

鄭世興：《顏習齋教育思想》（臺北：臺灣師範大學教育研究所碩士論文，1959年1月）。

張振東：《四存哲學批判》（臺北：輔仁大學哲學研究所碩士論文，1963年6月）。

黃建一：《顏習齋的哲學及教育思想》（臺北：中國文化大學哲學研究所碩士論文，1972年6月）。

楊冬生：《顏習齋的思想》（臺北：國立臺灣大學中國文學研究所碩士論文，1973年6月）。

黃順益：《顏習齋對儒學的反省與批判》（高雄：高雄師範學院國文研究所碩士論文，1988年6月）。

高太植：《顏元的經世思想》（臺北：國立政治大學政治研究所碩士論文，1989年6月）。

楊瑞松：《追尋終極的眞實——顏元的生平與思想》（新竹：國立清華大學歷史研究所碩士論文，1989年6月）。

曾素貞：《顏元的四書學研究》（臺北：國立政治大學中國文學研究所碩士論文，1996年6月）。

廖本聖：《顏李學的形成》（臺中：東海大學歷史學研究所碩士論文，1997年6月）。

江文祺：《顏習齋哲學思想研究》（臺北：國立臺灣師範大學國文研究所碩士論文，1998年6月）。

李瀅婷：《顏元學術思想研究》（臺北：國立臺灣大學中國文學研究所碩士論文，2002年6月）。

李智平：《顏元李塨論語解經思想研究》（臺中：東海大學中國文學系碩士論文，2002年6月）。

阮華風：《明末清初學術的轉折——以顏元思想爲例》（臺中：國立中興大學歷史學系碩士論文，2004年）。

三、本論文所根據文本

（一）《朱舜水集》

由於朱之瑜重事功而輕文學，又遭國破流離之累，故沒有宏篇巨著。他的著作皆是海外文字，即滯日期間與日本學者的學術交流。這些文字的體制包括詩、賦、疏、揭、書、啓、議、序、記、跋、論、辯、贊、箴、銘、策問、雜帖、答問、雜說、碑銘、祭文、字說、箚記、雜評、雜著等，而其中又以書簡爲最大宗。蒐錄朱之瑜著作的幾種版本：加賀本、水戶本、稻葉本、馬浮本、世界本、談綺本、漢京本，〔註58〕以及由近人徐興慶所編的《朱舜水補遺》。以下將各版本之文集與其內容大要整理表列如下：

版　本	書　名	出版時間	編　者	內　容	備　註
加賀本	明朱徵君集	西元 1684	五十剛伯	十卷	最早刊行的舜水遺注
水戶本	朱舜水先生文集	西元 1715	德川光圀	二十八卷，附錄一卷。並有安積覺的序文。	
稻葉本	朱舜水集	西元 1912	稻葉岩吉	加賀本、水戶本、及泊舟橋（姚江詩存）合刊本，內容收入安東守約安積覺木下順庵等有關先生史料四十二種。	
馬浮本	舜水遺書	西元 1913	馬浮	二十五卷，卷首有湯壽潛序。	民國 58 古亭書屋影印本
許嘯天本	朱舜水集	西元 1930	上海群學社	五卷：傳記、文章集、講學集、議論集、陽九述略。	
臺灣文獻叢刊本	朱舜水文選	西元 1974	臺灣銀行經濟研究室編印	文三十五篇、詩三首、附錄六篇	選自馬浮本。
世界本	朱舜水全集	西元 1963	世界書局	二十五卷	馬浮本重新排印本
談綺本	舜水朱氏談綺	西元 1708	安積覺	三卷，分元亨利貞四冊	日本書林茨城多左衛門刻本
漢京本	朱舜水集	西元 1984	朱謙之	二十二卷	中華書局之本

〔註58〕見鍾屏蘭：《朱舜水研究》，〈附錄二・版本考略〉，頁 163～167。

本論文採用的是漢京出版社所出版的《朱舜水集》與徐興慶所編《朱舜水補遺》。漢京本乃是漢京書店翻印上海中華書局之本，為朱謙之所編、楊天石整理、徐壽齡校勘。此本乃是根據稻葉岩吉本之《朱舜水全集》改編，並加以加賀本、水戶本、馬浮本、談綺本校勘之，是目前較易取得也較完整的版本。除此外，日本九州共立大學講師徐興慶將其在日本蒐集整理的資料匯集於《朱舜水補遺》一書中，1991年由臺灣學生書局出版，這則是最為新近晚出的新文獻。

（二）《顏元集》

顏元為學著重篤行，不重視讀作，終其一生之著作有四編——《存治編》、《存性編》、《存學編》、《存人編》，以存續堯舜周孔學旨，另有《朱子語類評》、《禮文手抄》等作。顏元晚年命門人輯錄《四書正誤》，此外門人編輯而成之作尚有：《習齋記餘》、《顏習齋先生言行錄》、《顏習齋先生闢異錄》、《顏習齋先生年譜》。以下以表格方式羅列相關顏元思想之著作，並作簡要介紹：

著　　作	撰寫者／輯錄者	簡　介
《存治編》	顏元	著於二十四歲時，闡述個人政治理念，內容包括王道、井田、治賦、學校、封建、宮刑、濟時、重徵舉、靖異端等，顏元主張恢復三代的法制，尊古、復古，以達治道。
《存性編》	顏元	著於三十五歲，旨在駁斥朱子性論，認為理氣總歸一善，至於惡乃後天習染而成。
《存學編》	顏元	撰於三十五歲，旨在提倡實學習行，辯駁宋儒靜坐、誦讀、空談性命之學。
《存人編》	顏元	撰於四十七歲，又稱喚迷途，一喚平常僧道、二喚高級僧道、三喚西域番僧、四喚名儒而心佛者、五喚愚民信奉妖邪者。為辯駁佛教釋道之作。
《朱子語類評》	顏元	晚年之作，為讀《朱子語類》之札記，內容批駁朱子靜坐、讀書之主張。
《禮文手抄》	顏元	通禮、冠禮、昏禮、喪禮、祭禮等五章，抄錄甚完備，亦附心得。
《四書正誤》	顏元命門人錄	批駁朱子《集註》，分《大學》、《中庸》、《論語》、《孟子》等六章。此書內容為個人見解，並非專門校刊訓詁之作。
《顏習齋先生年譜》	李塨、王源	本顏元追錄稿、日記與傳聞。為詳盡徵實的第一手資料。

《顏習齋先生言行錄》	鍾陵	依顏元日記編寫，記顏元學行、嘉言爲主。編於乾隆二年。
《顏習齋先生闢異錄》	鍾陵	錄顏元《存人編》之後闢異端之文。編於乾隆三年。
《習齋記餘》	鍾陵	顏元遺稿，含序、記、書、傳、論、祭文、雜著等十卷。編於乾隆十五年。

　　而本文採用之版本爲中華書局出版之《顏元集》，〔註59〕由王星賢、張芥塵、郭征三人點校而成，內容包含詳盡，便於研究。

〔註59〕顏元：《顏元集》（北京：中華書局，1987 年）。

第二章　朱之瑜、顏元傳略與學思歷程

　　明清易代之際，面對社會的陵谷遷變，士人的生平與思想都遭遇到前所未有的震盪，朱之瑜歷經國難，雖有志匡救，但仍時不我與，終於流落並避居外邦，定居於日本發揚儒學；顏元早年出入於程朱陸王之學，最後決意盡己之力推動實習力行之學，建立顏李學派，以思想救世。二者所處地域不同、作爲有異，然其經世濟世之心則一。

第一節　朱之瑜傳略與學思歷程

　　明末儒者朱之瑜遭時不遇，終於流落外邦，於一水之隔的日本發揚儒學，影響日本的史學、道德、甚至政治，其地位不容小覷。歐崇敬十分肯定其貢獻，他說：「朱舜水是繼周公、孔子之後發揮出儒學最大力量的唯一人物，也是使儒學回到其本有的多元化樣貌具有歷史哲學、具有文明哲學、建國哲學的第一人，當然更是使日本可以從一個文化尚未大開局面而躍升爲二十世紀主要強國的關鍵人物。」〔註1〕綜觀朱之瑜一生，可由其〈寄琴山井詩〉，以窺一斑：

　　　避亂安南漲海隈，氣桴日本路悠哉，

　　　皇明徵士廻天志，水府師儒勸學才。〔註2〕

　　關於朱之瑜的生平探討，日本起步較早，而清末在水戶本《朱舜水先生

〔註1〕　歐崇敬：《中國哲學史：宋元明清的新儒學與實學卷》（臺北：紅葉文化，2003年），頁260。

〔註2〕　朱之瑜撰，徐興慶編：《朱舜水集補遺》（臺北：臺灣學生書局，1992年），卷四，頁201。

文集》傳入之後，也引發當時一股研究熱潮，近來對於東亞文化的重視，也使得中日學術界皆著重探討其中日文化交流的代表意義。

一、意絕仕進，志抱經世

朱之瑜，字楚嶼，至海外復字魯璵，號舜水，浙江紹興府餘姚縣人。學者稱舜水先生，〔註3〕生於明神宗萬曆二十八年（1600），卒於清聖祖康熙二十一年（1682），享年八十三。

朱之瑜父親朱正在他八歲時便去世了，自幼清貧，齋鹽疏布，年二十歲遭逢連年飢荒，還必須養贍一家數十口，清苦自立。在求學歷程中，自幼敏惠，早年跟隨李契玄求學，及長，受業於吏部左侍郎朱永祐，勤治毛詩、禮學。後又聞道於外閣部陳函輝及禮部尚書吳鍾巒，並與東閣大學士張肯堂遊，朱、陳、吳，張皆魯王之僚屬，舟山破後，朱永祐殉難，而陳、吳自戕，此對朱之瑜之民族氣節有鉅大影響。

朱之瑜少抱經世濟民之心，初為南京松江府儒學學生，學業頗有成就，三十九歲才考取恩貢生，當時的學政監察御史圱煒以「文武全才第一」推薦於禮部，恩貢生座師吳鍾巒貢箚為「開國來第一」，〔註4〕但他不把治學作為仕途晉升的階梯，立經濟之志，只是見國事日非，世道日壞，決定棄絕仕進，隱居田園，〔註5〕並視明代科舉考試為徒務「獵采詞華」、「不知讀書之意」，〔註6〕欲棄科舉，但諸父兄不許，只好應付了事。他認為「大人君子包天下以為量。在天下則憂天下，在一邦則憂一邦，惟恐民生之不遂。至於一身之榮瘁，祿食之厚薄，則漠不關心，故惟以得行其道為悅。」〔註7〕憂國憂民憂天下、修身誠意以求經世濟民，這才是朱之瑜的治學目的。

〔註3〕 據梁啟超《朱舜水先生年譜》記載：「先生在江戶時，源光國敬禮之，不敢稱其字，欲得一庵、齋之號稱之。先生答言無有，三次致言，乃曰：『舜水者，敝邑水名也，古人多有以本鄉山水為號者。』舜水之稱如此。」梁啟超撰：《明末朱舜水先生之瑜年譜》（臺北：臺灣商務印書館，1981 年），頁 1。

〔註4〕 朱之瑜：《朱舜水集》（臺北：漢京文化事業有限公司，2004 年），卷十，頁 351。

〔註5〕 他曾對他的妻子說「我若第一進士，作一縣令，初年必逮系；次年三年，百姓誦德，上官稱譽，必得科道。由此建言，必獲大罪，身家不保。自揣淺衷激烈，不能隱忍含弘，故絕志於上進耳。」今井弘濟、安積覺同撰，載於《朱舜水集·舜水先生行實》，附錄 1，頁 613。

〔註6〕 朱之瑜：《朱舜水集》，卷一，頁 1。

〔註7〕 朱之瑜：《朱舜水集》，卷五，頁 101。

二、乞師東海，羈留安南

　　明末政治腐敗，自朱之瑜四十四歲至五十四歲，通計徵召薦辟除擬，除亓院疏薦外，凡十二次，始終不受，他自言隱居不仕的心理是「非敢以石隱為高，自矜名譽。但一木之微，支人即傾之廈，近則為他人任過，遠則使後之君子執筆而譏笑之，無為也。」〔註8〕明末閹黨亂政，官宦貪賄，有志之士不願同流合污，朱之瑜為其代表。崇禎十七年（1644），崇禎皇帝縊死煤山（今景山），不久，福王即位，亦多次徵召朱之瑜，然他辭不就任，觀彼之所以屢次拒絕徵召，乃因其洞見時局，不願黨同阿附於奸佞之臣馬士英，卻因此得罪來使，於是臺省交參論劾，責以忤旨。他驚聞拘捕消息，只好星夜遁逃，從此未再返家，並展開海外遺民之生活。

　　儘管拒絕徵召，但朱之瑜抗清復明的決心仍是無庸置疑的，他目睹「民間冤慘號天，然無力俾離水火」，〔註9〕因此不自外於國家興亡之責，在福王、唐王、魯王的南明時期，他仍奔走海外，致力反清，他曾三赴安南（越南）、五渡日本、奔走於廈門、舟山之間，效申包胥借兵復楚，想借日本援兵資助舟山守將、兵部左侍郎王翊，以恢復中原。魯王監國六年（1651），之瑜渡海至安南籌措資金，舟山卻被清兵攻陷，魯王走避廈門，之瑜的摯友王翊，師長朱永祐、吳鍾巒等人，也都先後為國殉節。消息傳來，之瑜十分悲慟，〔註10〕此次兵敗使得朱之瑜的復國之望斷喪大半，之後盤桓於日本、安南、舟山之間尋求定所以全忠義。觀乎之瑜此時期為復明事業用心奔走的鞠躬盡瘁，可以洞見其民胞物與、痌瘝在抱之精神。

　　魯王監國九年（1654），身在安南的朱之瑜接獲魯王詔書，準備赴任，不料在途中遭安南供役之難，被羈五十餘日，與死為鄰。當時安南賢王福瀕欲北伐，需要識字的人供書記之役、撰寫檄文，朱之瑜被捉，義不作詩、凜然不拜安南國王，安南國王每日派人在其寓所附近梟首殺人，以此恐嚇，但他仍不被威逼所屈。安南的遭遇正反映了他言行一致的人品。最終，朱之瑜以真才實學與堅毅的品格操守，贏得安南君臣的敬重，國王曾稱讚其為「大人，大才學、大學問」。從屈居下虜到備受禮遇，這段過程亦奠立了他定居海外的決心與信心。

〔註8〕　朱之瑜：《朱舜水集》，卷8，頁311。
〔註9〕　朱之瑜：《朱舜水集》，卷1，頁11。
〔註10〕　朱之瑜：《朱舜水集》，卷8，頁229。

三、闡揚儒學，膏澤東瀛

　　從安南離開之後，朱之瑜前往魯王駐蹕的廈門，參與鄭成功及諸將所發動的南京攻略，卻慘遭失敗，他深知虜勢不可敵、壞地不可復、敗將不可振，若處中國，則勢將接受清廷之統治，不得不薙髮束手，故決定到日本籌畫待機，保全忠節。初到日本時，正是德川幕府鎖國時期，虧得日本學者安東守約（號省庵）為其奔走、上書長崎鎮巡，因此破例允准留居日本。朱之瑜從六十歲起流寓日本講學，一直到八十三歲去世為止，前後二十三年，被尊為「日本孔夫子」。

　　初時由安東守約執弟子禮並以俸祿之半奉養朱之瑜，日本寬文四年（1664），水戶侯德川光圀輔政，禮聘朱之瑜至江戶講學，德川光圀待以賓師之禮，禮遇照顧有加。朱之瑜七十歲時告老致仕，但德川光圀仍請先生作〈學宮圖說〉，並依圖建成水戶學宮，並請先生制定釋奠儀注，率儒學生行之。日本水戶學派漸漸趨向領導之勢，儒學的正統地位漸受正視，德川光圀並因此下令廢除水戶寺廟，令僧人還俗三百四十餘人。

　　晚年，在思念故國與思念家人的心境中，朱之瑜寫下感人肺腑的詩篇〈避地日本感賦〉：

　　　漢土西看白日昏，傷心胡虜據中原；
　　　衣冠有誰先朝制，東海翻然認故園。
　　　廿年家國今何在，又報東胡設偽官；
　　　起看漢家天子氣，橫刀大海夜漫漫。〔註11〕

懷抱著這二首懷鄉感遇詩的心情，朱之瑜走向人生的終點，儘管名揚異域，宏揚儒學，弟子滿天下，朱之瑜戀戀不忘其民族家國的情懷，實在令人感佩。

第二節　顏元之生平與學思歷程

　　顏元，學者稱他為習齋先生，《清史稿》中關於他的記述很簡略，僅用三百餘字，略述顏元的孝行，並擴及其學思轉變之契機。〔註12〕如此記述實在過於簡要，因此後人在研究其生平時，大都引用其弟子李塨所作、王源訂稿

〔註11〕林晦盧輯：《明代軼聞・孤忠鑑》（臺北：臺灣中華書局，1967 年），卷 1，頁14。

〔註12〕國史館校註：《清史稿校註》（臺北：國史館，1990 年），卷 481，列傳 267，〈儒林傳一〉，頁 10993～10994。

的《顏習齋先生年譜》。

一、顏元生平與行誼

顏元，字渾然，號習齋，生於明思宗崇禎八年，卒於清康熙四十三年（1635～1704），直隸保定府博野縣北楊村人。

（一）身世乖舛，竭力行孝

顏元父顏昶，爲蠡縣朱九祚之義子，故顏元早歲姓朱，初名朱邦良。四歲時，滿州兵至蠡，其父逐隨清兵前往遼東，自此音信斷絕。十二歲時母親改嫁，此後由祖父朱九祚撫養長成，事朱家親長至孝。如此的生長背景在顏元的人格養成之中影響甚鉅，他自幼獨立自主、勤苦好學而耕稼胼胝。十九歲時，朱九祚因官司訴訟逃遁，顏元代而被繫入獄。在獄中，卻仍致力學文，「文日進，塾師異之嘆曰：『此子患難不能動，豈凡人乎？』」〔註13〕訟後，家道中落，顏元更擔負起生活日費之責，「耕田、灌園，勞苦淬礪，初食蜀黍如葯藜，後甘之，體益豐，見者不以爲貧也。」〔註14〕生活的重擔使得他更注重實務。三十四歲時，朱媼卒，代父服喪三年，泣血哀毀幾殆，〔註15〕朱氏一宗親長老憐憫他，才告訴他身世。朱九祚死後，顏元復姓「顏」，改名爲「元」。

（二）絕意仕進，講學以終

顏元自志學之年始，對科舉應試的態度就不甚積極，終其一生，除秀才外，並無任何功名在身。顏元不仕，歸結蓋有以下數因：在學術傾向上，一生問學，尤重實習，在《存治編》中有言：「國家之取士者，文字而已，賢宰

〔註13〕李塨編：《明末顏習齋先生（元）年譜》（臺北：臺灣商務印書館，1978年），頁 12。

〔註14〕李塨編：《明末顏習齋先生（元）年譜》，頁 14。

〔註15〕其守喪恪遵古禮，「三日不食，朝夕奠，午上食，必哭盡哀，餘哭無時，不從俗用鼓吹，慟甚，鼻血與淚俱下，不令僧道來吊者焚疏。四日斂，入棺，易古禮『朝一溢米、夕一溢米』，爲三日一溢米，薦新如朝奠。朱翁力命廿四日葬，乃具槨朝祖，祖奠，及墓，觸棺號咷，悶絕。……三月，行朔望奠。後以禮，士惟朔奠，乃望日會哭不奠。四月六日，修倚廬于殯宮外、大門內，寢苦，枕塊。三月，晝夜不脫衰絰。思『齋衰不以邊坐』，曰近過矣，自此疲甚，寧臥，坐必偏。五月十五日，行卒哭禮，已後惟朝夕哭，其間哀至，不哭而泣。寢地傷濕，四肢生小瘍，朱翁命造地炕。六月三日夜，始解衰絰、素冠，著常衣寢。」《明末顏習齋先生（元）年譜》，頁50～53。

師之勸課者，文字而已，父兄之提示，朋友之切磋，亦文字而已。」〔註16〕
因此於實功無益的八股文字自然為顏元摒棄。此外，在時代環境上，清初政
局尚未穩定，遺民知識份子也大多未在思想觀念上放棄民族氣節的堅持，加
上之師友如吳洞雲、彭恆齋、刁文孝、孫奇逢、王餘祐、李明性、張石卿……
等人，皆是反清復明、不事異姓的忠貞之士，顏元受他們的影響，自然更無
出仕之心。另外，顏元對於當時的朝廷授官制度亦有很深的反感，他認為朝
廷對於士人的授官態度太過輕蔑，因此「道義自好者」自不屑參加科舉。

　　絕意仕進的顏元並不因此放棄他對學術研究的興趣，他在家鄉開立家塾，
教訓子弟，開啟了自己的講學生涯。在四十五歲時與門人李塨交，共學琴、學
禮、學舞，立闢佛老。顏元出關尋父時，依然不忘宣揚正道，溝通聲氣，顏學
因而傳至關外。顏元五十三歲，行醫於祁州，意欲濟貧並廣成人才。門人可訥
言勸他以「時文」教人，借以明道倡學，顏元諾之，足見顏元體會培育人才以
重建學術風氣、倡明聖道的急迫性。顏元六十二歲時，郝文燦往聘主教漳南書
院，顏元命諸生習恭、習禮、習數，又教弟子舞、舉石習力，觀其教導學生的
內容皆不脫其躬行實習的主張。但旋即因為八月漳水氾濫，書齋淹沒，因此不
得不結束漳南書院。但顏元的教育方法、教學內容與教育觀卻在當代以應制時
文為主的教育風潮中別樹一幟，頗值得後人探究。直到七十歲臨終之前，顏元
仍告誡門人曰「孟子『必有事焉』句是聖學真傳」，〔註17〕仍希冀透過實行以達
經世濟民之效，心懷天下，至死方休，精神令人感佩。

二、顏元的學思歷程

　　細察顏元的生平，並無明顯師承關係，其終身的學術成就可謂是在時代
氛圍渲染之下，終於繼出入雜學、檢討理學的摸索過程之後，自成一家之言，
開展出尚習行、求致用、講功效，以「實」為主要精神的習齋思想。〔註18〕
以下即以顏元的學思歷程為線索，將其學思歷程分為三階段論述之。

（一）雜進仙道醫兵，回歸史鑑王道——博學時期

　　顏元自幼師事吳洞雲，建立騎馬、射箭、劍術、醫術等卓然不群的多元
學術視野。十四、十五歲讀《寇氏丹法》，學運氣、丹法、求仙，為此還娶妻

〔註16〕顏元：《顏元集・存治編》，頁109。
〔註17〕鍾陵：《顏習齋先生言行錄》，收於《顏元集》，卷上，頁631。
〔註18〕鍾陵：《習齋記餘》，收於《顏元集》，卷六，頁497。

不近。因此，顏元早年涉入道家與道教思想。十九歲，從賈端惠學，習染頓
洗，折節向學，書其前室曰「養浩堂」。入庠爲諸生後，雜然進學，從二十歲
至二十三歲，醫術、兵法、技擊、天文、地理……，無不涉獵學習。二十一
歲讀《通鑑》，潛心史學，廢寢忘食，遂棄舉業，絕意青紫。顏元此時雖學時
文，但其所關心的乃是治亂興亡、國計民生，名其齋曰「思古」，自號「思古
人」，作《存治編》，認爲三代是最理想的政治社會，以三代爲法，企圖構建
一治平天下的藍圖。

總之，顏元此期的思想龐雜，有兵、有醫、有武、有史、有法，看似駁
雜無根，實仍有一定的思想根柢──「傳統的儒學」，最後之發展終不脫傳統
儒學矩矱。

（二）先服膺陸王，後篤行程朱──理學時期

顏元二十四歲得薛文清（瑄）、王文成（陽明）、蔡文莊（清）《指要》以
及《陸王要語》。手抄《要語》一冊，深喜陸王之道，以爲聖人之道即在此，
遂努力從事乎陸王之道。次年，與學兼朱陸的孫夏峰門人王五修交。又作〈大
小盒歌〉、〈求源歌〉等詩以明志，取大盒喻宇宙、小盒喻吾志，「大約有二子
宗旨，見者稱眞陸王」，〔註19〕以爲人生之道盡在陸王學說中。

顏元二十六歲，得《性理大全》，乃知周張程朱學旨，毅然以道自任，於
是棄陸王改宗程朱，習之甚篤，尊周、朱爲「眞聖人」，毅然以斯道自任。進
退起居，吉凶嘉賓，必奉《朱子家禮》爲圭臬，以「主敬」、「存誠」修養心
性，每日靜坐五、六次，必讀講《近思錄》、《西銘》、《太極圖》等書。自二
十六至三十四歲止，顏元論學必宗程朱，爲期八年。〔註20〕

此期間對於顏元後來的成學，實有重大影響，主導日後學術發展的方
向，爾後，他雖對誤入程朱網羅中深爲懊悔，然若無此期潛入程朱學說之深，
便無法得知《朱子家禮》有違人情，進而發現程朱學說的弊病，更無從毅然
脫出理學矩矱，而悟得其所謂的「正學」，正因當年浸潤之深，故能力破程
朱之弊，轉而謀求眞正的聖道，直承堯舜周孔之教，建立其獨樹一幟的顏李

〔註19〕鍾陵：《習齋記餘》，收於《顏元集》，卷六，頁496。

〔註20〕顏習齋曾追述這段由陸王折入程朱學說的經過，他說：「予初從陸、王入手，
　　　　繼見《性理》周、程、張、朱之書，又交先生（刁文孝），遂專主程朱。嘗謂
　　　　聞詆毀伊川、晦庵者怫然怒，但聞朱、陸互有長短者亦怫然怒；嘗稱『周元
　　　　公眞聖人』『朱文公眞聖人』，不惟舉諸口，亦已筆之書。」鍾陵：《習齋記餘》，
　　　　收於《顏元集》，卷六，頁508。

新學派。

（三）繼承堯舜周孔之道，自成一家之言──實行之學

程朱之學的拳拳服膺者何以轉變為排抵程朱理學一員猛將？顏元反抗宋明理學的轉捩點，就在於三十四歲時，居恩祖母朱媼之喪。於居喪其間，察覺《朱子家禮》有違性情，考之周公《儀禮》，才發現其中誤謬之處，因而悟得周公的六德、六行、六藝、孔子的四教乃為正學。自此幡然由「尊朱」而「反朱」。著《存性編》、《存學編》二書，以《存性》、《存學》、《存治》、《存人》立教，抑程朱以明孔道。更「思古齋」為「習齋」，由宋明返回先秦、由心性轉向事功：

> 孟子「必有事焉句」是聖賢宗旨。……乾坤之禍莫甚於老之無、釋
> 之空、吾儒之主靜。〔註21〕

修、齊、治、平是經濟之事，但老子言無、佛家言老、宋明儒言心性義理，卻非正德、利用、厚生之方法途徑，天下之用之本在習行之事、在士農工商，「使人減棄士農工商之業，天下之德不惟不正，且將無德；天下之用不惟不利，且將不用；天下之生不惟不厚，且將不生。」〔註22〕顏元所倡之「習」有實驗、實習、實行、實效諸義涵，即是「實文、實行、實體、實用，卒為天地造實績。而民以安，物以阜」〔註23〕的經濟實功之學。

五十歲時他離開蠡縣遊學各方，自任以傳揚聖道之重，多方游走使他的學術漸為時人所知，認同的學者與日漸眾，亦可見顏學傳播之速與其學術本身感染力之深。

顏元思想歷經多次變化轉折，從「雜進仙道醫兵，回歸史鑑王道」的博學啟蒙時期，到「服膺陸王，篤行程朱」的理學奠基時期，而收結於「堯舜周孔之道」的實行之學，在歷經陸王程朱階段的吸收浸漬，因著恩祖母遭喪的躬行頓悟，終至察宋明理學之非，從此破繭而出，致力於周孔正學。吾人可以看到顏元的思想在歷經百死千難的磨練淬取之後，其批判性更犀利，其篤行性更積極，其建構出來的學說思想更能展現其時代、其人之獨特清新風貌。

〔註21〕 鍾陵：《顏習齋先生言行錄》，收於《顏元集》，卷上，631。

〔註22〕 鍾陵：《習齋記餘》，收於《顏元集》，卷九，頁565。

〔註23〕 顏元：《顏元集‧存學編》，卷一，頁47。

第三節　朱之瑜、顏元所反映之明末士人出處態度

隨著滿清政權的穩固、南明諸王的敗亡，明清之際士人勢必面臨到一迫切的問題，那就是在出處進退之際尋求一安身立命的去向。朱之瑜選擇「道不行，乘桴浮於海」的隱遁，而顏元的選擇則是著書立說成一家之言，細觀二人面對當時世局的態度，有一些契合點與共同態度，如二人皆拒絕出仕、皆反對八股取士的制舉制度、皆講究「務實」的社會貢獻與學問等。何冠彪先生曾在《明末清初思想研究》一書之中，收錄〈論明遺民之出處〉一文，其中搜羅文獻頗豐，立論精采。〔註24〕受其啓發，本節預定要更深入地探討比較朱之瑜與顏元二者的作法，來看出由明末過渡到清初，士人出處的普遍態度，期望由其面對亡國之際的態度，歸結出二人學術中某部分的內在動因。

一、生與死的抉擇

明亡之時，不少人選擇殉死效忠，如黃道周（1585～1646），〔註25〕戰敗被清兵執至江寧，幽別室中，仍囚服著書。臨刑，過東華門，坐不起，曰：「此與高皇帝陵寢近，可死矣。」監刑者從之。〔註26〕其慷慨死節之義行感動當時不少有志份子。朱之瑜之師友朱永祐在舟山淪陷之時，被執令薙髮，永祐不從，清兵遂砍其脅死。吳鍾巒亦在清兵陷舟山時曰：「我從亡之臣，當死行在。」與大學士張肯堂訣曰：「吾於前途待公。」至孔廟抱孔子木主，舉火自焚死。〔註27〕如此慷慨赴義的忠烈氣節，以家國為重，置個人死生於度外的情操令人動容，是死節者的代表，陳確（1604～1677）曾說「死合於義之為節，不然即罔死」。〔註28〕死與生的抉擇是一大難題，而決定保留生命的人又必須要選擇如何生存，這又是另外的難題。

當時有人批評朱之瑜未殉節，且為苟全性命而逃亡日本，其實朱之瑜並非貪生怕死之徒，他曾自明「僕遭國難而不能致死，苟免而遠去海外，以有

〔註24〕 何冠彪：《明末清初思想研究・論明遺民之出處》（臺北：臺灣學生書局，1991年），頁53～125。

〔註25〕 本節論述與史實較為相關，為徵明人物年代，特標以生卒年。

〔註26〕 楊家駱主編：《明史》（臺北：鼎文書局，1975年），卷255・列傳143，第十冊，頁6601。

〔註27〕 楊家駱主編：《明史》，卷276・列傳164，第十冊，頁7068。

〔註28〕 陳確：《陳確集・死節論》（臺北：臺灣中華書局，1979年），文集卷五，頁152～154。

所思也。」〔註29〕不死，是在多所顧慮考量之後所作的決定。

　　然不死者，瑜雖歷舉明經孝廉，三蒙徵辟，因見天下大亂，君子道消，故力辭不就，不受君祿。而家有父母未襄之事，義不得許君以死。〔註30〕

　　故知朱之瑜之不死是因為不曾於明代任官，既不曾食受國家俸祿，且家中父母又尚待照養，因此「義不得許君以死」，其「不死」符合「義」的標準。朱之瑜在生死觀念之中注重的是對社稷國家的實功，而非愚忠死節的虛名。且正如他所說，「死者易，活者難」，〔註31〕因此朱之瑜選擇「活著」，且不斷為復明事業奔走努力，海外經營時期如此，即便在日本講學時期仍不改初衷，縮節積餘財，為要「舉義兵以圖恢復之用也。」〔註32〕只是未能如願，而其儲存之三千餘金，臨終盡納之水戶庫中。至於顏元，十歲時李自成陷京師，明亡，在清兵入城之時顏元自言曾戴上明服色藍栽晉巾二頂，以表氣節。遭遇明亡，顏元當時尚屬童稚，面對清兵自然不同於朱之瑜之生死抉擇。

二、出與處的抉擇

　　明末清初士人並不像前代遺民一般有選擇的自由，在清廷的龐大政治壓力之下，大多士人都經歷多次的徵辟，為勢所逼，有的在種種因素的考量之下，出仕任官如錢謙益（1582～1664）、吳偉業（1609～1671）等即是。其情勢大多出於無奈，故出處之間，實不應以「義不食周粟」的節義標準斷言之。其實出仕之官員雖然在民族氣節上若有虧缺，但若勤政愛民、修己自好，能裨益黎民蒼生，能在新朝樹立良好的風範，這也不失為一個好的選擇。而處世隱居的方法，則有如方以智（1611～1671）、熊開元（1599～1676）的皈依佛家，亦有章正宸（生卒年不詳，1631 年舉進士）的隱居山林等諸多方式。然清廷之摧逼甚緊，各方學者除堅辭力拒之外，還常要「無所不用其極」地避逃，最常見的方式是出家與遯隱山林，以下即是清初人士選擇不出仕之後，所採取的各種自我安頓的方法。

〔註29〕朱之瑜撰，徐興慶編：《朱舜水集補遺》，卷三，頁189。
〔註30〕朱之瑜：《朱舜水集》，卷三，頁37。
〔註31〕朱之瑜：《朱舜水集》，卷十，頁379～380。
〔註32〕原念齋，《先哲叢談》，卷2，（東京：平凡社），頁87。此段紀事又收於林俊宏著，《朱舜水在日本的活動及其貢獻》（臺北：秀威資訊科技股份有限公司，2004年），頁33。

（一）抗　清

在清兵入關之後，明祚雖亡，但明末忠貞之士皆投入抗清復明之事業，或資助力裏，或奔走串聯，如顧炎武（1913～1982）在明亡之後，參與抗清之役，崑山令楊永言起義師，炎武及歸莊從之，魯王授爲兵部司務，事敗，幸而得脫。〔註33〕黃宗羲（1610～1695）曾糾里中子弟數百人從魯王，號世忠營。只是母氏尚居故里，清廷以母脅逼。宗羲只好變更姓名、間行歸家，其後海上南明政權傾覆，宗羲復國無望，才奉母返里門，畢力著述，而四方請業之士漸至，而成爲浙東思想宗師。〔註34〕在國家危亡之時，從事救世匡民的事業，即是這些事業充滿死亡的危機，但這些明代遺民卻義無反顧。觀乎朱之瑜海外經營時期，奔走於日本、安南、暹邏、廈門、舟山之間，欲學習申包胥的精神，冀圖匡復。從未在明朝任官的他捨棄安逸的家居生活，戮力艱辛地救亡圖存，甚至在事不可爲以後，蹈海全節，以保明氏衣冠，這就是知識份子最堅毅的使命感、最不計成果的體行踐履。

（二）拒　徵

抗爭不果，復明大業敗亡之後，明末清初士人欲要遯隱山林亦有困難之處。如薙法令下，許多遺民因不願剃髮而受死，即便託跡深山窮谷，也往往遭人告發。在其他世代，效忠之對象曉喻於心，甚者形諸於文字，若是不著書立言或者藏之私家，即不致惹禍上身。但在清初，身體髮膚即透露民心向背，對爲政者而言，易於管理、追緝、脅迫，但對忠貞節烈之士而言，這就是不可迴避的苦境。清初弋網不斷朝山林搜捕，舉因文字獄被剖棺戮屍的呂留良（1629～1683）爲例，他散家財萬金結交四方義士，往來於湖山之間，備嘗艱苦以圖反清復興。因此受人攻訐，只得改名行醫。康熙十七年（1678）清廷舉博學鴻詞，呂留良「自誓必死」堅辭不應，後來有人以隱逸之士的名義舉薦於朝廷，呂留良聞知，吐血滿地並因此臥病，隨即在病榻上削髮爲僧，以出家求得一免。〔註35〕呂留良透過、「以山隱」、「以醫隱」、「以死辭」、「以病隱」、「以僧隱」等等階段，竟還是逃不過清廷之迫害，明遺民艱困之處境可見一斑。

〔註33〕國史館校註：《清史稿校註》（臺北：國史館，1990年），卷481，卷481・列傳268，〈儒林傳二〉，頁11019～11020。

〔註34〕國史館校註：《清史稿校註》，卷481，卷480・列傳267，〈儒林傳一〉，頁10970～10971。

〔註35〕蔡可圜：《清代七百名人傳》（臺北：廣文書局，1978年），下冊，頁1525。

除此之外，從黃宗羲、李顒（1627～1705）等人身上，亦可看到清廷多次徵舉的情況。對於黃宗羲，清廷曾詔徵博學鴻儒，黃宗羲再辭以免，亦曾徵召他修明史，並徵之備顧問，督撫以禮來聘，又辭之。康熙十八年（1679），李顒被薦舉博學鴻儒，託言疾篤，被舁抬至省府，水漿不入口，乃得予辭，從此閉關，生活在土室之中，才得免。但在康熙四十二年（1703），聖祖西巡，又召顒見，只是其時李顒已衰老。

而拒徵的方式則主要分為入佛與遠逸：

1. 入　佛

在眾多拒徵的方式之中，常見的方式是入佛出家，削髮為僧，除上文提及的方以智、熊開元、呂留良之外，《明史》記載明末大儒劉蕺山（1578～1645）於「南都覆，唐王召拜左僉都御史，進兵部右侍郎。事敗，為僧以終。」〔註36〕其時儒者大多有反佛之思想，出家遯隱實在出於迫不得已，在初至日本之時，朱之瑜貧困潦倒，其友人釋獨立勸其不如削髮為僧，皈依佛門，以求溫飽。他於是寫下〈寄獨立（戴曼公）書〉：

> 今日普天下俱剃頭，此事大不可草草。……弟於祖宗祭祀墳墓，曠絕十七年，罪不可擢髮數，但欲留此數莖之髮，下見先大夫於九泉耳。〔註37〕

朱之瑜不願落髮為僧自然與其學術上的堅持有關，他在學術思想上大體是闢佛反佛的，當他初至日本之時，看到日本東武戶口百萬，但儒者僅七八十人，「而其人又未必不佛」，因此感嘆「欲儒教之興，不幾龜毛兔角乎？乃欲以此闢佛，是以蚊撼山也。」〔註38〕但在此艱困處境之中，他仍然選擇彰明儒家思想，因為「儒教不明，佛不可攻；儒教既明，佛不必攻。」〔註39〕熟稔儒家之禮法道義，佛教之空言不攻自破，朱之瑜對儒家的思考深具信心。

2. 遠　逸

自《史記》紀錄伯夷、叔齊恥不食周粟開始，每當改朝換代、世道不明之時，皆有狷者隱遯山林，以求自清，以待明君。《清史稿・遺逸傳》中用一

〔註36〕楊家駱主編：《明史》（臺北：鼎文書局，1975 年），卷 255・列傳 143，第十冊，頁 6590。

〔註37〕朱之瑜撰，徐興慶編：《朱舜水集補遺》，卷一，頁 57。

〔註38〕朱之瑜：《朱舜水集》，卷四，頁 58。

〔註39〕朱之瑜：《朱舜水集》，卷四，頁 63。

段序言來描述隱逸山林的士人：

> 清初，代明平賊，順天應人，得天下之正，古未有也。天命既定，
> 遺臣逸士猶不惜九死一生以圖再造，及事不成，雖浮海入山，而回
> 天之志終不少衰。〔註40〕

在明清之交，遺臣逸士或浮海、或入山，皆秉持大節，遯隱山間，以求不受
異族統治的自由。其中如王夫之（1619～1692）「竄身瑤岡，聲影不出林莽，
遂得完髮以歿身。」〔註41〕也有閉門獨處，如徐枋（1622～1694）棲身鄉間，
亡國時，枋欲從死，其父徐汧遺命曰：「吾不可以不死，若長為農夫以沒世可
也！」自是遁跡山中，布衣草履，終身不入城市。〔註42〕

　　當朱之瑜決定定居長崎之時，為要留居日本，他曾上言給長崎鎮巡，請
託破例准留。其中敘述欲要定居日本之因：

> 使瑜蒙面喪心，取尊官如拾芥耳。然而不為者，以瑜祖、父、兄世
> 叨科甲，世膺誥贈，何忍辮髮髠首，狐形豕狀，以臣仇虜？……瑜
> 之祖宗、墳墓，家之愛子、女皆在故國，遠託異域，豈不深悲！只
> 欲自全忠義不得以耳。〔註43〕

因為世受明恩，因此必須忠於明朝，而遠託異域的目的，就是為了「自全忠
義」。甘願放棄安居樂業的生活，甘願放棄一帆風順的從政機會，其關鍵就在
於氣節。山林隱遁畢竟不能永久逃脫清廷之網羅，不如遠走域外之國，且之
瑜多年海外經營，在安南、日本、暹邏皆留下足跡，其中與文化中國接近、
且儒學頗受當時執政重視的日本，就成為朱之瑜的最佳抉擇了！

（三）不應科舉

　　出生於明末的顏元，明亡之時年僅十歲，故不至於遭到如明朝遺老一般
的政治催逼與迫害，但在康熙八年（1669），邑士民欲舉其賢孝，康熙十年
（1671），蠡縣教諭欲舉其行優，康熙二十五年（1686），拒不應試，而棄諸
生，可知顏元之安貧樂道與不入公門之決心。顏元厭棄八股文，放棄科舉志

〔註40〕國史館校註：《清史稿校註》（臺北：臺灣商務印書館，1999年），卷500，列
　　　　傳287，〈遺逸傳一〉，頁11459。

〔註41〕國史館校註：《清史稿校註》（臺北：國史館，1990年），卷481，卷480，列
　　　　傳267，〈儒林傳一〉，頁10974。

〔註42〕國史館校註：《清史稿校註》（臺北：臺灣商務印書館，1999年），卷501，列
　　　　傳2878，〈遺逸傳二〉，頁11516～11517。

〔註43〕朱之瑜：《朱舜水集》，卷三，頁37～39。

業，終其一生，除秀才外，並無任何功名在身。顏元不仕，反應出清初士人的普遍態度。清初政局尚未穩定，遺民知識份子也大多未在思想觀念上放棄民族氣節的堅持，因此不出仕可謂爲當時明遺民的現象。加上顏元之師友皆是反清復明、不事異姓的忠貞之士，顏元受他們的影響，自然更無出仕之心。

除入僧、隱居、不應科舉之外，也有的人佯狂作癡，使酒罵座，如歸莊抗清失敗後歸鄉，佯狂終身，但因數量較少，且與朱之瑜、顏元較無關涉，因此略提不論。

三、延續道統的文化使命感

明末清初士人除了面對「個人出處」的抉擇，率皆思考到另一較高層次的問題：怎樣在文化低落的異族統治下保存儒學道統和經世濟民。對明遺民來說，滿清入主，似乎帶來華夏文化滅亡的危機。國已不可爲，但文化傳承卻不能斷。因此在精神心靈上，清初人士對思想有著濃厚的興趣，爲要釐清亡國之因，乃學習史傳之殷鑒。顧炎武曾分辨亡國與亡天下之差別。他說：

有亡國，有亡天下。亡國與亡天下奚辨？曰：易姓改號，謂之亡國；

仁義充塞，而至于率獸食人，人將相食，謂之亡天下。〔註44〕

明亡不等同天下亡，清初士人的責任就在保存天下，且匹夫有責。這與其經世濟民的思想基調有深厚之關係。而同時期的黃宗羲亦在《明夷待訪錄·原臣》中言：「天下之治亂，不在一姓之興亡，而在萬民之憂樂。」〔註45〕一姓之興亡，非關民生經濟，只要能處理萬民憂樂、照管民生經濟者，即是好的政權。王夫之的言論更具思辨力：「天下所極重而不可竊者二：天子之信也，是謂治統；聖人之教也，是謂道統。治統之亂，小人竊之，夷狄竊之，不可以永世而存身。」〔註46〕治統不是永恆，必有一天治統宣告終結，但道統則能被保存，萬世綿延。而這正是清初人士必須團結致力的重要使命。

文獻大多稱許朱之瑜是中日交流的偉大使者，他不只傳承文化，他還傳遞儒學，林俊宏就曾稱讚他是「有系統地將中華儒家思想、學校教育、釋奠禮儀、文物制度、語文等，介紹到日本的學者。」〔註47〕且其曾向安東守約

〔註44〕顧炎武：《原抄本顧亭林日知錄·正始》（臺北：文史哲出版社，1979年），卷17，頁379。

〔註45〕黃宗羲：《明夷待訪錄·原臣》（北京：中華書局，1981年），頁4。

〔註46〕王夫之：《讀通鑑論》（北京：中華書局，1973年），卷13，頁408～409。

〔註47〕林俊宏：《朱舜水在日本的活動及其貢獻研究》（臺北：秀威資訊科技股份有

表明心跡：「若使聖道得行，能為日本立萬世之功，除萬世之害，則不必急於死。」〔註48〕對朱之瑜而言，得遇大力鼓吹儒學的德川幕府，推行一生信奉的儒學，這正體現了「為往聖繼絕學，為萬世開太平」的偉大使命，生命的存在就更有價值了。而細觀顏元的學思歷程，原本篤信宋明心性之學，後轉而推動習行與經濟之學，南遊中州之後，見「人人禪子，家家虛文」，力主實學端正學風，一生經歷畢盡於講學，為要尋找出一藥世、救世、濟世之良方，此對於文化道統的使命感，令人欽佩。

　　明清易代之際，面對社會的陵谷遷變，忠於明朝的士人，不可避免地要進入人生重要的抉擇，生與死、反抗與順從、出與處，即便決定高蹈不仕，有必須尋求避世之道，或隱身山林，或落髮入僧，但即使生活困頓、動盪不安，他們始終堅定地發揚傳統，既保持氣節，又不膠執、頹廢，朱之瑜、顏元將經世致用的思想落實在講究實功、實用的學術上，為往後的世代指示一條嶄新的文化進路與前景，厥功其偉，其氣節更堪為後世表率。

　　　限公司，2004 年），頁 241。
〔註48〕朱之瑜撰，徐興慶編：《朱舜水集補遺》，卷 1，頁 155。

第三章　朱之瑜與顏元崇實之性論

　　關於性論的探討，一直是中國哲學的根本問題，孔孟濫觴，《易》、《庸》傳承，再經由漢儒之輾轉與歧出，人性論對中國儒家哲學而言，似乎已成爲足以決定本體觀或價值觀的意義樞紐。中國的人性論傳統大多以性善爲核心，葉海煙先生將傳統性論做了精簡分類：性善、性惡、性無善無惡論、性有善有惡論、性三品說、性善情惡說、性二元論、性一元論，〔註1〕顯見歷代學者對於人性論述的重視。而中國儒學傳統對人爲踐履活動問題始終有著特殊的關注，對於性論的探討，也不像西方哲學傳統那樣把人定義爲「理性的動物」，而是更強調從人爲踐履精神出發，肯定人有從事仁、義、禮、智、信等道德踐履活動的能力（人不但具備「價值思考」之機能，還有「實踐意涵」之動力），並傾力於結合「倫理道德問題」與「實行踐履活動」，看重人爲踐履活動對於人性的善惡發展的規範制約作用。中國性論早已跨越形上學或存有論的抽象性思維的範疇，而兼含有獨特的實踐精神與具體化的思維。而在明清之際，朱之瑜、顏元所提出「性成於習」、「氣性實功」之說，就是沿襲

〔註1〕　葉海煙：《中國哲學的倫理觀》（臺北：五南圖書出版公司，2002年），頁54。
　　　　詳言：「回顧中國人性論的傳統，則可知大多是以『性善』爲其意義核心，而性善又大多以『心善』爲其樞紐。然而，此一孟子性本善的人性論傳統經荀子、董仲舒、揚雄、王充的客體性轉化，終於在宇宙論向度及氣論的意義內容之中，獲得如許慎《說文》云：『性，人之陽氣，性善者，從心，生聲。』生而有心，心生而有性，如此肯定心與生的二元性其實是一種有機的人性觀（或「人生觀」），因此在性善與性惡的兩端之間，乃出現性無善無惡論（告子、莊子）、性有善有惡論（世碩、董仲舒、揚雄）、性三品說（王充、荀子、韓愈）、性善情惡說（李翱）、性二元論（張載、程頤、朱熹）、性一元論（陸象山、王陽明、劉宗周、王船山）等蔚爲大觀的心性並建或性情兼具的人性哲學。」

此一人性或心性爲吾人體證之學的理路而來，主張性爲氣質之性，理爲實事之理，把性的本質具體化、經驗化、客體化，比起宋明性論更加貼近現實、更重視形下之器與人倫實踐，正是明清學者性論轉化與創新之處。

第一節　朱之瑜「性成於習」之性論

在「崇實黜虛」的思想精神引導下，面對著日本佛學鼎盛、儒學又宗程朱陸王的時代學術氛圍，爲要反駁玄虛的宋明理學、力倡平實的原始儒學，朱之瑜仍不免討論非「布帛菽粟」之道的心性問題，並非他違背以「實」爲基調的學術宗旨，而是爲要在人性論的基礎之上建立一重「學」與「習」的社會教化理論，以對治當時蕩越空疏的儒學之風。然而，這畢竟不是其學術重點與基調，於是他的門生安積覺說他「未嘗高談性命，憑虛鷩究，惟以孝弟忠信，誘掖獎勵。」〔註2〕確實朱之瑜較著重於民生日用彝倫之學的講述，因此關乎性論的論述文獻相當有限，而筆者僅能就其有限的資料剖析闡發，期能透過其性論的建構，釐清朱之瑜重實學、重習行的社會教化理論基礎。

一、性非善非惡，善惡成於習

就朱之瑜的學術思想傾向而言，他提倡之「聖賢之道」即是「孔子之道」，並以發揚濟世務實的儒學精神爲己任，因此，在人性論上，承繼孔子「性近習遠」之說，在「性無善惡」的理論上提出「善惡成於習」的論述，形成了落實於經驗面的、獨具一格的舜水性論。

（一）順天致性

朱之瑜認爲「萬物本乎天」，〔註3〕天地孕生萬物，人亦生於天。因此，關於人性之起源，朱之瑜繼承《左傳》認爲：「民受天地之中以生，所謂命也。」〔註4〕人之性乃稟承天之「中」，他一方面認同《中庸》之中「故天之生物，必因其材而篤焉。故栽者培之，傾者覆之。」〔註5〕由「天」產生的人和萬物，都順其天性而運動變化、生長消亡，世界萬物並藉此而絪縕運行、生生不息。

〔註2〕　安積覺：〈朱舜水先生文集後序〉，收於《朱舜水集》（臺北：漢京文化事業有限公司，2004年），附錄四，頁785。
〔註3〕　朱之瑜：《朱舜水集》，卷十三，頁440。
〔註4〕　朱之瑜：《朱舜水集》，卷十，頁377～378。
〔註5〕　朱熹：《四書章句集注·中庸》（高雄：復文書局，1990年），頁26。

一方面他又正視到奸惡之人，巧言令色、營私敗俗，昏昏而不知禮義道德之訓，認為人若受到後天的習染，人又有趨惡行惡的發展。〔註6〕因此人性乃是非善亦非惡，是中性的，但有趨善行善的可能、趨惡行惡的發展，如此之中性的性，是來自於上天，因而朱之瑜更進一步提出「致性」之說，認為人之性既源於天命，人就應當「致性」、「畏天」：

> 不害其長，即所以碩而茂之；不抑耗其實，即所以蓄之。順其天以致其性，如斯而已矣！〔註7〕

所謂「致性」即是順應天所賦予之自然人性，將其推致到日常人倫、政治、教育之中。對於天，要存著敬天、畏天的態度「人生於天，而不思天所以生，是不畏天也。畏天者，畏彼蒼蒼之天曄曄震雷已哉？詩曰：『天命靡常。』書曰：『顧諟天之明命。』天之所以命我者大，則我之對越者自不得輕。上承其命，內明其理，故曰不愧于人，不畏于天。」〔註8〕人承接天命，應明白「天之所以生」之意旨，若是人之所稟承的天命是宏大而優越的，就要上承天命，內明倫理，才能不愧於天地。這與孔子「知天命」的天道觀有其共通之處，天命是自然界的客觀必然，同時又具有內在的理性目的。由此可將朱之瑜之人性起源說視為原始儒家的繼承與回歸。

　　朱之瑜並沒有明確的理本、心本或氣本的宇宙論主張，但若細析其對於宇宙起源的論述，可以說他較傾向氣本論。他說：

> 精氣化絪縕，冥冥天地始。〔註9〕

絪縕者，乃天地間陰陽二氣交互作用的狀態。《周易‧繫辭‧下》：「天地絪縕，萬物化醇。」〔註10〕天地當中的「氣」，化為陰陽二氣交感而生出萬物。人亦生於氣，朱之瑜在詮解夫婦「鋪筵設同几為依神」之禮時，他說「蓋人生則形體異，故夫婦之倫在於有別，死則精氣無間，共設一几。」〔註11〕人之死則化為無間等同之精氣，回歸天地之間。〔註12〕在朱之瑜與其門人人見竹洞講學問答時，人見竹洞藉張載之言問鬼神之理：

〔註6〕　朱之瑜：《朱舜水集》，卷十，頁377。
〔註7〕　朱之瑜：《朱舜水集》，卷十七，頁498。
〔註8〕　朱之瑜：《朱舜水集》，卷十三，頁440。
〔註9〕　朱之瑜：《朱舜水集》，卷十二，頁425。
〔註10〕　王弼、韓康伯注；孔穎達等正義：《周易正義》收於阮元編：《十三經注疏‧周易正義》（臺北：藝文印書館，1981年），頁171。
〔註11〕　朱之瑜：《朱舜水集》，卷十四，頁453。
〔註12〕　劉又銘：《理在氣中——羅欽順、王廷相、顧炎武、戴震氣本論研究》，頁9。

問：張子曰：「鬼神，二氣之良能也。凡天地之間，萬物之生皆二氣之良能也。」鬼神之理如此可明察乎？

答：儒者必欲兼萬物而爲言，以見其公其大也。其實民生不能一一相同，二氣之良能亦當有異物之靈者變化不測，豈可以凡物比而同之？〔註13〕

宋代張載是氣本論的支持者，也是從宇宙論高度建立氣本思想的重要人物，他主張「太虛即氣」、「由太虛有天之名，由氣化有道之名」，〔註14〕學者劉又銘將此詮釋爲「人們以爲的虛空、太虛其實不是空無一物，其實其中都是氣」，太虛是氣的一種最純粹本然的狀態。〔註15〕朱之瑜的回答非但沒有反對張載「萬物之生皆二氣之良能」之說，甚至認爲其說爲至公至大的萬物通則，只是鬼神爲異物之靈者，不是具體二氣之存在。此外，他與日本門生奧村庸禮問答中，奧村庸禮認爲：「黎民參天地之間，在氣之清濁。二氣相合則生，二氣散則死。」他亦回答：「儒者固有是說，不足異也。」〔註16〕從其與學生的問答皆可看出他雖不明言「以氣爲本」的主張，但對氣本的立場卻不駁斥，相較之下，朱之瑜對於「以心爲本」與「以理爲本」的立場則有所批評。首先，他反對將「心」視爲宇宙太極的核心，反對將「陰陽」視爲心之舒慘。〔註17〕其次，朱之瑜雖推崇朱熹之問學，認爲「朱子道問學、格物致知，於聖人未有所戾。」〔註18〕但對於其天道觀則說：「夫子至聖，不言天道；子貢名賢，言『天道不可得聞』。……今宋儒過於夫子、子貢也？」〔註19〕可見朱之瑜對於天道，仍贊同原始儒家的敬天、畏天、但罕言天道的傳統，不認同宋儒以性理釋天之本體。傾向氣本立場的天道觀自然也影響其「人道」觀點，因此朱之瑜在論述天命時，並不偏重於形而上天理的探討，而看重透過人天生有的才質本能，凸顯出人的自覺能動性，透過主體的自覺努力、外在環境的改變學習，使天道、人性在道德修養的過程之中得到天人合一的境界。雖然朱之瑜傾向氣本論，而其弟子安東守約也

〔註13〕林俊宏：《朱舜水在日本的活動及其貢獻研究》（臺北：秀威資訊科技，2004年），頁192。
〔註14〕張載：《張載集・正蒙》（臺北：里仁書局，1981年），頁8。
〔註15〕劉又銘：《理在氣中——羅欽順、王廷相、顧炎武、戴震氣本論研究》，頁9。
〔註16〕朱之瑜：《朱舜水集》，卷十，頁377。
〔註17〕朱之瑜：《朱舜水集》，卷十一，頁382。
〔註18〕朱之瑜：《朱舜水集》，卷五，頁85。
〔註19〕皆見朱之瑜：《朱舜水集》，卷十一，頁382。

受其影響成為日本理氣合一論的推倡者，但卻又同意「天命之謂性」的說法，〔註20〕認為人之性具有天賦之「善質」，有趨善行善的可能。可見其氣本立場尚未明朗，故在其學說中仍呈現自然天與義理天概念尚未釐然劃分的糾纏，但其已漸由儒學「天命謂性」的傳統，趨近「順天致性」的中性立場，故提出「性非善亦非惡」的主張以取代「性善論」。

（二）性非善亦非惡

朱之瑜認為性是本於天命之「中」，非善亦非惡的，他說「劉康公曰：『民受天地之中以生，所謂命也。』如是則天地豈有偏私厚薄於其間哉？人自取其清，人自取其濁耳。」〔註21〕民之受命於天，所承之天命是相同的，而人透過後天的習染就自取其清，也自取其濁，人的行為可以是善的，也可以不善，而人性卻無善惡之分。雖然性非善亦非惡，性可以為善也可以為惡。朱之瑜說：「子思子曰：『天命之謂性。』則既莫不與之以仁、義、禮、智矣！」〔註22〕性中之善，仁、義、禮、智為人之「善質」，是天所賦予的性之潛能。「仁義禮智，天之所命我；非有容有執，有敬有別，則茌莩而仰負於帝天。」〔註23〕天不只有生生之功能，倫理道德之善性與善能，亦是本源於天。人生於天，應當要畏天、敬天，有道德上之進取與自任。而「書曰：『巧言令色，孔壬。』蓋大為奸惡之人，言必巧，色必令，其所以營私敗俗者，心思無所不至。」〔註24〕人亦能大為奸惡，不行禮義。由此可知，他並不反對人具有天生的道德能動性，也不否認人有行惡奸邪之可能，他更明確地指出性是「非善亦非惡」的：

性非善亦非惡，如此者，中人也。〔註25〕

中人所指則為一般人或普通人，中人之性是無所謂善惡的，人性的善惡非由先天決定，也不是固定不變的。至於上智與下愚，朱之瑜認為：「夫上智與下愚，世寧有幾人哉？」〔註26〕上智與下愚，或為善、或為惡，但皆為特殊狀況的存在，非朱之瑜所要討論的「中人」，此是泥於「上智與下愚不移」之言，

〔註20〕朱之瑜：《朱舜水集》，卷十，頁377。
〔註21〕朱之瑜：《朱舜水集》，卷十，頁377～378。
〔註22〕朱之瑜：《朱舜水集》，卷十，頁377。
〔註23〕朱之瑜：《朱舜水集》，卷十五，頁479。
〔註24〕朱之瑜：《朱舜水集》，卷十，頁377。
〔註25〕朱之瑜：《朱舜水集》，卷十，頁379。
〔註26〕朱之瑜：《朱舜水集》，卷十，頁378。

朱之瑜並不主三品說而只將性限於中民之論述，他認為就一般人而言，性非善亦非惡。為要證明其性無善惡論，朱之瑜舉諸例說明：「譬之水然，謂之源，至清也，及其支流派別，入於潢汙，小穢者小濁，大穢者大濁，是豈謂之有所區別哉？」〔註27〕渭水之本源為清澈，後經潢汙之染而為濁穢，水之本質為可清可濁、非清亦非濁，清濁並非固定不變。譬之為鏡，「時時磨瑩」則光燭照人，「委之泥塗」則昏翳黯淡，鑑之本然亦是可明亮可昏翳的。〔註28〕人性為自然之本性，是渾然天成的，無善惡之分。

　　吾人可將中國性論大分為以下五類：孟子之主張「性善論」，以人之有四端，以證人心之善，而人心之善，即係人性之善。性善論多為中國哲學家所接受。孔子、子思、孟子以後，如許慎、李翱、王陽明、王夫之、戴震、焦循等，皆為性善論者。有荀子之「性惡論」，人之性惡，其善者為人為之義，故必施以禮教導民為善，法家韓非師事荀子，亦主性惡，必以法約之，使民為善。有告子「性無善惡論」，主張生之謂性，後之學者如董仲舒亦主張中人之性為生之自然之質，質樸之謂性。此外有「性有善有惡論」，王充於性主有善有惡，甚贊世碩與公孫尼子之說，認為性有差等，倡性三品之論。韓愈繼之亦將性之品分為上、中、下者三：上者為善，中者可導而上下也；下者為惡，性為先天之命定。另有宓子賤、漆雕開認為「性可以為善，可以為不善」，性有能善能惡的可能，因此特重後天的學習，如公都子之提問：「或曰：『性可以為善，可以為不善；是故文、武興，則民好善；幽、厲興，則民好暴。』」〔註29〕由此系統檢視朱之瑜的性論，即可知他對於人性的看法是頗為駁雜的，雖然他明言「性非善亦非惡」，頗接近於自然人性論，但又無法排除善性由天賦之論述，觀其習行善行、遠離惡行強調後天學習的論述，則似又貼近「性可以為善為惡」之說。筆者認為，朱之瑜之性論，是立基在「性非善亦非惡」的立場，而往「性可以為善，可以為不善」的方向修正。觀乎朱之瑜「性非善亦非惡」的看法，一方面可用告子「生之謂性說」來補充。「性猶湍水也，決諸東方則東流，決諸西方則西流。人性之無分於善不善也，猶水之無分於東西也。」〔註30〕告子認為，性是人天生的資質，沒有善與不善之分

〔註27〕　朱之瑜：《朱舜水集》，卷十，頁378。

〔註28〕　朱之瑜：《朱舜水集》，卷十，頁378。

〔註29〕　朱熹：《四書章句集注・孟子集註、告子章句上》，卷十一，頁328。

〔註30〕　孟軻撰，趙岐注，孫奭疏，阮元刻：《十三經注疏本・孟子注疏》（臺北：藝文印書館，1981年），卷十一，頁192。

別，普遍的人性不決定於或善或惡的範疇中，「性無善無不善也」，但在這個命題下，人之表現爲何即成人性，人性既無善與不善，卻又爲何呈現善與惡之結果？因此必補充以「性可以爲善，可以爲不善」的論述，端視主觀取擇或客觀環境之決定爾，人的善惡道德是後天形成的，人皆有食色之性，卻有人爲善有人爲不善；人皆有仁義之心，卻有人爲仁有人不仁。可知人之爲善或爲惡，非人之定性，而是受到環境薰陶的行爲表現。在動盪的時代之中，朱之瑜四海流離，將上其重實行的學說立場，他始終沒有如中國大儒般潛心著述，建立一套縝密的學說系統，故其性論稍嫌駁雜，但其主張「性非善亦非惡」說、與重視「可善可惡」的後天學習，仍有其學術價值，一方面否定了將善惡價值附加給先天人性的做法，突顯出人的自然本性與社會環境的關係，另一方面又由此引出後天教育對人道德形成的重要性，這爲其「善惡習成」、「躬行修德」的社會實踐論奠定了理論基礎。

（三）善惡皆成於習

　　朱之瑜曾與日本門生奧村庸禮討論到善惡的由來，奧村庸禮提出：「黎民參天地之間，在氣之清濁。二氣相合則生，二氣散則死。賢者受其清，愚者受其濁。」〔註31〕認爲人由清濁二氣所凝聚，稟受天地清氣就能成爲賢者，稟受天地之濁氣則成爲愚者，氣之清濁，決定人之善惡、賢不肖。關於此點朱之瑜則加以駁斥，認爲人之賢愚善惡非天賦，而是人之自取：

> 然此天賦之乎，抑人受之乎？既有受之者，則必有予之者矣。果爾，則天地常以清氣私賢智，而以濁氣困愚不肖，如種瓜得瓜，種豆得豆。然則愚不肖之爲不善，乃其理所應爾，是則天地有過，而愚不肖無罪也。又何以天則降之百殃，而人主則施之刑戮耶？至於「雖愚必明，雖柔必強」者，或有改行從善者，又何以稱焉？豈清濁氣相雜而稟歟？抑前稟其濁而後稟其清歟？亦有素行皆賢，一旦爲利回、爲害怵，不保其末路者，又何以稱焉？堯、舜之民，比屋可封，桀、紂之民，比屋可誅。豈堯舜之民之氣皆清，而桀紂之民之氣皆濁哉？〔註32〕

由此段文字可看出朱之瑜篤定詳細之論辯與縝密之思。首先，若是「天地常以清氣私賢智，而以濁氣困愚不肖。」如此一來，人豈不是不必爲善惡的行

〔註31〕朱之瑜：《朱舜水集》，卷十，頁377。
〔註32〕朱之瑜：《朱舜水集》，卷十，頁377。

為負起全然的責任？因為「種瓜得瓜、種豆得豆」，愚人、不肖之徒為不善就是理所當然、理之必然，於是過在天地，不在行惡者。若將人性之惡歸本為天地之過，因為天賦氣稟之濁，使得人成為愚或不肖，「惡」是天地所給予施加的氣，則罪在天地不在稟受之人，人竟不必為自己的惡行惡性負起些微的責任，此在人情事理上實為不合理之處。此外，若人之性善與性惡皆由命定，那麼後天的養成與努力就無法改變人性的原質，如此一來，人之改過遷善的操性修養豈非無用武之地？在現實人事上，有人「雖愚必明，雖柔必強」、有人「改行從善」、有人「素行雖賢，一旦為利回，為害忧，不保其末路」，現實生活之中有改過遷善者，亦有由善遷惡者，豈是稟受之清氣與濁氣前後不同以致結果迥異？這些在現實中人性的轉變又要從何解釋？難道又要歸根於「清氣濁氣相雜而稟」，抑或「前稟其濁而後稟其清」？而為何前後所稟之氣不同、又清濁二氣以何種狀態相雜，此又是不合情理之處。並且，朱之瑜認為「性稟氣論」不能解釋諸多歷史和現實中的人性問題，如堯舜之民，比屋可封，全無惡人；而桀紂之民，比屋可誅，無濁世之善者。難道前者之民皆稟受清明之氣，後者之民皆稟受昏濁之氣？氣稟善惡論既不能解釋歷史與現實所反映出的人性現象，自然必須要由其他人性構成論來取代。

朱之瑜十分看重人性形成過程的客觀因素——「習」。「善惡習成」論為朱之瑜性論之主軸，他直指過於強調先驗的道德起源，將抹殺後天環境的養成，因此提出人之善惡決不是由於先天稟賦，而是另有起因，即是「善惡成於習」的性論。他所謂的習是見聞、是習染，人所習見、習聞與沾染的環境會影響並形成一個人的善惡行為。

中人之性，習於善則善，習於惡則惡。〔註33〕

中人之性是無所謂善惡的，人性的善惡既非先天的決定，乃在於後天的養成。他同意孔子所提出「性相近，習相遠也」的說法，認為人之善惡乃是由「習」所決定，後天的習見、習聞與習染決定了人的良莠。

孟子曾以孩提之童來論證性善，而朱之瑜則以此來論證「性相近，習相遠」之人性共相。他說，如同出生之嬰兒，天性無異，但接受不同環境與教育之薰染，就決定後天絕然的迥異。「試觀孩提之童，無不知愛其親，無不知愛其兄，乳則喜之，威則啼之，薄海內外，天性無少異也。」〔註34〕孩童在

〔註33〕朱之瑜：《朱舜水集》，卷十，頁379。

〔註34〕朱之瑜：《朱舜水集》，卷十，頁377。

生理自然之性被滿足時則喜，施以威怒時則啼哭，此為人性之相近之處，孩提之童擁有孝悌敬愛的美德，此乃是與生俱有的「善質」，然而「習相遠也」，「習」卻使人善惡殊途。當孩提之童漸漸長大，「父母之訓教也無方，世俗之引誘也多故，習之之久，靈明盡蔽，昏惑奸狡恆生，相去遂有萬萬不侔者。」〔註35〕後天的教育、環境的引誘，成為惡的來源，人習於惡的環境之時日既久，人的靈明之氣就日日衰減，變得昏惑愚昧、成為奸惡狡詐。昏昏不知於禮義道德之訓，這都是習染害之。

　　朱之瑜更以水、以路為譬，說明習染導致惡行。以水為例，源泉至清而支流則「別入於潢污」，小穢者小濁，大穢者大濁，水的本質可清可濁，其清濁與水的本性無關，而是環境之濁染。〔註36〕再以道路之功用為例，「譬之大路然，君子履之，趨以『采齊』，步以『肆夏』，周旋中規，折旋中矩。狂瞽邪忒者入焉，踉蹌奔蹶，汗膚喘急，是豈道路之獨厚於君子哉？」〔註37〕君子佩玉，履踩在大道之上，步出符合古樂節奏之優美步伐，中規中矩，姿態優雅；狂瞽小人則步伐踉蹌，進退狼狽，這與道路之質地本性無關，而與使用者有關。這些例證，都用以說明同一個道理，那就是自暴自棄者必將導致惡行惡果，「清之濯纓，濁斯濯足，自取之也。」〔註38〕人之性命取之於自己，而自己也要為自己的善惡負起完全的責任，「天何嘗以濁氣限人哉？」善惡都是人自取的，此為其詮釋孔子「性相近，習相遠」之說。

　　至於惡由何而來？在現實人情之中，人的惡行的確受到後天環境的習染，舉富貴子弟為例，富貴之子多為不善，亦是後天環境交友使其不善。

> 又思天下能言之士恆少，而富貴之子受病恆多，非富貴之子生而不
> 善也，其所與遊者使之然也。其所與者軟熟諧媚，奔走趨蹌者已耳！
>
> 〔註39〕

與富貴之子相處之人，巧言令色，口善體柔，皆因他們有求於人——「大者希其恩澤，小者資其衣食」，於是將富貴之子導往非僻之途，誘行邪淫之事，

〔註35〕朱之瑜：《朱舜水集》，卷十，頁377。
〔註36〕朱之瑜：《朱舜水集》，卷十，頁378。
〔註37〕朱之瑜：《朱舜水集》，卷十，頁378。用《禮記》之典：「古之君子必佩玉，右徵角，左宮羽，趨以采齊，行之肆夏，周還中規，折還中矩，進則揖之，退則揚之，然後玉鏘鳴也。」（鄭元注，賈公彥疏：《禮記注疏》，收於阮元刻：《十三經注疏本‧禮記注疏》（臺北：藝文印書館，1981年），頁564。
〔註38〕朱之瑜：《朱舜水集》，卷十，頁378。
〔註39〕朱之瑜：《朱舜水集》，卷八，頁280。

為圖取悅這些富貴之子,「無美而譽之,有惡而飾之,以為功。」〔註40〕如此一來是非混淆、功過顛倒,富貴子就日流於污下,每況愈下,遠離善行。可見得人的善惡,非是來自於天賦氣稟,而取決於社會環境與人與人之間的相互影響。朱之瑜又說:「人生本然之體,無有不明,無有不強者!有物蔽焉則昏,有欲撓焉則餒。」〔註41〕人有清明之智,有強毅之氣,這是人之本然,只是受到外物的障蔽引誘而使得清明之智昏聵愚昧;受到情欲的撓動則強毅之志氣消耗委靡。因此外在習染之惡的來源可以歸結為二:其一是會蒙蔽人之善性的所有外在環境,包含後天的家庭社會中之人際交際與教化學習;其二則是發自於人內心的情欲,而此情欲又會受到外在環境的引誘與攪動,因此後天之習染可謂為惡之本源。

落實於人之行為,人之善亦由「習」而來。習並非單指環境,它包含兩方面:一是指環境和教育,一是指人後天的努力。「人之所以不肖者,皆不能竭其力者也;或竭其力於無用之地耳。」〔註42〕因此人之竭力於進德修業,自然能摒除不肖的行為,而臻至善,靠著環境、教育的改善,竭力習行善德,就能培養善行。

總之,民之受命於天,所承之天命是相同的;所承之天性是無善無不善的,但亦可以為善可以為不善,亦具有善質,而人透過後天的習染就自取其清,也自取其濁,善行惡行皆是後天「習」的結果。水能載舟,亦能覆舟;習能成善,亦能成惡。如此一來,如何使民「習於善」,而非「習於惡」,就成為朱之瑜討論作聖之道的重點,由此他提出「聖賢之道,俱在踐履」的實踐性論。

二、闡揚儒家思想的道德觀

朱之瑜直接討論到心性的文字雖然不多,但他的道德觀其實就是人性論的落實與註腳。朱之瑜以「實」為學術基調,他曾說「不佞之學木豆、瓦登、布帛菽粟而已。」〔註43〕朱之瑜著重於日常彝倫的實理,「上達」天命後,要「下學」人事,於是乎他提出性論的主要目的是要在人性論的基礎之上建立

〔註40〕 朱之瑜:《朱舜水集》,卷八,頁280。
〔註41〕 朱之瑜:《朱舜水集》,卷十七,頁500。
〔註42〕 朱之瑜:《朱舜水集》,卷八,頁280。
〔註43〕 朱之瑜:《朱舜水集》,卷七,頁162。

以「學」與「習」爲中心的工夫進路與社會教化體系，而成性踐性的最主要
內容與目標即在於「成德」。關於「性」與「德」的對應關係，朱之瑜曾說「堯
舜可爲，人皆此性；儒道非難，養至德盛。」〔註44〕人基於「能善」之本質，
因此透過學之擴充、竭力行善，即可養成儒道之盛德，因爲「德乃生而自足，
然必立而後成。」〔註45〕

（一）理想人格的提出

　　人的內在價值觀常會影響其所建立的理想人格的典型，換言之，吾人亦
可由理想人格的範式回探人的內在價值。如楊國榮先生就曾歸結宋明儒學追
求明心見性，最終指向人性的完善，而理學家所推崇的人格典範就是懲忿窒
欲、持敬內斂的醇儒。而明清之際在經世思潮的領導之下，儒者則將理想人
格重新界定爲經緯天地、建功立業的人才。〔註46〕在朱之瑜的著作中，最常
稱譽的是「大則則天，明則并日」的孔子，他在〈孔子贊〉中有言：

　　　　誠而明，明而誠，聖人也。進以禮，退以義，聖人也。不思不勉，

　　　　從容中道，聖人也。達欲兼善天下，窮乃獨善其身，聖人也。滔滔

　　　　皆是，不忘悲天憫人，聖人也。和而不流，中立而不倚，聖人也。

　　　　陳善閉邪，格君心之非，而使天下蒙其福，聖人也。〔註47〕

他大力推崇孔子，稱爲聖人，認爲「古今之稱至聖莫盛於孔子」，〔註48〕而聖
人必須具備的條件除了個人誠、明的德行修養，合乎禮義中道的行爲表現之
外，這些思想多繼承《中庸》、《孟子》思想，但顯然朱之瑜更強調儒者用世
之心，進退出處皆無妨，但務要能兼善天下、悲天憫人、使天下蒙其福者方
爲聖人。他又說：

　　　　中國之儒，大要有二：其一曰學士，多識前言往行，而行誼或有未

　　　　至，漢詔所謂「淹通墳典，博學宏辭」是也。其一曰賢士，專務修

　　　　身行己，而文采或有不足，漢詔所謂「賢良方正、孝弟力田」是也。

　　　　二者罕能兼之。有能兼之者，仁義禮智積於中，恭敬溫文發乎外，

　　　　斯誠國家之至寶，而聖帝明王之上珍也。其君用之則安富尊榮，其

〔註44〕朱之瑜：《朱舜水集》，卷二十，頁578。

〔註45〕朱之瑜：《朱舜水集》，卷十六，頁487。

〔註46〕楊國榮：《善的歷程——儒家價值體系的歷史演化及其現代轉換》（上海：人民出版社，2000年），頁311。

〔註47〕朱之瑜：《朱舜水集》，卷十九，頁557。

〔註48〕朱之瑜：《朱舜水集》，卷十六，頁484。

子弟從之則孝弟忠信。〔註49〕

學士知識有餘實踐不足，賢士相反，但有一類儒者能兼二者之長，既有豐厚之學養、也有力行之實踐，並舉孔子為例。嚴格說來，孔子的政治理念終究無法落實於東周，因此似乎不應視其為「經邦弘化、康濟艱難」的聖人。但在朱之瑜看來，孔子之道之所以不行，「作聖以德，其次以才，然亦有時與命焉。」〔註50〕是由於他所處的「時與位」，孔子之道仍有其實功的社會效益，他說：「前乎此者無仲尼，則堯、舜之道，際衰周而絕；後乎此者無仲尼，則物則民彝，至於今隕滅。」〔註51〕孔子之道繼承古代堯、舜、禹、湯、文、武、周公治國之道，加以總結、發揚光大，並傳之於後世之中，建立綱常民彝。如此承先啓後的文化之功，必兼具有淹博學識與賢良品行方能為之。於是聖人除了致力為學之外，亦要能專務實事，真正裨益人民社稷，使國君用之則安富尊榮，子弟從之則孝弟忠信。由此可知，朱之瑜的理想人格實已逸出內聖之境，而標榜出實踐與踐履的品格，並且在其輔世澤民、經緯天地的實功之中檢視其人格力量。外王主張滲入人格理想，顯出明末清初崇實思潮中價值觀轉換的軌跡。

觀乎朱之瑜之言行，他的確在其民族志節與宣倡儒教的一生事功之中體現其理想的人格範式，因此他的門生稱讚他「歟與先生！德抱經濟之大器，學究聖賢之壺奧。」〔註52〕又說「蓋先生天資豪邁，不以尋行數墨為學，而以開務成物、經邦弘化為學。」〔註53〕可見其為人亦不侷泥於稽古博學，而是「博學以為砥，稽古以為鏡」，從而實踐「經國輔民之心而開務成物之學也」。〔註54〕

（二）道德實踐的中心——貴誠居敬

在眾多道德觀之中，朱之瑜獨標「誠」與「敬」，特別重視貴誠居敬的修為，並將之視為道德實踐的具體內容與重心。學者李甦平即認為朱之瑜「德立於誠，敬聚於德」，〔註55〕確實朱之瑜的道德觀以「誠」與「敬」為中心，

〔註49〕朱之瑜：《朱舜水集》，卷二，頁26。
〔註50〕朱之瑜：《朱舜水集》，卷十九，頁556。
〔註51〕朱之瑜：《朱舜水集》，卷十九，頁559。
〔註52〕安東守約：〈朱舜水先生文集序〉，收於《朱舜水集》，附錄四，頁784。
〔註53〕安積覺：〈朱舜水先生文集後序〉，收於《朱舜水集》，附錄四，頁788。
〔註54〕分見朱之瑜撰，徐興慶編：《朱舜水集補遺》，卷二，頁199、頁207。
〔註55〕李甦平：《朱舜水》（臺北：東大圖書公司，1993年），頁140〜146。

此當與其人之氣節與品行之傾向有關，朱之瑜爲人篤實，言行舉止以「誠」
爲本，處世居敬、愼重恭肅，符合「敬」之原則，故特重此二者。

1. 誠之爲貴

朱之瑜的道德觀從「誠」出發，認爲作人之本就在於「誠」。他說「不佞
之心，光明如皎日霽月，自信無纖毫雲翳」，又說「一鄉疏遠之人，多不能信
其誠一之若此。久交密久，無不知之。賢契前謂不佞質任自然，久而不變，
此是不佞一生本色。」〔註56〕因此他的學生安東守約稱讚他：「先生爲人嚴格
雍穆，望之可畏，即之有可親近之意思，一言一行，以誠爲本。守約初見，
謂曰：『我無它長，只一誠而已矣。』其常言曰：『一生不僞。』」〔註57〕足見
朱之瑜畢生以誠砥礪自己，內不欺己，外不欺人。

朱之瑜「誠」的道德觀是對儒家道德觀的繼承和發揚。孟子曰「反身而
誠，樂莫大焉」，〔註58〕《中庸》更把誠視爲天道，爲自然之規律，「誠者天
之道也，誠之者人之道也」，〔註59〕誠爲人之天性，學爲至誠則能法天而登聖
人之境。荀子亦言「養心莫善於誠」，〔註60〕誠爲君子養心之道，誠心守仁行
義則理明而神化。宋儒周敦頤則認爲「大哉乾元，萬物資始，誠之源也」，又
說「誠，五常之本，百行之源也。」〔註61〕將「誠」列於形上領域討論，乾
道變化即是誠體的流行，誠能生化萬物；而人之誠受於天，因此亦能體現誠
體工夫。程朱則將誠視爲理之實然，「誠者眞實無妄之謂，天理之本然也。」
〔註62〕誠是天理之實然與必然。之瑜論「誠」，較不重視形而上的「天之道」，
他主張誠應與實行結合，體證「人之道」於生活之中，他〈誠二首〉言：

> 修身處世，一誠之外更無餘事。故曰：「君子誠之爲貴。」自天子以
> 至於庶人，未有舍誠而能行者也。

> 誠則始終不忒，表裡一致，敬信眞純，往而必孚。〔註63〕

〔註56〕 分見朱之瑜：《朱舜水集》，卷七，頁 157、167。
〔註57〕 安東守約：〈朱舜水先生文集序〉，收於《朱舜水集》，附錄四，頁 784。
〔註58〕 孟軻撰，趙岐注，孫奭疏，阮元刻：《十三經注疏本・孟子注疏》（臺北：藝
　　　　文印書館，1981 年），頁 249。
〔註59〕 朱熹：《四書章句集注・中庸》，頁 31。
〔註60〕 荀況：《荀子》，收於浙江書局、中國書局同編：《二十二子・荀子》（臺北：
　　　　先知出版社，1976 年），頁 66。
〔註61〕 周敦頤：《通書》（臺北：臺灣中華書局，1992 年），頁 1。
〔註62〕 朱熹：《四書章句集注・中庸》，頁 31。
〔註63〕 皆見朱之瑜：《朱舜水集》，卷十七，頁 495。

朱之瑜以「誠」為立身處世的根本原則，認為真實無妄之謂誠，誠者始終表裡一致。誠的具體表現為以平常、真實之心待人，不欺人，不欺己，不欺心，朱之瑜自敘：「不佞生平無有言而不能行者，無有行而不如其言者。」〔註64〕行己而言行一致，對人不虛與委蛇。「誠」成為朱之瑜道德實踐論的基礎，「誠」的實踐是一切做人的基點：「世降俗薄，生質漸漓；不患不巧，獨患不誠。誠者作室之基，培築鞏固，則堂構壺奧，凌雲九層，皆於斯託始焉。」〔註65〕以誠做為一切做人之根基，基礎穩固，則做人的道理自然可以通行無礙。而「誠」的基本內涵就是「實」，要真實無偽、忠信無欺。他並強調人的努力和實踐，提倡積極入世的「至誠之道」。

> 自強而不息則久，久則徵，徵則悠遠，悠遠則博厚，博厚則高明。
> 博厚體地，高明體天，悠久無疆。故至誠之道，上下與天地同流，
> 豈特百年而已哉？

自強不息的「存誠」之道是品格實踐的工夫，以自強不息的精神、不斷實踐「誠」，就能達到「至誠」，明天地之理、與天地同流。由是可知，「誠」在朱之瑜為道德至境，也是修為進路，因此學者李甦平說：「朱舜水強調至誠在於發揮人的主觀能動性，持一種積極的入世觀，推崇自強不息的精神，以此突出『誠』的實踐品格。」〔註66〕朱之瑜確以「誠」為德性總綱，純真無偽；以「誠」為踐行之學，自強不懈；以「誠」為本體之學，作人之本，處世之則。

2. 敬為德之本

朱之瑜認為「敬為德之聚，是敬乃德之本也」，「敬」的境界是眾德的匯聚，是以「能敬必有德」，慎重恭肅的態度為修德的起點，敬與怠慢的態度相對，「德之忠莫大於敬，而名之隳莫甚於慢」，忠敬能成德，怠慢則會敗名。敬為進德之道，也是作聖工夫，因為「君子之心，純乎敬者也。」〔註67〕

「敬」的概念亦是上有所承。「敬」在《易傳》中指一種「敬以直內，義以方外」的心上功夫，〔註68〕這種「敬內」的心法工夫，至宋明時期得到了深入而全面的發展，程朱即以「居敬」為進德工夫，「敬之一字，萬善根本，

〔註64〕朱之瑜：《朱舜水集》，卷七，頁187。
〔註65〕朱之瑜：《朱舜水集》，卷十七，頁501。
〔註66〕李甦平：《朱舜水》，頁142。
〔註67〕皆見朱之瑜：《朱舜水集》，卷十七，頁493～494。
〔註68〕王弼、韓康伯注，孔穎達等正義：《周易正義》，收於阮元刻：《十三經注疏本・周易正義》（臺北：藝文印書館，1981年），頁20。

涵養省察、格物致知，種種工夫皆從此出，方有依據。」〔註69〕內心居敬不分散，是一切工夫的基本態度。朱之瑜沿襲了這一儒家觀念的傳統，認爲「敬」是聖人相傳之心法。

> 若夫敬之一字，堯、舜至於文、武，心法相傳惟此耳。〔註70〕

敬是聖聖相傳的心法，也是一切德行的根本。然而朱之瑜所主張的「敬」較程朱之「居敬」更具體。

> 敬之時義亦大矣，非謂傴僂曲謹，外貌足恭而已；內以敬其心，外
> 以致其事。孫卿曰：「敬職無曠，敬事無曠，敬百姓無曠。」夫敬而
> 至於百姓，其安所往而不敬哉，「能敬必有德」，豈不信然！〔註71〕

他承繼荀子「敬」的內容，將內心的「敬」推擴至外在之「事」。敬的對象以敬天爲根本，「敬天、敬心、敬大人、敬高賢，無地可容其慢易也。然皆生於敬天之一念矣。」〔註72〕用敬慎禮敬之心取代怠慢輕易之心，敬天也要敬人，而以敬天爲根本。朱之瑜重視天道，認爲天孕育萬物，人應當敬天畏天，並進而以敬慎的態度待人，敬大人、敬高賢、敬百姓；以忠敬之態度作事，敬謀、敬職、敬事。故此，「敬」不只是進德之方，甚至關涉到國家政治興衰：「天子能敬，萬國歸仁；民淳俗厚，風動如春。公侯能敬，敷政優優；兆民有賴，荷天之休。……庶人之敬，節用謹身；勤供租賦，善養二親。」〔註73〕舉國上下都以「敬」修身，國可泰平，民可樂生。如此一來，「敬」亦被賦予了經世的作用，「立德」不只能「成性」，甚至能「興邦成教」了。

　　朱之瑜的道德觀以「誠」與「敬」爲中心，他最爲人樂道的就是眞誠無僞、高節尙德、敬愛忠誠的氣節與態度，言行合一、思行一致，此亦其德行的落實與體踐。

（三）對儒家傳統道德的呼應——仁義禮孝

　　中原淪陷、恢復無望之後，朱之瑜進入日本長崎，後應聘至江戶、水戶，擔任德川光圀的賓師，並展開其講學資政、傳播儒學的生涯。他透過答詢、講學、書信、筆談等方式積極地參與水戶藩的各種活動，而朱之瑜始終本著

〔註69〕朱熹撰，陳俊民校編：《朱子文集》（臺北：財團法人富德文教基金會，2000年），頁2290。
〔註70〕朱之瑜：《朱舜水集》，卷八，頁246。
〔註71〕朱之瑜：《朱舜水集》，卷十七，頁494。
〔註72〕朱之瑜：《朱舜水集》，卷十七，頁494。
〔註73〕朱之瑜：《朱舜水集》，卷二十，頁576。

儒家的信念，闡揚忠孝仁義思想，也企圖跳脫空談性理的風氣，主張文武合一，鼓吹經世之道。當時之日本佛教極盛：

> 東吳（按：今東京）戶口百萬，而名爲儒者僅七八十人，加以婦女，
> 則二萬人中一儒也，而其人又未必不佛，就此七八十人中，又自分
> 門別戶，互相妒忌，互相標榜，欲望儒教之興，不幾龜毛兔角乎？
> 乃欲以此鬭佛，是以蚊撼山也。〔註74〕

以百萬人口數量看來，儒者數量偏低，而相較於當時極盛的佛教，低迷的儒學界仍各立門戶、相互妒忌、自相標榜，江戶時代初期儒學猶未普及之學術現象可知也。因此朱之瑜主張宣揚孔、孟之教，並結合德川光圀的政治勢力加以振興儒學、修建學宮、改革社寺、清理淫祠，儒家思想透過朱之瑜的講授、傳播，重新興盛。朱之瑜始終堅持儒者理想，因爲「儒教不明，佛不可攻；儒教既明，佛不必攻。」〔註75〕針對日本當時的社會風氣，謂若推行孔子之道，則百姓就可以過安居樂業的生活，朱之瑜在給門人佐藤彌四郎的信中強調：「儒教得行，其居則安富尊榮；子弟則孝悌忠信。通國之君臣士庶，並受其福。不行則邪道浸淫，將來無所底止。」〔註76〕以諄諄之言提醒推行儒學的重要性，以之爲經世治民的要道，其影響既深且遠。因此他對於儒家基本道德的主張與解說亦佔其論述的重要篇幅，以下列舉仁、義、禮、孝四端以爲說解。

1. 仁

孔子之「仁」爲道德總綱，仁者，愛人也，己欲立而立人、己欲達而達人。朱之瑜繼承孔子思想，以仁愛眾民的聖人精神爲理想人格、將仁視爲聖之標準，他說「仁也者，於心無所不盡，於義無所不安，至誠惻怛而無憾焉者也。」〔註77〕仁者的特質乃是凡事盡心，安於禮義而行，並以至誠之心謹慎處世行事。而朱之瑜的仁觀顯然又不僅侷限於內聖道德的層次，他更看重擴而充之的仁的落實。他認爲仁當以「不忍人之心爲體，不忍人之政爲用」，〔註78〕愛人之道德觀是仁的內涵，而仁民之政才是外推之功。

> 仁者吾心惻隱之微，而施之天下，則足以保四海。君子未嘗有四海
> 之貴，宜先具足保之體。故曰：「以不忍人之心，行不忍人之政，而

〔註74〕 朱之瑜：《朱舜水集》，卷四，頁58。
〔註75〕 朱之瑜：《朱舜水集》，卷四，頁63。
〔註76〕 朱之瑜：《朱舜水集》，卷五，頁98。
〔註77〕 朱之瑜：《朱舜水集》，卷十，頁380。
〔註78〕 朱之瑜：《朱舜水集》，卷十一，頁381。

仁覆天下矣。」……此謂仁心仁聞而民不被其澤者，所貴乎擴而充
之。〔註79〕

以不忍人之心行不忍人之政，則足以仁愛天下黔黎、保有天下，仁心是天下
仁政的起始點，朱之瑜因此勸德川光圀（字子龍）行仁義之政，「龍以仁義爲
德，龍之所爲靈也。……龍非仁義無以爲靈，人君非仁義無以爲國。」〔註80〕
由此則「仁」之德行已成爲「成性立德」進而「經世濟民」的根本。

2. 義

朱之瑜認爲「義者萬物之則，人情天理之公。」〔註81〕義是順應萬物自
然之法則，透過人爲的追求，因時制宜，合於人情與天理之公允、公正、公
道即是義。義，人路也，義是人應遵循之正道，從天子、士大夫以至庶民，
都應該遵從；上至聖人，下至愚夫皆應守道。〔註82〕故人應守義爲正，「守義
者，知有義，知有非義，擇一義而固執之也。善矣，何如君子之喻於義，與
義爲一乎？」〔註83〕但守義並非只是擇善而固執，應當明暸義的原則，與義
融爲一體。擇善固執是對正道的堅持，但落實到經驗面，固守死守並非良策，
因此朱之瑜對於「義」的體踐提出一「權」的概念：

> 若舉事以求合乎義，則土之型，金之範矣，非義也。因時制宜，而
> 不失範型之意，是即所謂義矣。羞惡之心，爲義之端。儻未嘗慎之
> 於始，而不勝憤忿之心，或可謂之勇爾，不可謂之義也。〔註84〕

> 擇中在乎能權矣，權者游移轉徙，無往而不得其中者也。〔註85〕

執中無權，是偏執的行爲，要行義卻不知因時制宜、不能以羞惡之心做爲義
的開端，這都不是義的表現。孟子率先明確提出「權」的思想，認爲「男女
授受不親，禮也；嫂溺援之以手者，權也。」〔註86〕男女授受不親是常禮，
在嫂子落于水中時以手援救，是在特殊情況下的權變。在處理事情時，應該

〔註79〕 朱之瑜：《朱舜水集》，卷十七，頁491。
〔註80〕 朱之瑜：《朱舜水集》，卷十三，頁443～444。
〔註81〕 朱之瑜：《朱舜水集》，卷十七，頁491。
〔註82〕 朱之瑜：《朱舜水集》，卷二十，頁577。
〔註83〕 朱之瑜：《朱舜水集》，卷十七，頁503。
〔註84〕 朱之瑜：《朱舜水集》，卷十七，頁491。
〔註85〕 朱之瑜：《朱舜水集》，卷十六，頁486。
〔註86〕 孟軻撰，趙岐注，孫奭疏，阮元刻：《十三經注疏本‧孟子注疏‧離婁上》，
卷七，頁34。

分清一般情況和特殊情況，因時制宜，不能膠柱鼓瑟、不知變通。因此，「執中無權，猶執一也。所惡執一者，為其賊道也，舉一而廢百也。」〔註87〕「中」即中道，執一就是拘守規範不知權變，「執一無權」必然導致道德原則的僵化，執一廢百，不懂變通，反而「賊道」。荀子對「權」也有獨特見解：「物至而應，事起而辨，若是則可謂通士矣。」〔註88〕善於應物為「變通」，由荀子對「通士」的肯定能看出其對權變的注重。由是觀之，傳統儒家原本亦重視「達權」而甚於「執經」，朱之瑜察考到經驗領域的客觀事實，以權衡變通之態度來論義，這不僅是原始儒家「義」的繼承，更有實踐層面新的開創，並且與在其後之清儒焦循提出的「趨時行權的變通實踐觀」，〔註89〕皆有重權變而合宜的價值思考，可見朱之瑜思想有承上啟下之功。

3. 禮

朱之瑜認為禮是仁義之節文，即天倫秩序，是經國家、定社稷、衛民人、利後嗣的大事，是以朱之瑜云：「禮樂不可斯須去身。」〔註90〕禮要奠基在內心的誠敬才能執行，禮不只是「登降上下，雍容慎齊」的儀節，「有諸內者必形諸外」，必透過禮的體踐，「行中采齊，步中肆下」的行為，內在的誠敬才能表現其真實的本質。〔註91〕朱之瑜並重禮的本心與行動，因此提出「禮備情文」：

> 蓋士君子之相接也，有情有文有禮。未可苟焉而已矣，如其苟焉而已，則亦何以異於市井負販百工伎術之徒哉？……古之君子豈好為煩瑣而不近於事情，緣禮不可瀆耳。〔註92〕

有情有文才有禮，對個人而言，能夠講究禮節，則一切行為都能合乎規矩準繩。

朱之瑜又將「禮」與「經世」結合，認為禮不只是自然界之秩序，更是治國治民之大道。在經世作用之中，「禮」是人事的儀則，國家的楨幹，禮

〔註87〕孟軻撰，趙岐注，孫奭疏，阮元刻：《十三經注疏本・孟子注疏・盡心上》，卷十三，頁239。

〔註88〕荀況撰，浙江書局、中國書局同編：《二十二子・荀子・解蔽》，頁57。

〔註89〕此採業師張麗珠之說。見氏著：《清代義理學新貌》（臺北：里仁書局，2002年），頁222～224。

〔註90〕朱之瑜：《朱舜水集》，卷五，頁83。

〔註91〕朱之瑜：《朱舜水集》，卷十七，頁492。

〔註92〕朱之瑜：《朱舜水集》，卷五，頁82。

「不特爲國家之精神榮衛，直乃爲國家之楨幹。在國家爲國家之幹，在一身爲一身之幹。」〔註93〕因此，對國家而言，只有講「禮」，方可長治久安，若禮節不行，必上下昏亂，社稷不保。他認爲明亡的一個重要原因，就是禮教崩壞。是以朱之瑜云：「不佞總角時，恆見先人與士大夫相接，冠裳濟濟，言論丰采，進退周旋究皆雍容彬彬焉，斯時太平氣象，致足尙也。其後士大夫好爲脫略，而惡言禮，以爲厭物，以爲王道。所謂王道者，非尊之也，亦借名斥絶之辭耳。未能二十年，而國已淪亡。」〔註94〕禮樂制度敗壞，則王道就不被尊崇、社會動盪，甚而國家敗亡，因此禮者，爲政治之根本，由禮則存，不由禮則亡。

朱之瑜既以禮爲天理之節文、人事之儀則、國家之楨幹，故其對中國歷代之禮儀制度，頗有研究，在〈舜水先生行實〉一文之中，紀錄朱之瑜嘗爲水戶侯德川光圀作〈諸侯五廟圖說〉，博採各家之說法，會通經史百子、旁考古今制度，識者皆謂不朽之盛典。日本寬文十二年（1672）朱之瑜親率儒學生習釋奠禮，改定儀注，詳明禮節，使學者通其梗概。明年復於別莊權裝學官，使再習之，於是學者皆精究其禮。〔註95〕因此朱之瑜研究歷代禮儀制度，致力教授日本儒學生學習禮儀。

4. 孝

朱之瑜強調孝道的實行，認爲「孝爲百行之原」。〔註96〕孔子認爲孝悌是仁之本，而朱之瑜則認爲孝道不僅爲仁之本，更是德之本，「人心之德，盡於仁義禮樂智信。仁之實爲事親，義之實爲從兄，而智爲知斯二者，禮爲節文斯二者，樂爲樂斯二者。」悌爲孝道之推廣，而孝悌又爲仁義禮智樂信之本源，因此「聖賢千言萬語，無非教人以孝而已。」〔註97〕故要極力推行「大而能周，約而能博，微而能著，積厚而生生不息，足以與天地而無敵」的孝道。〔註98〕

至於孝道的實踐，朱之瑜則提出如下的次序：

〔註93〕朱之瑜：《朱舜水集》，卷五，頁82。

〔註94〕朱之瑜：《朱舜水集》，卷五，頁83。

〔註95〕今井弘濟、安積覺同撰：〈舜水先生行實〉收錄於《朱舜水集》，附錄一，頁619～620。

〔註96〕朱之瑜：《朱舜水集》，卷十三，頁441。

〔註97〕皆見朱之瑜：《朱舜水集》，卷十三，頁438。

〔註98〕朱之瑜：《朱舜水集》，卷十三，頁438。

　　教孝之道當何先？始於昏定晨省，冬溫夏凊矣；進而求之，滫瀡甘
　　旨，必誠必敬，樂其耳目，安其寢處矣；又進而求之，樂其心，不
　　違其志，竭誠致死，慎終追遠，出言舉足，不敢忘父母矣；又進而
　　求之，立身行道，揚名於後世，以顯父母矣。〔註99〕

孝的次第始於事親，終於立身揚名。首先要有孝行與敬心，要慎終追遠。進
而要彰顯父母之名，以「立身行道，揚名於後世，以顯父母」爲孝之終。時
時存察孝道，因爲孝敬之心不假外求，「孝敬之心，日加純謹，聖賢之道，不
在他求，剛而不撓，精而不浮，莫過於是，何多自遜也。」〔註100〕透過孝之
次第，逐次實踐孝道，而孝道的落實也就是聖賢之道的實踐。

　　朱之瑜並不認爲孝止於事親。「自古明王以孝治天下，未聞不以孝而可
謂之治國者，未聞治國而禁人之爲孝者。」〔註101〕又說：「孝之爲道大也。
孝之爲道，治天下之極，則非止於獨善其身而已。」〔註102〕顯見孝之發揚，
能居處、事君、蒞官、與朋友信，在個人立身修德之後，又不只獨善其身，
可再推以兼善天下，則孝道就會成爲治天下之極則，因爲「以孝事君則忠，
以敬事長則順；忠順不失，自能保其祿位宗廟。」〔註103〕由此看來孝道不
只是一種道德德目的闡釋與提出，而是生活上的體察、是經世治國之基礎。

　　朱之瑜不遺餘力地闡揚儒家道德，發明誠敬之本心，推行仁義禮孝的傳
統德目，並將傳統道德落實於生活彝倫之中，提示日人具體的實踐步驟，並
進而將道德與經世治世結合，在在都能看出朱之瑜學說中「實」的本質。他
主張人必須在社會人際交往活動之中，建立務實的修身態度，以落實仁、義、
禮、知、信等社會倫理道德，並透過道德倫理的實現提升道德修養的境界，
這是「立德」的根本途徑。「立德」爲「成性」的實踐工夫，這在朱之瑜的思
想體系之中是無庸置疑的，朱之瑜成性立德的思想建立在其「崇實」的思想
基調之上，因爲崇實，重視實事、實用、實功之學，因此在性論上，朱之瑜
不重視理論架構的提出，而重視道德修養的實踐與落實，透過「成性立德」
而「經世濟民」是他的性論宗旨。因此標舉眾多德行，實踐仁義禮智，進而
將這些對道德的體現之功發揚於世，發揮安邦定國之效這才是朱之瑜提出「性

〔註99〕朱之瑜：《朱舜水集》，卷十三，頁436。
〔註100〕朱之瑜：《朱舜水集》，卷十，頁376。
〔註101〕朱之瑜：《朱舜水集》，卷十，頁376。
〔註102〕朱之瑜：《朱舜水集》，卷十三，頁439。
〔註103〕朱之瑜：《朱舜水集》，卷十，頁376。

成於習」的人性論的終極目標。

三、重視踐履學習的作聖工夫

朱之瑜最鮮明的學術特色即在「崇實黜虛」，反對玄虛之宋明形而上學，力倡平實之原始儒學，強調爲學的實用性，要求學術關心人倫日用、實理實事，而其性論主張亦爲經世實學之一環，進而強調「問學習德」、「踐履習行」的作聖功夫。

（一）從善祛惡，藉乎學習

朱之瑜身處異域發揚儒學，十分重視教化，他的性論乃爲其教育理論之基礎。他說：

> 中人之性，習於善則善，習於惡則惡，全藉乎問學矣。學之則爲善人，爲信人；又進而學之，則爲君子；又進而學之不已，則爲聖人。
> 〔註104〕

中人之性是無所謂善惡的，人性的善惡既非先天的決定，乃在於後天的養成，也就是「學」，透過學，中人能夠成爲善人、信人，甚而臻於君子、聖人之境。由此可知，朱之瑜的性論，既以「學」爲養成之要素，就是重視人性之能夠在後天養成的社會價值與意義。因「學」故能自知人欲之非，人欲錯處、過處自然能得到修正、克制與約束，因此人欲雖爲人性所本有，透過「學」的自知自克之功，就能不受其蔽而將之導向正途。

在立德成善的過程之中，朱之瑜提出習善去惡的具體方法，即「以學爲階」、「期以竭力」。

1. 以「學」為階

朱之瑜強調「學」的重要，主張在「學」之中鑄冶人性、建立道德。人因被外物障蔽則昏昧，被欲望撓動則餒怯，「然則如之何哉，充之以學問而已矣。」〔註105〕如何對抗後天引蔽習染之惡？唯有「充之以學問」才能達到。習善習惡的關鍵，在於有無正確方向的問學。擴充學問，自然能夠建立慎思明辨的判斷力，當受到外物攪擾慾望撓動時，也才能篤行於善，免去習染之惡。朱之瑜更認爲爲學之功無窮，能去蔽、去欲：

〔註104〕朱之瑜：《朱舜水集》，卷十，頁379。
〔註105〕朱之瑜：《朱舜水集》，卷十七，頁500。

博學、審問、慎思、明辨、篤行之功，極而至於己百己千，無時無地
稍有懈弛，則蔽者盡撤，撓者盡袪，明德自明，而強幹自植。〔註106〕

透過博學、審問、慎思、明辨、篤行的為學次第，毫不鬆懈地問學，就能夠
袪卻物蔽、去除貪欲之擾動，進而達到明德強心的境界。

2. 期以「竭力」

朱之瑜又認為問學求道隨時隨地皆不可鬆懈，「能學，則稠人群聚之時，
必有我師，事務紛錯之際，皆有其學，人人所能而我不能，則才劣而不得不
學。人所不能而我獨能，能則不廣而益奮於為學，則無地非學也。」〔註107〕
因為了解自我的侷限與使命因而發憤為學，在為學之時，發現人能己之不能，
就要以「學」矯救其劣；發現己能人之不能，就要更廣益為「學」。甚至在日
常生活之中，也不忘踐道、不輟學習，「無往而非學矣。」〔註108〕日日為學、
時時為學、處處為學，就能夠成全善性、進德立德。「日日而積之，則善人信
人，大而君子，無不可為者已。」〔註109〕學之則為善人、為信人，再進而學
之，則為君子，又進而學之不已，則為聖人。

為學當竭力是朱之瑜提出的修身方法之一，他認為「竭力二字，受用無
窮」，因為「竭力以事君必忠，竭力以事親必孝，竭力以讀書修己，則必為賢
為聖」，一切的美德與善性，若不竭力是無法得致的，若能竭力，則能在「慨
焉激勵」的憤悱之志之外，再加以竭力之功，就能進德修業。因此他說，「孔
子嘗言，不憤者不啟，不悱者不發矣，慨焉激勵者，其憤悱者也。慨然者，
志也；激勵而竭力者，氣也。志氣感奮，其學有不成者乎！」〔註110〕因此，
朱之瑜強調只要志氣感奮、竭力習行，就能成為君子、智者，甚或聖人了，
他從性成於習的理論出發，其積極意義是肯定了環境對於人性善惡的影響，
而且敢於揭露社會現實。

由此故知，在成性的過程之中，朱之瑜強調「學」，認為唯有在「學」之
中才能鑄造人性、建立道德。朱之瑜的人性論透過「學」終於與社會教化綰
合，而其「性無善無惡論」的價值亦在此展現出來，人性之善既是可塑可造，
朱之瑜的性論在此展現出積極進取之精神。

〔註106〕朱之瑜：《朱舜水集》，卷十七，頁500。
〔註107〕朱之瑜：《朱舜水集》，卷八，頁283。
〔註108〕朱之瑜：《朱舜水集》，卷九，頁298。
〔註109〕朱之瑜：《朱舜水集》，卷九，頁298。
〔註110〕朱之瑜：《朱舜水集》，卷八，頁280。

（二）聖賢之道，俱在踐履

朱之瑜所欲宏揚恢復的「聖賢之道」，乃是「大則則天、明則并日」的「仲尼之道」，孔子以成聖爲道德修養的至高境界，而朱之瑜則爲其提出一具體方法，那就是習行踐履：

> 孔子曰：「有顏回者好學，不遷怒，不二過。」豈非聖賢之道，俱在踐履。〔註111〕

顏回在道德上的踐行，被孔子讚爲「好學」，由此可之，並不是「伊吾咕嗶」、「吟詩作文」之學，而是要「躬行修德」、「落實人倫」。

1. 躬行踐德的修養

朱之瑜認爲，爲學爲事「重在踐履，所謂身體而力行，不然，又無用也。」〔註112〕必得身體力行、習行踐履，才能將學問推致爲實用實功。

> 爲學之道，外修其名者無益，必須身體力行，方爲有得。〔註113〕

朱之瑜認爲如子貢天資穎悟，但卻「華而不實」，不得參與於聖道之傳。可見得「執一卷古書，口爲咿唔」之學不爲眞正實用之學，〔註114〕眞正實用有得之學必須透過身體力行。與子貢相對的另一孔門弟子之例爲顏回，「學問之道，貴在實行。顏子聞一知十，而列德行之首，可見矣。」〔註115〕顏回所聞所知的內容爲學做聖人之方，其重視踐德實行的態度，亦頗受孔子子貢的激賞，〔註116〕因此得致爲學之功，修養德行，成爲孔門之復聖。

至於躬行踐德的內容，則是倫理眾德：

> 夫學者，所以學爲人爾：子臣弟友，皆爲學之地；忠孝謹信，皆爲學之方。〔註117〕

學習的目的是學做人，因此要在子、臣、弟、友之間學忠、孝、謹、信，德之涵蓋不只如此，朱之瑜還規勸弟子需要有四德：一是「實」。不實不成，這

〔註111〕朱之瑜：《朱舜水集》，卷十，頁369。

〔註112〕朱之瑜撰，徐興慶編：《朱舜水集補遺》，卷二，頁159。

〔註113〕朱之瑜撰，徐興慶編：《朱舜水集補遺》，卷二，頁167。

〔註114〕「故子貢天資穎悟不得與聖道之傳，無他，華而不實也。」朱之瑜撰，徐興慶編：《朱舜水集補遺》，卷二，頁167。

〔註115〕朱之瑜：《朱舜水集》，卷十，頁369。

〔註116〕「子謂子貢曰：『女與回也，孰愈？』對曰：『賜也，何敢望回？回也，聞一以知十；賜也，聞一知二。』子曰：『弗如也；吾與女弗如也。』」朱熹：《四書章句集注‧論語集注‧公冶長》，卷三，頁77。

〔註117〕朱之瑜：《朱舜水集》，卷十六，頁448。

是立德的基礎，猶如屋基；二是「虛」，不虛則自滿。謙虛待人處世、虛心向他人及經典學習，這是道德修養的基本態度；三是「勤」，不勤就懶惰，懶惰將一事無成。勤是修養有成的條件，只有勤於實踐，才能不斷完善道德情操；四是「恆」，持之以恆，必須有堅強不拔的意志。人無恆心，就會前功盡棄。因此，「恆」是學問修身的第一等重要事情。〔註118〕由朱之瑜重視的眾德之中，不難發現如實、虛、勤、恆四者皆是攸關實踐的德目。

以上之舉數例闡明之瑜之重踐德。總之，朱之瑜的作聖之道是「躬習力行」，而躬習力行的主要對象則是儒家眾多「德」性綱目，以務實、謙虛、勤奮、恆心的修身態度，落實仁、義、禮、知、信等社會倫理道德。最終必能透過道德倫理的實現，而提升道德修養的境界。

2. 人倫生活中的踐履

朱之瑜成性立德的思想建立在其「崇實」的思想基調之上，因為崇實，重視實事、實用、實功之學，因此在性論上，朱之瑜不重視理論架構的提出，而重視在日用彝倫中的道德履踐。

> 家有母，學為孝；家有弟，學為友；家有婦，學為和；出而有君上，
> 學為忠慎；有朋友，學為信。無往而非學矣！〔註119〕

倫理道德的建立與陶造是透過家庭與社會之中的人際交往而習得的，因此是在實踐活動之中獲得，而非透過讀書或憑空道理的學習。在五倫之中學習德行、踐履德行，這是朱之瑜日用之學的特色。

不只百姓要在人倫生活中的踐履，上位者尤當如此。在官場上，在職位上，都要踐履倫理。他說，先儒當官，講求「清、慎、勤」三事，這就是一種學問，因為知所以持身之道。〔註120〕在上位者行德，則能有助風化，施行聖教。「賢君能主之於上，宰相能嚴之於下，不下數年，風俗立改；若至十年，王化可行。」〔註121〕行之甚易，就可變其風俗。嚴守本分，在職務上踐履，使得官吏清廉、宰相勤慎、君王賢明，上行下效，則可經世濟民、完成教化。以上論述朱之瑜重視踐履學習的作聖工夫，朱之瑜以學為線索，認為藉乎問學，能夠習善祛惡，因此認為教化對人性有移轉、修養之功，而他也特重踐

〔註118〕朱之瑜：《朱舜水集》，卷二十，頁579。
〔註119〕朱之瑜：《朱舜水集》，卷十一，頁405。
〔註120〕朱之瑜：《朱舜水集》，卷十，頁379。
〔註121〕朱之瑜：《朱舜水集》，卷十一，頁407。

履躬行的問學方法，因此人性就能與現實結合，善行眾德就能落實於日用人倫之中，達到外王經世之效。

第二節　顏元「非氣質無以爲性」之性論

　　相較於朱之瑜以有限篇幅探討人性，顏元則編以專書《存性編》來探討它，顯見其對性論的看重。梁啓超說：「習齋不喜歡談哲理，但他對於『性』的問題卻有自己獨到的主張。」〔註122〕顏元之所以重視性論，並建立其完整的論述與理論架構，是爲透過其性論架構而開展出其人生哲學、生命價值的整體理論。

　　顏元對儒學的繼承是有立有破的，他企圖救正並革新傳統儒學，顏元弟子李塨曾對其性道有以下之評論：

> 孟子曰性善，即魯論之「性相近」也，言本善也。晏子曰「汩俗移質，習染移性」，即魯論之「習相遠」也，言惡所由起也。後儒不解，忽曰氣質有惡，而性亂矣，聖賢之言背矣。先生辭而辯之，功豈在禹下哉？〔註123〕

顏元性論之宗旨確乎欲恢復聖賢之學，回歸孔子「性相近，習相遠」的說法，因此全力反駁宋明理學「天命、氣質」的二元性論、並揚棄「窮理居靜」的修養方式。顏元主張「理氣不離、性形不二」，建立一元化性論的體系，其實是立基於明中葉以來流行的「以氣論性」、「即氣說性」的說法，以「氣」爲首出，取消了「理」的至高地位，而認爲「理」存乎「氣」中，「理」無「氣」不顯，因此道器不離，體用相即。他亦以「惡由習染」之說來取代氣質之性駁雜的善惡觀，主張透過後天習染的環境與教育來改造惡性，故在《存性編》之後又列一《存學編》，以實功實學來提倡善性而抑止惡行。故顏元言性道之終極目標乃是爲要體現並實踐性道，認爲學者空言性道乃對天下蒼生無益，必須在實事實功之中日體性道、在實踐實行中日盡性道，一切從實際、實踐出發，這樣的學說基調顯然異於宋明儒學的形上性論：宋代理學將儒學心性論提升爲時代之典範，其後陽明致良知學說更透顯出「心」的主體意義，使

〔註122〕梁啓超：《中國近三百年學術史》（臺北：臺灣中華書局，1958 年），頁 128。
〔註123〕李塨：〈顏元存性編書後〉，收於顏元：《顏元集》（北京：中華書局，1987 年），頁 35。

得對心性之學的關注成為儒學主軸，明清之際儒者則在明朝鼎覆之後，調整其形上思維方式，逐次落實於形下的經驗世界。顏元並不自外於明清崇實學風，他明確地建構了氣性一元的性論、提倡躬習踐履的個人修為，這非但是傳統儒學的繼承與超越，也標舉出明清儒學的崇實新價值。

一、「理氣不離、性形不二」的氣性一元論

顏元的人性論是由理氣關係出發的，以「理氣一致」的宇宙論為根據進一步論證「性形不二」的思想，從而建立他的人性理論。顏元的《存性編》中，以七張性圖反覆陳述說明其以氣為本的宇宙本體論，為要從中推導出自己的人性論，並為他的人性論找到本體論的根據。

（一）從「理氣不離」的宇宙論出發

對於氣本論，顏元並非是橫空出世的首創者。王充是首位「以『氣』為哲學第一範疇來建構思想體系的哲學家」，〔註124〕他提出「元氣，天地之精微」、「萬物自生，皆稟元氣」，〔註125〕認為元氣是宇宙萬物之本源；繼之而起有張載「太虛無形，氣之本體」的主張，〔註126〕太虛即氣、氣即太虛，太虛是氣的本然狀態，而非在氣之上懸置的「道」或「理」，氣是哲學最高存在與根本原理。宋明之後氣本論的支持者面對著程朱「理先氣後」、「理本氣末」的理學思潮，不得不進入「理氣之辨」的邏輯思辨、詰難、衝突之中，並逐漸發展為「理氣為一」的論述，如明代羅欽順「理只是氣之理」、「理須就氣上認取，然認氣為理便不是」，〔註127〕則以「氣」為本原，而以「理」指稱氣的生機運行的條理規則；王廷相進一步詮解張載之說，言「天地未生，只有元氣。元氣具，則造化人物之道理即此而在，故元氣之上無物、無道、無理。」〔註128〕仍強調元氣為造化之本，氣之上無理與太虛。明末清初之時，「理氣合一」已成為主流，黃

〔註124〕曾振宇：《中國氣論哲學研究》，（濟南：山東大學出版社，2001 年），頁 99。其認為王充氣論蘊含四大特質：泛生命特性（元氣是宇宙生命終極性之根據）、泛倫理特性（宇宙本原先驗性地具備倫理道德屬性）、直觀性與經驗性（氣必須透過直觀經驗的感知）、前邏輯性（不存在確定的內涵與外延），實已標誌著中國古代氣論以臻至成熟化、系統化階段。

〔註125〕王充撰、高蘇垣集註：《論衡》（臺北：臺灣商務印書館，1976 年），頁 122、頁 133。

〔註126〕張載：《張載集・正蒙》（臺北：里仁書局，1981 年），頁 8。

〔註127〕羅欽順：《困知記》（北京：中華書局，1990 年），續卷上，頁 68。

〔註128〕王廷相：《王廷相集・雅述》（北京：中華書局，1989 年），頁 841。

宗羲主張「天地之間只有氣，更無理」；王夫之主張「理即是氣之理，氣當得如
此便是理」；顧炎武主張「盈天地之間者氣也」，〔註129〕這都顯示著氣本論的基
本主張：「理只是氣的自有條理的理，理就在氣之中離氣就無道也無理，總之氣
是理與道的本原」。〔註130〕理氣之辨是中國哲學對於宇宙論與本體論的思考，
「以氣爲本」並不意味著重氣輕理、反對天理，只是較側重於氣的實踐，這與
清初崇實的時代思潮相呼應，並成爲顏元宇宙論與本體論的中心思維。

　　關於理氣之關係，顏元認爲，天下既沒有「無理之氣」，也沒有「無氣之
理」，因爲「氣即理之氣，理即氣之理」，〔註131〕理氣融合爲一，「若無氣質，
理將安附？」〔註132〕理附麗於氣質之中展現，世間萬物之形都是由氣凝結而
成，而理之於物則是物之性、物之「則」，如木之紋理、玉之脈理，〔註133〕
爲事之條理。可見顏元揚棄將氣視爲形而下者、理則是形而上者，反對理先
而氣後的思考，肯定氣爲首出認爲理是氣之理，理在氣中、道藉器顯。

　　顏元認爲世間萬物皆源於氣。氣有陰陽之分，陰陽流行而爲四德，即所
謂元、亨、利、貞，萬物皆由此二氣、四德化生而成，他並作〈渾天地間二
氣四德化生萬物圖〉：

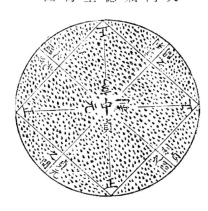

〔註129〕黃宗羲語見《明儒學案》（臺北：里仁書局，1987 年），頁 1175；王夫之語見
　　　　《船山全書‧讀四書大全說》（長沙：嶽麓書舍，1996 年），第六冊，頁 1052；
　　　　顧炎武語見《日知錄集釋》（石家莊市：華山文藝出版社，1991 年），頁 29。
〔註130〕劉又銘：《理在氣中——羅欽順、王廷相、顧炎武、戴震氣本論研究》，頁 9。
〔註131〕顏元：《顏元集‧存性編》，卷一，頁 1。
〔註132〕鍾陵：《顏習齋言行錄》，載於《顏元集》，卷上，頁 642。
〔註133〕顏元：《顏元集‧四書正誤》，卷六，頁 246。

「大圈，天道統體也。上帝主宰其中，不可以圖」，而二氣者，陰陽也；陰陽流行而為四德，也就是元、亨、利、貞。陰陽二氣為天道之良能，陰陽流行為四德，四德之交通、聚散、舒卷就能化生萬物。顏元認為陰陽即「氣」，四德為「理」，「理、氣融為一片」而化生萬物，「萬物之性，此理之賦也；萬物之氣質，此氣之凝也。」〔註134〕萬物之所以產生、存在、發展、變化，就根源於理氣的相互作用。元、亨、利、貞四德（即理）為陰陽二氣之「良能」，可見在理氣的融一中，氣是理的存在本源，理是氣的固有屬性，理不再只是某種可以脫離氣而獨自存在之物，必須附麗於氣而生，理氣不能作二物看，因為理氣已交融為一。

（二）性形不二

顏元並進一步在氣化強調上「以氣論性」。「二氣四德者，未凝結之人也；人者，已凝結之二氣四德者。」〔註135〕人之形是已凝結之「氣」，而人之「性」即凝結於形內的四德，「性」為人的「氣質功能」，陰陽二氣與元亨利貞四德化生萬物，而人亦是理與氣相合而成，所以人之「形」與「性」，同萬物之「理」與「氣」是相互依存的。氣凝形、理賦性，天道以「氣」化生萬物與人的形體，以「理」規定萬物與人的本質，理氣交通融一便形成現實的事物。他說：

　　天之生萬物與人也，一理賦之性，一氣凝之形。〔註136〕

萬物與人的形質、本性皆根源於同一理氣，因此人之性可與萬物之理互相印證、調節，而使之更加完善。由此可知，在顏元的本體結構之中，本體是理氣融為一片的天道，而「理」不離「氣」，是「氣之理」，「性」也不能離「形」而論，是「形之性」。他藉此批評程朱將性二分的觀點，強調理氣不離而共同規定萬物的存在，人性亦是一元之氣性。顏元曾用棉桃喻性。「天道渾淪，譬之棉桃：殼包棉，陰陽也；四瓣，元、亨、利、貞也；軋、彈、紡、織，二氣四德流行以化生萬物也；成布而裁之為衣，生人也；領、袖、襟裾，四肢、五官、百骸也，性之氣質也。……不得謂棉桃中四瓣是棉，軋、彈、紡、織是棉，而至製成衣衫即非棉也，又不得謂正幅、直縫是棉，斜幅、旁殺即非棉也。如是，則氣質與性，是一是二？」〔註137〕棉桃裁成衣，即天道生人物。

〔註134〕顏元：《顏元集·存性編》，卷二，頁21。
〔註135〕顏元：《顏元集·存性編》，卷二，頁21。
〔註136〕顏元：《顏元集·習齋記餘》，卷四，頁457。
〔註137〕顏元：《顏元集·存性編》，卷一，頁3。

將棉比喻爲氣，衣衫的本質是棉，而萬物的本質就是氣了；四瓣是棉的性狀，如同理爲氣之屬性。由此論證理不離乎氣，人之性不離乎氣質。理氣合一，理賦予人性，氣化爲人形，這是顏元論「舍氣質無以爲性」的理論基礎。

顏元既主張理氣融成一片，「性」與「形」也自然不離，理之性、氣之形是一體之兩面：

> 形，性之形也；性，形之性也。舍形則無性矣，舍性亦無形矣。失性者，據形求之；盡性者，於形盡之。賊其形則賊其性矣。〔註138〕

性、形相依而存，是不可分離的統一體，性與形不能分離而談。顏元將「形」的地位提高到與「性」同等，而主張性、形不二。「舍形則無性」，人的形體正是性的作用處；同樣的，「舍性亦無形」，只有通過性才能體現形的本質屬性。所以說「性形不二，一片功夫，故告顏子非禮勿視、聽、言、動，治耳目即治心思也。」〔註139〕耳目是形，心思是性，性形既不二，「氣質之性」也就等同於「天命之性」，故治耳目即是治心思，如此一來，就將修養工夫外落在形體之上。

（三）氣性一本論

顏元又把性形不二的議題擴及「氣質」，直言人性就是「氣質之性」。他說：「非氣質無以爲性，非氣質無以見性」，〔註140〕氣質就是人的形體、機能與屬性，而「氣質正吾性之附麗處，正吾心作用處，正性功著手處」，〔註141〕因此有氣質才有人性，性必須依附在氣質之上而存，若無氣質，則性將失去其作用。「若無氣質，理將安附？且去此氣質，則性反爲無作用之虛理矣。」〔註142〕易言之，舍氣質便無從言性，人性就是氣質之性，所以「不必分何者是天命之性，何者是氣質之性」。〔註143〕這無異於否定了理學一系「天地之性」與「氣質之性」相並立的性二元論，關於宋儒對於氣質之性的論述，首倡者即爲主張氣本論之張載，而其氣本則不同於氣質，「氣本」乃是就氣來探討宇宙生成之本源，「氣質」則是體察到宇宙萬物氣化生成過程之中產生之分殊現象，張載將「氣質」定義爲：「氣質猶人言性氣。氣有剛、柔、緩、速、清、

〔註138〕顏元：《顏元集・存人編》，卷一，頁128。
〔註139〕顏元：《顏元集・四書正誤》，卷六，頁238。
〔註140〕顏元：《顏元集・存性編》，卷一，頁15。
〔註141〕鍾陵：《顏習齋先生言行錄》，載於《顏元集》，卷下，頁664。
〔註142〕顏元：《顏元集・存性編》，卷一，頁3。
〔註143〕顏元：《顏元集・存性編》，卷一，頁1。

濁之氣也；質，才也。」〔註144〕「氣本」之「氣」爲世界本源，爲形而上者；「氣質」之「氣」則指化生天地萬物之質料、材質。萬物化生之時所稟之氣有剛、柔、緩、速、清、濁之異，因此而有客觀存在的多樣性。朱熹繼承氣質之性之說，將性二分爲天命之性（又稱爲天地之性、義理之性、本然之性）與氣質之性。他認爲「天命之性」就是天地萬物的本然之性，是從其最高本體「理」中產生，故又爲義理之性，此性是純粹不雜的，是至善無瑕的。而「氣質之性」則是有善有惡的，是「理」與「氣」相雜的分殊之性。對於性二元論，顏元大力駁斥，而主張性只有一個，即是氣質之性，在氣質之性以外，絕無所謂天地之性者：「天命之性，氣質之性，兩性字只是一般，非有兩等性也。」又說，「可惜二先生之高明，隱爲佛氏六賊之說浸亂，一口兩舌而不自覺！若謂氣惡，則理亦惡，若謂理善，則氣亦善。蓋氣即理之氣，理即氣之理，烏得謂理純一善而氣質偏有惡哉！」，〔註145〕他認爲程、朱二人原知氣性合一，但被朱子、釋氏、世俗所亂，因此言性有二分，並且若是天地之性渾是一善、氣質之性則有善有惡，這代表純善之「理」所創生之性竟有惡之可能，此其內在理路的自相矛盾。「氣質非天所命乎？抑天命人以性善，又命人以氣質惡，有此二命乎？」〔註146〕在其思辨中，若天命爲一，所命之性也就不可能化而爲善、惡二端了。故其總結其性論爲「人性無二，不可從宋儒分天地之性、氣質之性。」〔註147〕而此結論也契合明清之際的性論主流——「氣性論」。

顏元既以「氣質」論性，落實到經驗域來探討性之本質，可謂融攝了形而上、先驗的、理想的性論傳統，並展現趨向形而下、經驗的、崇實的人性論特質。顏元說：

　　性從生、心，正指人生以後而言。〔註148〕

「生」指人有形的器官及其感官、生理機能，亦指人的生活及其存在，人性就是人生，人性是構築於人的生活及其生存之上，人性是針對現實存在生活的人而發，是與現實人生、日用人倫緊密結合的。顏元從人的「生存狀態」（包括人情物理，人的生存生活）來論人性，便與宋明理學家先驗預設的道德本

〔註144〕張載撰、朱熹注：《張子全書》（臺北：臺灣中華書局，1988 年），卷 6，頁 8。
〔註145〕顏元：《顏元集·存性編》，卷一，頁 16、頁 1。
〔註146〕顏元：《顏元集·存性編》，卷一，頁 20。
〔註147〕顏元：《顏元集·存性編》，卷二，頁 34。
〔註148〕顏元：《顏元集·存性編》，卷一，頁 6。

原之性有很大的不同。它其所重視的，是「性」在現實人生中扮演的腳色，是人性的形成與後天環境之間的關係，是人怎樣去實踐安排自己的生命才情；它所強調的，正是人性的「後天」意義。

二、「氣情才皆善，惡由習染」的善惡觀

　　既然顏元反對宋儒將人性分爲「天命之性」和「氣質之性」，並將其性論建構在「理氣不離」、「性形不二」的宇宙本體論基礎上，而提出「氣性一本」的性論，關乎「性」善惡問題，顏元則主張氣性爲善，並以引蔽習染來解釋惡的根源。

　　他繪朱熹性圖：〔註149〕

$$
性善(性無不善)\begin{cases} 惡（惡不可謂從善中直下來，只是不能善，\\ \quad\ 則偏於一端而爲惡）\\ \\ 善（發而中節，無性不善）\end{cases}
$$

　　宋儒認爲「天命之性」純是一善，發而皆中節，無性不善。惡則是源自形而下者「氣質之性」，氣質之性有善有惡，而爲要揚善黜惡，便必須存天理、滅人欲。顏元則站在理氣融一、性形不二的觀點認爲性爲「氣質之性」，而氣性皆善。他說即使發而不中節，亦不可謂有性不善，這是宋儒「言外之弊」，其實性之已發，而中節、不中節皆善也。他並贊同惡字下所言「惡不可謂從善中直下來」，認爲將惡與善相比爲圖是「顯然之失」。由是可知，顏元主張性善，認爲性惡之說「誣性之甚」。他並在其氣性立場從氣善論性善。

（一）性情才皆善

　　顏元是性善論者，他認爲「渾天地間一性善也」，〔註150〕人之性純是一善，沒有絲毫之惡。顏元主要根據以下兩點來論證氣質不惡：其一，理氣不二，故不得謂理善而氣惡。他的性善論的哲學基礎是理氣融一論，性善論即他用理氣不離、性形不二的本體論對人及人性認識的結果，理氣既融一，性自然沒有二分爲善惡二端之可能。其二，氣質亦是天命故不得謂之惡。他認爲，人之性就是天之道、物之則，以性爲有惡，就是認爲天道有惡，而天道

─────────────────

〔註149〕顏元：《顏元集・存性編》，卷二，頁19。
〔註150〕顏元：《顏元集・存性編》，卷二，頁30。

是不存在惡的。在《存性編》中，顏元具體分析：

> 萬物之性，此理之賦也；萬物之氣質，此氣之凝也。正者此理此氣
> 也，間者亦此理此氣也，交雜者莫非此理此氣也；高明者此理此氣
> 也，卑暗者亦此理此氣也，清厚者此理此氣也，濁薄者亦此理此氣
> 也，長短、偏全、通塞莫非此理此氣也。至於人，則尤爲萬物之粹，
> 所謂「得天地之中以生」者也。〔註151〕

人與萬物皆由天地之二氣四德化生，因此無論正、間、高、低、清、濁皆源
於天道之理，亦皆是善。顏元以爲性只有一，即爲氣質之性，可分而言之的
叫做氣、情、才，三者俱性之一面，合之爲性的全體具現，性必賴氣、情、
才之表現方得以彰顯。首先他論述到性、情、才的關係，認爲三者同理而異
名。

> 存之爲仁、義、禮、智，謂之性者，以在內之元、亨、利、貞名之
> 也；發之爲惻隱、羞惡、辭讓、是非，謂之情者，以及物之元、亨、
> 利、貞言之也；才者，性之爲情者也，是元、亨、利、貞之力也。
> 〔註152〕

人爲萬物之粹，稟二氣四德而生成，存乎人內心自是源於元亨利貞四德之仁
義禮智善性，此即所謂「心之理謂性」；及物並發之爲惻隱、羞惡、辭讓、是
非之情，則所謂「性之動曰情」；至於才，則是「情之力」，是人的屬性能力、
好比目有能視之才，耳有能聽之才，口有能言之才，心有能思之才。至於性、
情、才三者之間的交互關係，顏元則說：「發者情也，能發而見於事者才也；
則非情、才無以見性，非氣質無所爲情、才，即無所爲性。是情非他，即性
之見也；才非他，即性之能也；氣質非他，即性、情、才之氣質也。一理而
異其名。」〔註153〕 簡而言之，「氣質→情、才→性」，性與情才都在於氣質，
沒有氣質就不可能有情才，也無所謂性；而情、才是人性的外在表現，「情」
是性的顯見，「才」是性的本能，沒有情才，就無從見性；而「性」則是人的
內在本質，沒有性亦無從表現爲情才。因此性、情、才，三者是「一理而異
其名」，以一貫之，未可分離。

顏元又進一步說明性、情、才皆善的道理。爲申明孟子本意，他繪製〈孟

〔註151〕顏元：《顏元集・存性編》，卷二，頁21。
〔註152〕顏元：《顏元集・存性編》，卷二，頁27。
〔註153〕顏元：《顏元集・存性編》，卷二，頁27。

子性情才皆善爲不善非才之罪圖〉：〔註154〕

孟子性情才皆善為不善非才之罪圖

他認爲「堯、舜、禹、湯以及周、孔諸聖未嘗言氣質之性有惡也」，並且
「猛思孟子性善、才情皆可爲善之論，誠可以建天地、質鬼神、考前王、俟
百世。」〔註155〕因此他直接繼承孟子之性善論，同意孟子「乃若其情，則可
以爲善」的天賦善性之說，此性圖的首要意涵爲「性情才皆善」：

> 中渾然一性善也。見當愛之物而情之惻隱能及之，是性之仁；其能
> 惻隱以及物者，才也。見當斷之物而情之羞惡能及之，是性之義；
> 其能羞惡以及物者，才也。見當敬之物而情之辭讓能及之，是性之
> 禮；其能辭讓以及物者，才也。見當辨之物而是非能及之，是性之
> 智；其能是非以及物者，才也。不惟聖賢與道爲一，雖常人率性，
> 亦皆如此，更無惡之可言，故孟子曰「性善」，「乃若其情，可以爲
> 善」，「若爲不善，非才之罪也」。〔註156〕

人見當愛、當斷、當敬、當辨之物時，能稟承性中仁、義、禮、智之善，發
而爲惻隱、羞惡、辭讓、是非之情，皆是內心有一善之才質與本性，因此性
與情才皆善。

〔註154〕顏元：《顏元集‧存性編》，卷二，頁28。
〔註155〕顏元：《顏元集‧存性編》，卷二，頁20。
〔註156〕顏元：《顏元集‧存性編》，卷二，頁27～28。

其次，他則駁斥氣質為惡之說。「若謂性善而才、情有惡，譬則苗矣，是謂種麻而秸實遂麥也；性善而氣質有惡，譬則樹矣，是謂內之神理屬柳，而外之枝幹乃為槐也。自有天地以來，有是理乎？」〔註157〕如果以性為善，以情、才有惡，就好比植物的根苗與果實的關係一樣，種的是麻，而結的果實卻是麥；樹根是柳，樹幹卻是槐，他批駁宋明儒認定氣質之性有惡的說法：「後儒之言性也，以天道、人性攙而言之；後儒之認才、情、氣質也，以才、情、氣質與引蔽習染者雜而言之。以天道攙人性，未甚害乎性；以引蔽習染雜才、情、氣質，則大誣乎才、情、氣質矣。」〔註158〕將才、情、氣質視為惡，乃是因為誤將才、情、氣質與引蔽習染者雜而言之，仁、義、禮、智是人的本性，善是人性的自然流露，因此流露出來的情、才、氣質當然仍是善的。由此，他將惡行歸之引蔽習染，下文詳之。

（二）惡由引蔽習染

在顏元人性論中，人性皆善，那麼世上所存在的種種罪惡是從何而來呢？顏元認為，惡由「引蔽習染」而來：「氣質清濁厚薄，萬有不同，總歸一善。至於惡則後起之『引蔽習染』也。」〔註159〕「引」就是引誘，「引蔽」謂人被誘往偏邪，掩蔽其正道。「習染」則謂人被引蔽之後而不知自反、積習成染，終成為惡。「禍始引蔽，成于習染」，並且「引愈頻而蔽益遠，習漸久而漸深。」〔註160〕這就是惡所從生的根源，顏元以衣為喻：「惡何以生也？則如衣之著塵觸污。」〔註161〕污衣之污濁其實乃外染所成，非衣之本性；以水為喻：「澄澈淵湛者，水之氣質，其濁之者，乃雜入水性本無之土，正猶吾言性之有引蔽習染也。」〔註162〕水本不濁，猶性本無惡，水因土而濁，正猶性因引蔽習染而惡，惡非性所固有，而是對性的污染。

顏元對人性的看法，是藉著對孔子「性相近，習相遠」這句話的詮釋而展開：

> 孔子曰：「性相近也，習相遠也。」……惟其同一善，故曰「近」。
> 將天下聖賢、豪傑、常人不一之恣性，皆於「性相近」一言包括，

〔註157〕顏元：《顏元集·存性編》，卷二，頁27。
〔註158〕顏元：《顏元集·存性編》，卷二，頁27。
〔註159〕李塨：《顏習齋年譜》，載於《顏元集》，卷上，頁726。
〔註160〕分見於顏元：《顏元集·存性編》，卷一，頁28、頁29。
〔註161〕顏元：《顏元集·存性編》，卷一，頁3。
〔註162〕顏元：《顏元集·存性編》，卷一，頁4。

故曰「人皆可以爲堯、舜」；將世人引蔽習染、好色好貨以至弒君
弒父無窮之罪惡，皆於「習相遠」一句定案，故曰「非才之罪也」，
「非天之降材爾殊也」，孔、孟之旨一也。〔註163〕

人性皆善，故曰「性相近」，人之惡來自外物的引蔽習染，來自後天環境對人性的影響，故曰「習相遠」。後天的環境將使本性日益浸染乎惡而離善日遠，甚至「好色好貨以至弒君弒父無窮之罪惡」，遂不復見性原本之善。由此可知，顏元「引蔽習染」之說乃欲上承孔、孟，恢復原始儒家性善習惡之說。

　　引蔽導致惡，顏元認爲人之「貪溺昧罔，亦必有外物引之，遂爲所蔽而僻焉，久之相習而成。」〔註164〕人的劣德是由於不良外物之引誘，人被蒙蔽，積習漸漬而成，惡不是先天具有的，而是後天形成的。以視爲例，「惟因有邪色引動，障蔽其名，然後有淫視而惡始名焉。」〔註165〕外在邪色即是引蔽。而習染則指人被外物引蔽之後，久之相習而成惡，人之貪溺昧罔、狠毒殘暴皆是後天之誤，「誤始惡，不誤不惡也，引蔽始誤，不引蔽不誤也；習染始終誤，不習染不終誤也。」〔註166〕因爲「引蔽習染」而引起對於道德價值之誤判，因此就產生惡。比如惻隱之心是仁之端也，但「見妻子可愛，反以愛父母者愛之，父母反不愛焉；見鳥獸草木可愛，反以愛人者愛之，人反不愛焉，是謂貪營、鄙吝。……非其愛之罪，誤愛之罪也。」〔註167〕仁愛本無罪，但若因引蔽而產生價值道德之誤判，其智明之本性被障蔽，以至蔽其當愛而不見，反愛其所不當愛，如篤愛妻子而忘父母、篤愛鳥獸草木而忘人，就會產生貪營鄙吝之心，再日漸習染而成惡行，因此顏元說：「禍始引蔽，成于習染」。

　　總之，人之性雖然純然一善，但由於財色等外物的誘惑，本來應該可以成就的仁、義、禮、智之德，便被惡所取代，貪婪、鄙吝、僞飾、諂媚、侮奪、殘忍、奸雄、小巧之惡行便會出現，且引愈頻而蔽愈遠，習漸久而染漸深，以至染成惡性惡行，而本來之仁、義、禮、智卻不可知了。這就是惡的來源及形成。

（三）稟乎二氣四德的分殊現象

　　一般學者對於顏元性論的探討，多能詳及其「氣性之善」與「惡由習染」

〔註163〕顏元：《顏元集・存性編》，卷一，頁7。

〔註164〕顏元：《顏元集・存性編》，卷一，頁9。

〔註165〕顏元：《顏元集・存性編》，卷一，頁1。

〔註166〕顏元：《顏元集・存性編》，卷二，頁30。

〔註167〕顏元：《顏元集・存性編》，卷二，頁30。

的善惡觀，而顏元另一「氣稟影響習染」的說法卻常被忽略。這是顏元用來闡述人性的分殊狀況，解釋何以同是湛然純善的理一之性，卻有引蔽習染的深淺之別，這乃是個體氣稟差異而表現出的分殊之性。關於氣稟之說朱熹早已立言：

> 問：「子罕言命，若仁、義、禮、智、信五常，皆是天所命。如貴賤、死生、壽夭之命有不同，如何？」
>
> 曰：「都是天所命。稟得精英之氣，便爲聖、爲賢，便是得理之全，得理之正。稟得清明者曰英爽，稟得敦厚者曰溫和。稟得清高者便貴，稟得豐厚者便富，稟得長久者便壽，稟得衰頹、薄污（天命無污，當作「濁」）者便爲愚、不肖，爲貧，爲賤，爲夭。天有那氣生一個人出來？便有許多物隨他來；天之所命固是均一，而氣稟便有不齊，只看其稟得來如何耳。」〔註168〕

這是朱熹關於氣質之性的論述，他認爲氣稟會對人產生種種深刻的影響，一個人之所以爲聖爲賢或爲不肖其實與其所稟之「氣」息息相關，因所稟之氣不同，所以自然就有聖賢不肖的差別，以氣稟詮釋人之賢不肖的看法成功的詮釋人氣質之性之分殊。對於此段言論，顏元不僅將其引述在其《存性編》之中，並讚賞「此段甚醇。愚第三圖大意正仿此。」〔註169〕何以反對理氣二元性論之顏元會贊成朱子氣稟之論？此難道代表其義理立場出現矛盾扞搭之處，此要由其性圖第三章之論述才能一探究竟：

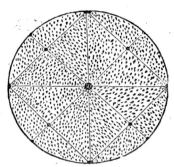

〔註168〕張伯行輯：《朱子語類》（臺北：臺灣商務印書館，1969 年），卷 4，頁 28。
〔註169〕顏元：《顏元集・存性編》，卷二，頁 15。

四德之理氣，分合交感而生萬物。其稟乎四德之中者，則其性質調
和，有大中之中，有正之中，間之中，有斜之中，有中之中。……
〔註170〕

性即氣質中固有的元、亨、利、貞四德，並體現為仁義禮智之理，後者具有
至善的道德價值，因而人性也必然是至善的。顏元並鉅細靡遺地羅列由於人
所稟受理氣之不同而表現出來的三十二類不同的人性：稟乎四德之「中」者，
則性質調和；稟乎四德之「邊」者，則性質偏僻。稟乎四德之「直」者，則
性質端果；稟乎四德之「屈」者，則性質曲折。稟乎四德之「方」者，則性
質板稜；稟乎四德之「圓」者，則性質通便。稟乎「衝」者，則性質繁華；
稟乎「僻」者，則其性質閒靜。稟乎「齊」者，性質漸鈍；稟乎「銳」者，
性質尖巧。稟乎「離」者，性質孤疏；稟乎「合」者，性質親密。稟乎「遠」
者，性質奔馳；稟乎「近」者，則性質拘謹。稟乎「違」者，性質乖左；稟
乎「遇」者，性質湊濟。稟乎「大」者，性質廣闊；稟乎「小」者，性氣狹
隘。得其「厚」者敦龐；得其「薄」者饒瘠。得其「清」者聰明；得其「濁」
者愚蠢。得其「強」者壯往；得其「弱」者退諉。得其「高」者尊貴；得其
「下」者卑賤。得其「長」者壽固；得其「短」者夭折。得其「疾」者早速；
得其「遲」者晚滯。得其「全」者充滿；得其「缺」者破敗。並且說明此三
十二類尚有「中、正、間、斜」之分，因此氣稟差異百變無窮。於是乎人之
氣稟之不同就造成後天個體受到環境外物習染深淺程度之差異，如此則能說
明人之氣性本善，而外落到經驗視域之後卻呈現分殊狀況的原由。

　　氣稟決定人之屬性，卻不主導人之善惡。氣稟之由來則仍是天道理氣、
二氣四德，顏元又說：「三十二類不外十六變，〔註171〕十六變不外四德也，四
德不外於二氣，二氣不外於天道也，舉不得以惡言也。」〔註172〕既然氣稟起
源不外於天道之二氣四德，因此「舉不得以惡言也」。天地萬物中昆蟲、草木、
蛇蠍、豺狼，皆此天道之理之氣所為，不可以惡言，更何況稟得天地之中、
天地之粹的人之氣稟呢？〔註173〕可見這些差異能夠論證人屬性的差異，但不
具有善惡之價值對立，因為氣稟來自天道所命的理氣，因而有善無惡。顏元

〔註170〕顏元：《顏元集‧存性編》，卷二，頁24。
〔註171〕按：正反對舉之德，共可分為十六組，如中邊對舉、直屈對舉、方圓對舉等。
〔註172〕顏元：《顏元集‧存性編》，卷二，頁25。
〔註173〕顏元：《顏元集‧存性編》，卷二，頁24～25。

認為，氣稟的不同，只是初步決定人們是否易於引蔽習染，但氣質偏駁只是易於引蔽習染而為惡，氣質本身仍是善的，「人之自幼而惡，是本身氣質偏駁，易於引蔽習染，人與有責也，人可自力也。」氣稟之清，自幼而善，養成聖人之善性，就如同水流至海而不污；相反的，氣質偏駁之甚者，自幼而惡，如同水流未遠已濁，水的本性純淨無纖塵之染，但雜入水性本無之土即為污濁，「濁有多少，氣之昏明純駁有淺深也。」〔註174〕未受引蔽，則性情才皆顯本然，表裡一致，內外無別；若受引蔽，積習漸漬則為惡，引蔽之程度端視氣之昏明純駁。

顏元直承清儒氣性本善之說，但亦觀照到萬物萬殊之現象，其氣稟氣質的立論正展現其對於形下經驗界的落實，但此說頗雷同於宋明理學「氣質之性」之概念，只能說顏元特重現象界中人之分殊，希冀以此說補充其氣性本體之論，但仍有不易切割之學說困境。雖氣稟有別，顏元仍說，「人與有責」、「人可自力」，這就要引出顏元踐履習善、擴充進才的工夫主張。

三、躬習踐履的「踐形盡性」說

顏元認定氣性為善，則性善要如何完成，便成為他關注的要項，因此他說「吾儒日言性道而天下不聞也，日體性道而天下相安也，日盡性道而天下相忘也。」〔註175〕空言性道無濟於天下蒼生，儒者唯有體性道、盡性道，才能「完其性」並「用於世」。也正因為人性本善，惡為習染，所以有進行工夫修養與道德教育的可能和必要。因此在性論之中他特別重視透過「躬習踐履」的實行實習以踐形盡性，透過實教實學以成性用世。

（一）踐形盡性

顏元說：

> 踐形而盡性也，則存性於身矣。〔註176〕

雖然遠承孟子的性善觀點，但顏元的工夫進路卻在「崇實」之時代思潮的氛圍下與孟子有迥然之差異，孟子是由心言性，並主張透過盡心養性的擴充工夫，彰顯人心所具有的仁義禮智之善性，而顏元卻是由實踐的工夫說人性，因而主張「踐形盡性」。此言仍須回溯其「氣質之性」的性論，因為理氣

〔註174〕皆見顏元：《顏元集‧存性編》，卷一，頁10～11。
〔註175〕顏元：《顏元集‧存性編》，卷二，頁33。
〔註176〕顏元：《顏元集‧習齋記餘》，卷一，頁398。

合一、性形不二，因此欲盡性，就應善用天賦的肢體感官，置身於實事實物之中，發揮其功能，這就是所謂「踐形盡性」。所以他說：「夫性者，據形求之；盡性者，於形盡之。」〔註177〕形、性不離，在實際行動中，使形體習動起來，就能充分發揮人的本性。其弟子李塨「踐形盡性」之說有一段透闢之解釋曰：「聖學，踐形以盡性也：耳聰目明，踐耳目之形，手恭足重，踐手足之形也；身修心睿，踐身心之形也。形踐而仁義禮智之性盡矣。」〔註178〕踐形即是身習，耳、目、手、足、身、心等形體，必須透過實踐，其功能才得以發揮之，在生活人倫之中，體踐耳聰目明、手恭足重、身修心睿，使身軀形體習於善而不失其性，如此就能遠於引蔽習染之惡，惡念不參、俗情不入，則能涵養善性。如此的說法與孔子克己復禮之說相承，顏元肯定「予之視、聽、言、動果克己復禮，踐形而盡性也，則性存於身矣；諸友信拙言而皆踐形盡性也，則存性於世矣。」〔註179〕人人以動養性，在視聽言動之中存養仁智諸德、孝友諸行，這就是「存性於身」。透過踐形而盡性，重視躬身實踐的重要性，此點顯示顏元修養工夫的特色。

　　顏元之說可謂中國儒學中「道德實踐」傳統的繼承，以「道德踐履」為其性論之實質內容。他認為踐履性善、遠離引染最主要的方式就是「明明德」：

> 氣質偏駁者，欲使私欲不能引染，如之何？惟在明明德而已。存養省察，磨勵乎詩、書之中，涵濡乎禮樂之場，周、孔教人之成法固在也。自治以此，治人即以此。使天下相習於善，而愈遠其引蔽習染，所謂「以人治人」也。〔註180〕

「明明德」即是踐形盡性的具體作法，依照顏元所言，在學、行之中闡明發揚心中清明之善性，讀書問學、行事做人皆不離孔門詩書禮樂的聖人之教，在生活之中實現道德理想，隨時隨地「存養省察」以進於德，如此即為習善遠惡之方，並且以此治人、教人，更可使天下人皆相習於善，並遠其引蔽習染。他舉「仁」例說明，存仁於性，則愛用於事，即使發而不中節，也非是惡的行為，並且「仁之本必寓有義、禮、智，四德不相離也」，若仁勝而無義，

〔註177〕顏元：《顏元集・存人編》，卷一，頁 128。

〔註178〕馮辰：《李恕谷先生年譜》（臺北：臺灣商務印書館，1978 年），頁 287～288。

〔註179〕顏元撰，鍾陵編：《習齋記餘》，載於《顏元集》，卷一，頁 398。

〔註180〕顏元：《顏元集・存性編》，卷二，頁 31。

則泛濫失宜，將愛父母如同路人，犯不宜之惡；若仁勝而無禮，則節文不敷，養父母如同犬馬、逾東家摟處子，成其不檢之惡；若仁勝不智，則不辨可否是非，或者從井救人，莫知子惡，則成其迷惑之惡。〔註181〕因此就行為的具體落實看來，合宜恰當的踐履之善是仁、義、禮、智四德不離的，而只要有明德的實踐，中節不中節皆是善的，因此「人則明明德而引蔽自不乘，故曰：『先立乎其大者，則其小者不能奪也。』」〔註182〕具體的德性發揚不僅具有發揮善性的效用，在實踐之過程之中，引蔽習染之惡將透過「存養省察」而自行銷弭。

顏元修養進德之門不是透過宋儒的「窮理居敬」，因為「若靜坐闔眼，但可供精神短淺者一時之葆攝；訓詁著述，亦止許承接秦火者一時之補苴。如謂此為主敬，此為致知，此為有功民物，僕則不敢為諸先正黨也。」〔註183〕靜坐、讀書或者有益於一時，卻無法裨益於民物，也非進德全性之鑰。其實，「道問學」與「尊德性」為朱陸鵝湖之辨中主要歧異之處，也是宋儒對於工夫方法論的精要見解，但顏元卻認為此為宋儒「自欺自誤者」。〔註184〕他認為宋儒之強調讀書以窮理、靜坐以居敬，並非孔門學問，觀之孔門之教，將讀書當作致知中之一事，所讀之書為《詩》、《禮》、《易》，並且「讀之」而立即「行之」，重視其實踐之功，因此顏元認為所謂「窮理」只是「凡理必求精熟之至」，所謂「居敬」則是「凡事必求謹慎之周」的勤學敬慎態度，終究非明明德的進路，明明德的進一步則是踐德履德、知性盡性。

相較於宋儒改變氣質之說，顏元則認為氣質本善，所以提出「不惟氣質非吾性之累害，而且舍氣質無以存養心性。」〔註185〕性必須在情、才、氣質中體現，因此復性、養性之效果要通過外顯的情、才、氣質來驗證、察驗。追根究底，拭拂情、才需先解決人與環境，主觀與客觀之矛盾。客觀會污染主觀，主觀被污及反污其根本之善，則必透過習行踐履而改善客觀環境，才能去其引蔽之惡源，習於善性而非習於惡行。於是「躬身實踐」成了顏元存養心性、踐形盡性的具體進路。

〔註181〕顏元：《顏元集‧存性編》，卷二，頁31。
〔註182〕顏元：《顏元集‧存性編》，卷二，頁31。
〔註183〕顏元：《顏元集‧存性編》，卷二，頁31。
〔註184〕顏元：《顏元集‧存學編》，卷二，頁59。
〔註185〕顏元：《顏元集‧存性編》，卷二，頁32。

（二）躬習踐履

顏元心性論的最大特點是提倡「躬習踐履」，於是在教育中就特別重視「習」，因此他創辦「習齋」，帶領學生在氣質上存養心性，習行六德、六行、六藝，提倡正德、利用、厚生之學。

顏元提出「習與性成」的觀點，〔註186〕認為後天之「習」會影響人之善行惡行，他說：「少時缺習善之功，長時又習於穢惡，則為學之要在變化習染。」〔註187〕善是人氣質之本然，透過學習可以達擴善之功，惡則源於後天之引蔽習染，因此為學養性的第一要義並非「變化氣質」，而在於「變化習染」。變化習染一方面是習善，習行六德、六行、六藝之善，使得性之本然得以朗現，氣質之善能夠發揮；另一方面是透過學習，遠離習染之惡、引蔽之誤，因此「習」能「成性」：

> 學人不實用養性之功，皆因不理會夫子兩「習」之義，「學而時習」之「習」，是教人習善也；「習相遠」之「習」，是戒人習惡也。
> 〔註188〕

必須親身躬行實踐、習行善性並免去惡之習染，重視實事上磨練，才能成就性善完整的意義；對治引蔽習染之惡的方法，即是在氣質之善上存養。故後天之「習」可改造人之善惡，「性與習成」的觀念一方面揭示了人性的具體性、可塑性；一方面也重視人性之社會化、經驗化。性固屬於天，然習成於人，人性的潛能內容是在後天習的工夫歷程中發展醞釀的。

顏元格外強調「習行」的生活實踐，認為只有透過習行才能真正改造人之行為：

> 某謂心上思過，口上講過，書上見過，都不得力，臨事時依舊是所習者出。〔註189〕

> 心中醒，口中說，紙上作，不從身上習過，皆無用也。〔註190〕

讀書致知、講論心性，皆非盡性之功，要將善性推擴體驗於日常生活之中，唯有透過習行，其功效才能穩固並長久，否則臨事處世時仍會受囿於舊時習得的態度與思維。學要如何有得，宋儒認為「大凡學問聞之知之皆不為得。得者須

〔註186〕顏元：《顏元集・存性編》，卷一，頁 7。

〔註187〕顏元：《顏元集・存學編》，卷四，頁 89。

〔註188〕顏元撰，鍾陵編：《顏習齋先生言行錄》，載於《顏元集》，卷下，頁 664。

〔註189〕顏元：《顏元集・存學編》，卷一，頁 54。

〔註190〕顏元：《顏元集・存學編》，卷一，頁 56。

默識心通，學者欲有所得，須是誠意燭理」，但顏元卻反對默識、誠意、靜坐之方法，他認為「得者須履中蹈和，躬習實踐，深造以六藝之道，乃自得之也。」〔註191〕履踐中和之道、重視躬習實踐之功，才是為學求道而能得之的方法，因此顏元指出程朱之失是少「下面著實工夫」，所謂「下面著實工夫」，即是力行之工夫，「但讀孔門所有經傳，即從之學其所學，習其所習，庶幾不遠於道。」〔註192〕「學」之後必得落實「習」之功才能使道德圓滿渾成。

他不僅反對宋儒靜坐誠意、默識心通的「尊德性」進路，且提出格物致知「道問學」並非進德之方，他說：「讀盡天下書而不習行六府、六藝，文人也，非儒也，尚不如行一節、精一藝者之為儒也。」〔註193〕真正儒者不沉浸陷溺於書本之中，因此他反駁宋儒「進學莫大於致知，養心莫大於理義」之說，認為「學之患莫大於以理義讓古人作」，〔註194〕古人之聖，今人皆望塵莫及，那是因為如若理義只是憑口中所談、紙上所見、心內所思來持養，則養之不能深且固。在這裡必須指明顏元並非反對學者讀書、博學，他只是認為不當以讀書博學為工夫進路的第一義，他指出傳統儒學其實並未反對讀書，「周公之法春、秋教以禮、樂，冬、夏教以詩、書，豈可全不讀書！但古人是讀之以為學，如讀琴譜以學琴，讀禮經以學禮。博學之，是學六府、六德、六行、六藝之事也。只以多讀書為博學，是第一義已誤，又何暇計問、思、辨、行也。」〔註195〕由是可知，古人博學涵攝到六府、六德、六行、六藝，乃是以全面的道義德行之善、日常人倫之事為範疇，多讀書並非是博學之第一義，博學不只是要多讀書，尚有比博學重要的問、思、辨、行之功。他說，「宋儒之誤也，故講說多而踐履少，經濟事業則更少。若宗孔子『下學而上達』則反是矣。」〔註196〕因此他另提一「重習行」的方式，認為人人只要透過「行」即能領略理義、履踐理義，將「可得而知者皆習行之，亦自足以養人。」〔註197〕主張「習而行之以為教」，在教育中至要緊的是教導門生習行，「如詩、書、六藝亦非徒列坐講聽，要一講即教習，習至難處來問，方再與講。講之功有限，習之功無已。」〔註198〕一講

〔註191〕顏元：《顏元集・存學編》，卷三，頁94。
〔註192〕顏元：《顏元集・存學編》，卷三，頁73。
〔註193〕顏元：《顏元集・存學編》，卷一，頁50。
〔註194〕顏元：《顏元集・存學編》，卷三，頁94。
〔註195〕顏元：《顏元集・存學編》，卷一，頁54。
〔註196〕顏元：《顏元集・存學編》，卷三，頁72。
〔註197〕顏元：《顏元集・存學編》，卷三，頁94。
〔註198〕顏元：《顏元集・存學編》，卷一，頁41。

論完就習行，習行中或有困頓之處、或有不符現實之處，此時再講再習，就能成就習行之功。因此「爲學爲教，用力於講讀者一二，加功於習行者八九，則生民幸甚，吾道幸甚。」〔註199〕習行有實功於生民，爲學爲教應重視習行，而非講讀。

　　綜上之論，在工夫進路上，顏元特重躬習踐履的習行，講究性命實功，批判「近世言學者，心性之外無餘理，敬靜之外無餘功」，〔註200〕知心中醒，口中說，紙上作，不從身上習過，是理論脫離實際，對國計民生甚至對自身的學問修養沒有任何實際效果，反使學者養成夸夸其談的惡習。然而，「講之功有限，習之功無已」，〔註201〕於是他反對空談心性，而重視心性理論對社會實踐的影響。不駁倒氣質性惡論、不確立人性皆善論，他的政治主張和教育思想就無以立足，更遑論貫徹。所以他就苦心孤詣研討人性，廣泛宣傳性善之理，無非欲人共見天道賦予人性之本善，使古聖賢性習之旨昭然於世，顏元既然是爲社會實踐而研討人性，所以他的人性理論也就成爲了其政治思想和教育思想的基石與指南。在顏元的筆下，「性」不再是一個空洞的概念，也不僅僅是天生具有的人之素質或特性，而是一個在現實生活中完成，且不斷豐富與完善的實際歷程，它是直接與人的道德實踐融而爲一的。

（三）以「學」養性，學成用世

　　「性能習成」，因此儒者的任務就在於能教導萬民，使之能習行善性，並遠其習染。顏元終身以教育爲職志，在《存性編》之終了，他甚至如此作結：「惟各究乎性道之事業，則在下者師若弟，在上者君臣及民，無不相化乎德與行義，而此外無學教、無成平也。」他期待性道能行於萬民之中，如上天不言而時行物生，性情之本然朗見，氣質之善性能實施，他希冀能闡明聖人體天立教之意，當此之時，「吾之七圖亦可焚矣。」〔註202〕爲使天下人能體踐性道，顏元又作《存學編》來闡明實學之義，他說「實學不明，言雖精，書雖備，於世何功，於道何補？」〔註203〕學的終極目的不在著作不朽之論，而在成就不朽之實功，而此實功則透過人之言行體現在性情氣質之中。因此，「學

〔註199〕顏元：《顏元集・存學編》，卷一，頁42。
〔註200〕顏元：《顏元集・存學編》，卷一，頁47。
〔註201〕顏元：《顏元集・存學編》，卷一，頁41
〔註202〕顏元：《顏元集・存性編》，卷二，頁33。
〔註203〕顏元：《顏元集・存學編》，卷三，頁76。

者，學其成人而已，非外求也。」〔註204〕顏元的教育思想建基於性論。他主張性善論，故認為教育的宗旨不是要改變人的氣質，而是養成其人，如同孵蛋生雞，是改變其存在狀態，其本然應具之善就能顯現，惡由後天的引蔽習染而來，所以「為學之要，在變化習染」。〔註205〕教育的方法乃在轉化環境、改變習染，以陶塑善性善行。除此之外，顏元的教育目的、教育內容亦皆建立在其心性理論的基礎上：

> 學而時習，用全副精神，身心道藝，一滾加工，進銳不得，亦退速
> 不得。即此為學，即此為行，即此為教，舉而措之，即此為治，真
> 堯、舜宗子，文、周功臣，萬世聖賢之規矩也。〔註206〕

在身心道藝上，用全副精神來學而時習，這就是踐形盡性的性道功夫，而這也是學、行、教、治的內容，筆者認為顏元以六德、六行、六藝為其教與學之內容，以澤世輔民之經世理想為教與學之目的。

1. 習行「六德、六行、六藝」之學

顏元認為性道作用於六德、六行、六藝，而六德、六行、六藝正是學者孜孜學習、黽勉習行的內容：

> 惟言乎性道之作用則六德、六行、六藝也，惟體乎性道之功力，則
> 習行六德、六行、六藝也。〔註207〕

所謂「六德」為「知、仁、聖、義、忠、和」，為六種承襲自儒家的良善德性；「六行」為「孝、友、睦、婣、任、卹」六種表現在人倫彝常之行為；「六藝」則為「禮、樂、射、御、書、數」，為六種生活實用技藝。〔註208〕顏元認為「天下皆畢力於此以成學，天下皆共力於此以成俗」，因為「六德即所正之德也，六行即所以厚其生也，六藝即所以利其用也。」〔註209〕正德、利用、厚生三事為唐虞聖王所以治天下之道，是修、齊、治、平的方法，也是儒家內聖而外王的理想，顏元則認為「六德」為「正德」之實質內容、善性的綜合表現；「六行」為「厚生」的具體步驟，是親民愛物的處世態度；「六藝」則為「利用」的具體憑藉，是經世濟民的根柢。因此學習六德、六行、六藝，「學成矣，則用於世以

〔註204〕顏元：《顏元集‧存學編》，卷一，頁52。
〔註205〕顏元：《顏元集‧存學編》，卷四，頁89。
〔註206〕顏元：《顏元集‧存學編》，卷三，頁87。
〔註207〕顏元：《顏元集‧存性編》，卷二，頁33。
〔註208〕顏元撰，鍾陵編：《習齋記餘》，載於《顏元集》，卷九，頁565。
〔註209〕顏元撰，鍾陵編：《習齋記餘》，載於《顏元集》，卷九，頁564。

行之，如不用於世，亦可完吾性，分以還天地，不著述可也。」〔註210〕學成可以用於世、有用於民，學成可以完吾性、成就氣質之善。而學習六德、六行、六藝的方法是「習行」，因爲讀盡天下書，卻不習行六府、六藝，顏元認爲這只能稱爲文人，而不配以儒者名之。〔註211〕眞正儒者的養成是必須透過廣博之學習、切身之習行踐履。

而在修六德、行六行、習六藝之中，顏元特別重視的是六藝的修習：

> 性命之作用，如詩、書、六藝也。〔註212〕

> 六藝即氣質之作用，所以踐形盡性者也。〔註213〕

六藝爲實用於日常生活之中的技能，宋明儒者重視天道性命，較少論及六藝，但顏元卻認爲正要在禮、樂、射、御、書、數之中習行踐履，才是實踐天理的具體方式。因此「聖人教六藝，正使之習熟天理。」〔註214〕天理是抽象的，難以講述，因此聖人先王將天理具體化、實相化、經驗化爲六藝。

> 先王知人不習於性所本有之善，必習於性所本無之惡。故因人性之所必至，天道之所必然，而制爲禮、樂、射、御、書、數，使人習其性之所本有，而性之本無者，不得引之、蔽之，不引蔽則自不習染，而人得免於惡矣。〔註215〕

盡性之道、養性之功，在於習行禮、樂、射、御、書、數六藝，因爲聖人教人六藝，正爲使人習熟天理、天命之善，因此學而時習之的對象自要是依照「人性之所必至，天道之所必然」所制定的六藝實事，習行六藝便能盡性，由此必能遠離引蔽習染之惡。「古者學從六藝入，其中涵濡性情，歷練經濟，不得躐等，力之所至，見斯至焉。」〔註216〕習行六藝正是透過自身的踐履，循序以進地歷練經濟、培養才學識見，「六藝」是習行的入門途徑。重視六藝正顯現顏元用實學實教取代著述講論之功的基本立場，他甚至更進一步指出「道問學之功，即爲六藝。」〔註217〕禮、樂、射、御、書、數等諸項生

〔註210〕顏元：《顏元集・存學編》，卷三，頁82。
〔註211〕顏元：《顏元集・存學編》，卷一，頁50。
〔註212〕顏元：《顏元集・存學編》，卷一，頁41。
〔註213〕顏元：《顏元集・存學編》，卷三，頁84。
〔註214〕顏元：《顏元集・存學編》，卷二，頁64。
〔註215〕顏元撰，鍾陵編：《顏習齋先生言行錄》，載於《顏元集》，卷下，頁664。
〔註216〕顏元：《顏元集・存性編》，卷二，頁30～31。
〔註217〕顏元：《顏元集・存學編》，卷一，頁52。

活實技正是儒者所該操持並嫻熟的能力,因此「出曰博學於文,蓋詩、書、六藝,以及兵農、水火在天地間燦著者,皆文也,皆所當學之也。」〔註218〕天地之間的學問廣博眾多,詩書禮樂之儀德、兵農水火之自然實技,應是儒者之所學所能,學問重點不只在多讀書、多著述、多講學,而在於廣泛並貼近經驗視域中實用的學習,顏元並舉孔子之教為例,認為「我夫子承周末文勝之際,洞見道之不興,不在文之不詳,而在實之不修,奮筆刪定繁文,存今所有經書,取足以明道,而學教專在六藝,務期實用。」因此孔子與弟子所言,罕見天道性命之論,是以「學者用功省而成就多。」〔註219〕六藝既是聖人之教,那麼後世也應景然效法,他提出一理想的教學境界與理念:

> 如朱、陸兩先生,倘有一人守孔子下學之成法,而身習夫禮、樂、射、御、書、數以及兵農、錢穀、水火、工虞之屬而精之。凡弟子從遊者,則令某也學禮夕某也學樂,某也兵農,某也水火,某也兼數藝,某也尤精幾藝,則及門皆通儒,進退周旋無非性命也,聲音度數無非涵養也,政事文學同歸也,人己事物一致也,所謂下學而上達也,合內外之道也。如此,不惟必有一人虛心以相下,而且君相必實得其用,天下必實被其澤,人才既興,王道次舉,異端可靖,太平可期。〔註220〕

儒者的修習養成若能廣泛全面、下學而上達,使得人人皆通儒,將之應用於生活之中,這正是最允當的性命涵養,不惟如此,更能應用於政事,使君相得其實用,天下廣被實澤,達到《尚書》中「府修事和」的實功、《大學》中明德親民的境界。即或不能精通六藝也要由一藝之精習入手,顏元說「如六藝不能兼,終身只精一藝可也;如一藝不能全,數人共學一藝,如習禮者某冠昏,某喪祭,某宗廟,某會同,亦可也。」〔註221〕甚至數人共習一藝,亦皆較之著述空談、立虛無之論還更有實功。因此顏元將學之內容界定為六行、六德,並側重於六藝,最主要就是希望儒者「寧為一端一節之實,無為全體大用之虛。」〔註222〕透過此論力矯時弊,提倡實學。

　　2. 學成,用世以行之

〔註218〕顏元:《顏元集・存學編》,卷一,頁59。
〔註219〕顏元:《顏元集・存學編》,卷三,頁75。
〔註220〕顏元:《顏元集・存學編》,卷一,頁44〜45。
〔註221〕顏元:《顏元集・存學編》,卷一,頁54。
〔註222〕顏元:《顏元集・存學編》,卷一,頁54。

顏元認為「聖人學、教、治皆一也。」〔註223〕教、學與治皆須立基在「實」的基礎之上，而儒者講學的內容、原因、目的皆是為了澤世輔民，此節將論及以經世為終極目標的性論觀點，至於儒者經世的方法與施措則於後章詳敘。顏元抨擊空談心性的學風，使「宋元來儒者卻習成婦女態，甚可羞。無事袖手談心性，臨危一死報君王，即為上品矣。豈若真學一復，戶有經濟，使乾坤中永享治安之澤乎！」〔註224〕他主張的真學即是有利民生、經濟世用的實學，而非透過內聖路徑以成者，這或許是明末清初特殊的時代需求，也反映出顏元儒學論學的「崇實」主張：

> 彼以其虛，我以其實。程朱當遠宗孔子，近師安定，以六德、六行、
> 六藝與兵農、錢穀、水火、工虞之類教其門人，成就數十百通儒。
> 朝廷大政，天下所不能辦，吾人皆辦之；險重繁難天下所不敢任，
> 吾門人皆任之，吾道自尊顯，釋、老自銷亡矣。〔註225〕

孔子教導門生以六德、六行、六藝，成就通儒的最終目的不為閉門造車、潛心問學、深造道德，而是為了使這些人才皆為世所用，使這些通儒襄助朝廷大政、擔當艱難繁重之務，因此傳統儒家，「唐虞之儒，和三事、修六府而已，成周之儒以三事教萬民，賓興之而已。」〔註226〕所謂「三事」即正德、利用、厚生之學，這是儒家教學的目的，也是顏元主張存養心性與立教立學的最終極訴求。

將「內聖」與「外王」合一向來為中國儒學的基調，顏元非是首倡，他並且繼承《大學》明明德、新民、止於至善的為學次第：「大學首四句，吾奉為古聖真傳。所學無二理，亦無二事，指此仁義禮智之德，子臣弟友之行，詩書禮樂之文，以之修身則明德，以之齊治則為親民。明矣而未親，親矣而未止於至善，吾不敢謂之道也。」〔註227〕真正的儒道不只學習「明明德」，尚須己立立人、己達達人地「親民」，並且以至善為止境。為達親民之效，他同意孟子所言

〔註223〕顏元：《顏元集・存學編》，卷一，頁 39。
〔註224〕顏元：《顏元集・存學編》，卷一，頁 51。
〔註225〕顏元：《顏元集・存學編》，卷一，頁 40
〔註226〕顏元撰，鍾陵編：《習齋記餘》，載於《顏元集》，卷三，頁 439。六府謂金、木、水、火、土、穀，三事謂正德、利用、厚生。三物為六德、六行、六藝，六德為知、仁、聖、義、忠、和，六行謂孝、友、睦、婣、任、卹，六藝為禮、樂、射、御、書、數。分見《習齋記餘》，卷九，載於《顏元全集》，頁 563～566。及《存治編》，《顏元全集》，頁 109。
〔註227〕顏元：《顏元集・存學編》，卷一，頁 42。

常人多「行之而不著焉，習矣而不察焉，終身由之而不知道」，〔註228〕百姓對性道可以懵懂不明，但透過聖人立學則可以協助百姓皆習行善性、遠離習染，如此之功甚至高於性道之講述，教導人民習行於道中，則天下人雖不知道，卻也能世世守道、時時守道。

顏元並認爲眞正的聖賢是具「扶危濟難之功」、「可將可相之才」，〔註229〕能有用於世、有利於民之人。因此聖賢的養成不是透過靜坐頓悟，而必要透過費力的習行，如孔子以「先之，勞之」來答覆子路問政，顏元就贊同「天下事皆吾儒分內事，儒者不費力，誰費力乎？」〔註230〕如孔子揖讓習禮、周遊列國、撫育弟子三千就是作費力事；周公吐哺握髮、制禮作樂亦是傾其生於費力事之中，而此「費力事」正是教導萬民稟承天地之善氣，就是造就人才的教化之功，就是輔世澤民、參贊化育之事。故此顏元認爲「學成矣，則用世以行之。」〔註231〕學成的目的就在於用世利民。

綜上可知，顏元可謂爲實用理性的代表人物，他的學說中心即是實用與踐履。於是他在「氣質即善」、「躬習踐履」的基礎上，提倡學習立善遠惡，將性情之善落實爲具體的實踐，甚而外擴至政治、教育的制度與執行，希望以此達到輔世澤民的經世致用之功。

第三節　結　語

緣於明末的世風頹靡學術空疏，清初學術漸趨返歸務實、經世致用，朱之瑜、顏元生長於斯，當不能自外於這股學風之中，故學說也以「崇實黜虛」爲其共同特色。他們痛心於孔、孟之學的不彰，天理心性論之昌盛，故反覆申論將性回歸於經驗層面視之、論之、學之、習之。本章探討的主題爲朱之瑜與顏元的性論，筆者不欲以現今之價值觀來衡量二者性論之優劣、或其性論是否符合所謂「終極眞理」（ultimate truth）。其實眞理的變動性是與其產生與對應的環境息息相關的，任何的哲學思維都是在人生的經驗之中不斷探究、隨時修正產生的結果，思想家所須負責的是辯證過程的縝密性與對治時代問題的有效性，若由此點來檢視朱、顏二位思想家，則將發現其崇實性論

〔註228〕顏元：《顏元集・存學編》，卷二，頁 60。
〔註229〕顏元：《顏元集・存學編》，卷二，頁 66。
〔註230〕顏元：《顏元集・存學編》，卷二，頁 68。
〔註231〕顏元：《顏元集・存學編》，卷三，頁 82。

的價值。二者之性論皆承其天道宇宙論而來，並成為其工夫修養論與社會教化理論之基礎，建立起由本體至人性至工夫論的完整體系；二者皆關照到現實生活的經驗層面，因此他們無論提出「性善」或「性非善亦非惡」的主張，注重在生活彝倫中習行踐履，重視社會教化、移風成俗的觀點，都落在經驗視域中反覆檢測其實用性、實效性。以下則將二者之性論思考並立參照，期能一窺明末清初性論發展之線索。

一、由「天命謂性」到「以氣論性」

　　朱之瑜、顏元的性論探討皆建基在其宇宙論的基礎之上，揚棄宋明「性即理」、「心即理」之「理先氣後」，進一步建立「以氣為本」的明清新觀點。論及人性時，朱之瑜「萬物本乎天」的天道觀，使得其性論建立在敬天、畏天的基礎上，而有「順天致性」的具體施措；顏元的性論則是從「理氣不離」的氣本論出發，而主張「性」應與外顯的氣質、情、才結合，表現在人之形質之中。整體而言，朱、顏二人之性論可謂融攝了形而上、先驗的、理想的性論傳統，並展現趨向形而下、經驗的、崇實的人性論特質。

　　相較之下，朱之瑜論性尚雜揉了儒家傳統「天命之謂性」的天命觀，而顏元則在天地所賦予的渾然一善的氣性探討之中，更重視氣化世界中人性的具體展現，其氣性論的完整辯證思考的建立，也代表從明末朱之瑜到清初顏元，隨著氣本思想的逐漸普遍，「以氣論性」的觀念也漸趨成熟，也逐漸取代天命、氣質之性二分之說，而獲得主流之地位，宇宙觀之重器、重氣的趨勢，反映在性論之上，亦呈現出立論重心的轉化。

二、性與習成

　　對於善惡觀，二者看法也有迥異而合一之處。朱之瑜提出中人之性，「非善亦非惡」，善、惡並非先天決定，而來自於後天之習成，性「可以為善，可以為惡」，習於善則善，習於惡則惡；顏元則認為氣性皆善、惡由習染，人之性是天理所賦，人之氣性是二氣四德所形，因此純善而無惡，至於惡則是來自後天之環境之引蔽習染，引蔽越頻、習染越深，惡就越積重難返。在崇實思想的價值核心引導之下，二者皆重視「習」，主張善惡與後天的教化與環境攸關，因此「習行」善則為善，引蔽自除，「習染」惡則成惡，從經驗面觀察人性確實是可以改造的，因此修養人性不在於「變化氣質」，而在於「變化習

染」，如此性之善惡就可以操之於人的主控與努力，這又是肯定人的主動性。只是，兩人同將惡的來源歸於後天的習染，卻未言明環境之惡所由來之根源，此為其學說架構中較不足之處。

朱、顏對於「氣稟」的態度也明顯不同，朱之瑜反對人稟濁氣則為惡、稟受清氣則為善的看法，顏元亦反對善惡來自氣稟，但卻又同意人所稟之氣會決定人的分殊特質，而此分殊的性質又會決定後天習染的深淺與難易，進而呈現出善惡分殊的現象。筆者認為顏元在「氣皆善」而現象界卻善惡分殊的落差之中，勢必需要補充此一論點以解釋萬物分殊之象，才能使其理論架構更精微而周密，而朱之瑜性非善亦非惡的思考原就不把人性化歸於一，因此反對氣稟正突顯其以人為本的性論思考。只是朱之瑜將性論討論的範疇限定為「中人之性」，對於聖人與愚人之別卻只一言帶過：「夫上智與下愚世寧有幾人哉？」不去探討到人性分殊的狀況此又為其學說較粗疏之處。

三、重視躬行實踐

明清之際的性論特色之一就是主張由人生實踐與踐履功夫上盡性。朱之瑜提出「聖賢之道，俱在踐履」認為習行踐履、身體力行才能有得，也才能將學問推至實用實功；顏元亦強調透過躬習踐履以踐形盡性，在身心形體的習作實踐之中存養省察，他認為「習之功無已」，心中醒、口中說、紙上作，都不如身上習過。這是重視外在動態的修養工夫，主張由外而內，由身及心的工夫修養論。這無異在理學家「尊德性」、「道問學」的工夫進論之外，又強調「重實行」的路徑，而此「重實行」的作聖之功也是朱顏二人性論中最具警世策勵之效的大放異彩之處。自此人的善惡可以由後天的習行來改變，人性遂呈現在實踐中、工夫中，形而上的心性不再是儒者所關照的首出價值，他們專注的對象是平實的道德實踐，與善惡行為的社會實踐意義。正如林聰舜先生指出：「明清之際的儒學已徹底擺脫佛教的禁慾、用心於內、追求超越等方向的影響，表現出俗化（secularization），或者由『觀念論』轉變為『實在論』的傾向。」〔註232〕將人性論落於經驗視域、現象界視之，這的確是哲學思維的某種「俗化」、「實化」轉移現象，抽象的哲學思維漸趨世俗化，也漸向經驗面、現象界靠攏，而此轉換正導源於「崇實」核心價值的建立。

〔註232〕林聰舜：《明清之際儒家思想的變遷與發展》（臺北：臺灣學生書局，1990年），頁281。

四、以學爲立德成聖之階

　　朱之瑜與顏元咸認爲人之善惡行爲是環境社會的習染、經驗化的結果，氣性之善雖是先天的稟賦，然而來自後天環境、經驗的陶塑，仍將改變並影響人的行爲。如此立論確立了社會教化的必須性、肯定移風易俗的可能，因此二人都主張學以立德、學以成性，二人皆十分重視「學」之功，而爲要推動人人皆學的教化理想，二人又皆傾致其生命偉力於教育之中。如朱之瑜致力闢佛並闡揚儒家聖人之教的道德理想，希望將誠、敬、仁、義、禮、孝等道德價值推介至東瀛，並強調「藉乎問學」人心可習善遠惡，充實學問、竭力求善，就可人人習善而行善；顏元更是在孔子「學而時習」的基礎上，強調學的重要，學於善則遠於隱蔽之惡，惡自然弭除，他同時又修正宋明儒者爲學之內容，不再以心性天理爲講述重點，而以六行、六德、六藝之實作實習爲主要內容，從而倡導出務實的學風。二人的性論都透過「學」而與社會教化縮合，肯定人善的能動性並進而強調社會教化移風易俗的可能，人之善惡行爲是可變動的，那麼環境決定之因素自不能忽略，因此透過「學」能「改變習染」，改變習染則能使人人遠惡、習善，達到淨化社會、澄清價值的境界，由此處又可究察其以「實」爲基調的務實教化態度與實效實功的教化目的。

五、從內聖到外王

　　宋明理學無疑是以反觀心性的內聖之學爲其核心價值，而在明清之際則在一連串的歷史反思之中，強調經世濟民經緯天地的外王之學，而此種核心價值的轉移也影響明清學者對性論的看法。如朱之瑜在提倡傳統仁義禮孝的道德觀念時，其實更強調的是如何將這些道德觀落於實踐層面。他的教化與修身目標是要成爲像孔子一般能對於社會有實功的聖人，希望自己能身兼多識博學的「學士」與修身行己的「賢士」兩種特質，而成爲國家之至寶；顏元則認爲「學、教、治，皆一也」，認爲學成的目的在於用世以行之，儒者孜孜矻矻爲學的終極目標，是把自己塑造成如孔子、周公一般的具「扶危濟難之功」的「可將可相之才」。由此可以看出其性論的終極目標不是存心養性、靜坐默識之功而成全內聖，而是透過實質氣性的習行踐履，完成己之良善之德，最終用世濟民、輔世澤民，「外王」才是朱、顏二者性論的終極目標。

　　不可諱言，二者個人際遇與學養歷程之不同，亦反映在其學說理論之建構與結論上，整體而言，顏元之學說架構較爲縝密且精細，而朱之瑜受囿於

避居海外，書籍覽閱不易，再加上其崇實不務空談的學說基調，對於性論的論述篇幅較少。細觀其差異，如朱之瑜之反對善惡由於氣稟與顏元之主張氣稟會影響習染之深淺的論點，或者顏元提出的「理氣不離、性行不二」，甚至建立「氣性一本」、「性情才皆善」的論證，此皆可觀察出學問之後出轉精，並看到崇實的價值由初步的理想提出進而成爲學說的主流，而建立起深刻而完密的性論思考，這是時代思想的躍進與新典範形成的必經過程。

第四章　朱之瑜與顏元重行的知行觀

　　相較於西方愛智傳統所衍發出重視「知識論」的特色，中國儒學傳統則將「知行觀」視爲重要命題，著重道德與實踐之關係，探討「知」的起源與「行」的方法，知行觀與倫理學、人性論關係密切，知行問題主要探討道德意識、道德規範、道德實踐等，「知」的對象偏落在「道德」而非「知識」，「行」的具體表現則爲「實踐」。中國之「知」以「德性之知」爲主要探討範疇，西方之「知」則偏向智性、理性之知，包含自然領域的科學之知、與社會領域的人文之知等，因此若對應於西方哲學系統，則知行問題近於「倫理學」範疇，而非「知識論」範疇。研究者或有將知行觀與知識論結合，以爲古人雖講道德上的知和行，仍有其一般知識論的意義，「中國哲學史上的知行問題，既有其一般知識論的意義，又有特殊的倫理學意義。」〔註1〕其實，中國的知行問題根源於中國特有的哲學傳統、思維方式，自然無須強行比附於西方之知識論，若能回歸中國知行觀的本質來論述，也並非貶低中國傳統哲學的價值與其在世界哲學史的地位，反倒能凸顯中國哲學「重倫理」的特質。

　　今人知行觀念已在西方知識論洗禮下，有所轉變，〔註2〕但在探討中國傳

〔註1〕　大陸學者方克立《中國哲學史上的知行觀》一書，即著重從認識論的角度清理中國古代和近代哲學家的知識來源、求知方法與途徑、眞理標準等觀點與理論，他認爲「不承認知行問題本質上就是一個認識論問題，勢必貶低中國傳統哲學的價值與其在世界哲學史的地位。」見氏著方克立：《中國哲學史上的知行觀》（北京：人民出版社，1997年），頁4～5。

〔註2〕　大陸學者指出，傳統的「知」範疇以德性之知爲主要内容，傳統的「行」範疇以道德修養的種種「工夫」爲其主要形式：近代（案：同西方）的「知」範疇以自然領域和社會領域的科學爲主要内容，而近代（案：同西方）的「行」的之形式則轉變爲寬廣的社會實際活動。見氏著陳衛平：〈中國近代知行範疇

統知行時，我們仍然不能忽略中國哲人之「求知」和「爲聖」是一致的，求知方法也就是道德修養的方法，不能將儒家傳統的知和行，簡單劃等於現代受西方知識論影響後所形成的認識和實踐。因此，本文在處理知行觀問題之時，傾向單就中國固有的知行傳統來論述，盡量不以西方知識論的理路來規範矩矱中國重德性倫理之知，以免產生混淆糾纏的論述。

　　在探討中國知行觀之前，有必要先將知行觀中「知」的範疇爬梳鉤玄，釐清層次。中國之「知」不等同於西方之「知」，中國傳統「知」範疇以德性之知爲主要內容，西方「知」的內容則指向客體之知、純粹物理之知，也是對自然、社會、科技等外在事物的認識。業師張麗珠曾指出：「中國的知行觀所涉及的內涵，『知』原本涵涉『德性之知』與『聞見之知』，但由於視『德性』爲第一義的緣故，主流學術發展對知行觀的討論，遂將重心偏落在『德性之知』上，於是知行觀轉化成爲道德與實踐關係的探討，所以中國的知行觀偏落在道德領域言，與西方知識論幾已無涉。」〔註3〕

　　除了西方認知心的「純粹客觀」之知，知還可大致分爲「純粹主觀」之知的，在我國如陸王一系，主張「心即理」，即心求理，知向內求；另有「主客合一」之知，則有程朱一系、明清學者，其所求之知雖仍以「德性之知」爲主，但仍必輔以客觀、及物之知，物格而後知致，必須接觸客體事物才能致知。

　　中國知行觀在思想發展的長河之中，「知」的內容與對象則各有側重與遷化，而「行」的工夫也隨之變異。歷來被認爲是中國最早的知行學說——「非知之艱，行之惟艱」，〔註4〕顯現出中國儒學傳統對於「實踐」的重視，也確立中國將「行」與「知」合併論述並比較的論述系統。其後，孔子強調：「多聞，擇其善者而從之，多見而識之，知之次也。」〔註5〕這裡的「知」可有兩種詮解：一是客體知識，聞見之知，他指出知識源於感覺經驗；二是德性之知，理性思維的「擇善」則是辨別是非、獲得道德之知的方法。因此孔子主張應拓展見聞，並將仁、禮諸德付諸實踐，提出知行一致之觀點。此後儒家的孟子則提出了「良知」之說，認爲人天生就有不慮而知的「良知」，仁、義、

　　　　的嬗變〉，《學術月刊》2001年第1期（2001年1月），頁82～90。

〔註3〕此爲論文討論時，張師麗珠之指導，尚未以文字出版。

〔註4〕孔安國傳、孔穎達等正義：《尚書正義・說命中》，《十三經注疏》（臺北：藝文出版社，1981年），卷十，頁141。

〔註5〕何晏等注、邢昺疏：《論語注疏・述而》，《十三經注疏》（臺北：藝文出版社，1981年），卷七，頁64。

禮、智根於心，擴充人之四端與良知即爲「行」。業師張麗珠並指出：孟子因獨重發揚道德主體性，遂將「知」偏就道德義的良知言，其內涵已不是認知心與客觀知識了，〔註6〕而這樣的觀點也隨著漢代儒學的獨尊、宋明理學的影響久遠，成爲儒學主流之論述。荀子則提出「凡以知，人之性也；可以知，物之理也。」〔註7〕認爲「知」的本體是人，知的對象是客體之知，理性認識依賴於感覺經驗，人的知識、才能是後天學習得來的。在知行關係上，他則指出：「不聞不若聞之，聞之不若見之，見之不若知之，知之不若行之。學至於行之而止矣。」〔註8〕反映出「行高於知」的「重行」觀點。

　　宋明理學面臨同樣的「德性之知」議題時，則側重不同的知行領域與工夫取徑。程朱主張主客合一之知，主張格物就是即物而窮其理，「知者吾之所固有，然不致則不能得之，而致知必有道，故曰『致知在格物』。」〔註9〕透過向外的格物致知，能體認吾所固有的理。格物雖是窮至物理，但此理原是我心本具自有；致知雖是推極已知，所知的理仍然不是外在的理，而是我心本具的道理。不斷格物，積累到豁然貫通，就能達到對理的體認。明代的王陽明提出了「吾心之良知，即所謂天理也。」〔註10〕理無不備於吾心，當致吾心之良知於事事物物，學不必資於外求，當致力於反觀內省。知行觀發展至明清之際，則又有全新的方向與轉化，業師張麗珠認爲：清儒如王夫之、方以智、顧炎武、朱之瑜、顏元等人，由於重視經驗實證，連帶客觀知識獲得重視，即道德領域內也強調「知識」對「道德」的必要性。〔註11〕學必資於外在客體之知，「聞見之知」爲「德性之知」的必要條件，清儒發展出重智的道德觀，並強調道德實踐與躬行踐履，以「行」致用。梁啓超概括明清之際的思潮文化特徵，提出「傾向客觀考察」、與「提倡實踐」兩大特徵，〔註12〕知行觀可謂爲清初學術轉型的重要範疇與具體呈現。在崇實思想的引導之下，朱之瑜、顏元的知行學說亦展現出「重行」的特色，對於「行先知後」、「由行致知」多有論證和發揮，二人皆強

〔註6〕　此爲論文討論時，張師麗珠之指導，尚未以文字出版。
〔註7〕　荀況：《荀子・解蔽》，《二十二子》（臺北市：先知出版社，1976年），頁523。
〔註8〕　荀況：《荀子・儒效》，《二十二子》，頁169。
〔註9〕　程顥、程頤撰，朱熹編：《二程遺書》，《景印文淵閣四庫全書》（臺北：臺灣商務印書館，1985年），卷二十五，頁698～255。
〔註10〕　王守仁：《王陽明先生全集・傳習錄》，《四庫全書存目叢書》（臺南：莊嚴文化事業有限公司，1996年），集部（51），頁36。
〔註11〕　此爲論文討論時，張師麗珠之指導，尚未以文字出版。
〔註12〕　梁啓超：《中國近三百年學術史》（臺北：臺灣中華書局，1960年），頁1～2。

調眞知必定要透過實行踐履才能得到實效實用，強調力行、實踐的重要性，而這也成爲其學說特色，本章探討二者的知行觀，期能管窺清初知行學說發展的時代特色。

第一節　朱之瑜「學貴實行」的知行觀

明朝覆亡之後，學者有鑑於明代士大夫專務心性之論，游談無根，故主張爲學應摒棄浮華、務爲實用，一代士風爲之丕變。朱之瑜晚歲雖寓居東瀛，未與國內學者互通訊息，然在知行觀上，仍步趨「崇實」學風，重視學而致知、博學格物，知行範疇更側重民生日用彝倫之道的實理實學，並力主踐履實行，重視實踐之功效與實際事功，開創了「學貴實行」的知行觀。

一、格「實物」、講「學知」

朱之瑜採取「學而知之」、「格物致知」的成德路徑，由客觀的察照加以心知的認知與判斷之後，去進行價值判斷，主客合一地建構「德性之知」，並重視在躬行實踐中勤思精慮，求索實際事物的道理，就是「實理」。

（一）重「實理」之知

朱之瑜明確指出，儒者所明之理應爲「實理」，所爲之道爲「實道」，是明明白白、平平常常的眼前道理，是能落實並實踐於現象界、經驗界的現實狀態。他說：

> 吾道之功如布帛菽粟，衣之即不寒，食之即不饑。〔註13〕

所謂「實理」就如布帛菽粟，是明白平常的「現前道理」。以日用物品的布帛、菽粟爲喻，形象化地指出實理即是平常無奇之生活道理，生活中一日不可或缺，此乃是針對明末空談性命、不務實學的空疏學風的反動，也是回歸原始儒家、遵循孔子之教的學術理想，他在〈諭安東守約規〉中指出：

> 仲尼之道如布帛、菽粱，誠無詭怪離奇，如他途之使人炫耀而羨慕。
>
> 然天下可無雲綃霧縠，必不可無布帛；可無交梨火棗，不可無粱粟；
>
> 雖有下愚，亦明白而易曉矣。〔註14〕

孔子之道即如布帛、菽粱般實用平實，而非虛無空幻的虛理。朱之瑜又曰：「吾

〔註13〕　朱之瑜：《朱舜水集》，卷十一，頁407。
〔註14〕　朱之瑜：《朱舜水集》，卷二十，頁578。

道明明現前，人人皆具，家家皆有，政如淡路，不論上下、男婦，智愚、賢不肖，皆可行得，舉足即有其功。」〔註15〕他懸置宋明儒普遍關懷的議題，如心性、理氣、天道、人欲等，力倡實理，以明白易曉之道來移風易俗。程朱重視天理的闡發、陸王重視心性的追求，朱之瑜則重視「理在事中」、「道在物中」的實理。朱之瑜的「實理」論，是從事理之落在經驗事實層面而言，實理並非內具於心，而是分殊於事事物物之中。故朱之瑜認為宋明理學家談理談得極微極妙，卻是不著實際之論：

> 先儒將現前道理每每說向極微極妙處，固是精細工夫。不佞舉極難重事，一槩都說到明明白白平平常常來，似乎膚淺庸陋。先儒之言，「惟危」「惟微」，「惟精惟一」之旨也。不如此，不足以立名，然聖狂分於毫釐，未免使人懼。〔註16〕

明白之平常實理看似膚淺庸陋，卻能有益世用，相較之下，「宋儒辨析毫釐，終不曾做得一事，況又于其屋下架屋哉？」〔註17〕朱之瑜認為無論是「理在事先」的天理、或是「理在心中」的「良知」，皆是脫離實際的空洞玄談，純是屋下架屋的玄妙虛理，因此朱之瑜堅持實理實學，唯重人事。業師張麗珠曾指出：清儒之「理」，是從事理之落在經驗面的事實現象而言，是分布在氣化流行的萬物之上、井然有序的條理，是客觀事物的原理規則。因此要「知」此理，就不應純粹由「反身而誠」、「自反而縮」的內向存省來自我察識，而應由客觀的察照加以心知的認知與判斷之後，去進行價值判斷，主客合一地建構「德性之知」。〔註18〕朱之瑜確實漸由思辨之學的上探，趨向對經驗之學的掌握，這表現出在「崇實」價值觀的轉化中，學者對於經驗領域的重視、對於形下之器的正視。

　　此外，朱之瑜又主張學問必須於日常生活之中體會，「聖賢要道，止在彝倫日用」：

> 聖賢要道，止在彝倫日用。彼厭平淡而務空虛玄遠者，下者心至顛蹶，上者亦終身淪喪已爾。究竟必無所益也。〔註19〕

蓋朱之瑜深體聖賢要道在於日用倫常之間，故謂其道淺近明白而有功。

〔註15〕　朱之瑜：《朱舜水集》，卷十一，頁 407。
〔註16〕　朱之瑜：《朱舜水集》，卷七，頁 181。
〔註17〕　朱之瑜：《朱舜水集》，卷七，頁 161。
〔註18〕　張麗珠，《清代義理學新貌》（臺北：里仁書局，2002 年），頁 161～162。
〔註19〕　朱之瑜：《朱舜水集》，卷十九，頁 561。

> 謂聖賢之道止是中庸，當求之於心性氣志之微，體之於家庭日用之
> 際。不但索之跡象之粗者，總是糟粕，即過於推敲刻覈者，亦不足
> 以引掖後生。跡象摹擬，既足使人厭棄，而理窮渺忽，亦易令人沮
> 喪。既已厭棄，又復沮喪，最易入於異端邪說，一入於異端邪說，
> 豈復有出頭日子，故不若君臣、父子、夫婦、昆弟、朋友之間，平
> 平常常做去，自有一段油然發生，手舞足蹈之妙。〔註20〕

真正的學問就是在人倫中體踐道德，若一味在玄遠渺忽、細微之處推敲尋索，
將使學者厭棄沮喪，漸入異端、放棄學習，甚至棄儒求佛，這並非引掖後生、
提倡儒學之道。此亦為原始儒家的回歸，因孔子之道也是以家庭日用為起點：
「夫子之道，必由家庭日用，君臣父子，達道達德，身體力行，銖積寸累，
善信美大，而後幾於聖神，則頓與漸相萬萬也。」〔註21〕孔子之道，只要能
夠累積「頓」與「漸」的力行之功必能成聖，而孔子教導弟子之時亦是如此，
顏淵向孔子問「仁」時，孔子並未告之以「惟精惟一之命」、「聖賢傳心之秘」，
僅以四勿為答，何故？朱之瑜說：

> 夫以振古聰明睿智之顏淵，而遇生民未有之孔子，其所以授受者，
> 止於日用之能事，下學之工夫，其少有不及於顏淵者，從可知矣。
> 故知道之至極者，在此而不在彼也。〔註22〕

可見孔子所傳所教的並非「言思俱斷」的玄妙高遠之理，而是明白曉暢的日用、
下學之道，故「學」者，所以學「為人」，「子臣弟友，皆為學之地，忠孝謹信，
皆為學之方；出入定省，皆為學之時；詩書執禮，皆為學之具。」〔註23〕學必
由家庭日用出發，踐履於日用彝倫之間，這是「德性之知」由「理論」向「實
際」的趨近，清儒看重「形下之器」，因此對理的認知也落到經驗界、現象界為
言，在客觀事物之中吸取實理，以資德業之精進。而倡導日用實理更有助於儒
學之推廣。

> 不佞之言，「人皆可以為堯、舜」之意也。「有為者亦若是」，或可使
> 初學庶幾焉。而不佞絕無好名之心，此其所異也。末世已不知聖人
> 之道，而偶有向學之機，又與之辨析精微以逆折之，使智者詆為芻

〔註20〕 朱之瑜：《朱舜水集》，卷五，頁110。
〔註21〕 朱之瑜：《朱舜水集》，卷十九，頁559。
〔註22〕 朱之瑜：《朱舜水集》，卷十六，頁486～487。
〔註23〕 朱之瑜：《朱舜水集》，卷十六，頁487～488。

狗，而不肖者望若登天，則聖人之道必絕於世矣。此豈引掖之意乎？
〔註24〕

揚棄辨析精微之論，唯恐其將斷喪初學者向學之機。而倡言人人可學而能、可求而至的堯舜之道、孔孟之聖，則能獎掖後進，「若後生小子，未知灑掃進退之節，未達愛親敬長之方，而遽於天人、理欲、義利、公私之際與之辨析毫芒，彼不蹴然而去，則有嗒然而喪爾。」〔註25〕灑掃進退、愛親敬長，此皆彝倫日用之功夫，若只是在深奧義理上鑽研辨析，皓首窮經，則容易頹然無功而喪志顛蹶。

　　總此，學不能離開日用彝倫，知不能離開實理實物，上學實理而下達人事，如此一來，則敦品勵德、成仁成聖之境，自然水到渠成。朱之瑜對於實事實理、日用彝倫的看重正反映出清代崇實、重經驗的風趨。

（二）「格物致知」之繼承與轉化

　　「格物致知」之概念源自《大學》，〔註26〕主要講修身、齊家、治國、平天下的道理和方法，經過歷代學者的發揮，即成為討論知行觀的基本用語。後世對「格物致知」最早的解說，是鄭玄的注解：「知，謂知善惡吉凶之所終始也。格，來也；物，猶事也。其知於善深則來善物，其知於惡深則來惡物，言事緣人所好來也。」〔註27〕學習能招致所知，格物能來物，如知善深，則來善物；知惡深，則來惡物，這裡的格致觀即是道德領域的探討。宋代理學家程、朱以「窮理」解格物，伊川曰：「格，至也。物，事也。事皆有理，至其理，乃格物也。」又曰：「格猶窮也，物猶理也，猶曰窮其理而已也。」〔註28〕朱子在《大學章句》中本伊川說，亦以「窮至事物之理」注「格物」：「所謂致知在格物者，言欲致吾之知，在即物而窮其理也。」〔註29〕格物就是達到事物之極至，窮盡事物本然之理，為了推致「德性之知」，則必須結合主觀的道德思辨，與客觀的

〔註24〕　朱之瑜：《朱舜水集》，卷七，頁181。

〔註25〕　朱之瑜：《朱舜水集》，卷五，頁112。

〔註26〕　《大學》：「欲誠其意，先致其知，致知在格物。物格而后知至，知至而后意誠，意誠而后心正，心正而后身修平。」見朱熹：《四書章句集注》，（高雄：復文書局，1990年），頁3。

〔註27〕　鄭玄著、賈公彥疏：《禮記注疏》，《十三經注疏》（臺北：藝文出版社，1981年），卷六十，頁983～984。

〔註28〕　程顥、程頤，《二程集·河南程氏外書》（臺北：里仁書局，1982年），上冊，卷二，頁365；《二程集·河南程氏遺書》，卷二十五，頁316。

〔註29〕　朱熹：《四書章句集注·大學章句》（高雄：復文書局，1990年），頁6。

事理物理。朱熹又申說：

> 夫「天生蒸民，有物有則」。物者形也，則者理也，形者所謂形而下
> 者也，理者所謂形而上者也。人之生也，固不能無是物矣，而不明
> 其物之理，則無以順性命之正而處事物之當。故必即是物以求之。
> 知求其理矣，而不至夫物之極，則物之理有未窮，而吾之知亦未盡，
> 故必至其極而後已。〔註30〕

「明其物之理」、「即是物以求之」、「必至其極而後已」三句點明的朱熹格物
之說的三個主要的項目：「即物」、「窮理」與「至極」，〔註31〕在形而下的事
物中探索形而上之理，以達人性處事之純善，這就是主客之結合。

理學發展到明代陽明心學，則以「正」訓「格」，以「事」訓「物」，「意之
所在便是物」，故無心外之理，無心外之物。而「致知」，並非充擴外在客體知
識，而是「致吾心之良知焉耳」。〔註32〕也就是在「尊德性」的心學立場上，將
「格物」與「正心」概念相結合，將「致知」與「致良知」相串聯。這是用內
求省察、純任主觀的方式去理解德性之知，即心求理，致良知以正心。

朱之瑜在與日人探討格致之理時，也呈現其對於宋明格致觀的繼承與新詮：

> 問：鄭玄云：「格，來也；物，事也。」司馬溫公云：「格，扞也；
> 物，外物也。」王陽明云：「格，正也、物，事物也。」
>
> 答：格兼至、正二義，扞字全非。扞格之格，非格物之格。〔註33〕

朱之瑜承繼了程、朱、陽明之說，兼容「格」字之解釋為「至、正」二義，

〔註30〕朱熹：《朱子文集》（臺北：財團法人德富文教基金會，2000 年），卷四十四，
　　　　頁 1968～1969。
〔註31〕此處引用的是陳來對〈答江德功〉二的分析，陳指出朱熹格物說的三個要項。
　　　　參考陳來《朱熹哲學研究》（臺北：文津出版社，1990 年），頁 232～233。
〔註32〕陽明之說詳見於其〈大學問〉，其言曰：「《易》言『知至至之』，『知至』者，
　　　　知也；『至之』者，致也。『致知』云者，非若後儒所謂充廣其知識之謂也，
　　　　致吾心之良知焉耳。……然欲致其良知，亦豈影響恍惚而懸空無實之謂乎？
　　　　是必實有其事矣。故致知必在於格物。物者，事也，凡意之所發必有其事，
　　　　意所在之事謂之物。格者，正也，正其不正以歸於正之謂也。正其不正者，
　　　　去惡之謂也；歸於正者，為善之謂也。夫是之謂格。……今焉於其良知所知
　　　　之善者，即其意之所在之物而實為之，無有乎不盡；於其良知所知之惡者，
　　　　即其意之所在之物而實去之，無有乎不盡；然後物無不格，而吾良知之所知
　　　　者無有虧缺障蔽，而得以極其至矣。」王守仁，《王陽明全集·大學問》（上
　　　　海：上海古籍出版社，1992 年），下冊，卷 26，頁 971～972。
〔註33〕朱之瑜：《朱舜水集》，卷十一，頁 412～413。

認爲格物即是「至」事物之理、「正」心物之理，同意「明明德」亦爲「致知」之事，認爲「正物」亦須「正心」。可見朱之瑜不只重視格致客觀之知的成德路徑，亦強調內在省察的主觀倫理，認爲格物的對象不僅侷限在事理、物理，亦在日用彝倫的實踐。但在程朱與陸王兩大義理立場之中，朱之瑜有著十分清明徹悟的見解，表現出其不隨俗從眾的獨立思考：

> 「尊德性」、「道問學」，不足爲病，便不必論其同異。……譬如人在長岐往京，或從陸，或從水。……只以到京爲期，豈得曰從水非，從陸非乎，然陸自不能及朱，非在德性問學上異也。〔註34〕

儒者的目的是成爲聖賢，知行的範疇皆是「德性之知」，只是工夫取徑不一，象山陽明重視主觀內具於心的「德理」，程朱則在重視德理的同時，亦觀照到外落於分殊萬物的事理物理，但其成聖成德的終極目標則爲一致，「愚謂此當爭其本源，不當爭其末流。」〔註35〕應返回儒學本源——作聖成德，方法雖不同，並不牽涉到本源的是非邪正。而筆者認爲，在朱之瑜觀乎本源之後，他傾向主客合一的程朱路徑，因此他說：「宋儒之學可爲也，宋儒之習氣不可師也。」〔註36〕鼓勵日人學習宋人讀書窮理的精神，又說：

> 朱子道問學、格物致知，於聖人未有所戾。王文成即有高才，何得輕詆之？不過沿陸象山之習氣耳！王文成固染於佛氏，其欲排朱子而無可排也，故舉其格物窮理，以爲訾議爾已。〔註37〕

他認爲陽明之學接近佛氏之頓悟禪說，因此產生格致方法的誤謬。於此朱之瑜實帶有門戶之見，雖其評論陽明之說有欠公允，但頗能突顯其「重智」的致知立場。在儒學發展中，儒學傳統始終重視道德的認知與實踐，並將「德性」視爲第一義，而清初諸儒者洞悉晚明狂禪之弊，故價值轉移爲對於形下實學的看重，以「重智」方式完成「德性」的目的，甚至形成余英時先生所倡言的的智識主義擅場的時代，〔註38〕這確實是清初學術典範轉型的重要軌

〔註34〕 朱之瑜：《朱舜水集》，卷十一，頁396。

〔註35〕 朱之瑜：《朱舜水集》，卷五，頁85。

〔註36〕 朱之瑜：《朱舜水集》，卷十一，頁382。

〔註37〕 朱之瑜：《朱舜水集》，卷五，頁85。

〔註38〕 余英時先生倡「內在理路」說，認爲清代考證學的發展，乃是儒學由「尊德性」的層次，轉入「道問學」的層次。見余英時：《論戴震與章學誠——清代中期學術思想史研究》（臺北：東大圖書股份有限公司，1996 年 11 月），頁19～21。余氏因此進而認爲：「其實若從思想史的綜合觀點看，清學正是在尊德性與道問學兩派爭執不決的情形下，儒學發展的必然歸趨，即義理的是非

跡，因此朱之瑜的見解，實已預表清初儒學解構以純任主觀之知爲第一義的道德哲學，漸趨重視以學輔德的「重智」取徑。

朱之瑜格物窮理觀正是對朱子的回歸，而他關照到在現象界中，要「格盡天下之物」是不可能的，因此他對格物致知有一突破性的新詮，主張學者應隨事格物、隨時格物：

> 前答吉水太守問「格物致知」，粗及朱、王異同耳。太守以臨民爲業，
> 以平治爲功，若欲窮盡事事物物之理，而後致知以及治國平天下，
> 則人壽幾何，河清難俟。故不若隨時格物致知，猶爲近之。〔註39〕

相較於程朱「今日格一物，明日格一物」的漸修、積習之功，朱之瑜的隨時格致、隨事體踐，或許更能切應實際、並立竿見影地得到益世治世的果效：

> 格者隨其物而格之，亦非今日至一事，明日至一事。若今日之事，
> 關係父子君臣夫婦，又將如之何？〔註40〕

隨著每天所接觸到的事物人倫，去窮究其理，如此在日常生活、臨民爲業之際，皆能有功。朱之瑜「隨時格物致知」之論，對於當時偏於宋明理學之日本，實有振衰起弊、摧陷廓清之功。觀察朱之瑜對於「格物致知」的體證與踐履，不難發現其乃眞正落實隨事格物、隨時格物的精神，廣博其學識，更能藉助這些格致之知裏助民生、推動教化。門人今井弘濟和安積覺曾讚美朱之瑜的博學宏識說：

> 格物窮理，志慮精純，古今禮儀而下，雖農圃梓匠之事，衣冠器用
> 之制，皆審其法度，窮其工巧。識者服其多能而不伐，該博而精密
> 也。〔註41〕

除了「精研六經，特通毛詩」之外，朱之瑜更博物多能，富於巧思，舉凡道德規範、禮樂刑政、科舉教育、文學、民俗、文物制度、傳記、建築、農耕、鳥獸花草、香料等各方面的問題，都能侃侃而談，作詳細的解說，證明了他格物致知之效——博洽博聞。

（三）知必資於學——重智的道德觀

朱之瑜站在崇實的立場，回歸程朱「格物致知」的主客並重的傳統，更

於經典。」見余英時：《歷史與思想》（臺北：聯經出版，1976年），頁106。

〔註39〕朱之瑜：《朱舜水集》，卷十一，頁386。

〔註40〕朱之瑜：《朱舜水集》，卷十一，頁413。

〔註41〕今井弘濟、安積覺：〈舜水先生行實〉，收於《朱舜水集》，附錄一，頁624。

進一步強調經驗領域的「聞見之知」，發展出「重智的道德觀」，〔註42〕主張「知必資於學」，知的獲得必透過對客體事物的實際踐履、致力學習，於是他重視「學而知之」，強調透過「學習」掌握聞見之知、客觀實理，進而輔德成聖。明清之際學者對於德與智、知與學的看法漸有轉變，業師張麗珠曾析論清儒逐漸重視客觀知識對於成德之教的重要性，「此時之知已經不再是如宋儒視聞見之知爲不相干於德性、爲可有可無的外在輔助工夫了；反之，它對於成德之教的意義，已經被提升到必要條件的地位了，而這也就是清儒之重智主義道德觀。」〔註43〕而朱之瑜「學知」的提出正是對於客觀事物與知識的看重的具體表現，也建立了重智的道德觀。

朱之瑜認爲後天的學習能增進「德性之知」，他借用孔子「學而知之」的命題，賦予新義，〔註44〕強調進學以輔德的教化觀。他舉孔子爲證，說明有「生知」之質的聖人亦須致力於「學知」：

> 孔子生知之聖，其一生並不言生知，所言者，學知而已，如曰：「好古敏求」，「我學不厭」，「不如丘之好學也」等語，可見聖人教人之法矣。陸象山、王陽明之非，自然可見矣。〔註45〕

聖賢如孔子，尚且強調並力行「學知」，還自言：「我非生而知之者，好古敏以求之者也」、「十室之邑，必有忠信如某者焉，不如某之好學也」、「學而不厭」，「下學上達」，不一而足。〔註46〕可見「學能爲聖人」，而孔門之教導亦強調「學知」，朱之瑜再舉曾子爲例：

> 「生而知之者，上也。」而參則魯矣。顏淵不幸，不得究其業。其

〔註42〕此名稱採用業師張麗珠〈戴震「發狂打破宋儒《太極圖》」的重智主義道德觀〉一章之概念：「蓋清儒以經驗實證爲出發，在方法論及學術對象方面，揚棄了理學主觀內向的形上思辨，走向客觀實證的博學、考據之途；在道德實踐方面，則跨出以個人心性爲範疇的象牙塔外，邁向『行道天下』的社會化領域、客觀實踐。是故一生以發揚義理爲職志的考據學大家戴震，乃以精密的考證方法爲基礎，建構起經驗領域、具有重智傾向之新義理學。」見氏著，《清代義理學新貌》，頁135。

〔註43〕張麗珠，《清代義理學新貌》，頁166～167。

〔註44〕子曰：「生而知之者，上也；學而知之者，次也；困而學之，又其次也。」原指人之天生稟賦之不同，而朱之瑜則借生知、學知來說明認識途徑有不學而得的天賦與後天習得的知識。何晏等注、邢昺疏、阮元編：《論語注疏・季氏》，《十三經注疏》（臺北：藝文出版社，1981年），卷十六，頁129。

〔註45〕朱之瑜：《朱舜水集》，卷七，頁166。

〔註46〕朱之瑜：《朱舜水集》，卷五，頁85。

餘聰明特達者，孔門不可勝數，而曾氏子獨得其宗。……蓋資深而

逢原，惟在乎傳習之明強，而不係乎生資也。〔註47〕

曾子在傳習工夫上之致力與用功，正是「學而爲聖人」的關鍵。

然生而齊聖廣淵者，曠代而不一見，而世不乏聖人大賢者，曷故哉？

或者作聖有其道，而不必盡出於生知安行哉。〔註48〕

由歷代聖人非盡具備生知之聖，論證必另有一作聖之途徑，「故知道之至極
者，不在於生知安行，而偏在於學知利行，及勉強而行之者乎。」〔註49〕若
生知爲上，學知爲次，則在推動儒學教化時，勢必將出現理論上的矛盾，因
此朱之瑜重視學知，強調「學」對「德性之知」的重要，他說：「所貴乎爲學
者，所以修身、正行，益智、廣才也。」〔註50〕學能有修正廣益之效，能使
人敦品立德、增益才智，也是分辨是非善惡的方法：

不學則執非禮以爲禮，襲不義以充義，雖上智容有過差，況其下焉

者哉？〔註51〕

「學」能提昇人的道德境界，上智與下愚皆受其惠，朱之瑜肯定客觀知識對
於成德之教具有正面助益，並且是「成德」的必要條件。「既能學，自知人慾
之非，自不受其蔽；既能學，自知王者聖賢之道之爲美，自知老佛之徒之邪
之僞，不待辨而自明矣。」〔註52〕學能使人欲之錯處與弊病遠離，學能使聖
人之道呈顯，佛老之僞顯明，故朱之瑜強調「學知」爲聖人眞傳。

而「讀書」爲學知之方：

古人云：「試問何物最益人神智？」曰：「莫過於讀書。蓋讀書則理

明，理明則不期智而自智。理明則無左右瞻顧。擔當自力，則不期

勇而自勇。故曰：『智者不惑，勇者不懼。』然此不可以他求也。尋

古人已決之疑，而決我之疑，討聖賢已成之事，而壯我之骨，孰有

過於讀書者哉？」〔註53〕

讀書則益人神智、使人明理，使人成爲智者而不惑，使人成爲勇者而不懼，藉

〔註47〕 朱之瑜：《朱舜水集》，卷十六，頁 561～562。

〔註48〕 朱之瑜：《朱舜水集》，卷十六，頁 484。

〔註49〕 朱之瑜：《朱舜水集》，卷十六，頁 484。

〔註50〕 朱之瑜：《朱舜水集》，卷十七，頁 502。

〔註51〕 朱之瑜：《朱舜水集》，卷七，頁 170。

〔註52〕 朱之瑜：《朱舜水集》，卷十，頁 379。

〔註53〕 朱之瑜：《朱舜水集》，卷十七，頁 504。

古聖賢之智慧以充實自我、解決疑惑，至老都要「學而知之」。在其〈典學齋記〉中亦有言：「人之所以必資於學者何？蓋前人之學也已成，所以著之即爲教；後人之學也，未成而求成，因以循古先聖賢之道而爲之，斯爲學。」〔註54〕透過讀書問學以擷取前人之智慧，大陸學者覃啓勛曾指出「重視爲學是朱舜水治學理論的第一要義，爲學就是講究讀書的原則和方法，通過博覽群書打好基礎，進而拾階登堂，以進入治學的境界。」〔註55〕朱之瑜主張以學爲成聖之階，鼓勵勤學好問之風。朱之瑜之學，兼含有倫理境界上的「進德而學習成聖」之業，以及以「多識而博學」爲主的客觀經驗的汲取。與朱熹之格致觀相較，朱之瑜顯然「重智」色彩又更濃厚些，他認爲「人必資於學」，對於客體實理的學習與理解成爲進德成聖的必要條件。

二、「實行致用」的實踐觀

「以學養智」和「躬行實作」是朱之瑜知行觀的兩個重要範疇，雙軌並進地展現了舜水學說的崇實價值。朱之瑜學宗孔孟，其居敬、存誠、敦禮、問學，大抵與儒學傳統相同，惟其特重躬行實踐，留心民生日用彝倫之間，成就其「實行踐履」的鮮明思想特色。

（一）重實行踐履

貴「實行踐履」是朱之瑜思想體系的核心價值，於此他大力鼓吹、不遺餘力，提出「學問之道，貴在實行」、「聖賢之學，俱在踐履」：

> 學問之道，貴在實行。顏子聞一知十，而列德行之首，可見矣。程子又曰：「未讀論語時是這般人，讀了後依舊是這般人，如未讀論語一般。」孔子曰：「有顏回者好學，不遷怒，不貳過。」豈非聖賢之學，俱在踐履。〔註56〕

顏回擴充見聞、聞一知十、好學篤敬，即是「實行」，故能成就其爲德行之首的復聖地位。學問由實行而來，而聖賢所倡導之學是十分重視「踐履實踐」之務。於是朱之瑜反對輕行、離行、危行、知先行後等遠離實踐的言論，將「行」視爲知行觀之中首出的價值，離開「行」的學問都只是空學。其與古市務本書云：

〔註54〕朱之瑜：《朱舜水集》，卷十六，頁 487～488。
〔註55〕覃啓勛：〈朱舜水治學理論初探〉，《武漢大學學報（人文科學版）》，第 55 卷、第 4 期（2002 年 7 月），頁 404～408。
〔註56〕朱之瑜：《朱舜水集》，卷十，頁 369。

遠出初歸，承顏進饌，人子志意，全在此時。若能於此時體貼得到，
則滫瀡甘旨，皆爲末節。所以學者學此，所以問者問此，躬行之外，
更無學問。〔註57〕

學問出於躬行，孝順出自體貼之「孝心」，並且必要落實於躬行的「孝行」，
故進饌時承顏而歡、預備滫瀡甘旨之美食，即是孝。朱之瑜又說：「須知學者
以躬行心得爲主」，〔註58〕躬行心得才是眞知、眞學。「爲學之道，外修其名
無益，必須身體力行，方爲有得。」〔註59〕身體力行才能眞正體證道德學問
的深層意涵，他強調的是貼近人情的「下達」之功，其答古市務本云：「他日
聞足下事親孝養，事君竭誠，則學問之徵矣。」〔註60〕一切道德若不能落實
於「實事」中的實踐，就不算是徵明而具有效驗的學問。

先儒謂當官之法唯有三事：曰清，曰愼，曰勤，知斯三者，則知所
以持身矣。孰謂知所以持身而非學哉？但問日夕之所以汲汲皇皇
者，公私利欲之間何如耳，苟或背公植黨，營其私家，則罪也；如
果勤思職業，宣君德，達民隱，訪賢良，察姦慝，卹鰥寡，賙困窮，
則汲汲皇皇，乃學問之大者。〔註61〕

爲官者以清、愼、勤持身，汲汲皇皇於經濟之業，即是篤行眞知。注重實行，
是朱之瑜知行觀的最終旨歸，躬行修德、篤行踐履即是爲學之道。彼云：「家
有母，學爲孝，家有弟，學爲友，家有婦，學爲和，出而有君上，學爲忠愼，
有朋友，學爲信，無往而非學也。」〔註62〕「學」能致「知」，而「知」的獲
得則來自主體透過實踐，建立對客觀對象的認識，成爲輔德的必要條件，於
是「行」成爲「知」的方法途徑。「學問」既源於主體在實踐中對客體的認識，
「實行」的重要性自不可忽視。

若夫汲汲世事，皇皇職務，遂謂荒廢學業，則必明窗淨几，伊吾咕
嗶，而後謂之學矣；則身體力行者非學，而吟詩作文者爲學矣。是
殆不然。〔註63〕

〔註57〕 朱之瑜：《朱舜水集》，卷九，頁330。
〔註58〕 朱之瑜：《朱舜水集》，卷九，頁333。
〔註59〕 今井弘濟、安積覺：〈舜水先生行實〉，收於《朱舜水集》，附錄一，頁624。
〔註60〕 朱之瑜：《朱舜水集》，卷九，頁334。
〔註61〕 朱之瑜：《朱舜水集》，卷十，頁379。
〔註62〕 朱之瑜：《朱舜水集》，卷九，頁298。
〔註63〕 朱之瑜：《朱舜水集》，卷十，頁379。

「學」不一定要勞心於案牘學業，能勤於職務、身體力行、躬行踐履才是眞正的學，眞正的知。朱之瑜主張學知成聖，也力倡讀書爲致知的方式之一，顯見他並不否認書本知識，但書本知識只能印證人之「知」，「眞知」是從「力行」中產生的，以子貢爲例，朱之瑜認爲子貢雖天資穎悟，卻華而不實，不如顏回、曾子般的實行力行，因此不得參與聖道之傳。〔註 64〕故朱之瑜提倡「日用躬行即是學」的重行說，強調了「行」在認識過程中的地位和作用，取代程頤「人謂要力行，亦只是淺近語」的輕行思想。〔註 65〕

關於「行」的態度，《中庸》將其分爲「安而行之」、「利而行之」、「勉強而行之」三個層次，〔註 66〕聖人安而行之，賢人利而行之，凡人勉強而行之。朱熹之注解釋道「則生知安行者，知也；學知利行者，仁也；困知勉行者，勇也。」〔註 67〕人之氣稟有所不同，故知行境界有所差別，但只要能自強不息，則成功一也。發展至明代，王陽明則強調「生知安行」：

> 所謂生知、安行，知、行二字，亦是就用功上說；若是知、行本體
> 即是良知、良能，雖在困勉之人，亦皆可謂之生知、安行矣。〔註 68〕

不僅聖人生知安行，而「眾人亦是生知」，〔註 69〕良知原是內具於心，安行只是依此良知落實盡道而已，人皆有良知，自然人人皆能「生知安行」。

但朱之瑜則駁斥「生知安行」的觀點，認爲聖人境界固然令人欽羨，但畢竟非人人所能企及，「安行」就近於「輕行」、「離行」、「免行」，無法躬行出致用之實學，故他特別重視「學知利行」與「困知勉行」的問學實踐之道。

> 道之至極者不在於生知安行，而偏在於學知利行及勉強而行之者。

〔註 64〕分見今井弘濟、安積覺：〈舜水先生行實〉，收於《朱舜水集》，附錄一，頁 624；朱之瑜撰，徐興慶編：《朱舜水集補遺》，卷二，頁 167。

〔註 65〕伊川曰：「人謂要力行，亦只是淺近語，人既能知見，一切事皆所當爲，不必待著意，繞著意，便是有個私心，這一點意氣，能得幾時子。」朱熹撰，古清美註譯：《近思錄今註今譯》（臺北：臺灣商務印書館，2000 年），頁 87。

〔註 66〕「或生而知之，或學而知之，或困而知之，及其知之一也；或安而行之，或利而行之，或勉強而行之，及其成功一也。」朱熹：《四書章句集注・中庸章句》（高雄：復文書局，1990 年），頁 29。

〔註 67〕朱熹：《四書章句集注・中庸章句》（高雄：復文書局，1990 年），頁 29。

〔註 68〕王守仁：《王陽明先生全集・傳習錄》，《四庫全書存目叢書》，集部（51），頁 46。

〔註 69〕王守仁：《王陽明先生全集・傳習錄》，《四庫全書存目叢書》，集部（51），頁 58。

〔註70〕

朱之瑜從「實行」的立場，反對「安行」的態度，他認為「作聖」之道，不必盡出於生知安行，〔註71〕聖人因有異稟之天賦良能，故「安行」即可達至聖境，但畢竟並非人人皆聖人，自不能人人皆「安行」，而必須「實行」、「利行」、「勉行」、「躬行」。朱之瑜黜棄「安行」的態度或許有違原典之原意，將「安行」等同於「輕行」、「離行」、「免行」，又未免失之偏頗，然而於此正可洞見其「重行」之立場。

（二）兼致知力行

朱之瑜特重躬行實踐，留心民生日用彝倫，而其崇「實」重「行」的另一具體展現即是將「行」的高度提升，並展現「知行合一」的觀點。他說：

> 兼致知力行，方是學，方是習。若空空去學，學個甚底？習，又習個甚底？慎思明辨，即是此中事。〔註72〕

朱之瑜反對離開「行」去談論所謂的「知」，他認為學或習，既非單純的讀書之知、也非單純的篤實之行，而必須是兼知、行兩方面，致知與力行是不能分開的。所謂學，實兼「知」、「行」二義：一方面透過對客體知識的掌握以進德修業，一方面又實踐道德、踐履道德於日用之中，讀書問學是「學」，思辨習行也是「學」，儒者必兼知行才能臻於聖人之境。朱之瑜知行並重，認為「行」不僅是「知」的基礎，更是「知」的目的，「知」必須在「行」中才可獲得，「知」也只有付諸「行」，才能發揮其作用，才能證明其真偽。不論是「學問之道，貴在實行」，或是「聖賢之學，俱在踐履」的提出，皆顯見朱之瑜「知行並重」、「知行兼採」、「知行合一」的主張。

（三）講實效實用

朱之瑜深體明末社會政治積弊之重、經濟崩壞之痛，因此在其知行觀之中仍表現出其銳意改革、有補世教的經世抱負，他認為學問必須透過力行，展現出實效實用，方是真知。

> 為學當有實功，有實用。不獨詩歌辭曲無益於學也，即於字句之間，標新立異者，未知果足為大儒否？果有關於國家政治否？果能變化

〔註70〕　朱之瑜：《朱舜水集》，卷十六，頁484。
〔註71〕　朱之瑜：《朱舜水集》，卷十六，頁484。
〔註72〕　朱之瑜：《朱舜水集》，卷十一，頁387。

於民風土俗否？〔註73〕

為學應當講究實功、實用，文章之學、心性之談都是「無益之學」，若能擅場於政界，經世濟民；或者倡導儒學教化，移風易俗，才是朱之瑜心中的大儒、聖者。對朱之瑜而言，儒者的「行」包含兩部分：一是躬行修德、篤實踐履；其二則是學以致用、政教經世，「成德」與「事功」成為其為學致知的正鵠標的：

蘊之於躬則為德，設施於事則為政。無仁德以為之本，則為徒法；無政治張弛以紀綱之，則為徒善。二者相須而行才不可偏廢者也。

〔註74〕

透過躬行以修德，透過施事以從政，「德」與「政」二者不可偏廢，而成德之「實效」與施政之「實功」自然也不可偏廢，而不論「實效」或「實功」，「行」所要達到的是終極境界即是具體可知的「實效」。反之，無益於世用的事物，則可視之為砂礫，棄之如敝屣，他舉例說：

昔有良工能於棘端刻沐猴，耳目口鼻宛然，毛髮咸具，此天下古今之巧匠也。……不佞必抵之為砂礫，何也？工雖巧，無益於世用也。宋儒辨析毫釐，終不曾做得一事。〔註75〕

朱之瑜認為宋儒為學正如巧匠一般，注重細枝末節的辨析，終無法對社會有多大的貢獻，不值得後世學者響應而景從，傾注畢生偉力於其中。真正的知，是有用的學問，他以實際效用做為檢驗真理真知的標準，朱之瑜重視實道實理，是因為明白平常的眼前道理才能落實並實踐於現象界、經驗界，取得「實效」；此外，他特重「實行」，亦是因為「實行」才能踐履道德，得致「實效」，「又重在踐履，所謂身體而力行之，不然，又無用也。」〔註76〕「實效」成為其學說建構的最高指導原則，成為其檢視一切真理真知的終極標準，為學若無「實功實效」，即非真學，道德若不實踐於生活中，亦非真知，能發揮「實效實用」的學習才有意義，此稱為「道之至極」。

在「實功實效」的真理檢驗標準之下，朱之瑜對明代士人不務實學的態度，深不以為然，他痛心疾首地抨擊明末士人學風：

〔註73〕　朱之瑜：《朱舜水集》，卷十一，頁406。
〔註74〕　朱之瑜：《朱舜水集》，卷十三，頁446。
〔註75〕　朱之瑜：《朱舜水集》，卷七，頁160。
〔註76〕　朱之瑜撰，徐興慶編：《朱舜水集補遺》，卷二，頁159。

> 中國之亂逆，既萌天啓之始矣。時預國政有理學之黨，有文章之黨，
> 日日相軋相詆，爭權不已。繼之以連年之凶荒，故闖賊作逆，韃虜
> 奪位，皆是姦逆之臣爲之禍根矣。〔註77〕

他認爲空虛的性理之學，和吟風弄月的文章，爲國家亂亡的根源。士大夫精通於文章述作、心性天理，但正因其所學無益於世，導致政經敗壞，甚至家國滅亡。所以，在朱之瑜心目中，眞正有價值的實學是不唱高調、不務虛名的「實事、實理」，是透過「實行、實踐」，而取得「實用、實效」的經邦弘化之學、康濟艱難之學、開物成務之學。

第二節　顏元「習事見理」的知行觀

由顏元重習行、重實踐的篤實精神所發展出來的知行觀，簡而言之乃是「重行」，他主張行先於知、行重於知，「行」是致知的根本條件，也是檢驗眞知的唯一標準。所以說，「習行實踐」成爲爲人爲學、處事致知的關鍵，缺乏這一環節，所得之知便是虛妄而非眞知。

一、理在事中，犯手格物

顏元從氣化觀點出發，領略理在事中，「知」必建立在客觀事物之上，並且透過「格物致知」命題之新詮，以犯手格物、習行實理的「行」爲知行觀的重心，主張行能致知，將成德之知寓於經驗界的接觸與體察，故產生「重習」的道德觀。〔註78〕

（一）知本無體，以物為體

顏元從氣本論的立場來論理，關於理氣之關係，顏元認爲，天下既沒有「無理之氣」，也沒有「無氣之理」，因爲「氣即理之氣，理即氣之理」，〔註79〕世間萬物之形都是由氣凝結而成，而理之於物則是物之性、物之「則」，故顏元看重

〔註77〕人見竹洞：《舜水墨談》，收於朱之瑜撰，徐興慶編：《朱舜水集補遺》，卷五，頁249。

〔註78〕蓋顏元重視實踐實行，以「習」名齋，以習行六藝爲教，主張「習行」道德實踐以習善遠惡、以「習動」爲修身強體之方、以「習恭」反省內察，因此梁啓超先生評論其爲「唯習主義」。而在知行觀上，顏元主張習行能致知，「學而時習」方能得致眞知，故筆者稱其爲「重習」的道德觀。

〔註79〕顏元：《顏元集‧存性編》，卷一，頁1。

客觀事物之條理，理在氣中、道藉器顯。對應於程朱「有是理後生是氣」、「雖未有物，而已有物之理」的理氣二分、理先氣後之說，〔註80〕

宋明理學著眼於先驗而形上的性道天理，顏元則側重「事物」，事理、條理展現於事物之中。

> 知無體，以物爲體，猶之目無體，以形色爲體也。故人目雖明，非視
> 黑視白，明無由用也。人心雖靈，非玩東玩西，靈無由施也。〔註81〕

顏元從經驗視域、現象世界中，領略到「知」必建立在客觀事物之上，離開了客觀的對象，人的感覺思維作用就不能顯現，當人的思維與感覺器官（如眼、心），接觸到外界客觀的事物時（如形色、東西），才能產生「知」，「知」的產生依賴於「物」，但物是客觀獨立的存在，顏元觀照到經驗面中的實理、實事、實物，相信感官知覺的經驗之知。他說：「理者，木之紋理也。」〔註82〕木中原有條理，捨木便無所爲理，推而言之，凡事凡物都有條理，理存於事物之中，除卻事物，則無所謂理。因此，顏元主張「見理於事」，要求到具體事物中去體認事理，理在事中，針對此點其門人李塨有較深入的分析：「夫事有條理，曰理即在事中，今曰理在事上，是理別有一物矣。理，虛字也，可爲物乎？天事曰天理，人事曰人理，物事曰物理。詩曰，有物有則，離事物何所謂理乎。」〔註83〕理是事物的特性與規則，欲窮理也就必須自實事實物上著手。

程朱認爲「理在事先」，見理已明必能合理處事，於是朱子贊同「豈有見理已明而不能處事者」的觀點，顏元則提出反駁：

> 見理已明而不能處事者多矣，有宋儒諸先生便謂還是見理不明，只教
> 人明理。孔子則只教人習事，迨見理於事，則已徹上徹下矣。〔註84〕

顏元認爲「理不離事」，故只能「於事見理」、「習事見理」，而孔子亦教人「習事見理」以上通天命、下達人事。顏元論「理」，其窮理的工夫必落實於客觀的事物之中，而非心性的體悟之上，必以事物爲依歸。顏元強調「聞見之知」——以認知心爲主的客觀認知——但這並非意味顏元有懸置「德性」或輕「德

〔註80〕黎靖德、鄭端編：《百衲本朱子語類》（臺北：漢京文化事業有限公司，1980年）卷一，頁1；朱熹：《朱子文集》，卷四十六，頁2058。
〔註81〕顏元：《顏元集・四書正誤》，卷一，頁159。
〔註82〕顏元：《顏元集・四書正誤》，卷六，頁246。
〔註83〕李塨：《論語傳注問》，《顏李叢書》，（臺北：廣文書局，1965年），頁906。
〔註84〕顏元：《顏元集・存學編》，卷一，頁71。

性」的傾向，只是在「即心言理」、「理在吾心」的主觀之理被高度開發之後，顏元將討論重點放在「就事言理」、「理在事中」的客觀之理。而「重事重物」的思想特質便貫徹在他論學的內容上：

> 夫堯舜之道，而必以「事」名，周孔之學而必以「物」名，儼若預燭後世必有離事離物而爲心口懸空之道，紙墨虛華之學，而先爲之防杜者。〔註85〕

聖人懼後世「離事物以爲道，舍事物以爲學」，故頒明「三事、六府、三物」以固事物之功，要進德修業就應致力於六府、三事、三物的實學。〔註86〕舉凡道德、倫理、技藝、政事皆是實事、實物的範圍，亦是知的範圍。

（二）「格物致知」之新詮

顏元透過重新定義「格物致知」，解構傳統的知行觀，並建立一崇實重行，由行致知的知行體系。儒學所認定之「知」，包含客觀實體知識與倫理道德知識，但向來儒學主流以「道德」爲第一義，偏落在「德性之知」的探尋，因此「致知格物」之概念與「明明德」有直接關係，也成爲進德成聖之工夫之一，所謂「正心」、「誠意」、「致知」、「格物」皆是「修身」之道，「格致」、「格物」是與「道」有關。儒者對於「格物」概念的不同解釋，反映出迥異的義理立場，程朱以「窮理致知」、「物格知致」的論述，勾勒出「主客合一」之知；陸王心學則以「明乎本心」、「即心求理」的方法，建構了「純粹主觀」之知。而顏元則迥異於以上二者，他從「重習行」的觀點出發，對「格物致知」重新加以詮釋：

> 格物之「格」，王門訓「正」，朱門訓「至」，漢儒訓「來」，似皆未穩。竊聞未窺聖人之行者，宜證之聖人之言；未解聖人之言者，宜證諸聖人之行。但觀聖門如何用功，便定格物之訓矣。元謂當如史書「手格猛獸」之「格」，「手格殺之」之「格」，乃犯手捶打搓弄之

〔註85〕 鍾陵編：《習齋記餘》，載於《顏元集》，卷三，頁439。
〔註86〕 根據《周禮》與《尚書》的記載，六府、三事、三物的實質內容：所謂六府即「水、火、金、木、土、穀」，爲人民實際生活的物質。三事即「正德、利用、厚生」，爲治理人民的三件政事。三物即是六德（智、仁、聖、義、忠、和）、六行（孝、友、睦、姻、仁、恤）六藝（禮、樂、射、御、書、數）的統稱，其中六德是道德品德，六行爲倫理關係，六藝則指實際生活的專門技術或學科知識。分見《十三經注疏・尚書正義・大禹謨》（臺北：藝文印書館，1993年），卷四，頁53。《十三經注疏・周禮注疏・大司徒》，《十三經注疏》，卷十，頁160。

義，即孔門六藝之教是也。〔註87〕

顏元由「手格猛獸之格」解釋「格」字，又以「犯手實做其事」解釋「格物」，以搏鬥和實行的涵義來詮解「格」字，強調在實際生活中技能與德行的磨鍊，也就是習行、用力於三事三物，顏元將「格物」賦予實踐義，主張人應透過躬身體驗、親身接觸實事實物的方法格物，甚至認為「手格其物而後知至」，〔註88〕客體事物的習行、實踐能有助於「知」的建構：

> 謂之物，則空寂光瑩，固混不得，即書本經文亦當不得。謂之格，則必犯手搏弄，不惟靜敬頓悟等混不得，即讀作講解都當不得如此眞切，如此隄防，猶有仙佛離物之道，漢宋舍物之學，乾坤何不幸也。〔註89〕

顏元嘗試以犯手搏弄的「習行」取代朱門讀書窮理、陸王靜敬內省的進路，筆者試將顏元論述中所呈現程朱、陸王格致觀與自己的差異整理如下：

學　派	格　致　觀	致　知　途　徑
程、朱	窮理——即物而窮其理	讀書窮理
陸、王	正心——正意所在之事	靜敬內省
顏　元	搏物——犯手習行實理	實行體驗

　　為了扭轉宋明理學之風，顏元主張以務實的態度去實踐生活上的諸多技能，「好學近乎知」，因為「好學禮則度數日明，好學樂則神明可通，好學射、御、書、數、兵、農等則萬事可理。雖性非上智乎，于焉近之矣。」〔註90〕而學的內容即是習行六藝，學的方法就是習行實做，習行體驗成了格物的具體方法，「格」就是實行、犯手實做。顏元不贊同宋儒之視「聞見之知」為不相干於德性、甚至是可有可無的外在認知；他強調聞見之知、經驗之知、習得之知，於是「習行」之於成德之教實是不可或缺的必要條件，顏元重視及物、接物所產生的實際經驗，並將它視為聖人之學，此正是重「習」的道德觀。

　　至於顏元認為格物所格之「物」，則為前文所提及的「三物」，顏元說：「吾

〔註87〕鍾陵編：《習齋記餘》，載《顏元集》，卷六，頁 491。
〔註88〕顏元：《顏元集·四書正誤》，卷一，頁 159。
〔註89〕鍾陵：《顏習齋先生言行錄》，載《顏元集》，卷上，頁 652。
〔註90〕顏元：《顏元集·四書正誤》，卷二，168。

斷以爲『物』即『三物』之『物』。」〔註91〕所謂三物即是六德、六行、六藝的統稱，顏元認爲周公孔子爲了不讓後世「離事物以爲道，舍事物以爲學」，所以頒明「三物」以固事物之功，然而後世不察，漸以玄虛之理代實事實理，「秦人賊物，漢人知物而不格物，宋人不格物而並不知物，寧第過乎物，且空乎物矣。」於是，「二千年道法之壞，蒼生之厄，總以物之失耳。」〔註92〕因此顏元主張當以「三物」爲學習的內容：

> 學，學禮，學樂，學射、御、書、數等也。博學之，則兵、農、錢、穀、水、火、工、虞、天文、地理，無不學也。以多讀爲學，聖人之學所以亡也。〔註93〕

多讀非學，聖人之博學必在各項技能之中學習實作。

至於「致」的字義訓詁，顏元解爲：「致者，推而極之也。」又說：「推者，用力擴拓去，自此及彼，自內而外，自近至遠之辭也。推而極之，則又無彼不及，無外不周，無遠不到之意也。」〔註94〕「用力擴拓去」的「致知」，即是透過身習實踐，實際地體察推演，把實際的學問實踐於生活之中，「蓋致知是在物上，即親見了那物。」〔註95〕窮究事物的每一層面，將學問和實際經驗融而爲一，以掌握事物的實情。因此，顏元在回答李植秀所問「格物致知」時，就說：「今之言致知者，不過讀書、講問、思辨已耳，不知致吾知也，皆不在此也。」〔註96〕讀書、講問、思辨皆非致知，習行才爲致知之方。他反對宋儒將「致知」與「窮理」混爲一談，他說「夫窮至不猶然一『致』字乎，窮至其理不猶然一『知』字乎？是解成箇『致知在致知矣』。」〔註97〕他認爲宋儒口口只道明理，格物不出窮理之套，使學者只能徒費力氣在讀書、講問、思辨之上，卻仍困在玄虛之理的困境之中。在顏元的觀察中，致知是實見事理、力行事理，如見梅、棗，不能窮酸、甜之理，非得於物上親身體驗，才能知其酸甜之味，〔註98〕所以說「致知在格物」，手格其物，而後知至，於是顏元建立了「習行致知」的知行觀。

〔註91〕顏元：《顏元集·四書正誤》，卷一，頁 159。
〔註92〕皆見鍾陵編：《習齋記餘》，載《顏元集》，卷九，頁 555。
〔註93〕顏元：《顏元集·四書正誤》，卷二，169。
〔註94〕顏元：《顏元集·四書正誤》，卷二，頁 165～166。
〔註95〕顏元：《顏元集·四書正誤》，卷一，頁 159。
〔註96〕鍾陵編：《習齋記餘》，載《顏元集》，卷六，頁 492。
〔註97〕顏元：《顏元集·四書正誤》，卷一，頁 159。
〔註98〕鍾陵編：《習齋記餘》，載《顏元集》，卷六，頁 492。

（三）習行致知——重習的道德觀

顏元重視實踐實行，以「習」名齋，以習行六藝為教，主張「習行」道德實踐以習善遠惡、以「習動」為修身強體之方、以「習恭」反省內察，因此梁啓超先生評論其為「唯習主義」。〔註99〕而在知行觀上，顏元主張習行能致知，「學而時習」方能得致真知，故稱其為「重習」的道德觀。顏元重視「行」，甚至認為「由行致知」，反之，若不經過習行、不親手實做，就不可能獲得真知，行是知之因。與清儒「重智的道德觀」相較，顏元其實也強調「聞見之知」——以認知心為主的客觀認知，也主張學能致知（故作《存學編》以倡實學），故其並未脫離「重智的道德觀」的系統，只是在其學中有特別耀眼的實踐精神，強調習行致知，主張犯手格物的習動，因此其「重習的道德觀」實可謂為「重智的道德觀」的支流，更深層的究極「智」的來源即在習行，而透過習行所得之「智」能輔德。

關於德性與實踐的關係，葉海煙先生有如下見解：「修養乃成就德行的唯一門徑，而實踐則為德行修養的主軸——原來道德的實踐性始於主體性的闡明，經人我關係的調和與整飭，而終於位格的尊崇及生命全幅的發揚。」〔註100〕德性修養必經過「實踐」才能完成，而顏元所重的即是習之功。為了論證「習行致知」的觀點，顏元舉列眾多生活上的實例說明間接經驗皆不可靠，必須透過「親下手一番」的直接經驗，才能獲得真知。他舉禮、樂二事作全面解釋：

> 譬如欲知禮，任讀幾百遍禮書，講問幾十次，思辨幾十層，總不算知。直須跪拜周旋，捧玉爵，執幣帛，親下手一番，方知禮是如此，知禮者斯至矣。譬如欲知樂，任讀樂譜幾百遍，講問、思辨幾十層，總不能知。直須搏拊擊吹，口歌身舞，親下手一番，方知樂是如此，知樂者斯至矣。是謂物格而後知至。〔註101〕

習禮樂時，讀書、講問、思辨皆無法知道行禮之法、奏樂之方，非得透過習禮

〔註99〕 梁啓超認為顏元特重「習」：「習齋以習名其齋因為他感覺『習』的力量之偉大，因取論語「習相遠」和「學而時習」這兩句話極力提倡，所以我說他是『唯習主義』。」見氏著：《中國近三百年學術史》，頁122。

〔註100〕 葉海煙認為所謂「主體性」並不全屬於理智或認知的範疇（案：客觀之知），它和人心深層的性情、慾求、期望、抉擇及愛戀等內在活動其實都密切相關（案：主觀之知），而這些心靈質素則非經由修養的實際行動加以對治不可（案：實踐實行）。見氏著：《中國哲學的倫理觀》(臺北：五南圖書出版公司，2002年)，頁43～44。

〔註101〕 顏元：《顏元集·四書正誤》，卷一，頁159。

習樂才能知禮知樂，就連天賦異稟、生而知之的聖人，亦是如此。「聖人亦未有不學禮樂而能之者。今試予生知聖人一管，斷不能吹。」〔註102〕如孔子「生知安行之聖」，自兒童嬉戲時亦學習俎豆、升降之禮，稍長亦習行諸多鄙事，教學時教導弟子揖讓進退、鼓瑟、習歌、羽籥、干戚、弓矢、會計，〔註103〕以習行為獲致學問的方法，以習行作為傳遞學問的管道，從做中學、從做中知。

顏元又列舉其他事例來說明「手格其物而後知至」：

> 且如這冠，雖三代聖人，不知何朝之制也；雖從聞見，知為肅慎之冠，亦不知皮之如何暖也。必手取而加諸首，乃知是如此取暖。如此葅蔬，雖上智老圃，不知為可食之物也，雖從形色料為可食之物，亦不知味之如何辛也，必箸取而納之口，乃知如此味辛。〔註104〕

的確，透過反覆的嘗試與實踐，身體感官接觸客體事物所產生的直接經驗才成為「聞見之知」。格物著重力行，須在事物上「親下手一番」，才能辨別出箇中道理。「聞見之知」原臣服於「德性之知」下，不具有獨立的地位，但在顏元，「聞見之知」凌駕於「德性之知」，成為一切知識（包含「德性之知」）的源頭與基礎，形上之理的掌握必寓於形下實體的體察與接觸，透過感官接觸而得經驗之知，成為理性之知的基礎。

跳脫「德性之知」的範疇，顏元關照到傳統儒學較不重視的客觀「聞見之知」，他主張就連純粹客體之知亦源於「習行」。以木匠為例，「試觀梓人，生來未必乃爾巧，以其嘗學此藝，便似渠心目聰明矣。凡匠莫不然，而何疑于君子乎？」〔註105〕易言之，客體知識亦來自於「手格其物」的身體力行，來自於經驗。除了技藝，「天文、地志、律曆、兵機數者，若洞究淵微，皆須日夜講習之力，數年歷驗之功，非比理會文字可坐而獲也。」〔註106〕一切科技知識的累積都必須透過長期經驗習行，方能獲致其效，絕非讀書靜坐所能致功。

> 書房習數，入市便差。則學而必習，習又必行，固也。〔註107〕

要「學」就必須「習」，而「習」就是「行」，顏元強調應將「學」與「習行」

〔註102〕鍾陵編：《顏習齋先生言行錄》，載《顏元集》，卷下，頁685。
〔註103〕顏元：《顏元集・存學編》，卷二，頁68。
〔註104〕顏元：《顏元集・四書正誤》，卷一，159。
〔註105〕顏元：《顏元集・四書正誤》，卷二，頁168。
〔註106〕顏元：《顏元集・存學編》，卷三，頁75。
〔註107〕皆見鍾陵編：《顏習齋先生言行錄》，載《顏元集》，卷下，頁685。

結合，亦即將「知」與「行」結合，否則只會被學術所誤，荒廢經世之務。西方哲學家承認的客體知識基本來源主要有二：經驗和理性，〔註108〕清初學者的側重的焦點對象已然由形上之「理」漸漸過渡到形下之「器」，他們重視經驗領域的聞見體察，可謂以「經驗認識」代「理性認識」，顏元即爲範例。

顏元揭露程朱理學脫離實際的哲學本質，他攻擊最力的就是讀書、靜坐二事。「朱子教人半日靜坐、半日讀書，無異於半日當和尚、半日當漢儒，試問一日十二時辰，哪一刻是堯舜周孔？」〔註109〕而相較於孔門之教，七十子終身追隨孔子，「終日學習而終見不足，只爲一事不學，則一事不能也；一理不習，則一理不熟。」孔門習行之教似乎被大大忽略了，顏元則解釋，這乃是因爲「後人爲漢儒所誣，從章句上用功；爲釋氏所惑，從念頭上課性」，因此後世專務易見博洽的「紙上之學問」、易見了徹的「心頭之覺悟」，而道學喪亡，讀書、靜坐竟成爲「二千年一欺局矣」。〔註110〕平心而論，顏元強烈之批判，其實並無法還原程朱陸王眞實的學術價值，將宋明儒學之貢獻一筆勾銷，態度似乎過於偏激，但此實爲一個明清之際學者痛定思痛之後的大徹大悟，也是爲了開創一家之言，不得不對於舊學做一全面檢討。

針對讀書，他認爲讀書將損害人的身體健康，且無益於眞知的增進：

> 耗氣勞心書房中，萎惰人精神，使筋骨皆疲軟，天下無不弱之書生，無不病之書生，一事不能做。〔註111〕

埋首讀書使人體弱多病、精神萎惰，因此儒者必須致力於習行，以行致知。他說「樂、射、書、數似苦人事，而卻物格知至，心存身修而日壯；讀書講論似安逸事，而卻耗氣竭精，喪志痿體而日病。」〔註112〕六藝習行之能物格而知至，不似讀書則耗人心力。且由讀書講論而致知，所窮之理限於書本之上，顏元認爲，其理「十之七分舛謬不實」，大多爲乖謬不實之「虛理」，而非致用實用之「實理」。

其實，顏元並非全然反對讀書之效，只是認爲讀書不能囊括、取代所有

〔註108〕「經驗認識」包含「感官經驗」和「內省經驗」，感官經驗使人了解外在世界，內省經驗則是對自己的內在狀態或心靈運作做出判斷。「理性認識」則是個體進行推理活動的能力，藉由推理，我們可以由已經驗者誰論出未經驗者。
〔註109〕顏元：《顏元集・朱子語類評》，頁278。
〔註110〕鍾陵編：《顏習齋先生言行錄》，載《顏元集》，卷上，頁633。
〔註111〕顏元：《顏元集・朱子語類評》，頁272。
〔註112〕鍾陵編：《顏習齋先生言行錄》，載《顏元集》，卷下，頁690。

認知途徑，因爲讀書只是「致知中之一端」，〔註113〕以讀書爲致知之唯一途徑則失之偏頗。「試觀今天下秀才曉事否？讀書人便愚，多讀更愚，但書生必自智，其愚卻益深。」〔註114〕多讀書使得讀書人泥守知識，卻無法通曉事理、破除愚昧，顏元深恐學者受朱子讀書窮理的影響，埋首故紙書堆，忽略習行，爲了扭轉此一風氣，只得對讀書一事大加撻伐。以孔門之施教爲例：

> 孔門諸賢，禮、樂，兵，農各精其一，唐虞五臣，水、火、農、教各司其一；後世菲資，乃思兼長如是，必流於後儒思、著之學矣。
> 蓋書本上見、心頭上思，可無所不及，而最易自欺、欺世。究之莫道一無能，其實一無知也。〔註115〕

人要無所不知，就只能於書本、心頭上找知識，就無法透過實行而致知，因此古代聖人並不講倡讀書，「堯舜以前聖賢固不讀書，近儒陽明先生亦云：『雖不識一字，亦須還某堂堂的做個人！』豈必多讀而後爲學？」〔註116〕因此，學只要隨人隨分可盡，貴賤貧富、老幼男女、智愚聾瞽，只要隨分盡道，實體實行，便是眞學。

顏元亦反對靜坐，認爲主靜將耽於禪佛、厭棄事物，而毫無作爲。

> 爲愛靜空談之學，久則必至厭事，厭事必至廢事，遇事即茫然，賢豪不免，況常人乎？予嘗言誤人才、敗天下事者，宋人之學。〔註117〕

靜坐使人敗壞身體，使人耗損神智、萎靡不振，而無心於實功實績之實踐。他認爲宋人主靜之功實不足以明理，「靜中之明」的境界，是虛幻虛空的虛理，非所謂的眞知眞明，非所謂眞正的道德修爲。顏元早期亦曾習靜坐功，深知其境虛妄，因此斥靜而主動，他將靜坐所得致之知稱爲「鏡花水月」，只能在虛幻世界中體會，卻不能「指水月以照臨，取鏡花而折佩」，「靜中了悟，乃是鏡花水月幻學，毫無與於性分之眞體，位育之實功也。」〔註118〕透過這種方法只會認識幻覺而非眞知：

〔註113〕「試觀『博學、審問、愼思、明辨』，皆致知事也，何字是讀書？讀書特致知之一端耳。」又說：「夫讀書乃學中之一事，何爲全副精神用在簡策乎？」分見鍾陵編：《顏習齋先生言行錄》，載《顏元集》，卷上，頁 640。顏元：《顏元集・存學編》，卷四，98。

〔註114〕顏元：《顏元集・四書正誤》，卷二，168。

〔註115〕鍾陵編：《顏習齋先生言行錄》，載《顏元集》，卷下，頁 692。

〔註116〕鍾陵編：《顏習齋先生言行錄》，載《顏元集》，卷下，頁 690。

〔註117〕李塨編：《顏習齋先生年譜》，載《顏元集》，卷下，頁 776。

〔註118〕李塨編：《顏習齋先生年譜》，載《顏元集》，卷下，頁 70。

洞照萬象，昔人形容其妙曰「鏡花水月」，宋、明儒者所謂悟道，亦
大率類此。吾非謂佛學中無此意也，亦非謂學佛者不能致此也，正
謂其洞照者無用之水鏡，其萬象皆無用之花月也。不至於此，徒苦
半生，爲腐朽之枯禪，不幸而至此，自欺更深。〔註119〕

佛釋透過畢生靜坐禪定之功，終達洞照萬象的境界，顏元卻認爲其無用虛妄
而不實：「空靜之理，愈談愈惑；空靜之功，愈妙愈妄。」〔註120〕主靜而荒廢
習動之功，將使得顏元經世致用之終極目標無法達成。其實，宋明之靜坐是
否就等同於盛談玄虛、歸趨禪宗，這是有待商榷的，顏元的見解，實際上是
位糾舉王學末流的流弊引申出來的，由流之濁而疑源之清，這是思想轉折中
常見的論述基調，或者有思想創新之必需，但卻非定然爲事實之眞相。總之，
「靜坐」與「習動」的立場相悖，故此顏元大力抨擊，爲要以「身習而實踐
之，易靜坐用口耳之習」〔註121〕提倡「習行」爲「致知」之途。

二、「習行致用」的實踐觀

顏元特重習行，他主張習動能夠養身、治心，進而能經世濟民。故他反
對宋明儒之主靜習靜之法，主張實踐出實用之學，「以實藥其空，以動濟其靜。」
〔註122〕並且以實際的事功效用來檢驗眞理，建立獨特的「習行致用」的實踐
觀。

（一）養身莫善於習動

顏元在批判宋明理學的枯禪無用時，明確地提出了他的「習動」思想。他
認爲「宋、元來儒者皆習靜，今日正可言習動。」〔註123〕習動是鍛鍊意志、強
健體魄的良方。比如用心農事，使身體勞動，則邪妄之念，就自然消除。〔註124〕
「習動」，一方面可以養心，使邪念不生；一方面也可以養身，使其身體精壯，
不至於如宋儒靜坐習成婦女態。「習動」是「知」的必要條件，也是「行」的具

〔註119〕顏元：《顏元集·存人編》，卷一，頁129。
〔註120〕顏元：《顏元集·存人編》，卷一，頁129。
〔註121〕顏元：《顏元集·存學編》，卷一，頁49。
〔註122〕顏元：《顏元集·存人編》，卷一，頁125。
〔註123〕鍾陵編：《顏習齋先生言行錄》，載《顏元集》，卷下，頁686。
〔註124〕「吾用力農事，不遑食寢，邪妄之念，亦自不起。若用十分心力，時時往天
理上做，則人欲何自生哉？」鍾陵編：《顏習齋先生言行錄》，載《顏元集》，
卷上，頁624。

體行為,「身無事幹,尋事去幹;心無理思,尋理去思。習此身使勤,習此心使存。」〔註125〕在生活中不斷習動,不只要身習,還要心習,身心道藝一滾作功,身體力行、心知思考,皆以習動為貴。他以「習動」代替宋明儒者的「習靜」,主張當「如孔門博文、約禮,身實學之,身實習之,終身不懈。」〔註126〕認為依照宋元儒者之讀書靜坐只會使學者成為「弱女病夫」。〔註127〕

> 養身莫善於習動,夙興夜寐,振起精神,尋事去做,行之有常,並
> 不因疲,日益精壯。但說敬息將養,便日就惰弱。〔註128〕

「動」將使人日益精壯,「常動則筋骨煉,氣脈舒,故曰『立於禮』,故曰『制舞而民不腫』。」〔註129〕鼓吹天下人必須振起精神,尋事去做,並且行之有常,則天下日強,體魄日壯。

習動不只能夠強身,甚至能夠養心、治心,當心思意念專注於所習之事,則「邪妄之念亦自不起」,心自然精實敬謹而不放逸:

> 人心動物也,習於事則有所寄而不妄動,故吾儒時習力行,皆所以
> 治心;釋氏則寂室靜坐,絕事離影,以求治心,不惟理有所不可,
> 勢亦有所不能,故置數珠以寄念。〔註130〕

習於事時,人之心有所寄託,是為善去惡、進德修業的良方,因此時習力行就是治心之法,「人之心不可令閒,閒則逸,逸則放。」〔註131〕心閒身閒反不利於養心修身,私欲將乘身心暇逆惰疲之時而興起,「人不作事則暇,暇則逆,逆則惰、則疲。暇逆惰疲,私欲乘之起矣。習學工夫,安可有暇?」〔註132〕故首要之務乃以「習事」使身心勞動,「身無事幹,尋事去幹;心無理思,尋理去思。習此身使勤,習此心使存。」〔註133〕因此養身治心之法就在於不閒曠,學者必須以時習力行為要務,不能以此為苦。

顏元他多次強調「學而時習之」乃「習動」之態度:

> 讀書無他道,只須在「行」字著力。如讀「學而時習」便要勉力時

〔註125〕鍾陵編:《顏習齋先生言行錄》,載《顏元集》,卷下,頁662。
〔註126〕顏元:《顏元集‧存學編》,卷一,頁48。
〔註127〕鍾陵編:《顏習齋先生言行錄》,載《顏元集》,卷上,頁648。
〔註128〕鍾陵編:《顏習齋先生言行錄》,載《顏元集》,卷上,頁635。
〔註129〕鍾陵編:《顏習齋先生言行錄》,載《顏元集》,卷下,頁686。
〔註130〕鍾陵編:《顏習齋先生言行錄》,載《顏元集》,卷上,頁646。
〔註131〕鍾陵編:《顏習齋先生言行錄》,載《顏元集》,卷下,頁677。
〔註132〕鍾陵編:《顏習齋先生言行錄》,載《顏元集》,卷下,頁655。
〔註133〕鍾陵編:《顏習齋先生言行錄》,載《顏元集》,卷下,頁662。

習讀「其爲人孝弟」便要勉力孝弟，如此而已。〔註134〕
而孔子所言「學而時習」之意重在道德之實踐，「道必學，學必習，習必時習乃得」，〔註135〕主張學者必於習行上做工夫，他並以學習「算數」爲實例，說明「學而時習」的重要：

> 一個習數，思習功久曠便忘，況不習乎，宋代諸先生雖天資高，可
> 不習而熟，可久曠而不忘，能保其門下天資皆若之乎！甚矣。孔門
> 「時習」成法不可廢也。〔註136〕

算數久曠不習則忘，學問久曠不習則廢，德業久曠不習則眊頓，就必須以「時習」來矯正其弊、修進其功。立志用功，學而時習之而不懈，甚至能夠進爲聖人，因爲「聖人是肯做工夫庸人，庸人是不肯做工夫聖人。試觀孔子是何等用功，今人孰肯如此做？」〔註137〕聖人惟能立志用功，則與常人異，因此進聖之道即是立志用功、肯做工夫、學而時習、動而不輟。

　　甚而「家之齊，國之治，天下之平皆有事也，無事則道統、治統俱壞。」〔註138〕經世濟民之理念、治國齊家天下平之鑰，皆繫在「習行」：

> 孔門習行禮、樂、射、御之學，健人筋骨，和人血氣，調人情性，
> 長人仁義。一時學行，受一時之福；一日習行，受一日之福；一人
> 體之，錫福一人；一家體之，錫福一家；一國、天下皆然。〔註139〕

習行能使儒者身心強壯，「小之卻一身之疾，大之措民物之安」，使天下人皆蒙其恩澤，若儒者「用力於講讀者一二，加功於習行者八九，則生民幸甚，吾道幸甚！」〔註140〕經世濟民的起點即是實行、實踐。他並檢討中國歷代的政治發展，主張由歷史中擷取經驗與教訓，而提出「動則強，不動則亡」的主張，以「動」濟天下之溺，「一身動則一身強，一家動則一家強，一國動則一國強，天下動則天下強」，〔註141〕主張恢復孔門「習動」之學，「習禮則周

〔註134〕鍾陵編：《顏習齋先生言行錄》，載《顏元集》，卷上，頁623。
〔註135〕顏元：《顏元集・朱子語類評》，頁259。
〔註136〕鍾陵編：《顏習齋先生言行錄》，載《顏元集》，卷下，頁679。
〔註137〕鍾陵編：《顏習齋先生言行錄》，載《顏元集》，卷上，頁628。
〔註138〕鍾陵編：《顏習齋先生言行錄》，載《顏元集》，卷上，頁631。
〔註139〕鍾陵編：《顏習齋先生言行錄》，載《顏元集》，卷下，頁693。
〔註140〕顏元：《顏元集・存學編》，卷一，頁42。
〔註141〕由先聖先王之習動所造成之治世，對比宋代之積弱，顏元主張以「動」濟天下
　　　　之溺：「三皇、五帝、三王、周、孔，皆教天下以動之聖人也，皆以動造成世
　　　　道之聖人也。五霸之假，正假其動也，漢、唐襲其動之一二，以造其世也。晉、

旋跪拜，習樂則文舞、武舞，習御則挽強、把轡，活血脈，壯筋骨，『利用』也，『正德』也。而實所以『厚生』矣。」〔註 142〕「習動」正是正德、利用、厚生的不二法門，在六藝上的習行亦即學者所學之進路，周、孔眞學。

　　總之，顏元強調「習行」、「習動」爲爲學之工夫，認爲凡所有學問都得自「親下手一番」的躬習實踐中習得，「人之歲月精神有限，誦說中度一日，便習行中錯一日」，〔註 143〕當務之急是恢復孔門習行之學，垂意於「習」之一字；使爲學爲教，人人皆應身實學之、身實習之，因此顏元特別推崇「習之功無已」之習行。

（二）行重於知

　　在知行關係上，顏元重「行」，而主張實行以求知，知行合一於「行」，他在知行關係中的見解可歸結爲：「行先於知」、「由行致知」、「由行證知」，總而言之，即是「行重於知」。

　　中國哲學對於知行關係的探討，主要圍繞知行先後、知行輕重、知行難易等問題而展開，以下以此爲探討面向：

1. 行先知後

　　在知行先後問題上，清初面臨宋明儒者「以知爲先」的思想定調，程子云：「不致知，怎生行得？勉強行者，安能持久？除非燭理明，自然樂循理。」〔註 144〕朱熹說：「義理不明，如何踐履」，正「如人行路，不見便如何行？」，因此「論先後，知爲先；論輕重，行爲重。」〔註 145〕程、朱知先行後之論，認爲學者應先致知，後涵養，見理已明必能處事，「知」是「行」的指導，故知先於行，但顏元卻認爲「見理已明而不能處事者，多矣。」當「習事見理」，當習行、實踐以求知，不經過習行、不親手實做，就不可能獲得眞知，行是知之因，故以身觸知冷暖、以口食得味覺，舉凡禮、樂、德行、三事、三物、六藝、六府，皆須透過習行，才能成爲眞知。「行」成爲致知之方，「行」是

宋之苟安，佛之空，老之無，周、程、朱、邵之靜坐，徒事口筆，總之皆不動也。而人才盡矣，聖道亡矣，乾坤降矣。吾嘗言一身動則一身強，一家動則一家強，一國動則一國強，天下動則天下強，益自信其考前聖而不謬矣，後聖而不惑矣。」鍾陵編：《顏習齋先生言行錄》，載《顏元集》，卷下，頁 669。

〔註 142〕鍾陵編：《顏習齋先生言行錄》，載《顏元集》，卷上，頁 648。

〔註 143〕顏元：《顏元集·存學編》，卷一，頁 41～42。

〔註 144〕程顥、程頤撰，朱熹編：《二程遺書》，《景印文淵閣四庫全書》，卷十八，頁 150。

〔註 145〕黎靖德、鄭端編：《百衲本朱子語類》，卷九，頁 59。

「知」的起點，「行」先於「知」。

2. 行重知輕

就知行的輕重問題而言，程頤的「以知為本」說就是強調重知的；朱熹雖言「行重知輕」、「工夫全在行上。」〔註146〕但顏元卻抨擊朱門對「行」的態度是輕忽的：

　　　朱子知行竟判為兩途，知似過，行似不及。其實行不及，知亦不及。
〔註147〕

「行」不足時，「知」亦不足，顏元認為朱子「不曾下工夫，令弟子下甚工夫？」〔註148〕以致朱門學者，「捨生盡死，在思、讀、講、著四字上做工夫，全忘卻堯、舜三事、六府，周、孔六德、六行、六藝，不肯去學，不肯去行。」〔註149〕此是以「知」代「行」，重「知」過於其重「行」。顏元則把重行觀推向極致，「心上思過，口上講過，書上見過，都不得力，臨事時依舊是所習者出。」從靜坐、讀書中得來的學問，便如望梅、畫餅，靠之飲食止渴不得。只有親身實行，從實踐經驗得來的方為真知，「行」重於「知」。

3. 知難行易

「知之非艱，行之惟艱」的古老命題，藉《尚書》經典權威地位流傳下來，而「知行難易」的觀點就展現在各哲學立場對此言的不同詮解中。如程頤：「故人力行，先須要知，非特行難，知亦難也。」〔註150〕知難行亦難，藉此凸顯「知」的作用。朱熹說：「雖要致知，然不可恃。《書》曰：『知之非艱，行之惟艱。』工夫全在行上。」〔註151〕強調行的重要性，以「知易行難」論證其「行重知輕」的立場。王陽明說：「良知自知原是容易的，只是不能致那良知，便是『知之非艱，行之惟艱』。」〔註152〕用這命題來論證良知之先天固有的「易」與致良知、知行合一的重要性。在知行難易問題中，顏元則脫離「知之非艱，行之惟艱」的傳統，提出「知難行易」的獨特看法，並主張學

〔註146〕黎靖德、鄭端編：《百衲本朱子語類》，卷十三，頁91。
〔註147〕顏元：《顏元集・存學編》，卷三，頁87。
〔註148〕顏元：《顏元集・朱子語類評》，頁251。
〔註149〕顏元：《顏元集・朱子語類評》，頁250～251。
〔註150〕程顥、程頤撰，朱熹編：《二程遺書》，《景印文淵閣四庫全書》，卷十八，頁150。
〔註151〕黎靖德、鄭端編：《百衲本朱子語類》，卷十三，頁89。
〔註152〕王守仁：《王陽明先生全集・傳習錄》，《四庫全書存目叢書》，集部（51），卷二十一，頁40。

者爲學、教學當先行其易，得出「行先知後」的結論：

> 夫藝學，古人自八歲後即習行，反以爲難，道理通透，誠意正心，
> 乃《大學》之純功，反以爲易而先之，斯不亦顛倒矣乎！〔註153〕

古人之學是由易入難，八歲即開始實行、習行六藝，實行既能自幼體行，自然是易簡而有效之學，當以易者先之，而不當以誠意正心爲易。

總之，顏元確乎建立一「重行」的知行學說，他主張行先於知、行重知輕、行易知難，或許在其學說之中似乎有忽略「知」的侷限性，但此正是在「救儒學之弊」的時代課題中，所發展出的崇實重行學說。

（三）工夫即是效驗

顏元認爲，驗證學問的標準在於實行，應從實際事功的效驗來查驗眞知，而提出「工夫即是效驗」。〔註154〕不僅知源於行，更必須在實踐中去證驗知是否眞知、學是否眞學，故可說顏元不僅主張「由行致知」，更進一步提出「由行證知」。

> 吾謂德性以用而見其純駁，口筆之醇者不足恃；學問以用而見其得
> 失，口筆之得者不足恃。〔註155〕

「效用」是用來檢視眞理的標準，德行、學問皆必須透過實踐果效來檢視其純駁得失。但何謂效用？「用」謂功用，「效」即效果，「用」是實行的目的，「效」是「用」的實踐與完成，早在墨子便十分注重效用，他提出著名的「三表法」作爲檢驗眞理的客觀標準：「有本之者，有原之者，有用之者。」〔註156〕認爲眞理必須以歷史經驗、感覺經驗和實際效用來檢視。韓非子認爲「夫言行者，以功用爲之的彀者也。」〔註157〕講究效驗與功效，王充亦有言「事莫明於有效」、

〔註153〕顏元：《顏元集·存學編》，卷三，頁72～73。

〔註154〕李塨編：《顏習齋先生年譜》，載《顏元集》，卷下，頁776。

〔註155〕李塨編：《顏習齋先生年譜》，載《顏元集》，頁747。

〔註156〕《墨子·非命·上》：「故言必有三表。何謂三表？子墨子言曰：『有本之者，有原之者，有用之者。於何本之？上本之於古者聖王之事；於何原之？下原察百姓耳目之實；於何用之？廢以爲刑政，觀其中國家百姓人民之利，此所謂言有三表也。』」所謂「有本之者」，就是以歷史上記載古人的經驗（即間接經驗）爲依據，「有原之者」，就是以人們直接感覺之實（即直接經驗）爲依據「有用之者」，就是以政令、理論或學說付諸實施，是否給社會和人民帶來效用和利益（即實際效應）爲依據。墨翟：《墨子》，《二十二子》（臺北市：先知出版社，1976年），頁275。

〔註157〕韓非撰：《韓非子·問辨》，《二十二子》（臺北市：先知出版社，1976年），頁550。

「效之以事」，〔註158〕而顏元正承繼並發揚此種注重效驗的精神，強調「用」是知和行的目的。

　　「學問有諸己與否，須臨事方信。」〔註159〕若不實行，充其量不過是「泡影學問」。「談得書來，口會說、筆會做，都不濟事，須是身上行出，才算學問。」〔註160〕顏元以學琴爲喻：

　　　　譬之學琴然：《詩》、《書》猶琴譜也。爛熟琴譜，講解分明，可謂學
　　　　琴乎？故曰以講讀爲求道之功，相隔千里也。〔註161〕

「讀譜」不等同於「學琴」，「學琴」不等同於「習琴」，「習琴」又非「能琴」。將爛熟琴譜、講解分明當作學琴，猶如以「書」爲「道」，未能於生活中習行體現「道」，則所得不過是空虛的、無用於世的虛理與假知。透過實行得致的才是眞知，眞知才禁得起「習行實踐」的檢驗。他繼承陳亮的事功之學，強調以習行得致的效用來檢查知之虛實。除了習琴之例，他又舉妄人行醫之例，證明能確實達到致用目的的方是眞知：

　　　　若讀盡醫書而鄙視方脈、藥餌、針灸、摩砭，妄人也，不惟非岐、
　　　　黃，並非醫也，尚不如習一科、驗一方者之爲醫也。〔註162〕

將「療疾救世」之實功實效作爲檢視醫者眞僞之標準，將讀醫書、方脈、藥餌、針灸、摩砭的醫術實踐當作實知實學，這就是顏元「以行證知」的觀點，顏元擅長以日常生活之常理常識爲例，而其精義則無可辯駁。

　　由此，他進一步批評宋明儒者脫離實踐之學，將宋明以來所認定的聖賢與作聖之功一起推翻：

　　　　何獨以偏缺微弱，兄於契丹，臣於金元之宋。……而乃前有數聖賢，
　　　　上不見一扶危濟難之功，下不見一可相可將之才，兩手以二帝畀金，
　　　　以汴京與豫矣！後有數十聖賢，上不見一扶危濟難之功，下不見一
　　　　可相可將之才，兩手以少帝付海，以玉璽與元矣！多聖多賢之世，
　　　　而乃如此乎？〔註163〕

在北宋、南宋家國傾覆之際，這些擅長讀書講讀之儒者，全無扶危濟難之功，

〔註158〕王充撰，劉盼遂註：《論衡集解》（臺北：世界書局，1967 年），頁 158。
〔註159〕鍾陵編：《顏習齋先生言行錄》，載《顏元集》，卷上，頁 632。
〔註160〕鍾陵編：《習齋記餘》，載《顏元集》，卷四，頁 466。
〔註161〕顏元：《顏元集・存學編》，卷三，頁 78。
〔註162〕顏元：《顏元集・存學編》，卷一，頁 50。
〔註163〕顏元：《顏元集・存學編》，卷二，頁 67～68。

習行經濟之儒成為檢驗人才的標準，朱子「立朝全無建白，只會說『正心、誠意』以文其無用，治漳州，全無設施，只會『半日靜坐』、『半日讀書』，聞金人來犯宋，慟哭而已。」〔註164〕毫無實功建樹的道學家算不得人才，「人必能幹旋乾坤，利濟蒼生，方是聖賢。」〔註165〕顏元推翻「聖經賢傳」的傳統，以實踐、效用做為檢驗學問、德行、聖人境界的標準，這也反映出清初經世實功為基調的思想風趨。

第三節　結　語

　　知行觀發展至明清之際，呈現出與「崇實」思潮相呼應的「重行」思考。筆者選擇「知行觀」作為本論文之主要觀察線索，正因朱、顏二人的學說特色使然，朱之瑜最鮮明的學術特色在於重視「踐履實行」，而也顏元建立「習齋」，教導弟子習動，因此欲一窺二位學者學術殿堂的肯構堂奧，必由其知行觀做為登堂入徑。朱之瑜、顏元二者年歲相差三十餘年，二者無師承關係，二人生長背景、成學歷程、平生經歷亦皆無雷同疊合之處，但其學說中「閉門造車，出而合轍」之處卻往往令人驚異，以下則針對二人之知行觀思考中謀合之處做一參照對舉，不難系聯出明清之際「重行」知行觀的結論。以下分四方面說明：

一、以「實理」、「事理」之知輔德

　　朱之瑜認為要作聖成德，必要輔以實理實道，掌握明明白白、平平常常的眼前道理，如同「布帛菽栗」淺近明白的「現前道理」，努力在家庭日用中學習生活彝倫，君臣父子、灑掃進退，即為其所言之實理實道。而顏元認為「知本無體，以物為體」，以事理、物理取代對天理、良知的上探，主張「見理於事」，要求到具體事物中去體察事理，更應致力於六府、三事、三物的實學。由此可知，知的對象已由陸王一系之「主觀先驗」的「德理」，轉換至「理在事中」的「事理」，當然「德理」之道德訴求並未被棄置，只是朱、顏二人更看重對於客觀事物的掌握，更看重經驗界主體思維與客觀事物交會後所產生的主客合一之知，「知」不只源自於認識主體，更存在於現象界客觀的「物」。

〔註164〕顏元：《顏元集·朱子語類評》，頁275。
〔註165〕鍾陵編：《顏習齋先生言行錄》，載《顏元集》，卷下，頁672。

由二人之重「實理」、「事理」，可見「聞見之知」——以強調認知心為主的客觀認知——的地位在清初有了轉變，客觀之知長久以來在儒學發展中，始終落居「德性之知」的附庸地位，在清初則由於氣本氣化論的本體論建立，相對的知行觀也轉而更向經驗領域的實理實事靠攏。聞見之知的地位被扶正，成為輔德之必要條件，因此清儒不僅在道德觀中展現其「重智」、「重習」傾向，強調即「物」而窮其理、習「事」而體其理的崇實精神，甚至對客觀認知的「知識」也極力發展與強調，而為清初「質測之學」的研究風氣提供了「重實」的沃壤，並發展出重「實證」的乾嘉考據學。

二、以「學知」、「習事」致知

　　在致知方法上，二人對於程朱陸王之讀書窮理、靜坐頓悟之功皆有所檢討，並進而提出「學而之知」、「習行致知」的致知之法。如朱之瑜即站在推行儒學教化的立場，主張學者須致力於「學知」，透過「學」將客體實理之知與主觀道德之知結合，透過對道德品性之「學」修正廣益、進而為聖。而顏元則認為格物致知之「格」，必有犯手捶打搓弄之實踐義，主張恢復孔門「習動」之學，認為凡所有學問都得自「親下手一番」的躬習實踐中習得，習行能致知，不經過習行、不親手實做，就不可能獲得真知。不論是朱之瑜的「重智」的道德觀、或是顏元的「重習」的道德觀，都代表清儒對客觀知識的強調實已超越宋明理學「格物致知」的程度，宋人「德性之知，不假見聞」的傳統論述被置換為「知必資於學」的重智主義道德觀、與「道必學，學必習」的重習主義道德觀。甚至由「學」、「習」本身兼涵的實踐義，亦可推論清初諸儒已漸漸遠離「知先行後」的知行傳統，將「實行」、「實踐」與知結合，形成「重行」的知行觀，因此二人咸皆反對陸王靜敬內省的致知進路，顏元更斥之為「鏡花水月」。對於程朱所提出的「讀書窮理」之法，朱之瑜則抱持著贊成的態度，鼓吹學者學而致知，而顏元則認為讀書乃「致知之一方」，不宜太過看重，而影響習行。二者對讀書問學採取較為肯定、認同的態度，實因讀書問學亦須有「實踐」之努力，但總的來說，二人所提出的致知方法仍在於身體竭力「實行」，認為知的獲得必須經過「學知」的學問思辨、「習事」的身上歷練，行能致知、由行致知。

三、鮮明的「重行」立場

　　「重行」是朱之瑜、顏元二人最鮮明的知行立場。貴「實行踐履」是朱

之瑜思想體系的核心價值，他提出「學問之道，貴在實行」、「聖賢之學，俱在踐履」，重視倫理道德踐履，也重視一切政治經濟施措、生活技術等實踐活動，他認爲「眞知」是從「力行」中產生的，身體力行才能眞正體證道德學問的深層意涵，「日用躬行即是學」、「躬行之外無學問」，因此他重視貼近人情的「下達」之功，並鼓勵學者「學知利行」、「困學勉行」。顏元亦特重習行，主張「養身莫善於習動」，認爲習動一方面可以養心，使邪念不生；一方面也可以養身，使其身體精壯，進而能經世濟民，故力主「學而時習之」，教導學生隨時「習行」六藝、六府。面對宋明理學「重知輕行」、「知先行後」的義理傳統，朱之瑜、顏元二人在對治明清之際的時代課題思維中，尋找到崇實黜虛、重實行踐履的救弊良方，認爲人的思辨、認識都離不開行，「行」是「知」的源泉，將「行」視爲知行觀之中首出的價值，離開「行」的學問都只是空學，提出了重行觀，鼓勵學者實行於日用彝倫之間、勤勞於政事職務之中，身體力行、躬行踐履。

四、以「實效」驗眞知

　　朱之瑜深體明末政經敗壞，因此主張「爲學當有實功，有實用」，將知行與效用結合而完成其經世思考，他認爲眞正大儒或能在政界經世濟民、或能行儒學移風易俗，皆要獲至實功、實效，反之，無益於世用的事物，則可視之爲砂礫，棄之如敝屣，若無「實功實效」，即非眞學。道德透過實踐中而達到「實效實用」，才能稱爲「道之至極」。顏元亦主張「行必致用」，將實踐致用當做檢驗眞理的標準，「學問以用而見其得失」，「知」的來源是「行」，「知」的檢驗也賴之於「行」，如學琴、習醫皆須通過「習行實踐」的檢驗，離開力行、實效便無所謂眞知，學而未得之「行」，學而未驗之「用」，都非眞知，都非實理，他更從「無用」的觀點批判程朱陸王，認爲兩派所講，皆無用之學，無補於世用，強調實行以致用。由此可知，二人都以實際效用做爲檢驗眞理眞知的標準，如此思考則與西方實用主義哲學之眞理觀有相近之處，二人咸認爲眞知必須透過力行，展現出實效實用，才能徵驗其眞理地位，「知」不僅源於實踐，更要回到實踐中去證驗，「由行致知」，更「由行證知」。

　　對於知行學說的建立，整體而言，朱之瑜對於傳統知行觀採取較爲寬容、繼承的態度，傾向學而致知，落實「格物」的讀書窮理、正心修德工夫；相較之下，顏元爲要推翻程朱陸王，提出一己「重習行」的致知新路徑，則激

烈駁斥批判宋明理學，二者或許都有其學說的侷限性，如朱之瑜即不能自圓
其「讀書」、「重行」間之矛盾，而顏元則無法擺脫其「輕知」而「重行」的
片面性，且二者對於宋明理學皆有片面、偏頗的評論，如朱之瑜之議論陽明，
將王學末流之弊咸歸於陽明學說，而顏元更為一體推翻程朱陸王之學說，沒
有細查朱熹「行重知輕」、陽明「知行合一」對於習行實踐的重視，沒有細查
宋明儒主靜之功。但從二者的知行觀上的論述，不難見到二位學者力挽狂瀾
的企圖，他們對於知行體系有了重新思考、對於實踐力行更加強調看重，顏
元所言之「以實藥其空，以動濟其靜」，正為二人之為學目標、正為二人心目
中致知力行的至境，正是二人面對時代困境所做出的最大努力。

第五章 朱之瑜與顏元重「外王實功」的經世思想

　　中國哲學以「生命」為中心，[註1] 因此中國哲人多不著意於理智的思辨、概念的定義，相較於希臘哲學「重知解」的特質，中國哲學是「重實踐」的，而實踐的方式在初期主要是「在政治上表現善的理想」，其後則是「道德主體性」德性的實踐。[註2] 在儒家思想中，始終並重「經世」與「修身」，「內聖外王」成就中國哲學的「實踐性」。唯是對於兩者之所重，隨著時代思想的發展，頗有所異，時生異化或對立的現象。總體而言，「經世致用」思想的形成，與時代的「變局」是緊密結合在一起的，明末清初正是處於內憂外患的國難劇變中，面對政經社會驟變的衝擊，知識份子以挽救傾亡頹勢的責任自期，期能找到匡濟天下，拯救時弊的解決途徑，「經世思想」於焉蔚為風潮。

　　「經世思想」是指稱儒家極其關心社會、參與政治，以期達到天下治平的一種觀念。其概念最早見之於《莊子‧齊物論》：「六合之外，聖人存而不論；六合之內，聖人論而不議。《春秋》經世，先王之志，聖人議而不辨。」[註3]「經世」一詞的涵義學者說法不一，[註4] 廣泛接受的定義則是「入世」，

〔註1〕　「生命的哲學」一辭採用牟宗三「以當下自我超拔的實踐方式『存在』的方式，活動於生命，是真切於人生的。」牟宗三：《中國哲學的特質》（臺北：臺灣學生書局，1981 年），頁 10。

〔註2〕　詳見牟宗三：《中國哲學的特質》，頁 14～15。

〔註3〕　莊周撰，郭慶藩輯：《莊子集釋》（臺北：河洛圖書出版社，1980 年），頁 63。

〔註4〕　章太炎認為應解作紀年；梁啓超則以濟世致用之義視之，認為「凡學焉而不足為世用者，皆謂之俗學可也。」也有用為「入世」的同義詞，以與佛教出世觀念相區別，如南宋陸九淵。章炳麟：《國故論衡》（臺北：廣文書局，1973

如陸九淵謂：「儒者雖至於無聲無臭、無方無體，皆主於經世；釋氏雖盡未來際普度之，皆主於出世。」〔註5〕經世觀念確實代表著儒家通過爲政，以達到致天下於太平、登萬民於聖域的入世態度與淑世抱負。今學者張灝則認爲「經世」有三層意義：（一）儒家的入世的價值取向——淑世（二）政治與社會思想的各種基本問題——治體或治道（三）政策制度法律規範的制定與運用——治法。〔註6〕如此詮解，則十分廣泛而全面。而本章盡可能利用「經世理論」的節段分析朱之瑜、顏元二人之淑世理念；再以「致用方略」的節段探討二人所提出的治體、治道與治法，期能有詳細完整的論述。

上溯經世之源流，儒家思想原本即重經世致用，孔子之「修己以安人，修己以安百姓。」〔註7〕孟子「推恩足以保四海；不推恩無以保妻子。」〔註8〕皆以仁民愛物爲聖賢標準。但儒學發展至宋明時，理學家偏重形上性理，講求內在修身，而後朱子學變爲官學，影響更鉅；陸王心學重道德良知的內在主體，其末流則又失於「情識而肆」與「玄虛而蕩」，〔註9〕陸王末學漸脫離

年）。梁啓超：《飲冰室合集》（上海：中華書局，1941年），第三冊，《文集》卷上，第28頁。《陸九淵集・與王順伯》（北京：中華書局，1980年），卷二，第17頁。

〔註5〕 陸九淵：《陸九淵集・與王順伯》，卷二，第17頁。

〔註6〕 張灝認爲「經世」絕不是一個單純的觀念；它至少有三層意義：第一層意義是指儒家的入世的「價值取向」，它可以說是任何型態的經世思想的前題。「經世」第二層意義含義最廣，相當於宋明儒所謂的「治體」或「治道」。因此釐清「經世」的這一層意義必須牽涉到儒家政治與社會思想的各種基本問題。經世的第三層意義才是晚清所謂的「經世之學」所彰顯的意思。它包含了西方學者所瞭解的「官僚制度的治術」（bureaucratic statecraft）。但如前面所強調：這一層意義相當於宋明儒學所謂的「治法」，而「治法」絕非「官僚制度的治術」所能全部涵蓋。張灝：〈宋明以來儒家經世思想試釋〉，見臺灣中央研究院近代史研究所編：《近世中國經世思想研討會論文集》（臺北：中央研究院近代史研究所，1984年），第3～19頁。

〔註7〕 《論語・憲問第十四》，見朱熹：《四書章句集註》（高雄：復文書局，1990年），頁159。

〔註8〕 《孟子・梁惠王上》，見朱熹：《四書章句集註》，頁209。

〔註9〕 此說採明末劉蕺山評王學之流弊曰：「今天下爭言良知矣。及其弊也，猖狂者參之以情識，而一是皆良；超潔者蕩之以玄虛，而夷良於賊。……今之賊道者，非不知之患，而不致之患，不失之情識，則失之玄虛。」蓋蕺山以爲，王門後學最重要的兩個弊病，其一是猖狂者將情識混雜於良知之流行，不辨是出於情識抑發自本心，以爲凡自然流行必是發自良知，任憑知覺作用成爲主宰，以致滿街皆聖人，其二是超潔好高之士，只流蕩於虛玄之形上體悟，以爲必能見之於行事而未有通過切實之工夫使成己成物，以致將良知教等同

與人所實存的生活世界。因此爲救正明末道德失範和心靈震盪，儒學內在理路的思想漸漸變異，清儒重新爬梳經典、向原儒思想回溯，尋回儒家具體實踐的動力，故特重經驗視域中「形下之器」，落實於生活世界，以形器爲首出，並將義理學的開展引入經驗領域，企圖建立能因應當下時代需求的新思想典範，經世之學遂成爲明末清初主流思潮。且清儒的檢討不只停留在內聖層面，甚至從外王層面批評王學末流的流弊，將明之覆滅、禍國之重責諉之於王學之蕩越，正視社會政治的落實問題與實際需求，致用之學成爲明末救世之方。因此，明清儒者思想終於在內聖的救正與外王的落實兩大訴求之中，總結宋明理學從形上性理、講求內聖修身的學風，轉向現實世界與經驗領域。「崇實」，使道德學具有經驗論的色彩，也使淑世的理念重獲重視，從「內聖」邁向「外王」、從「一己踐仁」到「行道天下」，透過儒學內在的修正而達到及物潤物、立人達人的境界。

　　朱之瑜和顏元的思想中多所論述到經濟之道，其經世思想實可謂「崇實」內在核心價值的向外推擴。因此其對傳統的義利觀有所辨正，對傳統的事功論有所繼承，對致用的政治、經濟、教育等各層面皆有制度面的反思與具體措施的提出，此皆其「外王實功」的落實，亦是二人思考中十分精采的論述。

第一節　朱之瑜重「實利實功」的經世思想

　　梁啓超爲朱之瑜做年譜，文末有一個意味深長的點睛之筆：

> 先生卒後之二百二十九年，辛亥，清宣統三年（公元 1911 年）清室遜位。

他在年譜的附錄中加以說明白：「他（朱之瑜）是明朝的遺臣，一心想驅逐滿清，後半世寄住日本，死在日本。他曾說過，滿人不出關，他的靈柩不願回到中國。他自己做了耐久不壞的靈柩，預備將來可以搬回中國。果然那靈柩的生命，比滿清還長，至今尚在日本。假使我們要去搬回來，也算償了他的志願哩。我因爲這一點，所以在年譜後記了太平天國的起滅及辛亥革命、清室遜位，直到了滿清覆亡，朱舜水的志願才算償了。」〔註10〕梁啓超是懂得朱之瑜的。朱之瑜

佛氏之學，遺落儒家道德本體之天理。劉宗周撰，戴璉璋、吳光主編，鍾彩鈞編審：《劉宗周全集·證學雜解·解二十五》（臺北：中央研究院中國文哲研究所籌備處，1997 年），第二冊，頁 325。

〔註10〕梁啓超：《朱舜水年譜》，收於《朱舜水集》，頁 729。

為明末遺民提供了一種生存選擇的可能──知識分子的流亡也可能成為經典。
〔註11〕這位在明朝拒絕出仕而又終身服飾明代衣巾的人，不僅志在恢復，他有
個內在的深層心願──經世以濟民，以儒者的努力為生民百姓營造能安居樂業
的理想國，經世思想是他用心最深，也是用情最真之處。

一、經世理念的提出

（一）經世之志

學術發展的趨向，代表當時共通的思想意識，與時代之盛衰息息相關。
明季國勢逐漸轉弱，究其因有經濟崩亂、宦官弄權、黨社紛爭、邊患危害、
流寇之禍，其中經濟因素實為明亡主因，一方面天災不斷，收成大減。加上
重租苛稅，使得農民放棄田業成為流民。亂世造就經世思考，明末東林士人
目睹時亂，興起憂患意識、人飢己飢的思索，東林黨人集結氣節之士企圖力
挽狂瀾，卻陷於黨爭之中，成為宦官權臣迫害的對象，支木難為天，終究無
法挽回明亡的命運，明思宗崇禎十七年，李自成入燕京，國破君亡，明山海
關總兵吳三桂引清軍入關，清順治帝即帝位。面對這天崩地解、異族統治的
現實，明遺民紛紛進行沈痛的歷史反思，在客觀時勢的刺激之下，清初的經
世學風於焉展開。故此，吾人可以歸結清初的經世學風，是儒學在發展過程
中，由於明代覆亡客觀時勢的刺激，在自我批判下所形成的一種結果。

於此，朱之瑜曾作〈中原陽九述略·致虜之由〉一文，言「中國之有逆虜
之難，貽羞萬世，固逆虜之負恩，亦中國士大夫之自取之也。」深痛地歸結明
亡乃因權臣養寇賣國、縉紳惡貫滿盈，於是百姓痛入骨髓，流賊至而內外響應、
清軍入而迎刃破竹，「莫大之罪，盡在士大夫。」明代以制義舉士，造成士人競
標新艷、獵採詞華之文風，「惟以剽竊為工，機取青紫為志，誰復知讀書之義哉？」
於是廉恥道喪，「官以錢得，政以賄成」，結黨結群，侵漁百姓，無所不用其極。
〔註12〕朱之瑜以自責自咎的態度檢討士大夫與知識份子的寡廉鮮恥、道德淪
喪，並將禍國之重責諉於明代八股制義的科舉制度。因此他為天下計安危利害，
認為「興邦之大道非一，而其要只在於尊賢。」〔註13〕而「選者賢，與者能，

〔註11〕 山谷：〈乘桴浮於海──關于朱舜水〉，《書屋》，2003 年 12 期（2003 年 12 月），
　　　　頁 22。
〔註12〕 以上引文皆見〈中原陽九述略·致虜之由〉，朱之瑜：《朱舜水集》，卷一，頁 1。
〔註13〕 朱之瑜：《朱舜水集》，卷六，頁 145。

則萬事皆理；選者不賢，與者不能，則萬事皆亂。」〔註14〕人才的優劣則能決定國家之治亂，正是由於科舉制度「藉學問以干仕進」，導致學者仕子的心術敗壞，進而造成政治上的腐敗，從而在根本上動搖和腐蝕了國家社稷的根基。

> 中國以制義取士，後來大失太祖高皇帝設科之意，以八股為文章，非文章也；志在利祿，不過藉此干進，彼尚知仁義禮智為何物？不過鉤深棘遠、圖中試官已耳，非真學問也。〔註15〕

他不僅檢討八股制義，並全面批評王學末流，及一切空疏無用的學風。

> 若王陽明先事之謀，使國家危而復安，至其先時擊劉瑾，堪為直臣；惜其後多坐講學一節，使天下多無限饒舌。王龍溪雖其高第門人，何足復道？袁了凡恬靜清和，亦其好處目；全然是一老僧，何足稱為人物！〔註16〕

晚明王學，日趨禪化，罷黜實功，朱之瑜因此由末流罪及本源，認為王陽明講學為饒舌之功，反對一切浮、誇、虛的言論。道學末流之迂腐，也使朱之瑜深感痛憤：「洛、閩之徒，失其先王本意，以致紛然聚訟，痛憤明室道學之禍，喪敗國家，委銅駝於荊棘，淪神器於犬羊，無限低徊感慨。」〔註17〕宋明理學限於門戶爭訟、朱陸勢如水火，但卻都悖離了原始儒學經世的宗旨，學問心術的敗壞和縉紳官僚的貪腐，合力傾覆了積重難返的明王朝，而「縉紳貪戾，凌遲國祚，豈非學問心術之所壞哉！」〔註18〕士人之乖違聖賢之道，又可深究其因——學術之敗壞、浮誇與虛偽。

其實觀乎明代歷史，研究者指出明亡主因乃在於經濟之頹弊，〔註19〕並非在士大夫之氣節與學術風氣，明末遺老對宋明儒學的譴責其實是出於士人自責的心態：即以為政治的覆滅必定源於學術的敗壞。而「他們這種自責心態，事實上正反映了王學流弊所造成的『形上』與『形下』的外在緊張，已由『內聖』層面延伸至『外王』層面。」〔註20〕明清儒者關心形上心性能否

〔註14〕 朱之瑜：《朱舜水集》，卷六，頁150。
〔註15〕 朱之瑜：《朱舜水集》，卷七，頁173。
〔註16〕 朱之瑜：《朱舜水集》，卷十一，頁405～406。
〔註17〕 朱之瑜：《朱舜水集》，卷五，頁111。
〔註18〕 朱之瑜：《朱舜水集》，卷七，頁173。
〔註19〕 參看黃冕堂：《明史管見》（山東：齊魯書社，1985年），卷四，頁373～488。
〔註20〕 意即東林的經世性格使得其不僅只停留於內聖層面，而是伸延至外王層面來批判明末王學的流弊。易言之，即是將空談心性與明末的現實政局連結在一起。其結果遂使明亡以後明清初諸遺老痛心之餘，莫不將禍國的重責諉之於

貫徹於形下踐履的內聖問題，如今已被能否經世致用的外王問題所取代。而隨著現實上明朝政權的覆亡，形上與形下的斷裂遂成無可避免的結果。明乎此，便能理解明末遺老對王門後學甚至整個宋明儒學的攻擊之故，而當政治存亡的重擔加諸學術身上時，學術自然隨政治之亡而亡，經世之志主導學術風趨的轉移，而表現在清初的諸多價值轉型之上。而就總結士人與學術之弊後，朱之瑜提出經世人才的理想：

> 明朝中葉，以時文取士；時文者制義也。此物既為塵飯土羹，而講道學者，又迂腐不近人情，如鄒元標、高攀龍、劉念臺等，講正心誠意，大資非笑，於是分門標榜，遂成水火，而國家被其禍，未聞所謂巨儒鴻士也。巨儒鴻士者，經邦弘化，康濟艱難者也。〔註21〕

學者要能「更治善俗，經邦弘化，謹庠序之教，申孝弟之義，而為萬古之光。」〔註22〕朱之瑜終其一生，始終有康濟艱難的決心、經邦弘化的胸懷，而其經世理念，在清初前後期亦曾發生方向性的變異，先是武裝抗清以「保國」，後為著述經世以「保天下」。如朱之瑜早期抗清，效申包胥秦廷乞師，多次出入安南、長崎，直至「孤臣飲泣十七載，雞骨支離，十年嘔血，形容毀瘠，面目枯黃，而哭無其廷。」〔註23〕志在恢復，憂國憂民若此。在抗清無望，頹然投奔日本之時，雖因緣際會而成為水戶藩主之賓師，但其學仍以「經世」為中心，當饑歲荒年時，他規勸德川光圀「問民疾苦弔其災傷，固曰今時之急務。」可見朱之瑜之「悲憫填胸，情辭莫達」的同理同情。〔註24〕身當明末清初之亂世，他卻說：「民之憔悴於虐政，未有甚於此時者也。立功成名，聲施萬世，未有易於此時者也。時乎時乎！遇此千萬年難遇之期！」〔註25〕朱之瑜立志經世濟民，即使時不我與，仍不改變其儒者「知其不可而為之」的抱負。

（二）義利觀

理與欲、公與私、義與利是宋明理學所著重論述的價值領域，而這些命題則提供外王經世的內在義理依據。相較於宋明理學總體表現出的「存理滅

王門後學的蕩越。詳見鄭宗義：《明清儒學轉型探析：從劉蕺山到戴東原》（九龍：中文大學出版社，2000年），頁29。

〔註21〕 朱之瑜：《朱舜水集》，卷十一，頁383。
〔註22〕 朱之瑜：《朱舜水集》，卷十，頁346。
〔註23〕 朱之瑜：《朱舜水集》，卷一，頁13。
〔註24〕 朱之瑜：《朱舜水集》，卷六，頁137。
〔註25〕 朱之瑜：《朱舜水集》，卷一，頁13。

欲」、「公而去私」、「重義輕利」，〔註26〕清儒則從肯定私欲、私利的立場出發，論述天下之大治繫於天下百姓是否能各遂所生，「欲／私／利」的向度被合理化之後，儒者呈現更為關心個人在社會的生存問題的經世思考。明代吳廷翰言「義利亦只是天理，人欲不在天理之外。」〔註27〕他將義利合趨之善等同於天理，又將人欲囊括在天理之內，「私欲＝私利＝天理」，於是在重「理／公／義」的傳統義理立場中，清儒直接觀照到經驗領域中長期被忽略的「欲／私／利」領域，重新反思後建構出新的理欲觀、義利觀、及公領域與私領域的探討。

　　儒學的主流論述中，「欲」始終被視為相對於「天理」的「人欲」，「私」則被視為相對於「天理之公」的「人欲之私」，但隨著明末社會經濟危機的日益嚴重，士人在經世思考中轉而關心個人在社會上的生存問題，「『私的所有』被定位在正向座標」，〔註28〕「人欲之私」不再是儒者諱言的價值，朱之瑜即言：「好生從欲，恰於民心。」〔註29〕「好生」即是「仁民」，而仁愛百姓的方式乃在合乎民心之向背，順遂人民之私欲。同時期的黃宗羲也肯定人的自私自利，他說：「有生之初，人各自私也，人各自利也，天下有公利而莫或興之，有公害而莫或除之。」〔註30〕人人之私利合而為公利，而國君竟以「一己之私」為「天下之大公」，成為公害，顯見黃宗羲已有公必含私的想法。而顧炎武就更直截了當地提出「天下之公」原是建立在「使人人皆能各遂其私」的基礎之上：

> 天下之人，各懷其家，各私其子，其常情也。……用天下之私，以成一人之公，而天下治。夫使縣令得私其百里之地，則縣之人民皆其子姓縣之土地皆其田疇……自令言之，私也；自天子言之，所求乎治天下者，如是焉止矣。……其私，所以為天子也。故天下之私，天下之公也。〔註31〕

顧炎武是先從肯定個人之私出發，然後再及於公的，此一以私為首出的次序

〔註26〕王國良：《明清時期儒學核心價值轉換》（合肥：安徽大學出版社，2002年），頁227。

〔註27〕吳廷翰：《吳廷翰集》（北京：中華書局，1984年），頁66。

〔註28〕溝口雄三撰，林右崇譯：《中國前近代思想的演進》（臺北：國立編譯館，1994年），頁2～3。

〔註29〕朱之瑜：《朱舜水集》，卷十三，頁445。

〔註30〕黃宗羲：《明夷待訪錄》（臺北：臺灣中華書局，1988年），頁1。

〔註31〕顧炎武：《顧亭林詩文集》（臺北：漢京文化事業有限公司，1984年），頁14。

上的顛倒是值得深思的。〔註 32〕這多少反映出明清之重視人民之各遂其生、各遂其私已成天下之公、天下之大治。由此，朱之瑜也提出重視百姓之私利是治道的起點，而百姓最基礎的「私」則是衣食足，「治道有二，教與養而已。養處於先，而教居其大。蓋非養則教無所施，此奚暇治禮義之說也。」〔註 33〕衣食足而後禮義生，養民而遂民之所欲，則天下大治。

然而人民之「私欲」如何節度才能不妨礙「公利」？這就要明於「義利之辨」。最早提出義利有別的是孔子「君子喻於義，小人喻於利」、「子罕言利」，至於孟子之「王何必曰利，亦有仁義而已矣！」則開啟「義利之辨」。〔註 34〕但傳統儒學所主張僅是「見利思義」、「欲而不貪」之「輕利」，認為君子不應一味追求一己之私欲。義利觀發展至漢代董仲舒提出：「正其誼不謀其利，明其道不計其功。」〔註 35〕則有反對言利、反對自利的堅定立場，義與利對立，計利必害義，自此，儒家長期以「義利對立」的非功利取向來強調仁義道德之於人好利私慾的優位性。直到明末對於「欲」與「私」之肯定，使得義利觀有所轉化，清儒始解構「計利害義」、「義利分趨」、「貴義賤利」的傳統，並重建己利與共利並存的「義利同趨」的義利觀，〔註 36〕從此才算真正反映現實人情。

朱之瑜認為所謂義者，是「萬物自然之則，人情天理之公。」〔註 37〕義是一種天理之自然、人情之公道，人情之常理是趨利避害的，因此義必須符合利的原則。當然「公利」是合義的，「儻進而求之，居然不謀其利，不計其功，而一以濟人生物為心，是即所謂德矣。」〔註 38〕不以私利為計，而以公利為計是聖德之表現，此與傳統儒家之重公利若合符節，也是經世的起點。至於民之「私利」、「取益」，亦能與「義」的價值合趨：

〔註 32〕 鄭宗義：《明清儒學轉型探析：從劉蕺山到戴東原》，頁 29。

〔註 33〕 朱之瑜：《朱舜水集》，卷六，頁 115。

〔註 34〕 何晏注，刑昺疏，〈里仁〉、〈子罕〉，《十三經注疏‧論語》（臺北：藝文印書館，1989 年），卷第四、卷第九，頁 37、77。趙岐注、孫奭疏，《十三經注疏‧孟子‧梁惠王》（臺北：藝文印書館，1989 年），卷第一上，頁 9。

〔註 35〕 《漢書‧董仲舒傳》，《廿五史》（上海：上海古籍出版社，1986 年），卷五十六，頁 237。

〔註 36〕 詳見業師張麗珠：〈以利為善——清儒對傳統義利關係的解構與重建〉，《清代新義理學——傳統與現代的交會》（臺北：里仁書局，2003 年），頁 268～269。

〔註 37〕 朱之瑜：《朱舜水集》，卷十七，頁 491。

〔註 38〕 朱之瑜：《朱舜水集》，卷十六，頁 503。

> 今天下人君之所爲，取諸其民者皆損也，非益也。取人之財，益在
> 挐藏；取人之善，以爲益在一身一國。若夫取天之道，地之利，則
> 益在萬世，民惟恣其取之不多也。〔註39〕

人人都應「取益」，其實質就是提倡人人都應「自利」。國君取天下人之私利，不爲善取，善取者取之天，以耒耜之利教導天下，則「天下獲新稼之利，以養萬民」，人民的私利得遂，就是「益在萬民」的「取益」說。

其實，「義利之辨」是無法構成一截然對立的論題的，它並不是建構在「義
──非義」的對立基點，因此明清儒提出「義者，利之合也」、「以義爲利」、「謀利計功」之論調時，〔註40〕傳統的義利之辨終於陷入自身之矛盾，只能宣告其終結。而清儒也就成功地將「利」包攝在「義」之中證成其合理性與共存性，當「私利」的地位就被提升至與「公利」齊等的地位時，清代價值核心也就由理學家之「存理滅欲」、「計利害義」過渡至「義利合趨」。因此公私、義利的價值轉換可以說是重視「經世」與重視「形下」的潮流兩相暗合，而激盪出清儒的新思維。

（三）事功論

儒學實具有濃厚的淑世情懷，「內聖外王」的儒家傳統由來已久，傳統儒者莫不以成聖成賢與經世濟民爲終極目標，「德化天下」成爲儒者的理想境界，致力脩身以齊家、治國、平天下，內聖道德與外王事功不可偏廢，傳統事功即所謂事業功績，重視經世思想的具體落實、政治功效，個人知識的培養與經濟的能力。然而，「道德」與「事功」並重的儒學傳統，卻在宋明重性命天道之學風中，轉換其價值重心，「事功」漸漸被遺落，儒者關懷天下的態度由原本對「天下治平」的追求轉向「教化天下」，理學家之經世位格亦由「君王」轉爲「師儒」。〔註41〕但在明末清初，爲處理政體頹弊甚至衰亡的時代危機，具有經驗論色彩與實用要求的道德觀逐漸取代宋明重性理非功利的特質，形成講求實效、肯定功用的價值觀，而關懷政治領域的「事功」思想則

〔註39〕 朱之瑜：《朱舜水集》，卷十三，頁441。

〔註40〕 前二則引言見吳廷翰：《吳廷翰集》（北京：中華書局，1984年），頁66。後見顏元：《顏元集‧四書正誤》，卷一，頁163。

〔註41〕 李紀祥先生將將理學中的外域稱之爲「教化」，主要是在區別理學家承襲自先秦以來的「外王」思想，而此一種「教化」也不同於先秦的「禮樂教化」，而是師儒式的教化。見氏著：《明末清初儒學之發展》（臺北：文津出版社，1992年），頁1～5。

不再被遺落,「晚明儒學之所以變化,正是在以內聖之學爲基調的宋明理學——尤其是其教化大業,漸次朝向以經世之學爲基調的轉向時期。」〔註42〕事功經世則成爲明末清初學術變化的新動向。

朱之瑜對事功的重視可由其對於永康學派陳亮(1143~1194)的態度得知:

> 僕謂治民之官與經生大異,有一分好處,則民受一分之惠,而朝廷享其功,不專在理學研窮也。晦翁先生以陳同甫爲異端,恐不免過當。〔註43〕

陳亮曾與朱熹進行著名關於王霸及義利的學術論戰,〔註44〕身爲南宋事功派的代表人物,他出於改革弊政、提倡功利的立場,抱持與傳統儒家分歧、甚至對立的看法,主張天理與人欲、義與利、王與霸的區分不能成立,並依此標準,否定理學家讚揚三代君主而貶抑漢唐君主的講法,以爲漢唐君主與三代君主應有相同的歷史評價。〔註45〕而此重視事功的立場正與朱之瑜若合符節,朱之瑜重視經世之事功所帶來的具體政績,駁斥朱子對事功學派的全盤抹煞,認爲宋儒雖「辨析毫釐,終不曾做得一事」,〔註46〕對社會無用。故其力求儒者當致力於實功實效、利民之政的追求,「爲學當有實功,有實用。」要以「果有關於國家政治否?果能變化於民風土俗否?」〔註47〕的標準來檢視爲學之效。

而朱之瑜亦重視經世知識的培養,自期能透過外發的客觀的學習,努力成爲能經世致用的治世人才,德川光圀嘗讚賞朱之瑜的學問具多面向,足以治國,他說:

> 先生之學,眞經世之學也。假令獲一曠漠無人之野,篳路襤褸,以啓山林,而成都成邑,必萃士農工商以爲之,然得先生一人,吾知

〔註42〕 李紀祥:《明末清初儒學之發展》,頁7。

〔註43〕 朱之瑜:《朱舜水集》,卷十一,頁386。

〔註44〕 陳亮與朱熹的爭論發生於淳熙九年（1182年）到紹熙四年（1193年）前後歷時十一年。爭論點由對「道」的看法不同而起,圍繞著王霸、義利、成人之道等問題,最終結果是彼此無法折服對方,難以調和。詳見侯外廬等主編:《宋明理學史》（北京:人民出版社,1984年）,頁426~447

〔註45〕 相對之下朱熹的觀點則是:「以傳統儒家哲學義理爲依歸,並以自己的理解來加以闡發。他強調天理人欲之辨、義利之辨及王霸之辨,並依此標準,肯定先儒讚揚三代君主而貶抑漢唐君主的講法。」參見劉桂標:〈朱子與陳同甫的義利王霸之辨〉《21世紀中國實學》（北京:社會科學文獻出版社,2005年）,頁166~178。

〔註46〕 朱之瑜:《朱舜水集》,卷七,頁160。

〔註47〕 朱之瑜:《朱舜水集》,卷十一,頁406。

其緯有餘裕，何則？先生之學問，大而詩書禮樂，與夫田園之藝植，
宮室之築造，下至酒鹽醯，莫不盡幾極研，則於治國乎何有？〔註48〕

高度肯定朱之瑜以追求事功的態度讀書、力行，有益世教，其落實所學的風格，
絕非一般虛浮逞能之輩可以相比。因此他總能在與人論經世治道時侃侃而談：

治國有道，因民之利而利之，豈在博施？《春秋傳》曰：「小急未偏，
民弗懷也。」富民當以禮節之，貧民當以省耕省斂以補助之。但要
萬民免於饑寒，亦不必多歷年所。若要更化善俗，非積年不可也。
〔註49〕

在貧富差距偌大的社會結構中，使人民「富而好禮」、「貧而勤儉」，比一味博
施重要，朱之瑜於此更強調透過教化「更化善俗」，雖然歷時較久，但為治本
救世之良方。若對應於李紀祥先生對於外王領域的界定，〔註50〕則可歸結出
明末清初的事功發展仍處於道德之「教化」（第二層位）與「經世」（第一層
位）之間（如〈附圖一〉虛線處），吾人亦可拈出朱之瑜在思想發展史上，正
處在一個以「道德教化」向「經世」轉型的位置。

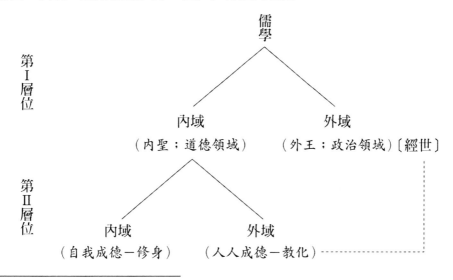

〔註48〕德川光圀：《玄同筆記》，轉引自林俊宏：《朱舜水在日本的活動及其貢獻研究》
　　　　（臺北：秀威資訊科技公司，2004年），頁190。
〔註49〕朱之瑜：《朱舜水集》，卷十一，頁385。
〔註50〕李紀祥：《明末清初儒學之發展》，頁5。其認為宋明理學為以心性成德為主的
　　　　內聖之學，以道德為首出，透過「教化」「講學」來達到其終極理想──「聖
　　　　人世界」。「經世」之「世」指「此世」，則係要在現實世界中解決現實的種種
　　　　問題弊端，其中尤以政治問題為大，冀達到儒家治國平天下的理想，這是屬
　　　　於儒學中「外王」的範疇。

二、致用主張的開展

　　總結明亡歷史教訓，朱之瑜不僅批判明代之政，更規劃了達致理想社會的致用主張，期望經世理念能付諸實行，此其門人人見竹洞稱呼其學爲「經國輔民之心，開物成務之學」。〔註51〕而這套致用主張則在任水戶藩主德川光圀之賓師時，對日本有所影響。無怪乎歐崇敬先生評論說：「朱舜水是繼周公、孔子之後發揮出儒學巨大力量的唯一人物，也是使儒學回到其本有的多元性樣貌，具有歷史哲學，具有文明哲學、建國哲學的第一人；當然更是使日本可以從一個文化尚未大開局面而躍昇爲二十世紀主要強國的關鍵人物。我們幾乎可以斷言：如果沒有朱舜水，就不可能有日本明治維新的成功。」〔註52〕此言或有溢美，但足見朱之瑜經世致用主張之影響。

（一）復古的政治思想

　　明末清初的思想家在義理層面檢討宋明理學之非，並回歸以孔孟爲中心的傳統儒學；在其經世外王層面，也有著明顯的「三代史觀」的復古取向。傳統儒家一向認爲，歷史上曾經存在過一個完全符合其外王理想的黃金時代——「三代」。所謂三代史觀，即是明清之際儒者在外王經世、經史學術上，朝著「三代」理想境界前近的共同趨勢，它是存在於儒家意識中甚深的一種觀史態度。〔註53〕清初儒學發展之動向，是以「外王」之追求爲依歸的，在三代史觀意識下，復古成爲朱之瑜經世制度面的特色。

1. 仁政德治

　　朱之瑜在日本水戶藩擔任賓師，常宣揚仁政德治的政治思想，他的學生

〔註51〕朱之瑜撰，徐興慶編：《朱舜水集補遺》，卷四，頁207。

〔註52〕歐崇敬：《中國哲學史：宋元明清的新儒學與實學卷》（臺北：紅葉文化事業有限公司，2003年），頁260。

〔註53〕李紀祥先生提出：「三代史觀」中所謂的三代，其實是綜合了儒家歷史意識中「黃金古代」的一個總稱，用以表達那個曾經出現堯、舜、禹、湯、文、武、周公等聖王的古代。這些古史或傳說中出現的人物，都是儒家理想中的聖王，由他們所治理的天下，自是真正的進入人文教化、刑罰不措的治世。即使黃金古代不再，三代不復是儒家的理想國，但它卻仍然是傳統歷史文化發展進於人文的「啓蒙時代」，今日要探求文化上的「制作之原」，仍須上溯至「三代」。因此，仍須與其更深一層的意義——制作之原，人文啓蒙之古史結合。這才是「三代史觀」，無論就浮面的黃金古代意識或深層意義的制作之原而言；無論就道史觀或勢史觀而言；前者之一「法古」，後者之「宗原」，都指向三代史觀。見氏著：《明末清初儒學的發展》，頁351～355。

紀錄：「先生之在長崎也，義公聞其學植德望，厚禮聘之，待以賓師，禮遇甚隆，每引見談論，依經守義，啓沃備至。」〔註54〕朱之瑜每每以仁政的理想規勸水戶藩主德川光圀，「恭惟聖人之大德，莫重於施仁，仁政之大端，莫先乎養老。」〔註55〕朱之瑜的思想淵源以儒為宗，寓日二十三年間，接受各方邀請，透過書信、諮詢、問答、筆談等方式，向藩主、友人、門生傳播孔孟思想，對日本江戶時代學術文化政治的發展有多方面的貢獻。而其所宣揚政治思想的主軸，正是孔孟之仁政王道思想，因此他說：

> 獨不聞「堯舜之道，不以仁政，不能平治天下」乎？獨不聞「諸侯之寶三，土地、人民、政事」乎？獨不聞「堯舜之仁，不徧愛人」乎？故曰：「為政以德，譬如北辰，居其所而眾星拱之。」〔註56〕

「以不忍人之心為體，以不忍人之政為用」，〔註57〕就是仁政，仁政德治互為表裡，不可偏廢。若能在法制之外輔以仁德更是如虎添翼，「蘊之於躬則為德，設施於事則為政。無仁德以為之本，則為徒法；無政治張弛以紀綱之，則為徒善。二者相須而行，不可偏廢者也。」〔註58〕仁德可謂為政治之本。

2. 封建倫理

朱之瑜力倡「封建社會」的階級倫理與尊王一統的尊君思考。〔註59〕為了維護封建倫理，朱之瑜重視「敦父子，正君臣，定名分，和上下」的倫理綱常，〔註60〕其答野節問計一條云：

> 問：「今指為本根者如何？」
> 答：君臣、父子、夫婦、昆弟、朋友，天地間之定位也。〔註61〕

論以五倫為根本而立教，蓋在申孝弟之義，述忠君愛國之思，繼而移風易俗。

〔註54〕朱之瑜撰，徐興慶編：《朱舜水集補遺》，卷四，頁210。
〔註55〕朱之瑜：《朱舜水集》，卷六，頁114。
〔註56〕朱之瑜：《朱舜水集》，卷十三，頁446。
〔註57〕朱之瑜：《朱舜水集》，卷十一，頁381。
〔註58〕朱之瑜：《朱舜水集》，卷十三，頁446。
〔註59〕此處將「封建制度」界定為先秦天子以爵土分封與人的制度，封建時代土地皆為天子所有，天子將它分封諸侯，諸侯又分封給卿大夫，卿大夫以下有家臣、農民、農奴。如此各階層遞相隸屬的社會關係，即為封建制度。而「封建社會」則指特別講究階級觀念，居下位者必須向上位者效忠，尊卑關係不可改變的社會體系。
〔註60〕朱之瑜：《朱舜水集》，卷六，頁115。
〔註61〕朱之瑜：《朱舜水集》，卷十一，頁388。

朱之瑜極力維護封建綱常倫理，並將之定為講學之鵠的，他說：「不佞之道，不用則卷而自藏耳。萬一世能大用之，自能使子孝臣忠，時和年登，政治還醇、風物歸焉。」〔註62〕在正名之後，各安其位，就能實現君主賢良，官吏廉潔，百姓安足的清明政治。因此必須以禮節之，使得貴賤、上下有別：

> 凡為天下國家之禮，在乎有制。有制則貴賤有等，上下有章，文不
> 至於奢華，儉不至於固陋。……質而至於野，文而至於靡者，皆無
> 制之禮也。〔註63〕

意謂國家禮節對人有規範之效，必在飲食、衣服、器用等行為，有「禮」的節度，才能文質彬彬。

此外，他對封建君權也竭力維護：「君子之一身，上以承天之明命，下以作民之父母，是故以一人勞天下，不以天下奉一人。」〔註64〕君權為「天命」所賦，君王雖須為天下辛勞，但也掌有大權，「君相者，造命者也，主張道理者也。」〔註65〕君相乃一國之主宰者，法律制度的決定者，「專制一方、殺生予奪皆出乎手」，〔註66〕朱之瑜竭力宣揚大義名分，忠君尊王，維護封建君主君臨一切的專制制度，於是，其尊君思想在當時起了促進建立鞏固大一統的日本封建王國的作用，為明治維新「尊王攘夷」奠定基礎，梁啟超說，由於朱之瑜推崇君權專制思想，使德川光圀寫出了專標「尊王一統」之義的《大日本史》，而其後「德川慶喜歸政，廢藩設縣，成明治維新之大業，光圀這部書功勞最多，而光圀之學全受自舜水。所以舜水不特是德川朝的恩人，也是日本維新致強最有力的導師。」〔註67〕大一統封建制度的維繫，靠的就是宗法倫理制度的傳承，父子之親擴而張之，即是君臣之義，君權因而鞏固，而君臣之間位階明確無可僭越，朱之瑜所提倡者乃是尊王之帝制，君王要自任以仁德治天下，而臣民要無異議的服從。

3. 大同世界

朱之瑜政治思想最終之目的，則為「惠澤加於百姓，老者得所養而安，少老有所長而懷，與邦人交而止於信。視天下為一家，視四海為兄弟之大同

〔註62〕朱之瑜：《朱舜水集》，卷七，頁160。
〔註63〕朱之瑜：《朱舜水集》，卷十一，頁388。
〔註64〕朱之瑜：《朱舜水集》，卷十三，頁451。
〔註65〕朱之瑜：《朱舜水集》，卷二十，頁577。
〔註66〕朱之瑜：《朱舜水集》，卷二十，頁577。
〔註67〕梁啟超：《中國近三百年學術史》，頁82。

世界也。」〔註68〕其元旦賀源光圀曰:

> 昔者孔子曰:「大道之行也,與三代之英,丘未之逮也,而有志焉。
> 夫大道之行也,天下爲公,選賢與能,講信修睦。故人不獨親其親,
> 不獨子其子,使老有所終,壯有所用,幼有所長。其不幸不全於天
> 者,皆有所養。男有分,女有歸。貨惡其棄於地也,不必藏於己,
> 力惡其不出於身也,不必爲己,是故纖隱盡閉,至理聿臻,故外戶
> 而不局,質實而無僞,是謂大同。」〔註69〕

朱之瑜之政治哲學乃傳統儒家思想之繼承與發揚,其見明社已屋,故傷心離開
中國,欲將中國最崇高之政治理想,施之於日本。彼謂:「私計近世中國不能行
之,而日本爲易。在日本他人或不能行之,而上公爲易,惟在勃然奮勵,實實
舉而措之耳。」〔註70〕大同之治爲孔子最高的政治理想,老安少懷,近悅遠來,
天下皆爲一家,而朱之瑜經世的理想亦是——百姓同於饒衍,上下共其雍熙。

(二)養民爲先之經濟思想

朱之瑜重視養民,「德惟善政,政在養民」,〔註71〕明代中葉以後,商業
經濟日趨活躍,社會貧富兩極。就在這商業發展的經濟結構的變遷中,因「不
患寡而患不均」所形成的「重農抑商」傳統觀念漸漸鬆綁,四民並重的思考
漸漸抬頭,人民被鼓勵積極創造財富、義利觀亦有所轉變,因此,「養民」即
成爲治天下的先決條件。

1. 井田制度

井田之論,自孟子起,即以其爲國家建設之基本方策。因之而歷代賢者
每言立國之本,皆將井田制度,奉爲圭臬。惟以上古時期之文獻奇缺,不易
知其詳情。歷來學者多對井田是否眞正實施存疑:或主張井田受環境所限,
無實行之可能;或計算稅收與利益之不合,斷定無實施的後之修正;或主張
井田爲戰國時期之「烏托邦」,本無其事。〔註72〕雖然孟子所提出之井田制可
能在歷史上從未付諸實施,但井田制的理想對於後代影響甚鉅。〔註73〕姑且

〔註68〕朱之瑜:《朱舜水集》,卷六,頁113。
〔註69〕朱之瑜:《朱舜水集》,卷六,頁113。
〔註70〕朱之瑜:《朱舜水集》,卷六,頁113。
〔註71〕朱之瑜:《朱舜水集》,卷十三,頁451。
〔註72〕鄺士元:《中國經世史稿》(臺北:里仁書局,1981年),頁1。
〔註73〕夏商時期的井田制是一種土地國有制。西周滅商以後,繼續實行土地國有制。
　　　　不僅「溥天之下,莫非王土。率土之濱,莫非王臣」(《詩經‧小雅‧北山》),

不論井田之制的存廢問題，朱之瑜主張「棄井田之法，效井田之制」。

　　朱之瑜十分重視土地問題，他說「諸侯之寶三，土地、人民、政事。」
〔註74〕土地是農耕之本、國家之本。明朝末年，土地問題成為最嚴重的社會
問題。土地集中在王公勛戚、地主豪紳手中，百姓為了逃避繁苛的賦稅和徭
役，紛紛拋棄土地，淪為佃農、雇工和奴婢，甚或成為流民、饑民。因此清
兵入關之時，倡以均田法：

> 逆虜乘流寇之訌而陷北京，遂布散流言，倡為「均田」、「均役」之
> 說。……豈知逆虜得國之後，均田不可冀，賦役不可平，貪黷淫污，
> 慘殺荼毒，又倍蓰於縉紳之禍哉！〔註75〕

歷史事實證明，均田法是一場政治的騙局，但在當時卻引得百姓「合力一心，
翹首俟後」，「到處無備之城」，清兵勢如破竹。由是可知明末土地政策之弊，
早已使民心大失。朱之瑜認為「井田之制」是改善之方略，所謂井田，是一
種公田私用的土地制度，朱之瑜向日人平賀勘右衛門做如下解釋：

> 井田，方里為井，溝塗封恤，即在其內。十里為百井，山川谿谷，
> 不在其內。近山川谿谷不可井者，則為閒田，以授士大夫之圭田，
> 及餘夫之田。〔註76〕

井田制度，乃古代政府為編制人民、管理土地、及課徵賦稅而設，實施井田
制，國家可收足食足兵之效，人民各治私田，又同養公田，造成公私一體兼
顧之鄉里關係，養成安土重遷之風俗，並且能杜絕土地兼併，貧富懸殊之現
象。只是具體推行起來，環境或不許可，但其土地公有私用，人人有田可耕
的精神卻可效法：

> 井田之法，固後世萬萬不能行；而井田之制，溝塗封洫，旱澇蓄洩，

而且「田裏不鬻」（《禮記‧王制》），不許私人買賣。周王把土地和農奴分封
給諸侯，叫做「授民授疆土」。孟子所主張的「井田制」並不等同於周朝及以
前的井田制，而是一種美化了的、在歷史上並不存在的井田制。孟子只是借
用歷史上井田制的舊形式，來宣揚一種新的土地國有制。而孟子所生活的戰
國中期，隨著井田制逐步瓦解，土地私有制已經基本確立戰國時土地私有制
確立後，土地自由買賣便成為正常的、合法的社會現象，造成大量土地被地
主階級兼併的社會現象。游進：〈井田制的是與非〉《鄂州大學學報》，第12
卷第1期（2005年1月），頁55～58。

〔註74〕朱之瑜：《朱舜水集》，卷十三，頁446。
〔註75〕朱之瑜：《朱舜水集》，卷一，頁3～4。
〔註76〕朱之瑜：《朱舜水集》，卷十，頁361。

制度詳盡，則田官所不可不知者也。〔註77〕

歷代農民總結出來的「溝塗封洫，旱潦蓄洩」等具體制度是有利於農業生產的，因此他主張在日本施行井田之制：

> 中原自秦以來，廢井田開阡陌之後，漢唐以來，必不能復。所以賢
> 君治天下，止於小康，以田皆民間私產，不能井分，今惟貴國之田，
> 可井，可以復古先哲王之治。〔註78〕

中國私有田產制施行日久，改易不易，朱之瑜則希望此理想制度能在日本實施。

2. 養民為先

朱之瑜汲取了先秦儒家民本思想為其經濟政策的合理內涵，鑒於明亡於政經凋弊、縉紳官員貪戾而大失民心，朱之瑜提出：「治國有道，因民之所利而利之。」〔註79〕如果為政者能「常懷一點愛民之心，時時刻刻皆此念充滿於中。自然事事為百姓算計，有一民不被其澤，便如己溺己饑。」〔註80〕愛民不僅要心中顧念百姓，與民同體，更要急民之所急，憂民之所憂，利民之所利，為天下算計、為天下謀利，故「大人君子包天下以為量。在天下則憂天下，在一邦則憂一邦，惟恐民生之不遂。」〔註81〕算計民生使人民皆能各遂其生，天下焉能不治？民心為一國之根本，民生之不遂，就會喪失民心。「所以有國有家者，但常悉心『撫』字，民心若固，何憂外患……民心既背，堅甲利兵，適足為盜資耳。」〔註82〕民心向背決定政體興廢，這一「以民為本」的思想顯然是出自針砭時弊的反思。

> 今日士子問中國何以遂淪於虜，答曰：「失其民也。居官者不知治理，
> 惟知掊刻。一有變故，遂至土崩瓦解。」〔註83〕

民心向背是國家穩定與否的指標，明朝民心既失，何以逃脫敗亡劫難？民本思想乃儒家之政治訴求，朱之瑜以為在位者，應「悉心撫字」、「常懷一點愛民之心」、「以一人勞天下」、「因民之所利而利之」如此則能長治久安矣。

〔註77〕　朱之瑜：《朱舜水集》，卷五，頁90。
〔註78〕　朱之瑜：《朱舜水集》，卷十，頁361。
〔註79〕　朱之瑜：《朱舜水集》，卷十一，頁385。
〔註80〕　朱之瑜：《朱舜水集》，卷十一，頁381。
〔註81〕　朱之瑜：《朱舜水集》，卷五，頁101。
〔註82〕　朱之瑜：《朱舜水集》，卷九，頁314。
〔註83〕　朱之瑜：《朱舜水集》，卷九，頁314。

　　管子曰：「衣食足則知榮辱，倉廩實則知禮節」，〔註84〕故知古之治理，以豐衣足食之民生問題爲先，「德惟善政，政在養民」。〔註85〕朱之瑜重視養民：

　　伏以治道有二，教與養而已，養處於先，而教居其大，蓋非養則教
　　無所施，此奚暇治禮義之說也。〔註86〕

至於養民的方式即是獎勵農耕、不違民時。「農功須日夜以思，不過一理耳。」〔註87〕在以農立國的經濟體制之中，爲政者應當留意人民之耕作，統籌方策，提高生產的質與量。「古者農官，方春即舍於郊，歲內即閱穀種，戒農具。如此勤敏，百姓安得不饒裕！衣食足而後禮節生，此教化之厚不可不留意。」〔註88〕勤敏於獎勵農耕，百姓自然樂耕而富饒。朱之瑜並告誡治政者不違民時，「康節先生謂『寬一分則民受一分之惠』言可深長思也。萬一有非時輕用民力，自當盡職力爭，不可畏威惕懦。」否則，「方春一日不耕，則舉家終歲不飽」。〔註89〕因此男耕女織的農業經濟，是民生之常經大道，也是養民、教民的起點。

　　士、農、工、商，「國之石民也」。男耕而食，女織而衣，民生之常
　　經也。所謂本根者，如斯而已。而又「壯者以暇日修其孝悌忠信」，
　　國何患不治？何患不富？〔註90〕

朱之瑜將士農工商視爲國家的基幹，對於四民平等視之，此暗合王守仁所提「古者四民異業而同道」的「新四民觀」，〔註91〕陽明從「盡心」的角度肯定四民皆爲治生之本業，四民並無地位高低之差別。而朱之瑜也認爲士、農、工、商，各盡其分，只要是切於民用、合於民生者，地位一律平等，並在衣食充足的基礎上，對百姓修以孝悌忠信，如此國家自然安和樂利。

　　相反的，若是不恤民生，不重農耕，則會社會動盪、民心渙散：

〔註84〕管仲：《管子・牧民》，《諸子集成》（北京：中華書局，1954 年），冊五，頁 1。

〔註85〕朱之瑜：《朱舜水集》，卷十三，頁 451。

〔註86〕朱之瑜：《朱舜水集》，卷六，頁 115。

〔註87〕朱之瑜：《朱舜水集》，卷五，頁 89。

〔註88〕朱之瑜：《朱舜水集》，卷五，頁 90。

〔註89〕朱之瑜：《朱舜水集》，卷五，頁 89。

〔註90〕朱之瑜：《朱舜水集》，卷十一，頁 388。

〔註91〕其言曰：「古者四民異業而同道，其盡心焉，一也。士以修治，農以具養，工以利器，商以通貨，各就其資之所近，力之所者而業焉，以求盡其心。其歸要在於有益於生人之道，則一而已。」王守仁：《陽明全書・外集七》，《四部備要》（臺北：中華書局，1981 年），冊 385，卷 25，頁 10。

> 百姓者，黃口孺子也，絕其乳哺，立可餓死。今乃不思長養之方，
> 獨工掊剋之處，安得而不窮？既被其害，無從表白申訴，而又愁苦
> 無聊，安得不憤懣切齒，爲盜爲亂，思欲得當，以爲出爾反爾之計？
> 〔註92〕

經濟不振、人民貧窮的必然結果，是引起農民結聚與暴動，社會動盪而江山動搖。然而不幸的，這段引文不是預設狀況，而是明亡之實，是朱之瑜〈中原陽九述略〉中所記錄的歷史事實，也是明代不重民生經濟後的必然現象。可見要使國家江山穩固，必須從經濟問題入手，視經濟爲治國安邦的首要問題。「富民當以禮節之，貧民常以省耕省斂以補助之。但要萬民免於饑寒。」〔註93〕富民施以教化，貧民援以救濟，此爲養民教民，使民免於饑寒，而能沐浴清化之方。因此他對德川光圀說：「惟望上公加意民生日用，以周家積德累仁爲法，百姓登於春台，則人君之福壽，操左券而取之矣。」〔註94〕朱之瑜欲上位者「加意民生日用」，使「萬民免於饑寒」，此皆養民也，蓋民得其養，則亂不生，亂不生治乃成也。其實，傳統儒家站在貴族統治者的角度立論，著眼於社會整體的穩定性，減少社會發展的變動性，在某個程度上，傳統儒家所倡導的「富民」，實則是爲「富國」的目標而服務的，以國家整體的利益爲基準，並未將個人利益納入首要的考量。〔註95〕朱之瑜以其賓師之身分確實爲日本統治者謀，但其所秉持傳統儒家「養民」爲先的經濟政策，受惠最大者仍是黔黎百姓，若施政者眞能「因民之利而利之」，則必定營造出男耕女織、民生樂利的景象，富國而民富，何樂不爲？

（三）經邦弘化的教育思想

明亡既由於學術偏於疏蕩、政經紛亂頹唐，因此要辨正儒學之弊，黜虛崇實，則必須教化，欲爲國家培養出能講實學、重實效、致實功的人才，亦必須透過教化。因此，近代學者陶清指出：「朱之瑜提出以辨正儒學心性學說爲基礎、興教勸學爲手段，以實現哲學理論向實踐轉化爲目的，融社會改造和社會教化爲一體的政教合一理論。」〔註96〕確實，朱之瑜之興教辦學，培

〔註92〕 朱之瑜：《朱舜水集》，卷一，頁2～3。
〔註93〕 朱之瑜：《朱舜水集》，卷十一，頁385。
〔註94〕 朱之瑜：《朱舜水集》，卷六，頁117。
〔註95〕 蒙培元編，〈德性與德治〉，《儒家德治思想探討》（北京：線裝書局，2003年），頁19～26。
〔註96〕 陶清：《明遺民九大家哲學思想研究》（臺北：洪葉文化事業有限公司，1997

養人才，乃是將儒學「理論」向「實踐」轉化的具體方法，教育事業的興衰，決定了國家的興亡。他指出：

> 庠序學校誠爲天下國家之命脈，不可一日廢也。非庠序之足重，庠
> 序立而庠序之教興焉，斯足重爾。〔註97〕

他舉三代聖王之治爲例，認爲古代賢君「其學校之制，必厘然具舉，煥乎可觀；於是人才輩出、民風淳茂，而運祚亦以靈長。」而於衰世末俗，事事廢弛、賢才抑湮、民風偷薄、弱肉強食、奸宄沸騰、國運衰敗，皆因不興教化故也。〔註98〕但反觀當時日本，教育並未被重視，故初有學校之設立，朱之瑜就欣然曰：

> 聞貴國京江戶有設學校之舉，甚爲喜之，貴國諸事俱好，只欠此耳。
> 然此事是古今天下國家第一義，如何可以欠得？〔註99〕

興學乃治國第一義，以中國爲戒鑑，〔註100〕則知教育之功實不能輕忽，否則士人必然貪競功利，氣節凜然之才，亦無由得之。

教育之所以具有決定國家命運的重要性，是因爲教育以培養和造就國家和社會所必需的人才爲目的，並且透過興教辦學就能夠培養和造就國家所需的人才，「伏以興邦之大道非一，而其要止在於尊賢。」、〔註101〕「選者賢，與者能，則萬事皆理；選者不賢，與者不能，則萬事皆亂。」〔註102〕人才對國家盛衰存亡之重要也如是，惟有人才在位，才能落實經世理念，他痛惜明中葉以後，講實學實功之巨儒鴻士者幾乎無有，故將培養經國理民人才的希望寄託於日本，希望能夠培養「經邦弘化、康濟艱難」的人才。而朱之瑜「敬教勸學」思想的深刻之處在於：他把學校教育、社會教化和社會分工，以「興賢育才」的主導觀念貫徹始終，不僅揭明了原始儒學「學而優則仕」之本義，並將理論與實踐相結合，「學以致用」、「用必須學」，爲實學培養和造就眞正的儒者。〔註103〕朱

年），頁714。

〔註97〕 朱之瑜：《朱舜水集》，卷十四，頁461～462。

〔註98〕 朱之瑜：《朱舜水集》，卷十四，頁461～462。

〔註99〕 朱之瑜撰，徐興慶編：《朱舜水集補遺》，卷五，頁223。

〔註100〕「近者中國之所以亡，亡於聖教之驟廢，聖教驟廢，則奔競功利之路開，而禮義廉恥之風息，欲不得亡乎！知中國之所以亡，則知聖教之所以興矣。」朱之瑜撰，徐興慶編：《朱舜水集補遺》，卷五，頁223。

〔註101〕 朱之瑜：《朱舜水集》，卷六，頁144。

〔註102〕 朱之瑜：《朱舜水集》，卷六，頁150。

〔註103〕 陶清：《明遺民九大家哲學思想研究》，頁719。

之瑜的學生安積覺說：

> 而其（案：朱之瑜）教人，未嘗高談性命，憑虛鶩究，惟以孝弟忠
> 信，請披獎勵。其所雅言，不離乎民生日用彝倫之間。本乎誠而主
> 乎敬，發於言而徵於行。涵育薰陶，亹亹不倦，務欲成就人才，以
> 爲邦家之用。〔註104〕

於此，實呈現朱之瑜「興賢育才」主張的兩大要點：一是重視日用彝倫，故
施以人倫道德教育，藉此以矯正明末偷薄姦宄、奔競功利的不良士風。二是
將人才與社會改革緊密聯繫起來，期能造就善於經邦弘化的的鴻士巨儒，以
富國利民。

此外，朱之瑜認爲興教勸學乃是移風易俗、興道致治的主要手段，故「建
國君民，教學爲先，非欲其文辭遒暢，黼黻皇猷而已，誠欲興道致治、移風
而易俗也。」〔註105〕又說：「何賢聖之君必以學校爲先務哉？《禮》曰：『學
則善人多，而不善人少。』夫善人多所以興道，不善人少所以致治。」〔註106〕
興教勸學是確保社會安定、民風淳和，從而國運長久之根本，同樣也是治理
社會、管理國家的根本規則和道理。因此「敬教勸學」爲「古今天下國家第
一義」，自古以來，「未有聖教興隆，而國家不昌明平治者」。〔註107〕朱之瑜欲
以教育進行社會改造、社會教化，移風而易俗、更化而善俗、開物而成務，
此皆教育之效。

而如此理想，終於在延寶元年（清康熙十二年（1673））得以實踐，當時
德川光圀欲剏建學宮於水府，大興文教，使舜水先生親作《學宮圖說》，並指
授梓人爲學宮木樣，只是囿於幕藩體制，當時無法依圖樣建築而成。〔註108〕

〔註104〕安積覺：〈舜水先生文集後序〉，《朱舜水集》，附錄四，頁786。
〔註105〕朱之瑜：《朱舜水集》，卷八，頁201。
〔註106〕朱之瑜：《朱舜水集》，卷八，頁201～202。
〔註107〕朱之瑜撰，徐興慶編：《朱舜水集補遺》，卷五，頁223。
〔註108〕依據林俊宏先生之考察，寬文十年（西元1670年），朱之瑜投入規劃興建學校
的艱鉅任務中，朱氏學識淵博，精於工藝，設計大體上采自明代地方學校的建
置，商榷古今，剖微索隱，設計圖案，提出一份完整的建築設計書〈學宮圖說〉，
此圖說涵蓋了中國優良傳統的教育理想，也表現出朱氏個人的教育信念和多元
的才藝。這份圖說，他親自口述指畫指導工匠，約而小之，經一年工夫，才完
成一座比例爲卅比一的大成殿木雕模型，今存放在水戶水府明德會彰考館。只
是囿於幕藩體制，所以，想以朱氏的學宮圖說爲藍本，建立一所藩塾的計畫並
未付諸實施。不過，寬政十年（西元1798年），幕府將軍德川家齊命老中伊豆
守松平信明爲總奉行，率若年寄攝津守掘田正敦等人整建昌平坂學問所孔廟，

但水戶學宮仍然興辦，並請朱之瑜制定《釋奠禮注》，折衷禮典，定儀注，厖眉皓髮，褒衣博帶，親率府下士子儒生講肄其間，周旋規矩，蔚有洙泗之風。觀者無不嘆賞曰：「不圖禮儀之美至於此矣。」武人驕慢之氣，不覺銷鎔頓盡。〔註109〕學風之馨竟使人薰陶興起者如此，朱之瑜宣揚儒教、膏澤異域，終被冠以「日本孔夫子」之美稱。

第二節　顏元「計功謀利」的經世思想

顏元之學以事功為首出，力主身習實踐的經世之學，以致用與否作為價值衡量的基準。他主張義利合一，其精采的「正誼以謀利、明道而計功」的論述，更使儒學由「罕言利」至「倡言功利」，由「道德教化」到「實學經世」，顏元象徵一個跨時代的事功論與義利觀的轉型。如同張伯行所言的：「（顏學）以事功為首，謂身心性命非所急，雖子思《中庸》亦訾訿無所顧。嗚呼，如此人者，不用則為陳同甫，用則必為王安石。」〔註110〕顏元之事功立場與陳亮接近、經世方略不亞於王安石，而若如習行實踐則又過之。

一、經世理念的提出

（一）經世之志

清初學術思想及其變化是清初社會發展的產物，面對明末清初社經政治的急遽轉變，顏元由「崇實、重習」的核心價值觀為展開點，在知識份子強烈的淑世自覺與社會使命感的驅使下，他發為一種積極的經世濟民主張，透過種種不同的制度，達到天下治平的理想。就其經世之學的具體內容而言，顏元之經世理念建基於堯舜周孔所提揭的三事三物之學上，由內聖修為的理

次年十月落成。其中大成殿，即依據朱舜水設計的木製模型的規模而興建。這座學宮的主體構建思想保持了中國古代以祭祀空間為精神象徵，教育內涵、倫理教化功能和建築物之間有清楚的脈絡可尋的廟學合一的格局，充分展現明代學宮的建築特色。此設計圖，百餘年後竟然獲得日本幕府將軍等朝野的讚賞重視，故水戶藩第七世藩主德川治保於享和元年（西元 1801 年），派遣史臣立原萬赴祠堂祭告朱舜水這項好消息。後各藩要建學宮，都傚效朱氏的設計圖樣。詳見林俊宏：《朱舜水在日本的活動及其貢獻研究》，頁 227～232。

〔註109〕詳參朱之瑜撰，徐興慶編：《朱舜水集補遺》，卷四，頁 211～213。

〔註110〕張伯行：《正誼堂文集・論學》，《百部叢書集成》（臺北：藝文印書館，1969年），卷九，未署頁數。

想，發爲外王事功的創成。大陸學者馬積高認爲，清代的理學乃是一種對「實用」轉化的理學。於是清初士人逐漸喪失對理論的興趣，只重應用，有用來修身的、有用來經世的，有用來研究古學的。〔註111〕顯然顏元即是經世一路。

對顏元而言，實踐不只是個人生命的完成，必要開擴出去，以社會國家爲己務，以經世宰物爲目的。顏元說：

> 人必能幹旋乾坤，利濟蒼生，方是聖賢；不然，雖矯語性天，眞見
> 定靜，終是釋迦、莊周也。〔註112〕

聖賢必要能積極入世，必要能經濟民生，否則只是紙上講述的假聖虛賢，故他反對程朱理學，就是希望建立起有益於當世的習行實學，「予未南遊時，尚有將就程、朱，附之聖門支派之意；自一南遊，見人人禪子，家家虛文，直與孔門敵對，必破一分程、朱，始入一分孔、孟，乃定以爲孔、孟、程、朱，判然兩途，不願作道統中鄉愿矣。」〔註113〕以習行實踐爲經世的方法，以推行重習行的實學、扭轉世風爲經世之志，故近人姜廣輝說：「顏李學派不是理學的繼承者，也不是漢學的發端者，它是批判理學、提倡經世之學的思潮中的一支重要方面軍。」〔註114〕難怪顏元每嚴詞批判宋明理學，因爲他總結明亡教訓，歸之於理學家重體輕用，空談心性的虛浮氣息，靜坐講讀、坐而論道，以致「普地庠塾無一可用之人才，九州職位無一濟世之政事。」〔註115〕頹風墮俗爲亂世亡國之禍首，顏元力主欲救弊補偏，必提倡經世致用的實功實學。

> 吾讀《甲申殉難錄》，至「愧無半策匡時難，惟餘一死報君恩」，未
> 嘗不悽然泣下也！至覽和靖祭伊川，「不背其師有之，有益於世則未」
> 二語，又不覺廢卷浩歎，爲生民愴惶久之。〔註116〕

此言極爲沉痛深刻，顏元認爲，要匡世救民，就應注重事功，提倡功利，其經世主張，可說是他的實學實用理論，在治世層面的開展與具體表現。

> 曰：彼以其虛，我以其實。程、朱當遠宗孔子，近師安定，以六德、
> 六行、六藝及兵農、錢穀、水火、工虞之類教其門人，成就數十百

〔註111〕馬積高：《清代學術思想的變遷與文學》（長沙：湖南人民出版社，2002 年），頁 76。
〔註112〕鍾陵編：《顏習齋先生言行錄》，載《顏元集》，卷下，頁 673。
〔註113〕李塨編：《顏習齋先生年譜》，載《顏元集》，卷下，頁 774。
〔註114〕姜廣輝：《顏李學派》（北京：中國社會科學出版社，1987 年），頁 195。
〔註115〕顏元：《顏元集・習齋記餘》，卷九，頁 556。
〔註116〕顏元：《顏元集・存學編》，卷二，頁 62。

通儒。朝廷大政，天下所不能辦，吾門人皆辦之；險重繁難，天下
所不敢任，吾門人皆任之，吾道自尊顯，釋、老自消亡矣。〔註117〕
正如日人山井湧之言，由於改朝換代的影響，此時學者自覺學問已不能再是
個人身心修養一類的，必須對實際社會效勞，而興起了「經世致用之學」。
〔註118〕顏元興辦實學，教導兵、農、治水、工藝等實用技能，就是為要有
益於世。其實，不僅顏元，清初學者亦紛由不同方面析論救世之方，因著個
人的學養與性格而有不同的經世主張：如黃宗羲以心學融合經世之學，要使
聖賢之精微，常流行於事物之間，以開物成務；顧炎武提倡以經學為中心的
「博學於文」、「明道救世」；王夫之強調以史學研究，作為經世致用的參考。
而顏習齋之學，則以復古為志，以習行入手，以建立事功為的，將經世致用
的思想推到極致。〔註119〕

姑且不論顏習齋提出的經世主張之可行性，就其所秉持的經世濟民、補
救時弊的理念，以及彰顯經世致用的理念，確立經世事功的價值，都是值得
肯定的。

（二）正其誼以謀其利，明其道而計其功

顏元學說重實用、實行、實效的精神，決定了他義利觀之重實利、功利，
「義利一致」的基本觀點，他主張正當地謀利，將「利」包攝在「義」的標
準之中，則可義利兼備，這是比較成熟的義利觀。他以「正其誼以謀其利，
明其道而計其功」之說肯定自利之心以及事功的追求，〔註120〕面對理學堅持
反對功利的立場，顏元可謂有「點名叫陣」的勇氣，而在他身上，「我們終於
看到肯定功利、以及功利思想可以被浮到台面上來講的轉變了。」〔註121〕清
儒對自利之心以及事功的普遍肯定，是其對傳統儒學的思想突破處。

顏元「以義為利」、「義者，利之和也」之論是有本有源的，他上溯到經
典之中，為「義利合趨」之說，尋找到理論的根據與源頭。《左傳》中記載「禮
以行義，義以生利，利以平民，政之大節也」又說：「凡有血氣，皆有爭心，

〔註117〕顏元：《顏元集‧存學編》，卷一，頁40。
〔註118〕見山井湧撰、盧瑞容譯：〈明末清初的經世致用之學〉，《史學評論》，12期（1986
　　　　年7月），頁141～157。
〔註119〕參見江文祺《顏習齋哲學思想研究》（臺北：國立臺灣師範大學國文研究所碩
　　　　士論文，1998年），頁171～172。
〔註120〕顏元：《顏元集‧四書正誤》，卷一，頁163。
〔註121〕業師張麗珠：《清代新義理學——傳統與現代的交會》，頁255。

故利不可強，思義爲愈。義，利之本也。」〔註122〕由此看來，儒家經典之中，立基在「義」之基礎上的「利」，則有其安定人民、穩定政體的效用。在《尚書》之中，「利用」與「正德」、「厚生」三事，則常被置放在同一高度中論述，先儒並無「輕利」之說。《易經》亦多有言利，故顏元言：「利貞，利用安身，利用刑人，無不利，利者，義之和也，《易》之言利更多。」〔註123〕因此，顏元歸之「以義爲利，聖賢平正道理也。」〔註124〕除了儒家經典之外，在墨、法兩家亦可發現「義利合趨」早已先行，只是在儒學主流的光芒遮掩下，這些思想，並沒有受到儒林的重視與肯定。墨子：「今用義爲政於國家，人民必眾、刑政必治、社稷必安。所謂貴良寶者，可以利民也。義可利人，故曰：義，天下之良寶也。」〔註125〕以義達利能拯救天下，《墨經》有言「義，利也」，〔註126〕足見墨子「義利一元」的主張。此外法家亦提出「重利輕義」的價值觀，「明先王之仁義，無益於治，明吾法度，必吾賞罰者，亦國之脂澤粉黛也。故明主急其功而緩其頌，故不道仁義。」〔註127〕仁義與利益相悖時，則去義取利。蓋墨家、法家的學說立場皆是講求實功實效以對治先秦王道衰微，諸侯力政的時代課題，因此講求能快速致效的治國方略，其取徑自然與「泛道德主義」的儒家不同，〔註128〕義利之間的取捨也就殊異了。

　　但何以在儒家的思惟之中，「利」與「義」會造成截然對立的價值判斷呢？除卻道德優位性的思考之外，對「利」的詮解亦不同。墨家、法家的利純粹涵指「公利」之向度，而儒家所言之「利」，則兼含「公利」、「私利」兩方面。孔子曰：「因民之所利而利之。」〔註129〕可見傳統儒家並未否定「公利」的合理需求，但孟子「何必曰利」之利則是反對國君注重一己之「私利」，與贊成「公利」的立場不悖。至於後世所延伸出「義利之辨」的焦點即在於「私利」而非

〔註122〕杜預注，孔穎達等正義：《春秋左傳正義‧成公二年》，《十三經注疏》（臺北：藝文出版社，1981年），頁422。另一見《春秋左傳正義‧昭公十年》，《十三經注疏》，頁783。

〔註123〕顏元：《顏元集‧四書正誤》，卷一，頁163。

〔註124〕顏元：《顏元集‧四書正誤》，卷一，頁163。

〔註125〕孫詒讓撰：《墨子閒詁‧貴義》（臺北：臺灣商務印書館，1980年），頁277。

〔註126〕墨翟撰，成學敏讀述：《墨經‧經說》（臺中：國彰出版社，1993年），頁9。

〔註127〕陳其猷：《韓非子集釋‧顯學》，（臺北：漢京文化事業，1983年），頁1100。

〔註128〕「泛道德主義」一詞採用傳偉勳之說。見氏著：〈儒家思想的時代課題及其解決線索〉，《哲學與文化》，第13卷第2期（1986年2月），頁27～41。

〔註129〕《論語‧堯曰第二十》，見朱熹：《四書章句集註》（高雄：復文書局，1990年），頁194。

「公利」。只是從董仲舒的「不謀其利」、到理學家之「功利之毒」，其所訴求的對象已經由統治階級轉變成爲對大眾階層，理學之反對言利就成爲一種道德約束，而這也是明清儒者批評的焦點，清儒肯定社會大眾追求己利的行爲，與其率領天下皆成爲假道學的聖人，忽略甚至蔑視「私利」的追求，不如將之規範在義的標準之中。因此顏元認爲，「孟子極駁利字，惡夫掊剋聚斂者耳。」孟子反對的利乃是人不經節度的貪婪「私利」，但「義中之利，君子所貴也。」〔註130〕「私利」若能符合「義」的規範，也就值得看重、值得肯定了。

富人趙太若問：「濁富不如清貧，何如？」顏元回答：

> 「廣土眾民，君子欲之」，聖賢之欲富貴，與凡民同。古人之言，病在一濁耳，人但恐不能善用富也。大舜富有天下，周公富有一國，富何累人。今使路旁忽遇無衣貧老，吾但存不忍人之心耳，兄則能有不忍人之政矣，富何累人？要貴善施，不爲守錢虜可乎！〔註131〕

欲富貴之心，不論凡民君子皆有，但他提出兩個重點：一是不能濁，在致富與用富兩方面都不能違背義的道德規範。二是要善於用富，不做守財奴，以義爲利，再以利行義，義利兼採，道功並收。因此他不僅不避忌富貴之言，甚至鼓勵致富、用富。至於針對「君子謀道不謀食」之論，顏元則申言：

> 宋儒正從此誤，後人遂不謀生，不知後儒之道全非孔門之道。孔門六藝，進可以獲祿，退可以食力，如委吏之會計，《簡兮》之伶官可見。故耕者猶有餒，學也必無饑，夫子申結不憂貧，以道信之也。若宋儒之學不謀食，能無饑乎！〔註132〕

「君子謀道不謀食」的觀念由孔子而來，〔註133〕其原意乃在論述道的重要，期士人能以「學道」爲重，但經後人之曲解，則士人羞於謀利、恥於言利、不敢憂貧，甚至只讀書而不謀食。顏元反對此一偏頗又不切實際的觀念，鼓勵對於日用生活所需之「利」之追求，學也必無饑，因爲祿在其中矣！

此外，「正誼謀利、明道計功」之說，乃是落在踐履結果爲言：

> 義之利，君子所貴也。後儒乃云「正其誼不謀利」，過矣！宋人喜道

〔註130〕顏元：《顏元集・四書正誤》，卷一，頁163。

〔註131〕鍾陵編：《顏習齋先生言行錄》，載《顏元集》，卷上，頁639～640。

〔註132〕鍾陵編：《顏習齋先生言行錄》，載《顏元集》，卷下，頁671。

〔註133〕子曰：「君子謀道不謀食；耕也，餒在其中矣；學也，祿在其中矣。君子憂道不憂貧。」《論語・衛靈公十五》，見朱熹：《四書章句集註》（高雄：復文書局，1990年），頁167。

之，以文其空疏無用之學。予嘗矯其偏，改云「正其誼以謀其利，
明其道而計其功。」〔註134〕

顏元重功利，並強調正誼、明道後須計功、謀利，他以「踐履結果」來論功利，
以實際效用為衡量學術、行為的標準，講求習行的效果；他並非以「行為目標」
來論功利，並非在正誼明道之始即計功謀利，他嘗歎說：「嗚乎！運流陽九，吾
道式微，求其儕身儒林而不汲汲名利者，蓋百里不見一人。」〔註135〕汲汲於名
利並非儒者之動機，而踐履習行的「動機」就是在所欲正之「誼」、所欲明之「道」，
而「功」、「利」則是必然而至，水到渠成的踐履「結果」。一字之改，則義利合
趨、道功並重的新價值觀展現其中。是故觀乎日常生活之實例：

世有耕種而不謀收穫者乎？世有荷網持鉤而不計得魚者乎？抑將恭
而不望其不侮，寬而不計其得眾乎？這不謀不計兩不字，便是老無
釋空之根。惟吾夫子先難後獲，先事後得，敬事後食三後字無弊。
蓋正誼便謀利，明道便計功，是欲速，是助長；全不謀利計功，是
空寂，是腐儒。〔註136〕

由義求利，由道求功，就像耕種求收穫，打魚求得魚，是合理的預期，是以儒
者正誼便謀利、明道便計功，如果完全不謀求功利，反而是墮入釋老的迷網。

而就在「正其誼以謀其利，明其道而計其功」的觀念架構下，顏元則較
贊成陳亮事功學的立場：

學術原有此三派（案：朱學、陸學及陳亮之學），皆非周孔舊道也，
然使文達（案：應為文毅，為陳亮諡號）之學行，雖不免雜霸，而
三代蒼生或少有幸；不幸陸朱並行，交代興衰，遂使學術如此，世
道如此。〔註137〕

陳亮以事功為治學之首要，以經濟民生為立學宗旨，「義利雙行」、「王霸並
重」，認為漢唐立國功業，得以使天地萬物生息，對「以力服人」的「霸道」
並不堅決反對，此乃以顧念蒼生為出發點的實用理論，顏元認為其雜霸思想
乃是大醇小疵。顏元又引陳亮「人才以用而見其能否，安坐而能者不足恃；
兵食以用而見其盈虛，安坐而盈者不足恃。」〔註138〕陳亮以現實功利為事功

〔註134〕顏元：《顏元集‧四書正誤》，卷一，頁163。
〔註135〕鍾陵編：《習齋記餘》，載《顏元集》，卷七，頁530。
〔註136〕鍾陵編：《顏習齋先生言行錄》，載《顏元集》，卷下，頁671。
〔註137〕鍾陵編：《習齋記餘》，載《顏元集》，卷六，頁508。
〔註138〕李塨編：《顏習齋先生年譜》，載《顏元集》，卷上，頁747。

思想的檢驗標準，此與顏元以實效來檢驗眞理眞知的主張相仿。〔註139〕反觀宋儒之遺落事功、恥言功利的學風，顏元尤爲不滿，他嚴詞批判宋儒指辦幹政事爲「粗豪」、「俗吏」，視經濟生民爲「功利」、「雜霸」，結果率天下人於靜坐讀書中，甚至「揣摩八股，走富貴利達之場」，高談靜敬卻又貪從祀廟廷之典，亂世間之德，而人才眞空。〔註140〕顏元之言頗激，其實宋儒雖嚴倡義利之辨，諱言功利，但實有經世之志，觀乎張載之「爲生民立命」即其明證，只是宋儒取徑於教化，申言性理天命，甚而導致對民生日用、社會政事較爲忽略，只是學術之側重不同，絕非全然推翻「外王」傳統。

顏元更強調：「功名之事，皆性命之事。」〔註141〕將經世濟民的社會實踐涵納於個人德性的修養鍛鍊裡，將心性與事功融匯爲一，所以他說「學須一件做成，便有用，便是聖賢一流。」〔註142〕顏元務實尙用，主張習行實踐之修爲即能成就經世濟民的當世之務，於是他極力強調事功須以有用與否來作爲價值衡量的基準，主張正誼謀利、明道計功來完成經世事業的體現。顏元思想裡濃厚的事功色彩，講究功利的傾向甚爲明確。姜廣輝更直接指稱顏李學派爲功利論：「顏李學派的思想體系基本是功利論。」〔註143〕余英時亦曾批評顏元的思想說：「顏習齋是一個最極端的致用論者。」〔註144〕顏元力主習行致用，肯定君子正誼謀利、明道計功的行爲價值，正視人利益的滿足與生養的需求，此皆爲肯定事功的態度，他重視學問之功效，認爲習行爲實功致效之方法：

> 惟願主盟儒壇者，遠溯孔、孟之功如彼，近察諸儒之效如此，而垂意於習之一字；使爲學爲教，用力於講讀者一二，加功於習行者八九，則生民幸甚，吾道幸甚！〔註145〕

職是之故，「古人之學，禮、樂、兵、農，可以修身，可以致用，經世濟民，皆在於斯，是所謂學也。」〔註146〕顏元關注民生國家之大用，學習兵法、醫術、天象、技擊、地理等實用之技藝，正顯示其重實務實事，講究事功致用的篤實性格。顏元曾說：「今使予治兵三年而後戰，則孫、吳之術可黜，節制

〔註139〕詳參第四章第二節「工夫即是效驗」一目。
〔註140〕顏元：《顏元集・四書語類評》，頁265～267。
〔註141〕李塨編：《顏習齋先生年譜》，載《顏元集》，卷下，頁793。
〔註142〕李塨編：《顏習齋先生年譜》，載《顏元集》，卷上，頁763。
〔註143〕姜廣輝：《顏李學派》（北京：中國社會科學出版社，1987年），頁192。
〔註144〕余英時：〈清代思想史的一個新解釋〉，《歷史與思想》，頁139。
〔註145〕顏元：《顏元集・存學編》，卷一，頁41～42。
〔註146〕顏元：《顏元集・存學編》，卷一，頁37。

之兵可有勝而無敗。」〔註147〕對事功的重視，自然導向對個人具備創建事功能力的要求，所以顏元重兵重農，習戰習武，無疑地都顯示出其對事功鍥而不捨的追求態度。

顏元以王安石爲效法之對象，他說：「介甫吾所推服，爲宋朝第一有用宰相。」〔註148〕正因王安石有扶危濟難之功、可將可相之材：

> 王荊公經濟之儒，亦識見政事同志同才，能於乾坤中包括三路，豈可與書生、文人冒儒道者同日語哉？〔註149〕

依照顏元「斡旋乾坤，利濟蒼生」之標準，王安石可謂近聖賢了。在其《朱子語類評》中紀錄一段顏元與其友在學術爭辯中的趣事：

> 吾友法乾王氏爲吾辯宋儒，明堯、孔舊道，怒叫曰：「兄眞王安石也。」予曰：「然。荊公，趙家社稷生民之安石；僕，孔門道脈學宗之安石也。」〔註150〕

當他以「孔門道脈學宗之安石」自許時，他也正如王安石一樣，面臨積重難返的政治、學術環境，汲汲欲以事功適應於時代之要求而救其弊，其良法美意，卻又遭守舊派的排擠詆毀。顏元卻選擇孤獨地大力講倡實行實習之學，「自反而縮，雖千萬人吾往矣」，正是二人可貴可敬之處。

二、致用主張的開展

顏元繼承儒學入世、用世的積極思考，一生雖未介入官場，但始終以提倡實學、改造社會爲己任，因此其對政治、經濟、社會、教化諸領域，皆有涉及，著《存治編》以構築其政治思想體系，申明其經世制度與致用主張。〔註151〕他嘗自言：

> 如天不廢予，將以七字富天下，墾荒，均田，興水利；以六字強天下，人皆兵，官皆將；以九字安天下，舉人才，正大經，興禮樂。

〔註147〕鍾陵編：《顏習齋先生言行錄》，載《顏元集》，卷下，頁689。

〔註148〕顏元：《顏元集・朱子語類評》，頁288。

〔註149〕顏元：《顏元集・朱子語類評》，頁314。

〔註150〕顏元：《顏元集・朱子語類評》，頁313。

〔註151〕今人何廣棪曾對《存治編》有如下評論：其所本者，堯、舜、禹、湯、文、武、周、孔，三代之制也；其所原者，明末清初之亂象，百姓生活之疾苦也；其所用者，除弊興利，奠定萬世太平基業也。《顏習齋之學術思想及其四存編研究》（臺北：華梵大學東方人文思想研究所碩士論文，2003年），頁59。

〔註152〕

此可謂其致用主張的總綱，以下擇其政治思想、經濟思想、教育思想進行評述。總而言之，在政治制度上，顏元主張效法三代，恢復封建；在選舉方面，主張廢除八股取士的科舉，改以六藝取士，或代之以徵舉；而為實現強天下的目的，提倡寓兵於農、兵農合一的兵制；在經濟上，效法三代井田，實行均田；在教育制度上，主張把文事與武備、經史與藝能結合，造就經緯天地、立功建業的人才。

（一）復古的政治思想

《存治編》為顏元早期創作，其序言中申明顏元經世思想中復古的「王道」色彩：

> 昔張橫渠對神宗曰：「為治不法三代，終苟道也。」然欲法三代，宜何如哉？井田、封建、學校，皆斟酌復之，則無一民一物之不得其所，是之謂王道。不然者不治。〔註153〕

1. 封建制度〔註154〕

封建制度，與「郡縣制」是相對應的政體概念，秦始皇滅六國之後「廢封建」而「行郡縣」，郡縣制即是由中央政權挑選和任命地方官吏，並定期予以考核、升降或更換的制度。這樣，郡縣制就意味著在兩個方面與封建制相對立：第一是打破分裂割據而實現統一，加強中央集權和君主權力，第二是打破權力、財富、名位的世襲制而建立一種人員流動的官僚體制。〔註155〕在明末清初，因著明政權的瞬間瓦解，有志之士紛紛在制度層面上檢討明代所行的郡縣制，一方面是為了匡正時弊；另一方面，則寄託自己的政治理想。顏元主張廢郡縣、行封建：

> 後世人臣不敢建言封建，人主亦樂其自私天下也，又幸郡縣易制也，而甘於孤立，使生民社稷交受其禍，亂亡而不悔，可謂愚矣。〔註156〕

〔註152〕李塨編：《顏習齋先生年譜》，載《顏元集》，卷上，頁768。

〔註153〕顏元：《顏元集·存治編》，頁103。

〔註154〕所謂「封建」是指先秦天子以爵土分封與人的制度，封建時代土地皆為天子所有，天子將它分封諸侯，諸侯又分封給卿大夫，卿大夫以下有家臣、農民、農奴。如此各階層遞相隸屬的社會關係，即為「封建制度」。

〔註155〕何懷宏：《世襲社會及其解體──中國歷史上的春秋時代》（北京：三聯書店，1996年），頁3。

〔註156〕顏元：《顏元集·存治編》，頁111。

顏元認爲行「郡縣制」則中央集權，是「私天下」，相較之下，「封建制度」則使君權能夠受到諸侯的牽制，因此則可「削君權而行民治」，〔註157〕且「此乾坤，乃自堯、舜、夏、商、周諸聖君、聖相開物成務，遞爲締造而成者也；人主享有成業，而顧使諸聖人之子孫無尺寸之士，魂靈無血食之祠，天道其能容耶？」〔註158〕「享有成業」的「人主」，「自私天下」爲不公。他隱晦地表達了通過「封建制」來削弱皇帝「一人私天下」的願望。觀乎明、清之制，中央集權愈甚，君權無限擴大，箝制地方，明代宰相制的撤銷，廠衛特務組織的出現，清代巡撫總督制的推行，都是爲了中央集權，就在極端專制主義統治的特定條件下，顏元之說確實具有某些啓蒙作用。並且「以天下共主，可無藩蔽耶！層層厚護，寧不更佳耶！」〔註159〕藩鎮庇護守國，國家亦能安定。再觀其〈論郡縣體統〉，曰：

> 大守即古方伯，州縣即古五等諸侯也，何事分道、布、按司，又重之以巡撫，加之以總督，倍加六響方伯乎？賢者掣肘多，而才能莫展；不肖者效媚多，而剝民益重。故曰，治世之官詳於下，亂世之官疊於上。〔註160〕

官僚機構冗繁，將造成民畏而賄賂，賢者推行政令多遭掣肘，佞者則剝削人民以成賄賂，因此，施行封建制度，自然可以精簡官僚機構，進而提高行政效率、減輕人民負擔。且其所倡言的封建制乃是「師古之意」，而非「襲古之跡」，可見其雖倡導古制，但絕非泥古不化，因此「非封建不能盡天下人民之治，盡天下人材之用爾。」〔註161〕封建而達到削君權而民治，精簡官僚以利民，則是顏元圖治良方。

2. 廢科舉而重選舉

中國歷代人才登庸之法，不外選舉與科舉兩途，選舉是指三代就已存在的「鄉舉里選」，以及從西漢起的察舉薦選制度，常提出來與後來的「科舉」（考選）相對而言。而在歷史上選拔人才的辦法，自漢至隋，出於選舉；隋唐以至清末，出於科舉。二者之間，顏元選擇廢科舉而重選舉。

顏元雖曾出入場屋，但早歲即廢棄科舉，正因他洞見科舉危害之大：

〔註157〕陳山榜：《顏元評傳》（北京：人民教育出版社，2004年），頁117。
〔註158〕顏元：《顏元集·存治編》，頁111。
〔註159〕顏元：《顏元集·存治編》，頁111。
〔註160〕鍾陵編：《顏習齋先生言行錄》，載《顏元集》，卷下，頁689。
〔註161〕顏元：《顏元集·存治編》，頁111。

> 天下人之入此帖括局也，自八、九歲便咿唔，十餘歲便習訓詁，
> 套襲構篇，終身不曉習行禮義之事，至老不講致君澤民之道，且
> 無一人不弱不病。滅儒道，壞人才，阨世運，害殆不可勝言也。
> 噫！〔註162〕

顏元認為八股引導天下人入虛浮之文、無用之學，故「八股行而天下無學術，無學術則無政事，無政事則無治功，無治功則無生平矣，故八股之害甚於焚坑。」〔註163〕士子既汲汲鑽研於八股，八股又無益世用，則虛耗人才。

此外，科舉制度不僅有礙實功實業，更是不重視士人的選才方式。古之賢君，皆懂得禮賢下士；然而自唐宋起，以科考取士之後，讀書人為求功名而折節取辱者，不勝數矣。政府取士，屢屢以恩賜自況，實折士之節矣！故「道義自好者不屑就也」。〔註164〕

顏元認為，理想的取士制度，應採「鄉舉里選」之法：

> 鄉置三老人，勸農，平事，正風，六年一舉，縣方一人。視德可敦
> 俗、才堪蒞政者，公議舉之，狀簽某某深知其才德，兼以事實之，
> 縣令即以幣車迎為六事佐賓吏人。供用三載，經縣令之親試，百姓
> 之實徵，則令薦之府。其有顯德懋功者，即薦之公朝，餘仍留為佐
> 賓三載。諸縣令集府言曰，某誠賢，則府守薦之朝廷，呈簽某守深
> 知其才德，亦兼以事實之，則命禮官弓旌、車馬徵至京。其有顯德
> 懋功者，即因才德受職不次，餘仍留部辦事，親試之三載。九載所
> 驗，賢否得真矣。〔註165〕

此制度之優點有三：一是以才德取士；次則以禮待士，可養其氣節也；三是以三年為期，視其表現而層層上轉，兼顧人員升遷之機會與公平性。因此恢復鄉舉里選制，能使賢者在位、透過「公課」考察又能使官員有所顧忌，賞

〔註162〕"帖括"即專門鑽研為應付考試而設的八股文範文選刻本。鍾陵編：《顏習齋先生言行錄》，載《顏元集》，卷下，頁678。

〔註163〕鍾陵編：《顏習齋先生言行錄》，載《顏元集》，卷下，頁678。

〔註164〕「近自唐、宋，試之以詩，弄之以文，上輒曰選士，曰較士，曰恩額，曰賜第；士則曰赴考，曰赴科，曰赴選。縣而府，府而京，學而鄉，鄉而會：其間問先，察貌，索結，登年，巡視，搜檢，解衣，跣足，而名而應，挫辱不可殫言。嗚呼！奴之耶，盜之耶？無論庸庸輩不足有為，即有一二傑士，造於出仕，氣喪八九矣，宜道義自好者不屑就也。」見顏元：《顏元集·存治編》，頁115。

〔註165〕顏元：《顏元集·存治編》，頁115。

善罰惡、尊賢黜惡，如此則吏治清明，國家大治。

3. 寓兵於農

顏元曾說要以六字強天下，此六字為「人皆兵，官皆將」。〔註166〕因此他主張「兵農合一制」，認為「治農即以治兵」。簡言之，古之「兵農合一制」，便是今之「徵兵制」。即平時從事生產工作之人民，遇到戰時便拿起武器，搖身而變為保家衛國之戰士。大體而言，寓兵於農的優點甚多，如無兵耗，不耗軍餉；素練，人民恆習陣法作戰；親卒忠上，僚友皆同鄉之人，可共生死；隨地即兵……因此學校要教文也教武，學生當習射、御、兵，而他也以此立教，康熙三十三年（1694），顏元應聘主持漳南書院，除了設立經史課目外，特別設置「武備」一門，課黃帝、太公及孫吳兵法，攻守、營陣、陸水諸戰法，並射、禦、技擊等科，意在造就文武兼備的人才。顏元如此建議，乃是著眼於宋、明兩代所實施之「募兵制」與「衛兵制」，最後竟毫無作戰能力，導致國家積弱，甚至一遇強侮，則潰敗滅亡。

> 慨自兵農分而中國弱，雖唐有府兵，明有衛制，固欲一之。迨於其
> 衰，頂名應雙，皆乞丐、滑棍，或一人而買數糧。支點食銀，人人
> 皆兵；臨陣禦敵，萬人皆散。嗚呼！可謂無兵矣！〔註167〕

軍紀荒唐至此，則兵制不可不改，故顏元特倡兵農合一的募兵制。此外，顏元提倡習動實行，其立場則接近武備之修習，因此重視「兵寓於民」的軍事國防體制。

（二）富民之經濟思想

從「計功謀利」的義利觀出發，顏元以攸關民生的「墾荒，均田，興水利」為其基本經濟政策，〔註168〕他將「富天下」視為首出的經世價值觀，不僅不諱於言利，甚至鼓勵致富，在土地政策上，他主張「民有其田」之均田制；在社會制度上，他則力倡「富民」。

1. 均田制

明末清初，官吏豪紳貪污成風，土地兼併尤為劇烈，人民「有田者十一，為人作佃者十九」，〔註169〕甚至「一人而數十百頃，或數十百人而不有一頃。」

〔註166〕李塨編：《顏習齋先生年譜》，載《顏元集》，卷上，頁768。
〔註167〕顏元：《顏元集‧存治編》，頁106～107。
〔註168〕李塨編：《顏習齋先生年譜》，載《顏元集》，卷上，頁768。
〔註169〕顧炎武：《日知錄‧蘇松二府田賦之重》，頁56。

〔註 170〕如此嚴重之不均引起農民起義，成為流寇終於亡明。因此清初學者多對土地政策有所檢討，提出種種方法反制土地兼併之風，其中以均田、井田的討論最為廣泛，而顏元即主張「借井田以行均田之制」，其主要核心為均田。他說：「天地間田，宜天地間人共享之，若順彼富民之心，即盡萬人之產而給一人，所不厭也。」〔註 171〕說明富民無限兼併土地，將違反公平原則，並主張因時地制宜，「井則井，不可井則均」，其宗旨則在施行均田制。

他又說：

> 使予得君，第一義在均田。田不均，則教養諸政俱無措施處，縱有施為，橫渠所謂終「苟道」也。〔註 172〕

當時清代實施圈地政策，圈占土地分封旗人，此強取豪占的土地政策自然會激起民怨，顏元隱微地主張均田，其實就是對清初土地制度的有力抨擊。至於面對反對者，顏元則說明推行均田，雖擾民於一時，卻可興利於千載，「蓋古人務其費力而永安，後人幸其苟安而省力，而卒之民生不遂，外患疊乘，未有能苟安者也。故君子貴懷永圖。」〔註 173〕井田之制為長治久安之方策。推行均田則使百姓被於王澤、使貧富不均漸漸消弭、使耕者有其田、增加國家生產力。

2. 教以濟養

由井田、均田之制，顏元發展出特有的「教育——經濟」政策。他說：

> 有聖君者出，推此意而行之，搜先儒之格議，盡當代之人謀，加嚴乎經界之際，垂意於鏊成之時，意斯日也，孟子所謂「百姓親睦」，成於此徵焉。遊頑有歸，而士愛心臧，不安本分者無之，為盜賊者無之，為乞丐者無之，以富凌貧者無之，學校未興，已養而兼教矣。休哉，蕩蕩乎！〔註 174〕

透過均田的養民，百姓則樂於安居，此時再加以教化，社會秩序自然能維持，此即是均田之制「養而兼教」的功能，順此顏元正式提出教養相兼的理論：

> 故吾謂教以濟養，養以行教，教者養也，養者教也，非是謂與？
>
> 〔註 175〕

〔註 170〕顏元：《顏元集・存治編》，頁 103。

〔註 171〕顏元：《顏元集・存治編》，頁 103。

〔註 172〕鍾陵編：《顏習齋先生言行錄》，載《顏元集》，卷上，頁 654。

〔註 173〕鍾陵編：《顏習齋先生言行錄》，載《顏元集》，卷上，頁 645。

〔註 174〕顏元：《顏元集・存治編》，頁 104。

〔註 175〕顏元：《顏元集・存治編》，頁 104。

透過教育提高人的生存能力，提升整體社會經濟的發達，此所謂「教以濟養」；而經濟的發展，則又反過來促進教育的發展及思想學問的精進，則是「養以行教」。教育中包含經濟，經濟中也包含教育，如此的觀點十分特殊，儒家傳統多倡先富後教，「倉廩實則知禮節」，但顏元則認為：「教者養也，養者教也。」治生的方法在於經濟之中，可以學而至。而儒者也應保有「務生」的本領，〔註176〕而非一味地將人倫日用之事視為粗跡而鄙棄之。顏元本人善醫，曾以醫卜維生，在現實生活中，確實有專業的謀生本領，來維持生養之道，並非只是無所事事、空發高論的腐儒。顏元「教以濟養」之思想，較能與社會的脈動結合，不自足於一己道德修養的滿足，重點落在走向真實存有的世界，走近現實人生的萬殊百相中去生活、實踐。顏元也很重視儒者物質生活的合理需求，他說「今世之儒，非兼農則必風鑒、醫、卜，否則無以為生……後儒既無其業，而有大談道德，鄙小德而不為，真如僧、道之不務生理者矣。」〔註177〕恥談營生，無法以教濟養，顏元認為此非儒者，而是僧道之士。

此外，儒者所重不應只限於道德，尚須兼顧「利用」、「厚生」，「三物」相輔相需而行，這是己達達人的推擴，也是經濟事業。

> 天無曠澤，地無曠土，人無曠力，治生之道也。家無三曠則家富，
>
> 國無三曠則國富。〔註178〕

顏元關心民生勞苦，以拯世濟民為己任，因此他極力倡導百姓的生養之道，強調利用、厚生的重要，普天下皆投入生產、治生，則國富而民強。

（三）經邦弘化的教育思想

「舉人才，正大經，興禮樂」為顏元的治教措施，〔註179〕而在經世的終極訴求之中，顏元主張透過教育培養能「建經世濟民之勛，成輔世長民之烈，扶世運，奠生民」的人才，〔註180〕立三事、三物、六府之實學。

1. 經世人才的培養

顏元非常強調政事，強調現實世界的事務，並且認為受到學術培養的人才能勤勉於政事之中，完成經濟事業。他說：

〔註176〕顏元：《顏元集‧存學編》，卷一，頁51。

〔註177〕鍾陵編：《顏習齋先生言行錄》，載《顏元集》，卷下，頁695。

〔註178〕鍾陵編：《顏習齋先生言行錄》，載《顏元集》，卷上，頁662。

〔註179〕李塨編：《顏習齋先生年譜》，載《顏元集》，卷上，頁768。

〔註180〕鍾陵編：《習齋記餘》，載《顏元集》，卷三，頁433。

　　　　學術者，人才之本也；人才者，政事之本也；政事者。民命之本也。

　　　　無學術則無人才，無人才則無政事，無政事則無治平，無民命，其

　　　　如儒統何！其如世道何！〔註181〕

理學家在論人才的觀點上主張由內聖而外王，其重點在於培養道德人，而其道德教育又是建立在先驗的心性論基礎上，因此理學家的人才教育難以轉向外王事功，顏元則認為必須投入社會現實中去尋找教育的方策，學術與政治間須緊密結合，以培養明道救世的經世人才為學術教育的目的。人才的培養是為了國家之用，欲「肩荷世道，救濟生民，治能輔治，亂能撥亂」，〔註182〕能創立實功，有益於世，「斡旋乾坤，利濟蒼生，方是聖賢。」〔註183〕顏元還強調以經世功業來考察人才，提出了新的人才標準，顏元曾說：

　　　　德性以用而見其醇駁，口筆之醇者不足恃；學問以用而見其得失，

　　　　口筆之得者不得恃。〔註184〕

個人之德性、輔育人才的教育方針，皆應與經世濟民的實事實功相聯繫，只有通過實事實功之「用」的完成來體現。「在心性道德之『體』與經世濟民之『用』之間，顏元所強調的，是通過經世致用來體現德性，他是以事功有用為基點來談道德，展現出一種事功趨向的道德觀。」〔註185〕歷代儒家追求的理想人格，多偏重於內在德性修養方面的內容而較少對事功的要求，顏元則跳脫傳統儒家內聖的模式，以是否有用於世，完成外在的實際功業作為要求與衡量聖賢的主要標準，此則為其經世訴求之下衍生而出的人才教育。

　　2. 經世實學的習行

　　　顏元標舉其實學教育的內容，便是要回復堯舜、周孔的六府、三事、三物之教，皆是切於經濟民生的教育內容，「學教專在六藝，務期實用」：〔註186〕

　　　　學，學禮，學樂，學射、御、書、數等也。博學之，則兵、農、錢、

　　　　穀、水、火、工、虞、天文、地理，無不學也。〔註187〕

〔註181〕鍾陵編：《習齋記餘》，載《顏元集》，卷一，頁398。

〔註182〕鍾陵編：《習齋記餘》，載《顏元集》，卷三，頁424。

〔註183〕鍾陵編：《顏習齋先生言行錄》，載《顏元集》，卷下，頁673。

〔註184〕李塨編：《顏習齋先生年譜》，載《顏元集》，卷下，頁747。

〔註185〕李瀅婷：《顏元學術思想研究》（臺北：國立臺灣大學中國文學研究所碩士論文，2002年6月），頁176。

〔註186〕顏元：《顏元集・存學編》，卷三，頁75。

〔註187〕顏元：《顏元集・四書正誤》，卷二，頁169。

特別強調六藝與兵、農、錢、穀之學的修習，正因此爲徵諸實事實物而不蹈爲虛空的學問，且是眞正對現實社會人生有直接幫助的知識與技能，顏元雖是借托堯舜周孔之道來闡明自己的實學內容，但是他並非泥古不化，而是權衡當時社會需要，賦予三事、三物、六府之學新的意義、增添新的內容。他認爲學者當博學於文，而古人所講的文，並非是文墨、古文、制藝等，而是廣義的文化，如三事、三物、兵農錢穀等。他說：「夫文不獨詩書六藝，凡威儀、辭說、兵、農、水、火、錢、穀、工、虞，可以藻彩吾身黼黻乾坤者，皆文也。」〔註188〕顏元之學以「實用」爲宗，在其所創辦的漳南書院中，亦能看到其經世實學的教育內容：漳南書院設有「文事」、「武備」、「經史」、「藝能」諸儒：文事儒，「課禮、樂、書、數、天文、地理等科」；武備儒，「課黃帝、太公以及孫、吳五子兵法，並攻守、營陣、陸水諸戰法，射御、技擊等科」；經史儒，「課《十三經》、歷代史、誥制、章奏、詩文等科」；藝能儒，「課水學、火學、工學、象數等科」。〔註189〕其教學內容包羅萬象，凡禮、樂、射、禦、書、數、兵、農、水、火、工、虞、天文、地理等十餘科目，較傳統教育的實學內容有所擴展與增加，此「反映了資本主義經濟萌芽對知識的要求。」〔註190〕足見顏元對實學實教、藝能技術、經世學問的重視與提倡，而其實用實學確實符合社會現實需要，也必能致經濟之功。

第三節　結　語

　　明清易代的歷史巨變引發了清初思想的勃興，「明亡之思」成爲知識分子共同思索的焦點問題，蹈虛鑿空的明末學風成爲眾矢之的，弊端叢生的政經制度也備受抨擊。反思和批判的結果，導致清初學風發生巨大轉變——崇實黜虛的經世致用思潮遂蔚然隆盛。朱之瑜、顏元在經世理念與致用主張上，都不約而同的符應經世思潮，而各自就其史觀與學養發展出經世之理論架構：在義利觀方面，儒學傳統「貴義輕利」的非功利取向，漸漸轉向「計功謀利」；事功思想則由被批判爲「雜霸」的非主流地位，漸漸成爲眞理、學問、人才、聖賢的檢定標準；學者不再只是關注政經政策是否符合仁政精神，更

〔註188〕顏元：《顏元集・四書正誤》，卷三，頁190。
〔註189〕鍾陵編：《習齋記餘・漳南書院學記》，載《顏元集》，卷二，頁413。
〔註190〕方玉芬、余子俠：〈論顏元的實學教育思想〉《河北師範大學學報（教育科學版）》第6卷第6期（2004年11月），頁39～42。

由制度面切入，提出具體可行的施措方略。雖然隨著清初社會的由亂而治以至步入太平盛世，經世學風轉趨寂滅，但朱之瑜、顏元作爲儒者的文化關懷和使命肩荷的精神仍感召後世，而此「務實」、重「功利」、重「外王」、講「實功」的經世精神也將學術帶出高超玄遠的象牙塔邁入人間現實，進而下啓近現代文化思潮。

一、外王經世

　　清初經世致用的學風不僅僅是學術風格的轉捩點，更是價值觀念的深刻變遷，儒家傳統的價值取向在清初發生重大轉徙──由內聖之學轉而爲外王之道。澤及萬民始終是儒者的共同理想，但在明清之際，「外王」成爲學問核心，甚至凌駕心性道德的內聖之學，提升至首出價值的地位。而外王之道，在清初前後期亦曾發生方向性的變異，先是武裝抗清以保國，後爲著述經世以「保天下」。如朱之瑜抗清不成，頹然投奔日本之時，因緣際會而成爲水戶藩主之賓師，政策舉措咸諮詢之，於是經世之熱情再度燃起，雖然時空環境皆不同，但卻將儒學菁華播揚於異域，更治善俗，經邦弘化，爲萬古之光。顏元則以「斡旋乾坤，利濟蒼生」自期，刻苦實習，欲要扭轉襌子虛文的空疏學風，建立起有益於當世的習行實學。二人皆以外王爲職志，以致用爲宗旨，進而開展其繁茂多姿的思想體系。

二、計功謀利

　　清初經世思想的另一面向即爲「義利價值的重置」。自孟子以降，「何必曰利」的「重義輕利」觀成爲主流，儒者莫不嚴守義利對立的價值，申言「存理滅欲」、「公而去私」、「重義輕利」。然而，清儒卻重視現實世界中的個人利益與個體需求的滿足，肯定「人欲之私」，主張「各遂其私」、「義利合趨」，新價值觀於焉成型。朱之瑜即言：「好生從欲，恰於民心」以順遂人民之私欲來體現仁民之心，贊成人人「取益」、「自利」。而顏元更明標「正其誼以謀其利，明其道而計其功」之說肯定自利之心以及事功的追求，主張將利規範在義的標準之中，「以義爲利」、「義者，利之和也」。如此的新價值解決了道德標準與現實人欲脫節的困境，將經世的社會價值與個體的自我價值結合，使得清初思想展現其體貼現實、通情達理、權變合宜的特色。

三、引古籌今

面對明亡的事實，儒者眼界拓展至政經制度層面，由制度面的缺憾找出解決問題的經世之道，於是他們紛紛檢討宋明導致國家積弱的種種弊政，上溯到「黃金三代」的聖王政治去尋求解答，於是「復古」的色彩成爲清初經世思潮的一大特色，如同顧炎武倡導「引古籌今，亦吾儒經世之用」，〔註191〕朱之瑜亦主張行仁政、序人倫、以「大同世界」爲理想，推行「井田制度」以養民；顏元亦明倡封建制度、井田制度。或有人批評其爲守舊退步，然而這是儒者之用心，希冀在儒家理想中的聖王之治裡，尋找到文化上具啓蒙精神的「制作之原」，以期爲僵窒的政經制度注入新活力。並且二人皆不泥守古制，如朱之瑜認爲「棄井田之法，效井田之制」，顏元倡言封建制乃是「師古之意」而非「襲古之跡」，即可知道二人祇是萃取古制之精神，在對治其「救亡」時代課題中貢獻一己之心力。

四、養民富民

就在「正其誼以謀其利，明其道而計其功」的觀念架構下，朱之瑜與顏元皆重視養民、富民的政策。原始儒學雖也強調「足食」、「倉廩實」，然是站在統治階級的立場，以維護政權的安定爲主要目的，至於清初諸儒則大多不仕，因此從平民的立場出發，體察民瘼，以遂人民之私爲職志，合人民之「私利」以成「公利」，思長養之方，以求富民之道，如此一來，也必定能達到國家安定富強得目的，與原始儒家可謂殊途同歸，只是立足點與取徑稍異罷了。

五、實學經世

朱之瑜、顏元有一共同之處——「以學經世」，〔註192〕透過讀書習行而博學多聞，再以其博學多聞而爲人師表，他們改變世局的方式不在於革命、

〔註191〕顧炎武：《顧亭林詩文集・與人書八》（北京：中華書局，1959年）卷四，頁93。
〔註192〕大陸學者孔定芳認爲清初遺民學者的經世致用方式有三：著述經世、以史經世、學以經世。「學以經世」則表現在「博學」，博學以爲經世張本實爲遺民學者普遍的價值追求。如黃宗羲倡言：「讀書不多，無以證斯理之變化。」兼讀書與思考而並重。顧炎武標舉「博學於文，行己有恥」，則將學與行兩相結合，亦爲對理學空疏的糾偏。見氏著：〈清初的經世致用思潮與明遺民的訴求〉，《人文雜志》，2004年05期（2004年5月），頁162～170。

不在於著述、不在於任官，而在於教學，以教育來冶化經世人才、推行經世之業。因爲改朝換代、時局動盪，朱、顏皆未透過科舉而取得官職，在無「經世之位」的窘困之中，要力倡經世之學，只能將博學實用之文、習行實用之理，透過講學教化的方式播揚在民心世風之中，因此二人咸致力於教育講學，如朱之瑜講學於江戶，德川光圀待以賓師之禮，禮遇有加，水戶學宮完成後，更請先生制定釋奠儀注，率儒學生行之。而顏元亦以《存性》、《存學》、《存治》、《存人》等實學立教，更「思古齋」爲「習齋」，倡導習行之學，五十歲時他離開蠡縣遊學各方，自任以傳揚聖道之重，多方游走使他的學術漸爲時人所知。透過實學教化的努力，二人終將經世理念推擴成爲士人風氣，其一人成爲「日本孔夫子」，宣揚實用之學，德澤異域；一人下開顏李學派，以實行觀在清代學術之中異軍突起，二人對後世影響皆頗爲深遠。

第六章　結　論

　　儒學在明清之際的發展，呈現了傳統核心價值解構又重建的新契機，顯而易見的譬如對於外王經世的重視漸漸取代內聖之功、勇於挑戰並批判理學玄虛思辨所造成的空疏學風而發展出實學實功等等。當然，整體學術從獨尊理學的權威中破繭而出、衝破禮教，並形成一種以追求個性發展與人性自由、發揚「經驗面價值」的新義理典範，必迫及乾嘉時期戴震以降的思想家才算完成，〔註1〕清初的實學經世之風只能算是典範「過渡」的階段，饒是如此，其重視經驗客觀、實功實效的新觀念已不斷衝擊傳統儒學，也解除傳統義理觀的束縛，開創另一廣闊天地。立足在上述各章的論述，以下筆者嘗試總結從朱之瑜到顏元思想所反映的明清儒學轉型與演變的過程。

第一節　從朱之瑜、顏元看清初性論之演變

　　明清政權易鼎使學者咸痛切反思明亡之原因，宋明理學之主敬習靜、講學空談的虛文學風，成爲清儒檢討並批判的焦點，朱之瑜、顏元等人重新建構性論，揚棄氣質之性有惡之說，認爲後天的習染將影響人善惡之表現，並進一步在工夫論上黜棄澄心靜坐、變化氣質，而力倡以學養性、以學習善、以學遠離惡之引蔽、踐履習行的實功實學。整體而言，朱、顏二人之性論可謂融攝了形而上、先驗的、理想的性論傳統，並展現趨向形而下、經驗的、崇實的人性論特質。

〔註1〕　參照業師張麗珠：〈戴震新義理學的價值轉型意義〉，《清代新義理學──傳統與現代之交會》（臺北：里仁書局，2003年），頁174。

一、從理氣二分到氣質之善

在心性問題上，顏元提倡「氣質即善」，反對理學家將性二分為天命之性、氣質之性，把所謂天命之性說成形上本體，是絕對至善者，而把氣質之性，即情、才、欲，說成是形而下者，謂其有善有惡或為惡。顏元認為這是將氣質之性與後天習染雜而論之，因此從「理氣一體」的宇宙論出發，將「理」與「性」、「道德價值」與「情感才質」融合統一，即氣言性，並將氣質之性定義為渾然純善。這一理論的意義在於，顏元直接從人的生理、心理素質說明人性，因而具有經驗化的特徵，他認為「性從生、心，正指人生以後而言。若『人生而靜以上』，則天道矣，何以謂之性哉？」〔註2〕「人生而靜以上」是理學家以天道本體做為心性本體的基本論述，他們將道德理性視為普遍超越的絕對本體，相較之下，朱之瑜與顏元雖也將天道本體視為心性本體之根源，如朱之瑜承繼易傳「天命之謂性」之說，顏元承認性稟於天地二氣四德之化生，理氣合一，性形不離，但他們卻不認同「性」是超越的客觀定理，而主張應由「人的生命」本身言人性，充分肯定人的情感才質等自然狀態，而這正是明末清初性論的普遍傾向。

朱之瑜與顏元的宇宙觀承繼了明代以降如羅欽順、王廷相等人之「理氣不離」的氣本論思考。雖然羅欽順、王廷相皆在「理氣不離」的基礎之上建構出不同的性論思維，如羅欽順主張由人生而靜之未發之「中」來論「理一」、由顯發之「動」來論「分殊」，並分別「道心」為「性」為「體」、「人心」為「情」為「用」，並由此劃分善惡；王廷相則認為性生於氣，氣有善惡之分，因而性亦有善惡之別。〔註3〕但氣本論思想家主張「氣質一元」的立場其實是一致的。由氣本論出發的氣性思維則在明末清初成為主流，如劉宗周從「理即是氣之理，斷然不在氣先、不在氣外。知此，則知道心即人心之本心，義理之性即氣質之本性。」〔註4〕論述心乃是合理氣為一、體用為一的氣質本性；黃宗羲則承其師提出「理氣是一，則心性不得是二；心性是一，性情又不得是二。」〔註5〕認為義理之性即氣質之本性，本心即是性、即是理；顧炎武從

〔註2〕 顏元：《顏元集・存性編》，卷一，頁6。

〔註3〕 此參考劉又銘先生之說，見氏著：《理在氣中：羅欽順、王廷相、顧炎武、戴震氣本論研究》（臺北：五南，2000年）頁31～42、頁66～76。

〔註4〕 劉宗周：《劉蕺山集》，《景印文淵閣四庫全書》（臺北：臺灣商務，1985年），集部233，頁1294～5036。

〔註5〕 黃宗羲：明儒學案（臺北：河洛圖書出版社，1974年），頁9。

「盈天地皆氣也，氣之盛者爲神，神者天地之氣而人之心也。」〔註6〕以氣本立場論述萬物繼二氣之善而化生成善，可見氣性之說在明清之際已蔚爲主流思潮，顏元即在此時代思潮之中奮起而力倡氣質即善說，朱之瑜則顯然未建立「以氣論性」的性論系統，二人年齡相差近三十年，在迥異的性論思考之中也反映出「氣性論」漸轉細密、新價值逐漸形成的過程，但朱之瑜仍具重視道德實性的崇實特色，主張體用合一、形上形下連結。總之，由明清之際致力於氣質之性的論述，可以看出儒者對於形下氣化世界的重視，漸漸取代對形上超越的道德主體的追求，展現由「虛」到「實」的價值丕變，也象徵清代學術正進入新典範形成的階段。

二、融攝性情才欲的性論

　　朱之瑜認爲氣、情、才，三者各爲性之一面，合之爲性的全體具現，他認爲「氣」是人的氣質之性，「情」是人性外在的表現，「才」是人的才能。這與顏元認爲性、情、才同理而異名幾乎同出一轍：「發者『情』也，能發而見於事者『才』也；則非情、才無以見性，非氣質無所爲情、才，即無所爲性。」〔註7〕顏元亦將氣質之性區分爲性、情、才，並論證氣質之性本善，故情性才皆善。二人不約而同，出而合轍的相同點表現出清儒對形下經驗界人性的重視，他們不再著重於虛幻之性的探究，轉而強調外顯的情感與個人分殊的才能，這是對日常生活中經驗面與現象界的有深切關照之後所得出的結論。

　　除了將氣質之性落於具體化、經驗化的性、情、才來看待，明清之際所呈現的另一性論的轉型爲對於「欲」的正視與看重，這仍是以「崇實」態度面對形下經驗界，所展現出對人之情性的肯定。宋明儒的道德形上學，特重形上心靈的修爲，將理與欲對立，要求寡欲甚至禁慾。但明清儒者卻漸漸脫離形上本體論的傳統，反對將天理與人欲對立，認爲應從人欲的恰好處求天理，對於理欲觀的建構，可由「朱之瑜→顏元→戴震」探求一發展之軌跡。

　　朱之瑜對於欲仍採反對之觀點，他說「人生本然之體，無有不明，無有不強者！有物蔽焉則昏，有欲撓焉則餒。」〔註8〕人之清明之智，若受到外物的障蔽引誘就會昏聵愚昧；若受到情欲的撓動，則強毅之志氣消耗萎靡。外

〔註6〕顧炎武：《原抄本顧亭林日知錄》（臺北：文史哲出版社，1979年），頁18。
〔註7〕顏元：《顏元集·存性編》，卷二，頁27。
〔註8〕朱之瑜：《朱舜水集》，卷十七，頁500。

在習染之惡的來源除了蒙蔽人之善性的外在環境之外，還包含發自於人內心的情欲。朱之瑜又說：「水至柔，人多蹈而死焉。色欲至為末事，然君子於此自振為難。僕事事不如人，獨於此中鮮能惑之。」〔註9〕懲忿塞欲是人之所難，舜水亦頗自得於至日本之後能塞欲，不近女色。由是可知，朱之瑜尚未有理欲合一的新觀念，他將欲歸為惡之由來，並仍主張塞欲以節身，這與宋儒傳統之論述較為接近。

迨及顏元則重新檢視「欲」，並正面肯定人之情欲。他認為人的性本能行為合乎天理，食色之性是正當的，反對禁欲主義，他說：「男女者，人之所大欲也，亦人之真情至性也。」〔註10〕顏元重視人之感性、生活欲求，肯定人的感性欲望。針對程朱理學否定感性欲望，主張「存理滅欲」的論點，顏元指出，人性是和感性物質欲望相聯繫的，盡性不是寡欲、窒欲、去欲，而是充分發揮人的生理、心理機能或作用，使人的感性、欲求得以滿足。他批判理學家視人欲為一己之私，主張克己窒欲的觀點，是「以氣質為惡，故視己為私欲，日克己制私，……理有不通。」〔註11〕因為人的耳目聲色之欲，是合乎情理的，並非私欲，這些需求欲望體現了人的真情至性，當然也是人性的一部份。顏元的氣質即性論，有力地批判了理學禁欲主義，但他並不贊成放縱情欲，他一方面又提出寡欲，他說「寡慾以清心，寡染以清身，寡言以清口。」〔註12〕顏元把人看作是飲食男女的自然物，進而將人的自然屬性與倫理結合，寡欲即能合情合理的讓欲與理共存，能節制人欲之橫流。此無異於陳確所提出的「天理正從人欲中見」、「欲即是人心生意」之說，〔註13〕顯見清初儒者不僅對傳統宋明道學禁欲進行了批判，更能從正面肯定人欲，甚至認為人欲正是天理的體現，此新的理欲觀正展現明清之際學者以感性直觀的經驗主義為出發，重視情欲的新思想典範。

看重情欲、情性的觀念，使得「理」與「欲」的價值有地位的調整，此風由明清之際以降延至乾嘉時期，並在戴震手中完成一重視情與欲的哲學理論。

〔註9〕　朱之瑜：《朱舜水集》，卷十一，頁391。

〔註10〕　顏元：《顏元集·存人編》，卷一，頁124。

〔註11〕　顏元：《顏元集·四書正誤》，卷四，頁209～210。

〔註12〕　鍾陵編：《顏習齋言行錄》，載《顏元集》，卷上，頁629。

〔註13〕　陳確：《陳確集》，頁461：「人心本無天理，天理正從人欲中見。人欲恰到好
　　　　　處，即天理也。向無人欲，則亦並無天理之可言矣」、「欲即是人心生意，百
　　　　　善皆從此生，只有過不及之分更無有無之分」。

戴震在《孟子字義疏證》中大膽提出「人生而有欲，有情，有知，三者，血氣心知之自然。」將感性之欲與情，並同認知之智性視爲人自然的屬性與生理之機能。因此「天下之事，使欲之得遂，情之得達，斯已矣。」〔註14〕達情遂欲就是天理的體現，他不僅批判宋儒以理殺人的道德教化觀，更進一步承認人的欲與情就是善性的一部分，在欲與情之中就存在著「理」。而如此的理欲觀更在乾嘉以降的儒學界產生極大的影響，甚至成爲新時代典範，如業師張麗珠歸納乾嘉新義理學的特徵，即是「在宋明理學發揚道德理性以外發揚經驗價值，另倡情性之學而範以智性」，並嘗試將清代新義理學名爲「情性學」，以「清代情性學」與「宋明理學」做爲儒學長期發展中兩種不同型態義理範式的代表。〔註15〕另外鄭宗義先生則言清儒「強烈厭惡心性與天理的超越義、形上義、本體義，轉而注重形下的氣質才情與人欲的想法，在明末清初確乎是漸漸形成一迥異於宋明儒道德形上學的新典範。此新典範我們可稱之爲一達情遂欲的哲學思想。」〔註16〕從以上二位學者的論述不難看出，對於情與欲的重視已成爲清初至乾嘉的時代趨勢，也成爲十分重要的性論新視域與探討命題。

　　以上論述清儒「理欲觀」的變遷與轉化，由朱之瑜及顏元至戴震，對欲的態度愈顯正面而肯定，甚至發展到肯定情欲的情性之學、達情遂欲的時代典範，由此可見思想之變化是累進眾多的小「變」而終成大「異」，此又再一次看出思想轉型的軌跡與端倪。

三、從變化氣質到變化習染

　　朱之瑜與顏元的性論有一相當接近的觀念——「習」。大抵朱、顏二人之「習」的觀念有二解：（一）習染（二）習行，二人以習染來詮解惡之來源，再以習行爲踐性工夫。

（一）將惡歸咎於經驗意義的「習染」

　　朱之瑜提出中人之性，「非善亦非惡」，善、惡並非先天決定，而來自於

〔註14〕皆見戴震：《戴震集・孟子字義疏證》（上海：上海古籍出版社，1980 年），頁308～309。

〔註15〕張麗珠：《清代新義理學——傳統與現代的交會》，頁 3。

〔註16〕鄭宗義：《明清儒學轉型探析：從劉蕺山到戴東原》，頁 172。達情遂欲一詞即提煉自戴震《孟子字義疏證》「天下之事，使欲之得遂，情之得達，斯已矣。」（戴震：《戴震集・孟子字義疏證》（上海：上海古籍出版社，1980 年），頁308～309。

後天經驗界之習成，習於善則善、習於惡則惡；顏元認爲氣性皆善、惡亦由後天引蔽習染而成，引蔽越頻、習染越深，惡就越積重難返。引蔽產生「誤」，誤則產生惡行。在崇實思想的價值核心引導之下，二者皆將惡歸罪於經驗意義的「習染」，主張善惡與後天的教化與環境攸關，「習染」惡則成惡，如同水之混濁乃由於雜入後天之混污，人的惡非由內在先天的氣質所導致，因此人不能將惡行歸咎於先天之氣稟，行善行惡，人可以自力決定，人與有責焉。從經驗面觀察，人性確實是可以改造的，而修養人性的方法不在於「變化氣質」，而在於「變化習染」，如此性之善惡就可以操之於人的主控與努力，這又是肯定人的主動性。

（二）將盡善工夫落於經驗意義的「習行」

明清之際的性論特色之一就是主張由人生實踐與踐履工夫上盡性。朱之瑜提出「聖賢之道，俱在踐履」，認爲習行踐履、身體力行才能有得；顏元亦強調透過「躬習踐履」以「踐形盡性」，在身心形體的習作實踐之中存養省察。這是重視外在動態的修養工夫，主張由外而內，由身及心的工夫修養論。重「實動習行」的作聖之功也是朱、顏二人性論中最具警世策勵之效而大放異彩之處，人的善惡可以由後天的習行來改變，人性遂呈現在實踐中、工夫中，人性之善則在習行之中被陶塑，並根深柢固的落於日常生活中，產生實效實功，形而上之善無實功，踐履之善才具有實功。形而上的心性不再是朱、顏所關照的首出價值，他們專注的對象是平實的道德實踐，與善惡行爲的社會實踐意義。

習染之惡、習行踐善體現了朱之瑜、顏元重經驗、講實功的性論特色，也呈現其對於孔子「性近習遠說」的繼承與闡發，靠著後天的習，人有善惡之別，也同樣要靠著後天的習，人才能踐善遠惡，因此後天的教養，以「學」養善、道德教化就更有實行的必要。二人的性論都透過「學」而與社會教化綰合，肯定人有善的「能動性」，並進而強調社會教化移風易俗的可能，人之善惡行爲是可變動的，那麼環境決定之因素自不能忽略，因此透過「學」能「改變習染」，改變習染則能使人人遠惡、習善，達到淨化社會、澄清價值的境界。「習」的觀念補充了儒學傳統先驗之善的侷限，承認現象界善惡不一的分殊狀態，但更重要的是將爲善爲惡的決定權還給人的自主自覺，人要充分發揮氣、情、才的人性功能，就要在現實經驗中遠離習染並習行善性，才能使本性完善。

四、講求性命實功

　　在救亡圖存的歷史背景之中，經世一直是明末清初的主流思潮，在清初義理學之中，儒者表現出對經驗實功要求與重視的傾向。朱之瑜在「王師」的身分上，經常於德川光圀之施政提供諮詢參贊，因此當朱之瑜論及傳統仁義禮孝的道德觀念時，其實更強調如何將這些道德觀與政治教化結合，推而行之於萬民萬方，他大力提倡「學」，以學成德、以學立性，並重視德行的體驗、實踐，期勉儒者修身以用世。顏元在經世致用的立場上，終身推行「實文、實行、實體、實用，卒爲天地造實績」，〔註17〕認爲學成的目的在於用世以行之，因此將推行性道之功落實於六德、六行、六藝的修習，盡性即是爲獲致實功，而成爲「扶危濟難之功」的「可將可相之才」。由此可知朱、顏之性論立場是要將「性」由抽象本體改造爲實功實效，以收輔世濟民之效。

　　明清之際另一學者唐甄亦強調性命實功的思維，他最大的突破就是從經世致用的立場出發，把性分解爲性德、性才與性功，提出事功化的人性論。其中性德指性中固有的仁義禮智等道德原則；性才，指人性中具有的才質、才能；性功，指人性所應具有的功效，性不應當只是抽象的觀念，而必須表現於現實生活之中，仁義禮智沒有功效便不是現實的人性，「性不盡，非聖；功不見，非性。」性不可離開實功，「天下豈有功不出於心性者哉！功不出於心性，是無天地而有萬物也。豈有心性而無功者哉！心性無功，是有天地而不生萬物也。」〔註18〕行爲的功效出於人的心性，離開心性，功效便失去根據；離開功效，心性也無從表現。唐甄的性功論可與朱之瑜、顏元的人性論相互參照，互相補充，可見清儒漸將實功要求納入人性論中，重視性的實踐性、功利性，「實功經世」不僅是盡性的目的，更已然成爲檢驗「聖」的標準了。

　　要之，宋明理學無疑是以返觀心性的內聖之學爲其核心價值，而在明清之際則在一連串的歷史反思之中，強調經世濟民、經緯天地的外王之學，而此種核心價值的轉移也改變了明清學者對性論的看法，於是清儒揚棄對形上超越的天理之性的追求，轉而重視氣質之性，強調氣質之性必然融攝外顯的情、才、欲等自然現象。在工夫進路上，也不再採用「變化氣質」的方式，而主張「變化習染」以杜絕惡端，透過教化習行，踐履善性，更進一步將視域擴大及於社會民生，從朱之瑜、顏元身上，已然顯見清儒超越傳統性論形

〔註17〕顏元：《顏元集·存學編》，卷一，頁47。
〔註18〕唐甄：《潛書》（臺北：河洛出版社，1974年），頁407～408、頁410。

上思辨的範疇，提倡經驗實行、要求實功實效的新價值觀正逐漸醞釀成形。

第二節　從朱之瑜、顏元看清初知行觀之演變

明清之際，深刻的社會危機和批判理學的學術潮流，把中國古老的知行觀推向一嶄新的高峰──「重行」。朱、顏二人之重視「踐履實行」不僅塑造其鮮明的「崇實」特質，也表現明清知行觀的變趨與轉型。立基於「崇實」的核心價值之上，明清儒者更重視實理、實事客體之知，並以「學」、以「習」為成聖成德之階，發展出主客合一的「重智」與「重習」的道德觀，「智」提升到與「德」並列的輔德地位。此外，「知」、「行」地位的升降也是可觀察的面向，由宋儒之「重知」到清儒的「重行」，學者翻越理性思辨的高牆，下落到經驗實踐的日用之中，清儒企求以「實行」致「實效」的時代呼聲也展露無遺。

一、重實理實事之知

清初學者咸以「實理」、「事理」為知的範疇，重視實體事物的實理事理，探研日用彝倫的常理常道，這可反映出清代知行觀強調兩種價值：「實事求是」與「重經驗見聞」。

（一）實事求是

「實事求是」意謂在實物、事實中去求得真理，是一種客觀求實的治學態度。從「格物致知」命題中對「物」的定義，即可看出清儒「實事求是」之精神：程朱認為「物猶理也」，「格物」的主要目的是探求在萬物之中的理與道。陽明認為「物猶事也」，「意之所在便是物」，「物」並非離人而在的客觀實體，而是指人心活動。直至顏元才將「格物」重新定義為「犯手實做其事」，這就將知的範疇從哲學概念的「存有」引介到客觀存在事物的規律、人的實踐活動與現實生活。知行觀除了原本倫理學的義涵、對德理的追求之外，更融合以客體實物之知的知識論義涵，成為主客合一的議題。從格致觀的轉變即可看出「實事」已成為清儒認知對象，由實事中追求道德價值之「是」與「善」，已成為時代共識。不僅在知行觀上，或是在清代學術的全盤架構之中，「實事求是」的精神也全幅開展，如在宇宙本體論上發展了重形下之器、經驗領域的「氣本」、「氣化」思想，在人性論上主張「氣性」，在知識論上也發展出以客體知識為目的的實證考據學，「實事求是」可謂清人的深層心理，

是「崇實」的核心價值所展現出的精神特色。

（二）重經驗見聞之知

　　崇實的價值取向，使得清初儒者不再堅守純任主觀的「德性之知」的追求，他們開始重視學問與外向客體知識對於「德性之知」的輔助之功，雖然對德理的追求仍居清代知行觀的主導地位，但清儒的價值觀顯然轉向以「經驗認識」代「理性認識」，崇「聞見之知」而不再獨尊「德性之知」。清初學者重視經驗領域的聞見體察，他們論述重心已然由形上之「理」漸漸過渡到形下之「器」，朱之瑜與顏元之說正與此一轉變緒合，如朱之瑜認爲「聖賢要道，止在彝倫日用」，認爲生活中的體驗與實踐才是知行重心，在經驗中汲取新知、力行眞知。而顏元亦主張由實行致眞知，建立了迥異於宋明理學主觀內求的形上思辨，建立以經驗價值爲標榜的「習行致知」之論，二人可謂以「經驗認識」代「理性認識」。美國實用主義哲學家詹姆斯曾說：「我的哲學就是我所說的徹底的經驗主義。」經驗是個體在生存實踐之中，所產生的思維與反思。〔註 19〕西方實用主義將經驗視爲認知的方法與途徑，其取徑雷同於清儒，可見中、西「崇實」的學術流派皆重視經驗界的實在。

　　至於「德性之知」與「聞見之知」的關係，清儒亦有價值變易的轉化。最早提出「德性之知」、「聞見之知」的是張載，他說：「見聞之知，乃物交而知，非德性所知；德性所知，不萌於見聞。」〔註 20〕德性之知是以「求仁」爲核心的道德意識，而見聞之知則是以「求智」爲核心的認知活動，〔註 21〕德性之知內求於心，而見聞之知則外交於物，故「德性之知，不假見聞」成爲宋儒的共識，〔註 22〕學者侯外廬解釋：宋儒的德性之知不是在聞見之知的基礎上經過思維而獲得的理性知識，而完全是靠脫離外界的主觀自悟達到對天理的貫通。〔註 23〕宋代理學家重視主觀理性的追求，是以獨尊「德性之知」，而涉於客觀事物的聞見之知則落居末座，較不重視。

〔註 19〕見張汝倫：《現代西方哲學十五講》（北京：北京大學出版社，2004 年），頁110～111。

〔註 20〕張載《張載集‧正蒙‧大心》（臺北：漢京文化事業公司，1983 年），頁 24。

〔註 21〕周熾成：〈德性之知與見聞之知：從宋明儒家到現代新儒家〉，《學術研究》，1994 年 02 期，（1994 年 2 月），頁 48～51。

〔註 22〕程顥、程頤撰，朱熹編：《二程遺書》，《景印文淵閣四庫全書》（臺北：臺灣商務印書館，1985 年），卷二十五，頁 698～255。

〔註 23〕侯外廬等：《宋明理學史》（北京：人民出版社，1997 年），頁 119。

但明清儒者則接納並闡發見聞之知，表現出對宋儒的承接與超越。明代學者吳廷翰曾指出：「德性之知，必實以聞見，乃爲眞知。」〔註24〕王廷相認爲「夫聖賢之所以知者，不過思與見聞之會而已」、「夫神性雖靈，必借見聞思慮而知。」〔註25〕心的思維必須依靠感官的見聞，耳聞目見是認識事物之理的前提。高攀龍認爲「聖人不任聞見，不廢聞見，不任不廢之間，天下之至妙存焉。」〔註26〕肯定知識源於後天的踐行，朱之瑜也認爲學不能離開日用彝倫，知不能離開實理實物，而顏元亦主張「見理於事」，要求到具體事物中去認識事理，提倡學者致力於六府、三事、三物的實學。如梁啓超所言：「明季道學反動，學風自然要由蹈空而變爲覈實——由主觀的推想而變爲客觀的考察。」〔註27〕於是對客觀事物的體察和認識的「見聞之知」，被抬升爲「德性之知」的前提與必要條件，發展至戴震則更高舉見聞之知，他說：「耳目鼻口之官，接於物，而心通其則。」〔註28〕「耳目之官」是外在事物作用之對象，是感知之認識官能，將影響「心之官」之認知與裁斷，甚至「德性資於學問」，〔註29〕撤除宋明以來將德性之知視爲第一義的傳統。「聞見之知」地位之升降，正可反映出清儒對客觀現象界與「形下之器」的重視。

二、重智的道德觀

清初思想界承王學末流空疏之弊，早有避虛歸實之意。明末王學以凸顯個人心靈和懷疑外在教條的取向，在很大程度上瓦解了約束社會生活和維持社會秩序的種種知識、思想和信仰，使得經典失去監督和約束的權威地位，道德與倫理不再被遵守。面對明末的理論危機，劉宗周等用實際可用的知識、可約束的道德自律來補救，而東林一脈也試圖引入理學苦苦力挽世道的頹靡和人心的放縱，除了經世之學，也重提理學的「格物」，重新在經典之中尋找可充當眞理的知識系統。〔註30〕以顧憲成、高攀龍爲首的東林學者針對「心體——性體」

〔註24〕吳廷翰：《吳廷翰集・吉齋漫錄》（北京：中華書局，1984 年），卷下，頁 60。
〔註25〕王廷相：《王廷相集・雅述》（北京：中華書局，1989 年），上篇，頁 836。
〔註26〕高攀龍：《高子遺書》，《文淵閣四庫全書》（臺北：臺灣商務印書館，1983 年），卷三，頁 375。
〔註27〕梁啓超：《中國近三百年學術史》，頁 21。
〔註28〕《戴震全書・原善》（安徽：黃山書社，1995 年），（六），卷中，頁 18。
〔註29〕《戴震全書・孟子字義疏證》（六），卷上，頁 167。
〔註30〕劉國忠、黃振萍主編：《中國思想參考資料集——隋唐至清卷》（北京：清華大學出版社，2004 年），頁 261。

知識開始檢討，他們認爲晚明社會生活中呈現出的頹波靡風，源於道德精神的失落，以及由此失落而帶來的價值觀念的迷離。〔註31〕重建道德精神成爲明末清初諸子的核心任務，故此他們回歸理學，期能以程朱救王學之弊。是以同樣在「德性之知」的追求上，明清諸儒揚棄陽明「即心求理」的致知方式，不再將純粹主觀之知視爲知行重心，他們取徑程朱「格物致知」、「即物窮理」的致知方式，將主觀德性與客觀認知融合爲一，甚至青出於藍，更加看重客體知識對於成德之教的重要性，因此漸漸擺脫「德性之知，不假見聞」的宋儒共識，轉而強調「知必資於學」。清儒之「理」，是從事理之落在經驗面的事實現象而言，因此要「知」此理，就不應純粹由內向存省而得，而必須由客觀的察照加以心知的判斷之後，去進行價值判斷，主客合一地建構「德性之知」。客觀的知識與主觀的德性，皆可透過「學」、「習」來掌握，因此就產生德智並重、主客合一的道德觀，如朱之瑜之重「學而知之」、「學爲聖人」，顏元之提出「好學……雖性非上智乎，于焉近之矣」，並作《存學編》以倡導學風。「以學養智」、「以智輔德」成爲其時代之共見，而知行觀即以「重智的道德觀」的方式呈現於哲學史之中，客觀知識成爲道德意識的必要條件。

三、鮮明的「重行」立場

清初接續在宋明之後，展現出迥異於理學的知行立場，宋明由程朱之「須是知了方行得」，至朱熹說：「義理不明，如何踐履」〔註32〕皆標榜並高舉「知」。但明清儒者不再高度重視心性修養或宇宙本體的哲理化，而主張把道德修養與道德實踐結合起來，於是力行實踐成爲時代呼聲。如王廷相主張「君子之學，博文強記，以爲資藉也；審問明辨，以求會同也；精思研究，以致自得也，三者盡而致知之道得矣。」〔註33〕將「實踐」的概念引入知行領域，把博學智識的實踐活動作爲致知的重要途徑。清初知行觀集大成者王夫之提出「行可兼知，而知不可兼行。」〔註34〕在知行辯證聯繫的關係之中，他主張力行、強調實踐的首出性，故「學之得者，知道而力行之，則亦可得之爲德

〔註31〕何俊：《西學與晚明思想的裂變》（上海：上海人民出版社，1998年），頁47。
〔註32〕程頤、程顥撰，朱熹編：《二程全書》（京都：株式會社，出版年不詳），頁137；黎靖德、鄭端編：《百衲本朱子語類》，卷九，頁59。
〔註33〕王廷相：《王廷相集・慎言・潛心篇》，頁778。
〔註34〕王夫之：《船山全書》（長沙：湖南嶽麓書社，1996年），第一冊，卷2，頁314。

矣。」〔註35〕「重行」同樣是朱之瑜、顏元二人最鮮明的知行立場，貴「實行踐履」是朱之瑜思想體系的核心價值，而顏元亦主張「養身莫善於習動」，在在可證清初重行意識的抬頭。

另外，明末清初諸儒普遍強調「眞知」必兼「力行」。早在明代吳廷翰即主張「天下只是一個道理，一個學問，但其工夫自有知行兩端。其兩者，正所以爲一也。」王廷相亦言「學之術有二：曰致知，曰履事，兼之者上也。」〔註36〕而朱舜水認爲「兼致知力行，方是學，方是習」；王夫之強調「知行相資爲用」，〔註37〕認爲行可兼知，批判離行而求知；唐甄的重行，他說：「知行合一者，致知之實功也。」〔註38〕顏元則認爲行能致知，將知行統一於「行」。其實重視實踐本爲中國儒學的一大特色，歷代學者無不致力於力修聖人之道、踐履聖人之境，崇實而重行的明清諸儒自然稟承此一傳統，甚而加強論述以推實踐行動之功。清儒強調道德實踐的必要，若是道德只停留在被認知理解的層面，這只能算是理論之「應然」，而不能成爲現實中的「實然」，道德不被實踐就像是空中樓閣一樣，空有高明的理論，卻無濟於事、無補於世，無實功實效，故清儒特重道德實踐的實修作爲。

在致知方法上，程朱陸王取徑於讀書窮理、靜坐頓悟之功，但清初儒者卻新倡「習行致知」之法。如朱之瑜即站在推行儒學教化的立場，主導「學而知之」的「學知」理路，而顏元則認爲格物致知之「格」，必有犯手捶打搓弄之實踐義，認爲知識起源於習行，不經過習行、不親手實做，就不可能獲得眞知，行是知之因，行能致知。

四、重實效實用

在哲學史的長河中，把「行」當作爲檢驗「知」標準的思維早已萌生，朱熹就明確說：「欲知知之眞不眞，意之誠不誠，只看做不做」，又說「必待行之皆是，是後驗其知至。」〔註39〕即將「力行」作爲檢驗是非的標準；吳

〔註35〕王夫之：《船山全書》（長沙：湖南嶽麓書社，1996年），第六冊，卷2，頁821。

〔註36〕吳廷翰：《吳廷翰集・吉齋漫錄》，卷下，頁45。王廷相：《王廷相集・愼言・小宗篇》，頁788。

〔註37〕王夫之：《船山全書》（長沙：湖南嶽麓書社，1996年），第八冊，卷26，頁113～114。

〔註38〕唐甄：《潛書・知行》（北京：中華書局，1955年），頁283下。

〔註39〕黎靖德、鄭端編：《百衲本朱子語類》（臺北：漢京文化事業有限公司，1980

廷翰「必驗之于物而得之于心，乃爲眞知」；〔註40〕陳確「眞假之辨，只在日用常行間驗之」；王夫之認爲「知者非眞知也，力行而後知之眞」、「行焉可得知之效」，〔註41〕黃宗羲的致知工夫必以實踐爲主，提出「致字即行字，以救空空窮理。」〔註42〕明清儒者多是從實效、實功、實用的角度來言眞理眞知，因此行既是知的來源，又是檢驗知的標準，只有通過「行」，「知」才能眞正發揮實際作用，具備實效實功。

　　梁啓超曾言明清致用思想是「標『實用主義』以爲鵠，務使學問與社會之關係增加密度。」〔註43〕歐崇敬亦言「舜水學若與西方哲學對話，最適切的正是從皮爾士、詹姆斯到杜威的實用主義。」〔註44〕學者不約而同的關照到明清哲學與實用主義有其共通的特質。實用主義的突出特點是：以現實生活爲基礎，以確定信念爲出發點，以採取行動爲主要手段，以獲得實際效果爲最高目的。〔註45〕美國實用主義創始人皮爾士曾說：「爲了正確理解我們的概念，我們必須看它們的結果。」任何概念的意義，只在於它們所能產生的實際結果及效果。實用主義最根本的原則，就是根據思想、概念、命題所產生的結果來決定它們的意義。〔註46〕而在明清之際，反映在哲學上的正有注重實效致用、以「實行實效」爲「眞知眞理」標準的特質。在經世思考的引導下，清初諸儒普遍皆有將知行與效用合而視之的論述。他們主張以「實行」得致「眞知」，以「實效」證成「眞理」。如朱之瑜主張「爲學當有實功，有實用」，顏元亦主張「學問以用而見其得失」，二人都以實際效用做爲檢驗眞理眞知的標準，如此思考則與西方實用主義哲學之眞理觀有相近之處。

　　　　年），卷十五，頁95。

〔註40〕王廷相：《王廷相集・愼言・潛心篇》，卷六，頁4。

〔註41〕王夫之：《船山全書・四書訓義》，第七冊，卷十三，頁575。王夫之：《尚書引義・說命中二》，《四庫全書存目叢書》，經部（56），卷三，頁25。

〔註42〕黃宗羲：《明儒學案・姚江學案》（臺北：正中書局，1970年），卷十，頁119。

〔註43〕梁啓超：《清代學術概論》（臺北：水牛出版社，1981年），頁22。

〔註44〕歐崇敬：《中國哲學史──宋元明清的新儒學與實學卷》（臺北：洪葉文化事業有限公司，2003年），頁256。案：實用主義產生於十九世紀七零年代，傳入中國也是在五四時期杜威訪華之後，故與明清思想，可謂毫無干涉，於此僅討論二者在思想上之共同特質。

〔註45〕黃書進：《哲學思維方式解讀》（北京：西苑出版社，2003年），頁120～121。

〔註46〕見張汝倫：《現代西方哲學十五講》（北京：北京大學出版社，2004年），頁107～109。

第三節　從朱之瑜、顏元看清初經世思想之演變

懷著濃重的時代危機感，在「明亡之思」的深沉反省中，從世運追究到學風，於是，明季士風的澆薄、學風的玄虛，遂成有志之士撻伐的焦點。清初學者之所以屢發批判之嚴詞，一方面是基於明清鼎革的時變激情，一方面則緣於明末政治上的積弊與弊病。爲了對治明末空疏學風，崇尚實證與實行的經世致用之學，蔚然成形，這在在展現其崇實精神：由明末之空疏轉變爲清初之務實，由明末之「束書不觀」轉變爲倡導「博學於文」，由明末之「輕忽踐履」轉變爲「注重躬行」。整體而言，清初的經世思想可概括爲：在土地制度上公開反對封建土地所有制；在經濟思想上反對傳統的「重本抑末」的傳統思想，主張「工商皆本」；在政治上，猛烈抨擊君權，提出君臣共治天下的主張；在哲學上，闡發人的主體意識和人的價值，提倡個性解放和人文主義。〔註47〕本節就將以朱之瑜與顏元爲觀察點，論述清初經世思想的演變。

一、由「內聖」到「外王」的價值轉變

宋明理學自北宋中期興起之後，歷經宋、元、明三朝長達六百年的發展演變，牢牢獨佔儒學意識形態的優位地位，儘管在發展過程中先後形成了程朱理學與陸王心學兩大流派，問學路徑各有側重，程朱之重格物窮理、道問學；陸王之重發明本心、尊德性，但在本質上他們卻是殊途同歸的：「同植綱常，同扶名教，同宗孔孟。」〔註48〕到明中後期，理學家偏落於天理心性的思考與論述，以「內聖」爲主導的核心價值，漸漸遺落對社會現實的關注，直至明清之際，「天崩地解」的歷史鉅變開始使得「內在心性」的價值取向愈顯蒼白貧乏，心性之學遂逐漸失去往日的光環。在總結明亡歷史教訓時，明清之際諸儒幾乎都追溯到了內聖壓倒外王的理學價值定勢，於是從理學回歸到原始儒學，便成爲明清之際普遍的時代要求。〔註49〕作爲一種時代思潮，向傳統儒學回溯的眞正意蘊即在於價值重心的轉換，自此「實功外王」取代「道德內聖」成爲新的核心價值。明清經世實學思潮即以「經世致用」爲價

〔註47〕參考中國實學研究會所編：《實學文化與當代思潮》（北京：首都師範大學出版社，2002 年），頁 210。

〔註48〕黃宗羲撰、全祖望續修：《宋元學案・象山學案》（臺北：河洛圖書，1975 年），冊 15，卷 58，頁 7～8。

〔註49〕楊國榮：《善的歷程》（上海：人民出版社，2000 年），頁 309。

值核心，大力提倡實功致用、實事求是之學，如方以智、朱之瑜、顧炎武、陳確、黃宗羲、王夫之、顏元、李塨等人，皆是佼佼者，但這絕非意指宋明儒者不談經世，沒有外王淑世之思維，他們充其量只是因偏向於內聖的闡發故較不涉及對外王思考、客觀制度的討論罷了，試觀張載之民胞物與的襟懷可知；〔註50〕同樣的，清儒亦沒有因強調外王實功，就遺落內在反省與道德修為，如顏元每日之習恭反省，〔註51〕即在道德修為上下工夫。可見清初之由「內聖」過渡到「外王」只是核心價值的趨變，而儒學兼重內聖外王的傳統並沒有消失。展現在朱、顏二人身上的外王實功則有朱之瑜之反清起義、倡導實學；顏元之重視習行與實用之教；以及在客觀制度的反省重建，在主觀自期的濟民意識等等。

二、由「求利害義」到「計功謀利」的義利觀變遷

　　清初經世思想的另一面向即為「義利價值的重置」。自孟子以降，「何必曰利」的「重義輕利」思考，到董仲舒「計利害義」的明分利義，儒者莫不嚴守義利對立的價值，至宋明理學，更將義利之辨與理欲之分的議題連結起來，如朱熹「義者，天理之所宜。」〔註52〕因此合乎義便不必考慮利：「為所當為而不計其功，則德日積而不自知矣。」〔註53〕又將義利之辨與公私群己關係合而論述，「義與利，只是公與私。」〔註54〕通過「公其心」以避免社會的衝突：「苟公其心，不失其正理，則與眾同利，無侵於人，人亦欲與之。若切於好利，蔽於自私，求自益以損人，則人亦與之力爭，故莫肯益之，而有擊奪之者矣。」〔註55〕如此一來，「義／理／公利」成為理學家心目中的首出價值。理學家要求淡化功利意識，固然有其正面的社會規範作用，但卻造成對功利意識的過度壓抑。王陽明言：「仁人者正其誼不謀其利，明其道不計其功。一有謀計之心，則雖正誼明道亦功利耳。」〔註56〕陽明用嚴格的標準限

〔註50〕張載撰，朱熹注：《張子全書》（臺北：臺灣商務印書館，1979年），卷一，頁3。
〔註51〕習恭有類於宋儒之靜坐，顏元曰：「端坐習恭，則扶起本心之天理，天理作主，則諸妄自退聽。」是一種存養善性、反身自省的道德修為方式。語見《顏元集‧顏習齋言行錄》，卷上，頁635。
〔註52〕朱熹：《四書章句集註‧論語‧里仁》（高雄：復文書局，1990年），頁73。
〔註53〕朱熹：《四書章句集註‧論語‧顏淵》，頁139。
〔註54〕程顥、程頤：《二程集》（北京：中華書局，1981年），卷17，頁176。
〔註55〕程顥、程頤：《二程集》，卷17，頁17～18。
〔註56〕王守仁：《王文成公全書》，《景印文淵閣四庫全書》（臺北：臺灣商務印書館，

制功利之心，強調行事不能以功利意識、謀計之心爲「動機」。總體而言，「存理滅欲」、「公而去私」、「重義輕利」，爲宋明理學家普遍的共識。

然而，清儒卻重視現實世界中的個人利益與個體需求的滿足，肯定「人欲之私」，主張「各遂其私」、「義利合趨」，清儒直接關照到經驗領域中長期被忽略的「利／欲／私利」範疇，重新反思後，建構出新的理欲觀、義利觀、及公私群己關係的探討。士人在經世思考中轉而關心個人在社會上的生存問題，「人欲之私」不再是儒者諱言的價值，朱之瑜即言：「好生從欲，恰於民心。」仁愛百姓的方式乃在合乎民心之向背，順遂人民之私欲。顧炎武言：「故天下之私，天下之公也。」〔註57〕黃宗羲也肯定人的自私自利，他說：「有生之初，人各自私也，人各自利也，天下有公利而莫或興之，有公害而莫或除之。」〔註58〕「公」體現群體的普遍價值，循天下之「公」以成天下之「私」，原就符合群眾利益的價值認同；然而，當天下之「公」必須透過天下之「私」而形成之時，則代表個體的價值被高度的重視，在「公」與「私」的合一中，「私利」、「私欲」沒有被淹沒漠視，而這也是明清之際義利觀的價值轉型。當顏元採取「義利一致」的基本觀點、大聲疾呼「正其誼以謀其利，明其道而計其功」時，代表比較成熟的義利觀已然形成，清儒自此主張正當地謀利，將「利」包攝在「義」的標準之中，義利兼備，肯定自利之心以及事功的追求，道德與人欲間的斷裂漸漸拉近以至消弭。

三、以「復古」爲取向的政經思考

爲了救正理學及其所帶來的社會弊端，明清之際的經世思潮朝兩個方向開展：對理學的空談心性而言，主張致用實功；對理學家的束書不觀而言，主張回歸儒家原典。〔註59〕而其中致用實功的落實則表現在對於客觀制度的

1985 年），卷四，頁 26。

〔註57〕顧炎武：《顧亭林詩文集·郡縣論五》（臺北：漢京文化事業有限公司，1984年），頁 14。

〔註58〕黃宗羲：《明夷待訪錄》（臺北：臺灣中華書局，1988 年），頁 1。

〔註59〕王杰：〈論明清之際的經世實學思潮〉，《文史哲》，2001 年 04 期：265 期（2001年），頁 44～50。關於明末清初的回歸原典運動，臺灣學者林慶彰認爲，這不僅僅是辨僞學上的問題，而且也是經學史上判斷經學和儒學本質的重要運動。從明中葉以來，學者提出要回歸孔孟、回歸五經。但五經有很多附會、僞造以及雜有其他各家的成分在內。所以回歸原典之前，應該要先做經典的淨化運動，判定經典的真僞，判定哪些是符合聖人之意的，然後才能進一步

檢討與重構。明末清初倡言經世者，莫不訴諸三代而暢論井田、封建及學校等治世之道，但他們的目的卻非真的要復古，而是想借古以論今，並視井田、封建、學校三者為恢復三代公天下的理想的象徵而已。〔註60〕如朱之瑜之倡仁政德治、封建倫理、大同世界、井田制度；而顏元則又更進一步指出「為治不法三代，終苟道也」。以井田、封建、學校為復古的具體內容，並屢屢言及三事、六府、六德、六行、六藝之教，其「徹底復古主義的傾向」甚明矣。〔註61〕梁啓超稱清代學術為「以復古為解放」的時代，〔註62〕「復古」一意，確實掌握全清學脈的一大線，此時的學者，大抵以孔、孟思想及三代制作為心目中的理想境界。〔註63〕但卻有學者認為清初的復古思想，是「對明中葉以來進步思想的反動與倒退」，因其「理論上沒有擺脫儒家『修齊治平』的框架，它的理想社會仍是『三代之制』的模式，這只是封建制度在儒家思想中的理想化，而不是超越儒家的新的社會理想。」〔註64〕這種意見顯然忽略了清初思想文化領域中出現的反傳統思考、提倡「人各有私」、「個性解放」的個人意識，事實上清初諸儒所提出的思想學說乃是「在明清之際的社會大變革中，通過對明亡的總結與返所提出的更深刻思考。」〔註65〕的確，他們在政治上倡導民本，反對獨治；在社會經濟方面，提出均田說與工商皆本論，其實在復古守舊的表面形式之下，蘊藏的是更新的時代新思維，「起舊」為了「圖新」，「復古」的內蘊則是「啓蒙」。

（一）從「養民」到「富民」

中國哲學具有源遠流長的養民傳統：《尚書》提出「正德、利用、厚生」，《詩

做考文知音的工作。每一個人研究經學都希望能夠得到本意，但是在經學研究的發展過程中，有時候不自覺就會走歪路，離經愈來愈遠。當出現嚴重問題的時候，回歸原典的呼聲就會應運而生。因此，中國經學的研究，每經過幾百年一定會有一個回歸原典的運動發生。林慶彰：〈明末清初經學研究的回歸原典運動〉，《孔子研究》，1989 年 2 期（1989 年 6 月），頁 110～119。

〔註60〕 鄭宗義：《明清儒學轉型探析：從劉蕺山到戴東原》（九龍：中文大學出版社，2000 年），頁 161～162。

〔註61〕 鄭宗義：《明清儒學轉型探析：從劉蕺山到戴東原》，頁 162。

〔註62〕 梁啓超：《清代學術概論》，頁 13。

〔註63〕 林保淳：《經世思想與文學經世：明末清初經世文論研究》（臺北：文津出版社，1991 年），頁 9～10。

〔註64〕 包遵信：《十七世紀中國社會思潮──中國傳統文化的再估計》（上海：上海人民出版社，1987 年），第 192～193 頁。

〔註65〕 王俊義：《清代學術探研錄》（北京：中國社會科學出版社，2002 年），頁 25～26。

經》吟誦「民之質矣，日用飲食」，《周易》宣稱「天地之大德曰生」，《管子》認為百姓「衣食足則知榮辱」，孔子希望對人民「富之教之」，孟子主張老者「衣帛食肉」，認為「養生喪死無憾，王道之始。」〔註66〕明清以還的學者亦大多重視百姓日用生存之道，如朱之瑜認為「非養則教無所施」，「養民為先」。但由重功利的立場出發，儒者留意富強之策，「養民」漸趨為「富民」之訴求，如顏元提出「將以七字富天下，墾荒，均田，興水利」，以創造財富為積極目標，並推崇重事功的陳亮與王安石，認為由義求利，由道求功，是正當的要求，因此特別留意富強之策。此外，顧炎武對興利生財也極端重視，他說：「欲使民興孝興弟，莫急於生財。」又說：「今天下之患，莫大於貧，用吾之說，則五年而小康，十年而大富。」〔註67〕由養民到富民，顯示儒者不再只注意人民基本的生存，更正視現實人生對財富物質的渴求，這也是著重私利的另一明證。

養民必要有土地，黃宗羲、朱之瑜、顏元、李塨、王源等人皆主張恢復井田的均田精神，希望耕民各有其田。明中葉以後，莊田侵奪民業，而土地又趨向商業化，私有土地制迅速發展、土地嚴重分配不均，發生大規模的流民暴動，因此「土地平均分配論出現，算是儒家均田理想與現實地主勢力的一種妥協折衷辦法。」〔註68〕其解決土地兼併的方案就是恢復「井田制」。黃宗羲提出平均授田以養民，「先王之制井田，所以遂民之生使其繁庶也」〔註69〕朱之瑜主張「棄井田之法，效井田之制」；顏元提出「天地間田，宜天地間人共用之」的土地原則，主張復井田以求均田「田不均則教養諸政俱無措施處。」這與中國近代「耕者有其田」的思想，有相印合之處。

此外，明清之際學者對於傳統儒學「重本輕末」、〔註70〕「重農抑商」的

〔註66〕 孔安國傳、孔穎達等正義：《尚書正義·大禹謨》，卷三，頁53。毛公傳、孔穎達等正義《毛詩正義·小雅·鹿鳴之什·天保》，卷9～3，頁330。王弼、韓康伯注，孔穎達等正義：《周易正義·繫辭》，卷七，頁150。以上三書皆載於阮元編：《十三經注疏本》（臺北：藝文出版社，1981年）。《管子·牧民》，載《諸子集成》（北京：中華書局，1954年），冊五，頁1。何晏等注、邢昺疏：《十三經注疏·論語注疏》，卷十三，頁116。孟軻撰，趙岐注，孫奭疏：《十三經注疏本·孟子注疏》，卷十三，頁238。
〔註67〕 顧炎武撰，黃汝成集釋：《日知錄集釋》（臺北：世界書局，1991年），卷六，頁14。顧炎武：《顧亭林詩文集·郡縣論六》，頁15。
〔註68〕 林聰舜：《明清之際儒家思想變遷與發展》（臺北：臺灣學生書局，1990年），頁302。
〔註69〕 黃宗羲：《明夷待訪錄》，頁21。
〔註70〕 司馬遷在《史記·貨殖列傳》中，將「富」分為本富、末富、奸富，「本富」

傳統亦有所改變。在傳統儒學的價值觀中，經濟活動的價值雖然不被排斥，但在成德、成就文化秩序的精神籠罩下，經濟活動本身畢竟不能成為一種價值。〔註71〕再加上「不患寡而患不均」的理念所形成的「重農抑商」等福利政策的束縛，商業經濟活動在中國一直未能有順適的發展。但在清初士、農、工、商四民均等的思考已蔚然成風，如黃宗羲於《明遺待訪錄‧財計》篇中，主張工商皆本；朱之瑜「士、農、工、商，國之石民也。」將士農工商視為國家的基幹，對於四民平等視之，顏元：「使人減棄士農工商之業，天下之德不惟不正，且將無德；天下之用不惟不利，且將不用；天下之生不惟不厚，且將不生。」〔註72〕將四民視為正德利用厚生之本。這與王守仁所提「古者四民異業而同道」的「新四民觀」是相合的，〔註73〕重視功利、重視民生經濟與對工商業的肯定互為因果，「富民」、「均田」、「重工商」是此時經濟觀的價值變化趨勢。

（二）從「尊君」到「民本」

明清時代，封建君主專制已發展到極點，嚴重地阻礙著社會的發展。「明清之際掀起的關於郡縣制還是封建制的大討論，實質是關於明清政治制度的討論，其核心是關於君權的問題。」〔註74〕明清思想家咸批判封建君主專制制度，如黃宗羲在〈原君〉中揭露了歷來封建君主的自私，指出君主為「天下之大害」；〔註75〕唐甄則以「天子之尊，非天地大神也，皆人也。」〔註76〕的人本思想打擊君權神授的封建觀念。但相較之下，朱之瑜之「尊君一統」、顏元之「封建制度」，似乎有違此立場，何以如此？朱之瑜因緣際會，至日本被延聘為藩主賓師，身為王者之師自然必須維護國君政體的正統性，因此他

所指為以田農致富者，「末富」意指從商致富者，「奸富」則是指以不正當手段資取錢財者，「本富為上，末富次之，奸富最下」。司馬遷撰、瀧川龜太郎會注考證：《史記會注考證第七卷‧貨殖列傳》（太原：北岳書局，1999年），頁32590。

〔註71〕林聰舜：《明清之際儒家思想變遷與發展》，頁285。

〔註72〕鍾陵：《習齋記餘》，收於《顏元集》，卷九，頁565。

〔註73〕「古者四民異業而同道，其盡心焉，一也。士以修治，農以具養，工以利器，商以通貨，各就其資之所近，力之所及者而業焉，以求盡其心。其歸要在於有益於生人之道，則一而已。」王守仁：《陽明全書‧外集七》，收於中華書局編：《四部備要》（臺北：中華書局，1981年）冊385，卷25，頁10。

〔註74〕中國實學研究會所編：《實學文化與當代思潮》，頁280。

〔註75〕黃宗羲：《明夷待訪錄》，頁1。

〔註76〕唐甄：《潛書‧抑尊》，頁418下。

主張「序人倫」、「尊王統一」，以其尊君思想鞏固大一統的日本封建王國，這仍是安定社會的一種主張。觀乎其屢屢建言國君勤政愛民，觀乎其對於民心向背之重視，觀乎其對於養民之提倡，則知朱之瑜仍然是以「民本思想」為其政治思考之核心。至於顏元「復封建」的政治主張，原就有限制君主權力、分權於諸侯的用意，因此二人與「倡民本」、「反專制」的時代思潮實不相悖。

四、以「致用」為宗旨的教育觀

梁啟超認為清初士大夫「寧願把夢想的經世致用之學依舊託諸空言，但求改變學風以收將來的效果。」〔註77〕此論實令人感慨，經世而不能致用，經世也就不過是空言，清初思想家煞費苦心地提出其經世理念，豈只想力言著述？豈不思落實推行之實功實效？彼乃不得已而如此。原因就在清初遺民思想家大部分都面對無「經世之位」的困境。學者周啟榮、劉廣京指出：『經世』需才、學、識、文、位五個條件，經世所需之位，即官職。無「經世之職」則才、學、識、文皆不能直接產生經世效用。〔註78〕清初遺民大多因世代易鼎之故拒絕出仕，而其經世思想大多是在有志經世無意仕途的矛盾中提出。因此學者尋索其他出路，學術經世、史學經世、著述經世皆是途徑，而朱之瑜顏元二人之經世途徑即是「實學教育」。透過習行實用之學，落實其經世理念；更重要的是再以講學教化的方式，將致用實學播揚在民心世風之中，因此二人咸致力於教育經世，如朱之瑜講學於江戶，德川光圀待以賓師之禮，禮遇有加，水戶學宮完成後，更請先生制定釋奠儀注，率儒學生行之。而顏元亦以《存性》、《存學》、《存治》、《存人》等實學立教，更「思古齋」為「習齋」，倡導習行之學，遊學各方，自任以傳揚聖道之重。透過實學教化的努力，二人終將經世致用之理念推擴成為士人風氣，他們都批判科舉八股，都認為教育為「政事之本」、「人材之本」，其教學的宗旨不再是培養道德高超的「聖人」，而在培養經世濟民的「人才」；其教學的內容不再是「天理心性」，而在有益世用的「經濟實學」，這是朱、顏二人教育觀所展現的「致用」精神。

以上言朱之瑜、顏元二人之實行觀，朱之瑜主張如布帛菽粟之日用之學、顏元重習行六藝之實學，二者確實皆具備務實、篤實、崇實之精神，也有重

〔註77〕梁啟超：《中國近三百年來學術史》，頁106。

〔註78〕周啟榮、劉廣京：〈學術經世：章學誠之文史論與經世思想〉，《近世中國經世思想研討會論文集》（臺北：中央研究院近代史研究所，1984年），頁118。

實行、重實功、重實效的治學態度，「實行觀」不僅為二人學說之共同處，更是清初風騷與時代共識。在政體崩解，明朝滅亡的政局巨變之中，儒學在明清之際的發展，呈現了傳統核心價值解構又重建的新契機，此為學說理論中不得不然之發展，朱、顏二者為救治弊端，一方面回歸孔孟本懷的外王理想，在傳統學說之中尋求更新儒學命脈的思考觀點，一方面則向「實」趨近，而形成在性論、知行觀與經世思想等諸多方面的新價值轉型，筆者嘗試由「實行觀」作為切入點，觀察從朱之瑜到顏元思想所反映的明清儒學回歸與演變的過程。但從微觀之角度看，二人之異也不容忽視，二人之成長背景不同、時代略有先後，所面對的政局與學術界的問題與思潮不同，因此產生諸多思想上之歧異：朱之瑜就其身分而言乃是在日本的中國儒學代言人，因此其所闡揚者包含孔、孟、朱、陸，與時人之講學問答內容多解釋闡發，對儒學傳統採取較為包容的態度；而顏元身處中國，則是宋明理學的摧毀攻堅的革命軍，因此對宋明理學的抨擊可謂不遺餘力，以建立一家之實學。朱之瑜長年於海外奔走，書籍原典之取得與攜帶不易，對於學術的掌握無法透過大量的閱讀與著述而精細完全，相較之下，顏元雖不主張終身埋首於紙張書堆、讀書著述之中，但仍能夠完成其學說之中心《四存編》，並能與同時期之思想家對談辯論，使得其學說日漸轉精，所建構之思想體系也較為嚴密。明亡之時，朱之瑜四十四歲正值壯年，而顏元仍是十歲小兒，二人對於明亡之痛，感受與態度皆不同。因此朱之瑜展現忠貞之民族氣節、強烈的經世訴求，皆由此而來，而顏元則在清初接受新朝之學術文化薰陶，較能客觀而理性的面對滿清政體，而專心在學術上發展。朱之瑜的理念因被水戶侯德川光圀重用而發揮其學術之影響力，故特重對於統治者的規勸，相較之下顏元則透過民間講學、建立顏李學派，而將其崇實精神延續至後代，二者在經世理念的提出亦多有出入。二人歲數相差三十餘歲，在朱之瑜時，學術思潮尚未立即反應明亡事實，而產生思想上的變異與轉型，但在顏元之時，則多位前輩學者如王夫之、顧炎武、黃宗羲等人，已然用大量的論述建立起迥異前代的思想架構，故朱之瑜之言論仍有濃厚的宋明理學色彩，顏元則較呈現新思維的轉變，而能契合清代義理之轉型特質。這些立足點上的迥異則具體反應、表現在其學說理路之中，在性論上，朱之瑜之性論仍頗駁雜、而顏元之氣性論已臻成熟；在理欲觀上，朱之瑜仍主寡欲、節欲，而顏元則進而看重人之情欲；在知行觀方面，二人雖同「重行」，但在致知途徑上，顏元「行以致知」則較朱之瑜

之「學而知之」更貼近「實行」之核心價值；在義利觀方面，朱之瑜以仁君治道所需之公利做為義利觀的思考點，較不同於顏元以個人修養之義利調合為論述中心。種種的歧異點正展現出清初思想轉型與變遷的軌跡，將二人並列參照之後，筆者發現「大同」與「小異」正完整的展現出清初思想之變遷。

參考書目

一、朱之瑜、顏元專著（依作者筆劃爲序）

（一）朱之瑜

1. 《朱舜水集》，朱之瑜，臺北：漢京文化事業有限公司，2004 年。

2. 《朱舜水集補遺》，朱之瑜撰，徐興慶編，臺北：臺灣學生書局，1992 年。

（二）顏　元

1. 《顏元集》，顏元，北京：中華書局，1987 年。

二、朱之瑜、顏元相關評傳（依出版年月爲序）

（一）關於朱之瑜

1. 《朱舜水》，郭垣，臺北：正中書局，1946 年。

2. 《朱舜水傳》，宋越倫，臺北：中央文物供應社，1953 年。

3. 《朱舜水》，石原道博，東京：吉川弘文館，1961 年。

4. 《朱舜水評傳》，王進祥，臺北：臺灣商務印書館，1976 年。

5. 《明末朱舜水先生之瑜年譜》，梁啓超，臺北：臺灣商務印書館，1981 年。

6. 《朱舜水的一生》，朱力行，臺北：世界書局，1982 年。

7. 《朱舜水研究》，鍾屏蘭，高雄：復文書局，1989 年。

8. 《朱舜水》，李甦平，臺北：東大圖書公司，1993 年。

9. 《朱之瑜評傳》，李甦平，南京：南京大學出版社，1998 年。

10. 《中日文化交流的偉大使者：朱舜水研究》，張立文、町田三郎主編，北京：人民出版社，1998 年。

11. 《朱舜水與日本文化》，町田三郎、潘富恩編，北京：人民出版社，2003年。

12. 《朱舜水在日本的活動及其貢獻研究》，林俊宏，臺北：秀威資訊科技，2004年。

（二）關於顏元

1. 《顏習齋學傳》，劉錫五，臺北：中央文物供應社，1954年。

2. 《明末顏習齋先生（元）年譜》，李塨，臺北：臺灣商務印書館，1978年。

3. 《顏習齋和杜威哲學及教育思想的研究比較》，鄭世興，臺北：中央文物供應社，1984年。

4. 《顏李學派》，姜廣輝，北京：中國社會科學出版社，1987年。

5. 《顏習齋先生思想研究》，李貴榮，臺南：漢家出版社，1992年。

6. 《顏習齋學譜》，張西堂，臺北：明文書局，1994年。

7. 《顏習齋哲學思想述》，陳登原，上海：東方出版中心，1996年。

8. 《顏元評傳》，陳山榜，北京：人民教育出版社，2004年。

三、古籍文獻（依作者年代爲序）

（一）群經史傳類

1. 《毛詩正義》，毛公傳、孔穎達等正義，臺北：藝文印書館十三經注疏本，1997年。

2. 《尚書正義》，孔安國傳、孔穎達等正義，臺北：藝文印書館十三經注疏本，1997年。

3. 《孟子注疏》，趙岐注、孫奭疏，臺北：藝文印書館十三經注疏本，1997年。

4. 《周禮注疏》，鄭元注、賈公彥疏，臺北：藝文印書館十三經注疏本，1997年。

5. 《禮記注疏》，鄭元注、賈公彥疏，臺北：藝文印書館十三經注疏本，1997年。

6. 《論語注疏》，何晏等注、邢昺疏，臺北：藝文印書館十三經注疏本，1997年。

7. 《周易正義》，王弼、韓康伯注，孔穎達等正義，臺北：藝文印書館十三經注疏本，1997年。

8. 《四書章句集注》，朱熹，高雄：復文書局，1990年。

9. 《明史》，張廷玉等，臺北：鼎文書局，1975年。

10. 《清史稿校註》，趙爾巽、柯劭忞等撰，清史稿校註編纂小組編纂，臺北：國史館，1990年。

（二）諸子總集類

1. 《墨子》，墨翟，臺北：先知出版社二十二子，1976 年。

2. 《莊子集釋》，莊周撰、郭慶藩輯，臺北：河洛圖書出版社，1980 年。

3. 《荀子》，荀況，臺北：先知出版社二十二子，1976 年。

4. 《韓非子》，韓非，臺北：先知出版社二十二子，1976 年。

5. 《論衡》，王充，臺北：臺灣商務印書館，1965 年。

6. 《張載集》，張載，臺北：里仁書局，1981 年。

7. 《二程集》，程頤、程顥，臺北：里仁書局，1982 年。

8. 《二程遺書》，程頤、程顥，臺北：臺灣商務印書館，1983 年。

9. 《朱子文集》，朱熹，臺北：財團法人德富文教基金會，2000 年。

10. 《近思錄今註今譯》，朱熹撰、古清美註譯，臺北：臺灣商務印書館，2000 年。

11. 《象山先生全集》，陸九淵，臺北：臺灣商務印書館，1979 年。

12. 《百衲本朱子語類》，黎靖德、鄭端，臺北：漢京文化事業有限公司，1980 年。

13. 《困知記》，羅欽順，北京：中華書局，1990 年。

14. 《王廷相集》，王廷相，北京：中華書局，1989 年。

15. 《吳廷翰集》，吳廷翰，北京：中華書局，1984 年。

16. 《高子遺書》，高攀龍，臺北：臺灣商務印書館文淵閣四庫全書，1983 年。

17. 《劉子全書》，劉蕺山，臺北：華文出版社，1968 年。

18. 《陳確集》，陳確，北京：中華書局，1979 年。

19. 《宋元學案》，黃宗羲撰、全祖望補，臺北：世界書局，1966 年。

20. 《南雷文定》，黃宗羲，臺北：臺灣商務印書館，1970 年。

21. 《明儒學案》，黃宗羲，臺北：里仁書局，1987 年。

22. 《明夷待訪錄》，黃宗羲，臺北：臺灣中華書局，1988 年。

23. 《亭林詩文集》，顧炎武，臺北：臺灣商務印書館，1968 年。

24. 《原抄本顧亭林日知錄》，顧炎武，臺北：文史哲出版社，1979 年。

25. 《顧亭林詩文集》，顧炎武，臺北：漢京文化事業有限公司，1984 年。

26. 《船山全書》，王夫之，長沙：嶽麓書舍，1996 年。

27. 《讀通鑑論》，王夫之，北京：中華書局，1973 年。

28. 《潛書》，唐甄，北京：中華書局，1979 年。

29. 《戴震集》，戴震，臺北：里仁書局，1980 年。

30. 《墨子閒詁》，孫詒讓，臺北：臺灣商務印書館，1980 年。

四、今人論著（依出版年月為序）

1. 《近代中國思想學說史》，侯外廬，（出版項不詳）。

2. 《中國哲學思想通史》，侯外廬，北京：北京人民出版社，1956 年。

3. 《中國近三百年學術史》，梁啟超，臺北：臺灣中華書局，1958 年。

4. 《明代軼聞》，林慧如，臺北：臺灣中華書局，1967 年。

5. 《歷史與思想》，余英時，臺北：聯經出版社，1975 年。

6. 《清代七百名人傳》，蔡可園，臺北：廣文書局，1978 年。

7. 《中國哲學的特質》，牟宗三，臺北：臺灣學生書局，1981 年。

8. 《清代學術概論》，梁啟超，臺北：水牛出版社，1981 年。

9. 《中國經世史稿》，鄺士元，臺北：里仁書局，1981 年。

10. 《中國近三百年學術史》，錢穆，臺北：臺灣商務印書館，1983 年。

11. 《近世中國經世思想研討會集》，臺灣中央研究院近代史研究所編，臺北：中央研究院近代史研究所，1984 年。

12. Whose Jutice？Which Rationality？（誰之正義？何種合理性？），Alasdair Macintyre，Notre Dame, Ind：University of Notre Dame Press，1988 年。

13. 《胡適文存》，胡適，臺北：遠東圖書公司，1988 年。

14. 《從陸象山到劉蕺山》，牟宗三，臺北：臺灣學生書局，1990 年。

15. 《中國心性論》，蒙培元，臺北：臺灣學生書局，1990 年。

16. 《明末清初思想研究》，何冠彪，臺北：臺灣學生書局，1991 年。

17. 《經世思想與文學經世：明末初經世文論研究》，林保淳，臺北：文津出版社，1991 年。

18. 《中國近世宗教倫理與商人精神》，余英時，臺北：聯經出版社，1992 年。

19. 《明末清初儒學的發展》，李紀祥，臺北：文津出版社，1992 年。

20. 《顏習齋先生思想研究》，李貴榮，臺南：漢家出版社，1992 年。

21. 《清初學術思辨錄》，陳祖武，河北：中國社會科學出版社，1992 年。

22. 《宋明理學概述》，錢穆，臺北：臺灣學生書局，1992 年。

23. 《第一屆國際清代學術研討會論文集》，國立中山大學中文系編，高雄：國立中山大學，1993 年。

24. 《中國近現代思想觀念史論》，林安梧，臺北：臺灣學生書局，1995 年。

25. 《世襲社會及其解體——中國歷史上的春秋時代》，何懷宏，北京：生活・讀書・新知三聯書店，1996 年。

26. 《儒家身體觀》，楊儒賓，臺北：中央研究院中國文哲研究所籌備處，1996 年。

27. 《中國哲學史上的知行觀》，方克立，北京：人民出版社，1997 年。

28. 《中國哲學範疇體系——氣》，張立文，臺北：七略出版社，1997 年。

29. 《中國哲學範疇體系——性》，張立文，臺北：七略出版社，1997 年。

30. 《明遺民九大家哲學思想研究》，陶清，臺北：洪葉文化事業有限公司，1997 年。

31. 《中國前近代的思想演變》，溝口雄三著林右崇譯，北京：中華書局，1997 年。

32. 《西學與晚明思想的裂變》，何俊，上海：上海人民出版社，1998 年。

33. 《第二屆國際清代學術研討會論文集》，國立中山大學中文系編，高雄：國立中山大學，1999 年。

34. 《從中國文化到現代性：典範轉移？》，石元康，北京：生活‧讀書‧新知三聯書店，2000 年。

35. 《中國近代思想觀念史論》，林安梧，臺北：臺灣學生書局，2000 年。

36. 《善的歷程——儒家價值體系的歷史演化及其現代轉換》，楊國榮，上海：人民出版社，2000 年。

37. 《理在氣中：羅欽順、廷相、顧炎武、戴震氣本論研究》，劉又銘，臺北：五南圖書出版公司，2000 年。

38. 《明清儒學轉型探析：從劉蕺山到戴東原，鄭宗義，九龍：中文大學出版社，2000 年。

39. 《跨世紀的中國哲學》，沈清松，臺北：五南圖書出版公司，2001 年。

40. 《中國氣論哲學研究》，曾振宇，濟南：山東大學出版社，2001 年。

41. 《實學文化與當代思潮》，中國實學研究會所編，北京：首都師範大學出版社，2002 年。

42. 《清代學術探研錄》，王俊義，北京：中國社會科學出版社，2002 年。

43. 《明清時期儒學核心價值轉換》，王國良，合肥：安徽大學出版社，2002 年。

44. 《中國哲學的倫理觀》，葉海煙，臺北：五南圖書出版公司，2002 年。

45. 《清代義理學新貌》，張麗珠，臺北：里仁書局，2003 年。

46. 《清代新義理學——傳統與現代之交會》，張麗珠，臺北：里仁書局，2003 年。

47. 《哲學思維方式解讀》，黃書進，北京：西苑出版社，2003 年。

48. 《中國哲學史：宋元明清的新儒學與實學卷》，歐崇敬，臺北：紅葉文化事業有限公司，2003 年。

49. 《儒家思想中的具體性思維》，林啓屏，臺北：臺灣學生書局，2004 年。

50. 《現代西方哲學十五講》，張汝倫，北京：北京大學出版社，2004 年。

貳、期刊論文（依出版年月爲序）

1. 《朱舜水的思想》，藍文徵，東海學報，1-1（1959 年）。

2. 《明末清初經學研究的回歸原典運動》，林慶彰，孔子研究，1989 年 2 期（1989 年 6 月）。

3. 《德性之知與見聞之知：從宋明儒家到現代新儒家》，周熾成，學術研究，1994 年 02 期（1994 年 2 月）。

4. 《論顏元的哲學變革》，徐雲望，上海大學學報（社會科學版），1995 年第 5 期（1995 年）。

5. 《顏元實學思想淺說》，雷樹德，湘潭師範學院學報，1996 年第 2 期（1996 年）。

6. 《顏元的新價值觀》，盛邦和，河北學刊，1997 年第 2 期（1997 年 2 月）。

7. 《論黃宗羲實學和朱舜水實學的區別》，董根洪，孔子研究，1997 年 04 期（1997 年 4 月）。

8. 《孔孟程朱隔代異堂——顏元對宋儒的批判與反省》，黃美華，興大中文研究生論文集，第 2 期（1997 年 9 月）。

9. 《由顏李之學初探清初學術思想風格之丕變暨其歷史因緣》，劉振維，哲學雜誌第 22 期（1997 年 11 月）。

10. 《德川大儒伊藤仁齋與明遺臣朱舜水》，童長義，中國歷史學會史學集刊，30 期（1998 年 10 月）。

11. 《中國近代知行範疇的嬗變》，陳衛平，學術月刊 2001 年第 1 期（2001 年 1 月）。

12. 《朱舜水治學理論初探》，覃啓勛，武漢大學學報（人文科學版）第 55 卷第 4 期（2002 年 7 月）。

13. 《流亡的風景——遊後樂園賦與朱舜水的遺民書寫》，鄭毓瑜，漢學研究 20.2（2002 年 12 月）。

14. 《朱之瑜教育哲學簡述》，陳增輝，上海大學學報（社會科學版），2003 年第 3 期（2003 年 5 月）。

15. 《淺談顏元的人性論》，張軍、萬強，集寧師專學報，2003 年第 3 期（2003 年 9 月）。

16. 《乘桴浮於海——關于朱舜水》，山谷，書屋，2003 年第 12 期（2003 年 12 月）。

17. 《論顏習齋踐行盡性的習行教育觀》，洪櫻芬，鵝湖，30:10=358 期（2005 年 4 月）。

18. 《清初的經世致用思潮與明遺民的訴求》，孔定方，人文雜志，2004 年第 5 期（2004 年 5 月）。

19. 《戰前朱舜水研究：一個知識社會學的考察》，林瑛琪，鵝湖，347（2004 年 5 月）。

20. 《明清實學是西學東漸的思想土壤》，張踐，北方工業大學學報，第 16 卷第 2 期（2004 年 6 月）。

21. 《實學：朱之瑜在日本所傳學問的實質》，陶清，黃山學院學報，2004 年第 4 期（2004 年 8 月）。

22. 《顏元學習觀探析——兼與顏炎武實學說比較》，楊淨雯，輔大中研所學刊，第 14 期（2004 年 9 月）。

23. 《顏元人性理論的教育學價值探析》，單玉梅，河北師範大學學報（教育科學版），2004 年第 6 期（2004 年 11 月）。

24. 《鑒眞、朱舜水與東亞文明》，楊際開，鵝湖，30:5=353（2004 年 11 月）。

25. 《顏元存性編人性思想研究》，陳世放、黃楚文，華南師範大學學報（社會科學版）2005 年第 4 期（2005 年 8 月）。

參、學位論文（依出版年月爲序）

一、關於朱之瑜

1. 《朱舜水研究》，田原剛，臺北：國立臺灣大學中國文學研究所，1976 年。

2. 《朱舜水學記》，王瑞生，臺北：文化大學中國文學研究所博士論文，1983 年。

二、關於顏元

1. 《顏習齋教育思想》，鄭世興，臺北：臺灣師範大學教育研究所碩士論文，1959 年。

2. 《四存哲學批判》，張振東，臺北：輔仁大學哲學研究所碩士論文，1963 年。

3. 《顏習齋的哲學及教育思想》，黃建一，臺北：中國文化大學哲學研究所碩士論文，1972 年。

4. 《顏習齋的思想》，楊冬生，臺北：國立臺灣大學中國文學研究所碩士論文，1973 年。

5. 《顏習齋對儒學的反省與批判》，黃順益，高雄：高雄師範學院國文研究所碩士論文，1988 年。

6. 《顏元的經世思想》，高太植，臺北：國立政治大學政治研究所碩士論文，1989 年。

7. 《追尋終極的眞實——顏元的生平與思想》，楊瑞松，新竹：國立清華大學歷史研究所碩士論文，1989 年。

8. 《顏元的四書學研究》，曾素貞，臺北：國立政治大學中國文學研究所碩士論文，1996 年。

9. 《顏李學的形成》，廖本聖，臺中：東海大學歷史學研究所碩士論文，1997 年。

10. 《顏習齋哲學思想研究》，江文祺，臺北：國立臺灣師範大學國文研究所碩士論文，1998 年。

11. 《顏元李塨論語解經思想研究》，李智平，臺中：東海大學中國文學系碩士論文，2002 年。

12. 《顏元學術思想研究》，李瀅婷，臺北：國立臺灣大學中國文學研究所碩士論文，2002 年。

13. 《明末清初學術的轉折——以顏元思想爲例》，阮華風，臺中：國立中興大學歷史學系碩士論文，2004 年。